日本神話の比較研究

大林太良編

日本神話の比較研究／目次

第二部　東南アジア、オセアニア神話との比較

第三部　北方ユーラシア、印欧神話との比較

序説

大林太良

一　はじめに

日本神話の研究は今日いろいろな意味で新しい段階に入って来ている。まず研究者の世代が変わった。第二次大戦後に研究を開始した世代が研究の主な担い手になって来た。また各研究者がそれぞれ民族学とか歴史学のような学問の専門家としての立場から日本神話の研究を進める傾向が著しい。しかも、それら専門の学問の間で交流や相互刺激がさかんになる動きが見られる。

このような一般的動向の一部として、日本神話の比較研究においても、新しい段階が到来しつつある。十二年前に私が『日本神話の起源』を著わしたとき、(1) 朝鮮に関しての三品彰英、(2) 東南アジア、中国に関しての松本信広の両氏、(3) のような例外を除いては、日本の周囲地域の神話についての専門家や専門研究はまだ数少なかった。しかし今日では、日本の周囲ばかりでなく、世界のさまざまな地域の神話の研究に従事している学者が我が国にはすでにかなり現われている。

そして、これらの学者の努力によって、日本神話の比較研究も、十二年前と比べて、新しい水準に達して来ている。単にそれぞれの地域の専門家として、その地域の資料に親炙しているだけではなく、これらの研究者は大なり小なり最近の神話理論の影響も受けて、新らしい視角を打ち出そうとしているのである。

これらの研究者が、シンポジウムなどで顔を合わせる機会は今までにもあったが、(4)それらシンポジアは特に比較研究に焦点をあてたものでもなかったし、また、参加した研究者も、日本神話の比較研究を行ないつつある学者のうちごく少数に止まっていた。したがってより多くの研究者が集まって、比較研究に焦点を当てた論集をつくる必要が、すでに長い間感ぜられていた。この本はこのような必要に応じるために計画されたものである。

このように計画された本書は、現段階におけるこの種の試みの長所と同時に限界をも示している。個々の寄稿者はそれぞれの地域に関する専門家であり、各地域における厖大な神話資料と研究に通暁しており、日本の古典神話と比較すべき神話モチーフないし形式が、自分の専門地域の神話のなかで、どのように位置づけられるものかを明らかにしている。このような基礎的な作業なしには、日本神話の比較研究の大きな発展が望めないことは勿論であるし、かつ、この種の基礎的作業のいくつかを収録できたことは、編集者として大きな喜びである。たとえば田中克彦氏が論じたモンゴル神話に例をとっても、モンゴル神話中における牧畜民文化的要素と《南方農耕民文化的要素》の区別の提言は、今後さらに深められて行くべき問題であるし、また天降神話における二種の区別という考えも、地域専門家からの鋭い指摘として歓迎される。

しかし、他方では、比較の対象として当然とり上げるべき地域や民族の神話で、本書ではついにとり上げることが出来なかったものも少なくない。中国南部の少数民族やインドシナ、ことにその山地諸族の神話もそうであるし、また北方では、シベリア、ことにツングース諸族の神話、そしてアルタイ山地諸族の神話や英雄叙事詩もそうである。これは我が国におけるこれら地域ないし民族の専門家の数の少ない現状から言って、このような空隙はある程度止むを得ぬことであり、現段階における日本神話の比較研究の限界の一つもここにある。

他方では、限定された地域の研究の専門化が進んで来ているが、これには長所と同時に限界もあることは明らかである。モンゴルの神話、フィン族の神話は、さらに北方ユーラシアの神話全体のなかで位置づけられる必要があり、それによって、モンゴル神話やフィン神話と日本神話との比較もより確実な発言や新たな見通しが可能となり、また時には、モンゴル族やフィン族の神話だけで獲られた結論の修正も必要となることもあるかも知れない。

たとえばモンゴル神話中の《南方農耕民文化的要素》の問題も、このようなより大きな文脈中で検討してみる必要があろう。また、高橋静雄氏の指摘したフィン族のヴァイナモイネンと我がオオナムチとの類似のごときも、広汎な北方ユーラシアの神話材料の組織的比較によってはじめて、系譜的な関係の有無が決せられる問題であろう。

ポリネシアの神話、インドネシアの神話もまた、東アジア、東南アジアからオセアニアにかけての広域の神話全体のなかにおける位置づけを見失ってしまったら、その日本神話との比較も限界をもつことは言うまでもない。そして、世界大的な比較研究とまで行かなくとも、北方ユーラシアとか、西太平洋全域というような、かなり広い地域の神話の全体のなかで、個々の小地域の神話を位置づけ、それを日本神話と比較することは、今後の日本神話比較研究の大きな課題である。そして、そのような課題探求への端緒は、実は本論集の随所で試みられているのである。

日本神話と海外の神話との比較から、日本神話系統論について一定の結論を引き出すために必要な作業は、海外における問題の神話モチーフや形式の分布像を明らかにし、それがいかなる文化複合に属し、いかなる民族を担い手とし、いかなる経路によっていつ日本に入ったかを考えることが必要である。これが、かなり広い地域における比較研究を前提とすることは言うまでもない。また他方では、日本神話自体についても、その個々のモチーフや形式、あるいは構造が、日本内部においてはいかなる文化複合に属し、誰を担い手としていたかの研究が進められなくてはならない。このようにして、獲られた海外と日本自体における結果をつき合わせることによって、神話の比較が日本神話系統論、さらに日本文化形成論に対して重要な発言をできるようになる。本書に収められた諸論考の多くは、このような目標に到達するための準備作業である。たとえば玄氏が論じた朝鮮の諸神話にしても、それが朝鮮のいかなる文化複合に属するか、また対応する日本神話が、いかなる文化複合に属するかを確定して比較することによって、さらに新しい展望が開けてくるであろう。そして、研究の現段階においては、まさにこのような準備作業をすこぶる必要としているのである。

もちろん神話の比較研究は系統論に終始するものではない。比較によって神話の構造や意味、さらに世界観が明らかにされうる。生田滋氏の論文は、系統論というよりもむしろ王権神話の構造、また王権の宇宙観的背景について多くの示唆を与えてくれる。ことに生田氏が分析した王権神話の諸類型は、王権神話一般についても、また日本古代史と神話との関係についても、今後の研究に有力な手がかりを与えてくれるであろう。他方、神話の構造分析が、系統論にも役立つことは、吉田敦彦氏や私の論文が示そうとしたところであった。

玄容駿氏の寄稿は、朝鮮神話の資料として、『三国史記』や『三国遺事』のような古典ばかりでなく、現代の巫歌も極めて重要なことを教えてくれる。山下欣一氏が論じた琉球列島の場合でも、現在の神謡や英雄伝説の重要性が強調されている。また伊藤清司氏も、中国には古代神話研究が資料上困難であるにもかかわらず、日本神話研究上、極めて重要なことを指摘し資料の欠を補うものとして後世の伝説に注目している。日本内地の場合も『古事記』や『日本書紀』のような古典に出ている神話だけが日本神話のすべてではない。これら古典に採録されなかった神話も数多かったことと予想されるし、そのようなもののなかには、変容して中世や近代の伝説のなかに残っているものもあるに違いない。このような見地からの日本の伝説の研究や、さらにそれと海外の神話との比較も、本書ではほとんど行なうことのできなかった将来の課題の一つである。

このように日本神話の比較研究は、さまざまの課題をかかえている。それらの課題を解決して行くための手がかりは、いろいろな形で本書でも示唆されているが、なお数多くの研究者の協力と、成果の積み重ねが必要である。最近の日本神話研究において、従来の研究史をふまえて研究を進める動向が強くなって来ていることは、この点、大変喜ばしいことである。しかし、日本神話の研究史をふり返えることは必ずしも容易ではない。

一例をあげれば、なるほど松村武雄の『日本神話の研究』全四巻には、一九五〇年ごろまでの多くの学者の研究が紹介されている。(5) しかし、同書は、少なくとも比較研究に関しては、従来の研究を網羅的に紹介しているとは言えず、ことに海外学者による日本神話の比較研究についての言及は甚だ不十分である。本論集においても各寄稿者は、それぞれの分野における先人の研究に大なり小なりふれており、評価している。ことに青柳、小野、田中三氏の寄稿においては従来の学説の批判的な検討が試みられている。しかしそこでは言及されなかった研究も存在していることも事実である。たとえば田中氏が指摘したアシハラシコオが根の国でスサノオから試練に合う神話と、北京版ゲセル物語の一節との類似は、すでにフランツの注目を惹いたところであった。(6) ここで私が問題にしているのは、単なるプライオリティーよりもむしろ研究の蓄積の問題である。従来の研究をふり返えることによって、日本神話の比較研究も、より一層深いものとなり、かつ新たな展望が開けてくるであろう。本論集で提出された新たな諸見解、検討された従来の諸学説も、今後の研究における新たな着想や視角の鉱脈なのである。

次に本書の構成について一言しておこう。論文分類の原則としては、主にとりあつかっている題目に応じて、創世神話（玄、伊藤、小野、青柳論文など）、王権神話（生田、吉田、大林論文など）という仕方も可能であるが、それぞれの論文が特定の地域の神話の分析を対象としているので、地域別に分類配列することにした。とり上げられた地域、民族を大きく三部に分類し、それぞれの部のなかでは、日本に近い地域を先にし、かつ同一地域に関しては創世神話を王権神話よりも先に掲げることにした。琉球は独自の神話体系をもち、独自の文化単位をなしているので、本書では日本文化・神話のなかに埋没させずに独立の取りあつかいをしている。

二　印欧三機能体系

近年における日本神話研究の新しい動向の一つは、印欧（インド＝ヨーロッパ、インド＝ゲルマン）語族の神話と日本神話との比較が吉田敦彦氏や大林によって活潑に進められていることである。従来日本神話と朝鮮、内陸アジア、中国、東南アジア、オセアニアの神話との比較はかなり行なわれて来ており、かつ地理的にも比較的近接しているので、恐らく読者の多くはあまりそれらの地域との比較には抵抗を感じないであろう。しかし、印欧語族の神話と日本神話との本格的比較は、まだ始まって間もないことと、《空間《ラウム》の不安《アングスト》》によって、これら研究の成果が一般に受け入れられるには、まだ時日を必要とするかも知れない。吉田氏の論文と、そこに引かれた文献が、この問題圏についての研究の現状をよく示しているように、すでに多くのことが明らかになって来ているがこれから研究すべき問題も少なくない。吉田氏と私との共著として計画中のいわゆる第二（軍事）機能の神の比較研究も、そのような問題の一つである。ことに重要な問題は、吉田氏や私が想定するように、西の印欧語族からアルタイ系牧畜民の一部、朝鮮をへて、印欧的神話が日本の支配者文化の一部として日本列島に入ったとした場合、当然、その中継者たるアルタイ語族の一部に、このような神話が存在しているか、あるいはかつて存在したことが証明されなくてはならない。またアルタイ語族のところで新たにつけ加わった要素は何かという問題もある。そして、これらの問題については、まだ研究は進行中なのである。

ここでは、私は吉田論文への補足として、日本、琉球、朝鮮における三機能体系についての若干の資料を紹介し私の考えを述べておくことにしたい。

まず日本古代について一つ補足しておこう。

印欧語族のパンテオンにおける三機能体系は祭祀体系にも表現されている。その顕著な例は、古代ローマにおいて、レックスおよびポンティフェクスと並んでもっとも重要な祭司職であった大フラメン（flamines maiores）が三人いて、それぞれユピテル、マルス、それにクイリヌスのフラメンと呼ばれていたことである。これらの三神は、祈禱などの中で再三にわたって三者同時に勧請されている。ユピテルはローマの主権神であり、マルスは軍神であり、クイリヌスは庶民の守護神であった(7)。

日本古代において、印欧語族のパンテオンの三機能体系と酷似したものが存在したことが、神話の面においてはすでにかなり明らかになって来ている。それでは祭祀体系においてはどうであったろうか？　私は祭祀体系においても、それに対応するものが存在したと考える。それは《神宮》と呼ばれた主要な神社が三つあったことである。

つまり、直木孝次郎氏の研究によれば、『記』『紀』『続日本紀』などの古典の用字例を調べると、大多数の神社には《社》や《神社》という文字を用いているが、その例外をなしているのは、伊勢、石上、出雲の三神宮と、香椎宮や八幡神宮である。このうち香椎宮（『続日本紀』天平九年四月条）は《神宮》でなくて、ただの《宮》であり、かつ『記』『紀』の段階には、まだ出てこないから、伊勢、石上、出雲の三神宮とは、やや別格と見た方がよいであろう。八幡に関しても、これが『記』『紀』の段階にはまだ出てこないことや、かつ初期（天平九年四月、天平十七年九月）にはまだ神社と呼ばれており、神宮と呼ばれたのは天平十三年閏三月が初見であるが、天平勝宝六年十一月、同八年四月、天平神護二年十月、宝亀元年八月という具合に後の時期に多い。したがって、これも別格とした方がよいであろう。

結局、古くから神宮の称を以て呼ばれたのは、伊勢、石上、出雲の三神である。

伊勢神宮に関しては、直木氏によると、『書紀』では神宮と記した例が八例で、大神宮と書いた例はなく、これに反して、『続紀』では神宮と記した用例は六例なのに、大神宮と記した例は五十数例に上る。『古事記』では関係の用例は四例あるが、崇神、垂仁、景行の古い時代に関しては大神宮と記して、継体条では神宮と称している。直木氏の考証によれば、神宮から大神宮へと用語が変遷したのであって、大神宮という用語が一般化したのは奈良朝中期、おそらく天平ごろという。

石上神宮と出雲大社に関して直木氏は指摘する。

「日本書紀では、垂仁三十九年十月条より天武三年八月条にいたるまで七回にわたって「石上神宮」と記し、古事記も石上神宮と書くこと四回、両書を通じて神社と表記することは一度もない。しかるにそれ以後では、日本後紀延暦二十四年二月条に「造石上神宮使」の語とともに神宮の語が二回見えるのを例外として、延暦二十三年二月、貞観元年七月条に「石上社」とあり、延暦二十四年二月条にも「石上神社」の語が二回用いられていて、神宮の用語は姿を消しつつあることがわかる。

出雲大社についても同じことがいえる。書紀では、「詔二群臣一曰、武日照命（分註略）従天将来神宝蔵二于出雲大神宮一、是欲レ見焉」（崇神六十、七）、「是歳、命二出雲国造一（闕名）修二厳神之宮一」（斉明五）とあり、古事記には、「爾崇、出雲大神之御心、故其御子、令レ拝二其大神宮一、将レ遣之時、（中略）即返二菟上王一、令レ造二神宮一」（垂仁段）とあって、出雲大神に対しても神宮の称を用いている。奈良時代にはいってからは、続日本紀以下の五国史に出雲国造のことは頻出するが、出雲大神については神社とも神宮とも記さないので、社・宮のいずれを称したか不明である。しかし『出雲国風土記』には「杵築大社」とみえ、神宮に代って「大社」の称が用いられはじめたことが想像される」。

直木氏によれば、奈良時代に入っては、いままで神宮と呼ばれた由緒深い神々も社と呼びかえられるようになり、他方、伊勢大神はもちろん、八幡や香椎のように皇祖または、その一族に対しては、神宮や宮をもって称している。

「このように皇室と密接な関係にある神に対してのみ、神宮または宮の称を与え、それ以外はどれだけ由緒ふかい神であっても、神社の称をもって統一するのが、奈良朝の政府の方針であったと考えられる[8]」。

このように、直木氏が整理した材料から、『記』『紀』編纂当時においては、伊勢、石上、出雲の三神社を、他の神社とは区別して神宮と――少なくとも朝廷側においては――呼ぶ祭祀体系が存在していたことが推定される。

ところで、この三神宮は三機能体系に対応している。伊勢神宮に関しては、それが元来、伊勢の地方的な太陽神を祀る神社であったか否かは別としても、恐らく六世紀ごろから、少なくとも『記』『紀』編纂当時、これが皇祖アマテラスを祀る神宮と考えられていたことは明らかである。[9] アマテラスが、我が古典神話体系において、代表的な主権神であることは言うまでもない。したがって、伊勢神宮は第一（主権）機能に対応する。

石上神宮が、第二（軍事）機能に対応することは、『古事記』の神武東征の段に、タケミカヅチの下した《国を平《ことむ》けし横刀》、つまり佐士布都の神、または甕布都の神、または布都の御魂について、「この刀は石上の神宮に坐す」と記されているのを始め、石上神宮が武器の保管所であったことや、また物部の祀る神であったことから明らかである。

出雲の神宮はオオナムチないしオオクニヌシを祀っている。オオナムチ（オオクニヌシ）が、第三機能の神であることは、本書の吉田敦彦氏の寄稿にも論ぜられており（三七三～四三一頁）、また私も、これを《土地の主》として論じたことがある。[10] したがって、出雲の神宮は第三機能に対応しているのである。

ところで日本の古典神話と琉球の王朝神話（アマミキョ系神話）との間には、何等かの関係があることはしだいに明らかになりつつあるが、[11] 琉球王朝神話にも三機能体系が存在していたであろうか？

アマミキョ系の創世神話には、社会的機能の分類範疇が神話的に表現されている。しかし、それには、いくつかの異伝がある。

一　『琉球神道記』には、天降った女アマミキュが風によって孕んだことを記した後、

「遂ニ三子ヲ生ズ。一リハ所所ノ主ノ始ナリ。二リハ祝ノ始。三リハ土民ノ始。」

という三分法である。

二　『中山世鑑』では天帝の女が天降して、やはり風によって孕み、

「遂ニ三男二女ヲ生給、長男ハ国ノ主ノ始也。是ヲ天孫氏ト号ス。二男ハ諸侯ノ始、三男ハ百姓ノ始、一女ハ君々ノ始、二女ハ祝《ノロ》々ノ始也」

とある。

これと同様の文章は『球陽』にも見られ、志仁礼久、阿麻弥姑の二神が国作りをした後、

「於時復一人、首出分群類、定民居者、叫称天帝子。天帝子生三男二女。長男為天孫子、国君始也。二男為按司始。三男為百姓始。長女為君君之始。次女為祝祝之始。而倫道始矣」

とある。つまり、これらでは『琉球神道記』の〈所所の主〉が国主と諸侯とに二分され、かつ《祝》が王府の高級女神官たる《君々》と地方女神官たる《祝々》とに二分されている。後の『球陽』に記するところも、これと同じである。つまり、この第二の系列は、第一の系列を複雑にしたものにすぎず、その基本にある分類範疇は、統治、生産者、祭祀の三つである。

三　これに反して、『聞得大君御規式の御次第』では天帝の子たる天帝子、天タイシの夫婦には、次の

三人の子供があったと記している。

「御一人ハ天孫子、御一人ハコンコント申シ天ヨリ御持ニ而、其跡聞得大君加那志、御一人ハシュクシュクト申、地エ御持ニ而、其跡ノル職、右通御国立始メニ而候事。」

ここでは、三分法を採りながら、生産者的機能が脱落し、その代り祭祀機能が二分されている。そればかりでなく、一、二にはなかったところの天と地への二分法が新たに導入され、祭祀機能の代表者の一方は天、他方は地に結びつけられている。統治機能は《天孫子》という名から判断して、天と結びつくと見てよかろう。

以上の三系列を通観して、私は次のような見通しをもった。

一　分類法としては三分法が基本的である。

二　三分法が、それぞれ相異なった三つの社会的機能と結びついている第一の『琉球神道記』の形式が恐らく基本形である。

三　三つの社会的機能のうち、統治と祭祀は、それぞれ全国的代表者と地方的代表者とに二分する傾向があり、第二類型では、統治と祭祀双方につき、この二分が行なわれ、第三類型では、祭祀機能についてのみ再分が行なわれ、その代り生産者機能は脱落している。

四　この神話に対応する日本古典神話は、原初の夫婦神たるイザナギ、イザナミ、ことに前者に、アマテラス、スサノオ、ツキヨミの三貴子が生まれた神話であるが、この場合、アマテラスは統治、スサノオは戦士、ツキヨミは生産者の機能を代表していると考えられる。してみると、日本では戦士的機能が独立しているのに反し、琉球では恐らく統治機能中に埋没してしまっていて表面化しておらず、また琉球では独立している祭祀機能が、日本の場合、アマテラスの主権機能の一側面に過ぎないのと対照をなしている。

私の現在の考えでは、琉球において王朝の形成される過程とその前段階において、武力をもって征服に成功したものが王侯となったため、つまり戦士的機能の担い手が統治機能の担い手となったために、軍事的機能が統治機能のなかに埋没する結果となったのではないかと思われる。そう考えれば、『中山世鑑』に見られる三分的体系は、元来は戦士、生産者、主権（祭祀）という古典的な三機能体系の変貌したものにほかならないのである。

いずれにせよ、戦士的機能が琉球王朝文化において微弱だったことは、別の方面にも証拠がある。つまり、琉球王国の支配階級ユカッチュは武装しておらず、刀をさしていなかったし、《武士階級》と言うべきものは見られなかった。これについて、仲原善仲は、沖縄には鉄がなく、刀剣が輸入品だったことと、尚真王時代に確立した政府の性格、政治の理念に由来するものではないか、という説を出した。これに対して新里恵二氏は、

「ユカッチュは語感からしても貴人《あてびと》であり、古代貴族を連想させます。沖縄のユカッチュは、本来は古代貴族であって封建的武士ではなかったのが、たまたま島津の琉球入り後も政権の座にあって、しだいに変質したものではないか、そう私は考えております。(12)」

しかし、島津の琉球入り以前からの非戦士的《古代貴族》も、パンテオンの構造から見て、戦士的機能から統治機能への変質と解釈されることはいま述べたところである。

神話における社会の機能分類体系に対応するものは、祭祀の面にも存在するであろうか？　この関連において興味あるのは、尚王家の宗廟における祭神のトライアッドである。折口信夫は次のように論じた。

「尚王家の宗廟とも言うべき聞得大君御殿並びに旧王城正殿百浦添《モンダスイ》の祭神は等しく、御日《オチダ》・御月《オツキ》の御前・お火鉢の御前（由来記）であるが、女官の御《オン》双紙などによると、御すじの御前、お火鉢の御前《オマエ》、金の美御《ミオ》すじの御前の三体、と言う事になっている。伊波普猷氏は、御すじの御前を、祖先の霊、御火鉢のお前を、火の神、金の美御すじを金属の神と説いて居られる。前二者は疑いもないが、金の美御すじは、日月星辰を鋳出した金物の事か、と思われる節（荻野仲三郎氏の講演から得た暗示）がある。併し語通りに解すると、かねはおもろ・おたかべの類に、穀物の堅実を祝福する常套語で、又かねの実《ミ》とも言う。みおすじのみが実《ミ》か御《ミ》かは判然せぬが、いづれにしても、穀物の神と見るべきであろう。或は由来記を信じれば、月神が穀物の神とせられている例は、各国に例のある事故、お月の御前に宛てて考えることが出来そうである。

おすじの御前は、琉球最初の陰陽神たるあまみきょ・しねりきょの親神たる太陽神即御日《オチダ》の御前を、祖先神と見たのだと解釈せられよう。琉球神道の主神は、御日の御前で、やはり太陽崇拝が基礎になっている。国王を、天加《チダガ》那志《ナシ》（または、おちだがし、首里ちだがし）と言うのも、王者を太陽神の化現即、内地の古語で言えば、日のみ子と見たのであるらしい。」

それでは火の神はどうであろうか？

「家の神の代表となっているものは、火の神《カン》である。……火の神と言う名は、高級巫女の住んでいる神社類似の家即、聞得大君御殿《チフヂンオドン》・三平等《ミヒラ》の「大阿母《ウフアム》しられ」の殿内《トヌチ》では、お火鉢の御前と言う事になっていた。」

つまり折口の解釈によれば、

御日の御前――おすじの御前

御月の御前――金の美御すじの御前
お火鉢の御前――お火鉢の御前

という対応関係にある。しかも彼の推定によれば、御月の御前ないし金の美御すじの御前は穀物の神であるという。そして御日の御前ないしおすじの御前が主神である。[13] してみると、前者は生産者機能、後者は統治機能をあらわすものらしい。問題はお火鉢の御前である。伊波普猷によれば、

「『琉球国由来記』の御城中御日御月御嶽の条には、これが「御火鉢之御前」となって、「百浦添《もんだすい》センミコチャに勧請。毎朝サンの阿武志良礼、焼二常香一(抹香)也。且毎月朔望に御番の人員、於二玉座一御拝成す也」と説明してあるが、同由来記、聞得大君御殿の条にも、同じ名になっていて、大君の斎き持つ主神になっている。クワイニャには、「天《てん》が下実《しもやけ》にとよむ大君前、十尋殿のひはちおすじ、三ひらののろおすじ(三殿内《みとのち》の火の神)おみないが守る神(をなり神)くん手合ち、まこち風やはく〳〵と実《げ》にたばうれ」と出ている。[14]」

これらの記述はあまり明瞭でないが、太陽の代理としての火という性格[15]を重視すれば、主権機能との関係が考えられるが、私は現在のところ、聞得大君との密接な関係からして、祭祀機能と主に関連するという見方に傾いている。

この解釈が正しいとすれば、

御日の御前(おすじの御前)――主権
御月の御前(金の美御すじの御前)――生産者
お火鉢の御前――祭祀

という対応関係となる。これは、さきに述べた『琉球神道記』や『中山世鑑』の神話に現われた三分法と一致していることになる。

つまり、琉球王朝文化においては、内地の古代の三機能体系のうち第二（戦士）機能の脱落と、主権機能の統治と祭祀への分裂という形による変形が神話と儀礼の両方において存在していたと考えられるのである。

次に問題としたいのは朝鮮である。すでに吉田敦彦氏はギリシャ神話から高句麗神話を経て我が天孫降臨神話に連なる類似を指摘していたし、(16) また私も、日本の宇気比神話とイラン神話との比較において朝鮮にも類例のあることを論じていた。(17) それでは、このような個々のモチーフの類似ばかりでなく、朝鮮にも三機能体系は存在していたであろうか？

『三国遺事』（紀異巻第一）に壇君神話が出ている。

「古記に云ふ、昔、恒因（帝釈を謂ふなり）あり。庶子桓雄、数りに天下を意ひ、人世を貪求せんとす。父、子の意を知り、三危太伯を下視し、以て人間を弘益すべしとて、乃ち天符印三個を授け、遣往して之を理めしむ。雄、徒三千を率ゐて、太伯山頂（即ち太伯妙香山）、神壇樹下に降る。之を神市と謂ふ。是れを桓雄天王と謂ふなり。風伯、雨師、雲師を師ゐ、而して穀を主し、命を主し、病を主し、刑を主し、善悪を主し、凡そ人間の三百六十余の事を主し、世にありて治化す。時に一熊一虎あり、同穴して居る。常に神雄に祈り、化して人と為らんことを願ふ。時に神は、霊艾一炷蒜二十枚を遣はし、曰く、爾輩之を食ひて、日光を見ざること百日なれば、便ち人形を得るべしと。熊と虎は得て之を食ひ、忌むこと三七日、熊は女身を得れども、虎は忌むこと能はずして人身を得ず。

熊女なる者は与に婚を為すもの無し。故に毎に壇樹下に於て孕むこと有るを呪願す。雄乃ち仮化して之と婚し、孕んで子を生む。号して壇君王倹と曰ふ。高の即位五十年を以て平壌城に都し、始めて朝鮮と称す。……国を御すること一千五百年。周の虎王の即位己卯、箕子を朝鮮に封ず。壇君乃ち蔵唐京に移る。後に還り阿斯達に隠れて山神となりぬ。寿一千九百八歳。」

この有名な神話の前半の恒雄が徒三千を率い天符印三個を恒因から授けられて太伯山頂に天降る部分が、日本の天孫降臨に対応するものであることは、すでに岡正雄氏が論じたところであった。(18)

われわれの関心をことにそそるのは、この壇君神話の宇宙論的側面である。たとえば、金両基氏は言う。

「桓因・桓雄・檀〔壇〕君は三位一体の神で、民間信仰でも、三位一体の思考にもとづく信仰が多い。……桓因↓桓雄↓檀〔壇〕君のように、上下が直結されており、それは天〈桓因〉・地〈桓雄〉・人〈檀〔壇〕君〉の三界一致に発展している。(19)」

壇君神話に現われた三分的世界観は、これ以外の側面ももっている。それはことに熊と虎という登場動物によって示唆された社会的三機能体系である。

ところで壇君神話に登場する動物、つまり熊と虎のうち、熊は従来学者の大きな関心をあつめ、ことに三品彰英は東アジアにおける水神としての熊の一例として詳論している。(20) しかし虎に関しては、かつて白南雲氏が、「不思議なことには従来虎を全く看過して了ったことである」(21)と述べたが、管見によれば、その後の諸研究においても、虎については立入った研究は行なわれていないようである。

私の考えによれば、虎も熊も、それぞれ孤立してその神話的意味を探求されるべきではなく、対照をなす一対の動物として研究されるべきである。このような視角から見れば、白南雲氏の次の提説は極めて興味深い。

「卑見によれば、後世の武班、三虎釼（寅の年、寅の月、寅の日に製造せる釼を云う）等に見られるが如く、虎は武士の象徴であり軍長の表象でもあったのである。而して檀〔壇〕君神話に現われるのは偶然ではない。況んや熊と虎とが一穴同居したと云う暗示深い表象を、何して見遁すことが出来るだろうか。もし熊を檀〔壇〕君の慈母として天王の恋女として、天人界の媒介物として考えられるならば、虎も或る一定の事物関係の仮象として理解されねばならない性質のものではないだろうか。そこで余は虎を軍長の反映物として見ると共に、これと同穴している熊を母系酋長の表象と見ている。即ち酋長と軍長との並存関係が、熊と虎との同穴同居として表象されたものである。尤も桓雄天王の人間界に於ける凡そ三百六十余事を主りながら世を理化すると云う観念表象は、すでに或る一定の支配関係と結び付けられた神話であるが、更に桓雄天王の私生子たる檀〔壇〕君が人世の統禦を継承したと云うことは、疑いもなく男系酋長制の樹立であり、酋長世襲制の出現でもあろう。即ち国を御すること一千五百年と云うことは酋長世襲制の表明にすぎない。(22)」

この白氏の所説のうち、壇君神話をもっぱら酋長制の歴史の反映と見る傾向には私は従うことはできない。そのような側面があったとしても、それは壇君神話のすべてを、ことにその動物のシンボリズムを説明しうるとは思わないのである。しかし、その点を別として、虎を《軍長の反映》と見たのは、基本的には正しい方向を示していると考えられる。もっとも、私の言葉で言いかえれば、それは《軍長の反映》というよりも、むしろ《軍事機能の表現》である。白氏はすでに虎と軍事的機能との関係を示す若干の後世の例を挙げた。彼が武班といっているのは、両班のうちの武官のことであって、高麗時代に文官を竜班、武官を虎班と称したのであったが、高麗武宗王の諱を避けて東班西班と改称したのである。(23) そのほか、虎

と軍事的機能との関係を示す例としては、

「虎の夢を見れば男子を生む。虎の夢を見た時直ちに合歓せば男子を生み成長の後武官となり出世する」(24)

と近年まで信ぜられていたことをつけ加えることができよう。(25)

それでは虎は軍事的機能を代表するとすれば、熊はいかなる社会的機能を代表しているのであろうか？白氏は熊を《母系酋長の表象》と見たが、一方、白氏も認めるように、熊は《壇君の慈母として天王の恋女として》と考えられる。と言うことは、熊が天王の子を生むという豊穣の機能をあらわしていることを意味している。つまり壇君神話においては、熊はもっぱら天王のためにその子壇君を生むのが役目なのである。

このような熊女に対応する存在は、三品彰英氏が指摘したように、朱蒙の母たる水の女神である。つまり『旧三国史』によれば、天帝の子解慕漱は水辺に降り、熊心淵に遊ぶ河伯の女をとらえ、銅室中に幽閉して神婚し、その結果、朱蒙が生まれたし、『三国遺事』所載の朱蒙伝説では、解慕漱は熊神山下鴨緑辺中に河伯の女柳花を誘って神婚したことになっている。

「さてこの天帝と神婚する河伯の女すなわちニムフが游娯していたという水が、特に熊神淵と呼ばれていることは全く看過できない一事にして、これは前述して来た熊形の水精河神という神話観念からきた名称でなくてはならない。今もしひとつの連想が許されるならば、かかる水名のよって来るゆえんは、ここに游娯する水精が、その淵名にふさわしく熊形であらわれたがためではなかったか。……

……朱蒙伝説での熊神淵の女神が後者〔壇君神話〕においては熊女となっているが、実際熊女なるものが、最初熊形で出現し後に女身をとっている点こそ、さきの熊神淵の女神を熊形ではなかったかとした筆者の想定に正しく答えてくれるものである。(26)」

三品氏の想定は恐らく妥当であろう。いずれにせよ、朱蒙神話においても、熊神淵の女神は、朱蒙を生むという豊穣の機能をあらわしているのである。

残念ながら私は、朝鮮において熊が豊穣の機能をあらわしているその他の事例を知らないが、壇君神話においては、このような解釈が許されると思っている。

しかし、この神話では、主な登場人物は熊と虎だけではない。天降った桓因の庶子桓雄こそが中心人物なのである。この桓雄がいかなる機能を代表しているかは、神話のなかから容易に読みとることができる。つまり桓雄は、《以て人間を弘益すべし》とて神器《天符印三個》を父から授けられ、人世を理めるために天から遣わされ、しかも天降った桓雄は風伯、雨師、雲師を将い而して穀、命、病、刑、善悪等凡そ人間の三百六十余の事を主宰し世にありて理化すと記されたように主権の機能を代表しているのである。

このようにして、私の解釈によれば、壇君神話においては、その主要登場人物、桓雄、虎、熊は、主権、軍事、豊穣の機能をそれぞれ表現していることになる。このことは極めて重要である。なぜならば、近年、吉田敦彦氏や私の研究によって、日本神話と印欧神話との間に大幅な一致が見られることが明らかにされ、その一致は、単に個々の神話モチーフ上の一致にとどまらず、パンテオンの構造における三機能体系にも及んでいることが指摘されているからである。

そして印欧神話の影響が恐らくアルタイ諸族を経由して日本に及んだであろうことは、吉田氏も私も想定したところであった。事実、個々の神話モチーフにおいては、朝鮮神話が印欧神話と日本神話との間の媒介項の地位にあることはすでに知られていた。しかし、朝鮮神話において、今まで三機能体系自体の存在は証明されていなかった。それが、本稿の試みにおいてはじめてその可能性が示されたのである。

三　アイヌ神話との比較

本書ではアイヌ神話との比較についても一章を設けることを当初計画していたが、遂に実現できなかったので、ここで若干つけ加えておきたい。

日本古典神話とアイヌ神話との比較研究はほとんどされていない。一九世紀末、チェンバレンが、日本とアイヌという「二つの神話体系の比較は、両言語間に存在するよりも更に僅かしか関係がないことを呈示するように見える」という否定的見解を出したのが、(27)唯一の立入った比較研究という情ない有様である。

しかし、すでに私が『日本神話の起源』で指摘したように、原初海洋中の原初の島に造島神の降臨と鳥から性交を習うモチーフを含む創世神話が、日本のオノゴロジマ神話や島に性交を習った神話と類似しており、(28)また櫂で海中の魚をさぐった江刺のニシン起源神話もオノゴロジマ神話と比較できるように、(29)アイヌの創世神話と日本のそれとの間には類似が存在しないわけではない。また、ヤマタノオロチ退治神話に比すべきアイヌの神話もあるし、(30)コノハナサクヤビメ型の異伝ともいえる死の起源の神話もアイヌにある。(31)

しかし、それ以外にも、日本神話と類似したアイヌ神話をいくつかつけ加えることが可能である。

日本古典神話においては、かつて島が漂っていたという表象が顕著であり、(32)本書でも伊藤清司氏が中国の伝承と比較しているが、アイヌにも流れ島の伝承がある。
更科源蔵氏は次のように論じている。

「昔、利尻岳は千歳の近くにあったが、ある年の山津波でもぎとられ流されているうちに、長沼というところの馬《サマ》追山《ツキヌプリ》にぶつかって、その山を横ざまにねじまげて石狩川を流れくだり、海にただよい出て利尻島のところにひっかかって島になってしまった。あるいはこれが焼尻島になったという人もある。また利尻の隣の礼文島は天塩川の奥にあった山が、やはり山津波に押し流されて海に出たものであるといい、日本海にある島々は山津波によって本島から流れ出たという伝説がある。

ところが太平洋岸では本島から流れ出たという伝説は一つもなく、逆に海のものが山に押し上げられたという話が多い。日本海岸は山が海にせまっていて、いわゆる山津波《オキムンペ》に痛めつけられ、太平洋岸は砂浜が多く海嘯《オレプンペ》に悩まされたからであろう。[33]」

日本の海幸山幸神話には、いくつかの構成要素があるが、その一つは海と山との争いによって洪水ないし高潮が生ずるというモチーフであって、これはベトナムから中国東南部に存在しているが、さらに日本を経て北海道のアイヌにも及んでいる。

「虻田では津波がきそうになると、老翁と姥とが海に向かって「昔津波のあったとき、山の神の熊が津波を起こした海の神と論争になり、海の神が負けて山の神の息子に娘を嫁にやって謝ったのだ、それをお前は知らないのか、神様の息子と娘とはこうしたんだぞ[34]」といって、二人で肩を抱き合って踊ったり、あやしげな仕草をしながら踊ってみせると、波が引いてゆくという。」

日本古代における作物起源神話として代表的なのは、『古事記』のオオゲツヒメ神話、『書紀』四神出生章一書十一のウケモチ神話である。この両神話の特徴は、オオゲツヒメないしウケモチが、訪ねて来たスサノオないしツクヨミに、始め嘔吐ないし排泄によって生体から出した食物を提供するが、これを見て激怒したスサノオないしツクヨミにより殺害され、その死体の各部に作物が発生した神話である。(35) 本書では玄容駿氏が朝鮮の類例をあげているが、アイヌにも類例がある。

網走の浦士別の酋長の談として次の例が報告されている。

「私は立派な酋長で妻とも仲よく暮していた。そこへ東の方から小さな女が小娘を連れて村ごと酋長を訪れ、お椀を借りてはそれに脱糞して酋長に差し出し、汚ながって食べないと怒って罵倒するといううわさが耳に入り、やがて〔女達が〕村に入って来て私の家を訪れ四方山《よもやま》の話をし、うわさの通り椀を借りて物かげに行ったが、やがてどろどろした物を一杯に盛って来て差し出した。見たところ汚なそうだがよい匂いがするので食べてみるととてもおいしく、妻にも分けて食べさせたが、その晩女達は泊って私に夢で、姥百合と行者蒜であることを告げ感謝して消えた、それから私はそのことを皆に教えたので、皆から尊敬されるようになった。(36)」

日本神話とアイヌ神話との比較がまだ不十分な段階にある現在、このような類似をいかに解釈すべきかについて決定的なことは言えないが、私の現在の一応の見通しは次の通りである。

これらのアイヌ神話は、なかには日本神話にはない要素（たとえば原初の島神話中の五色の雲という要素）も含んでいるのもあるが、日本神話と類似している部分は、大体において和人文化からの影響であろう。これは、日本文化や日本語において、確実にアイヌ的要素と見なされるものが現在まで証明されていないのに反し、アイヌ文化やアイヌ語には日本文化や日本語からの影響が少なくないこと、[37] また問題の神話諸モチーフが、ほとんど中国南部ないしシナ海沿岸地域から日本に入ったものと考えられることからも、そのように考えられる。

ただ、ここで注目してよいことは、オノゴロジマ神話との類似、海と山との争いによる高潮、流れ島などのモチーフにおいて、内地漁撈民文化からの影響と思われるものが多いことである。また、オオゲツヒメ型神話にしても、採集狩猟を基本とした網走アイヌの生業形態に応じて、採集植物ウバユリの神話となっていることも注目される。

日本神話の比較研究について、また本書に収められた諸論考について述べておきたいことは、まだいろいろあるが、予定の紙数も超過したので、ここで止めなくてはならない。この論文集が、研究の一層の進展に刺激を与えることができれば、編集者の目的は達せられたと言ってよい。

最後に本書のために寄稿された諸氏、法政大学出版局の松永辰郎氏にお礼の言葉を述べておきたい。

一九七三年八月　山中湖にて

（1） 大林、一九六一

(2) 三品氏の研究は論文集（三品、一九七〇―七一）にまとめられている。
(3) 松本、一九三一（一九七一）、一九六八
(4) たとえば、大林、伊藤、一九七二―七四
(5) 松村、一九五五―五八
(6) Franz 1932 : 119
(7) 吉田、一九七二、三七四―五
(8) 直木、一九六四、二八三―二九一、三〇七―三〇八
(9) たとえば直木、一九六四、二四一―二六八
(10) 大林、一九六五
(11) 大林、一九六六、一九七三a
(12) 新里、一九七〇、三九―四一
(13) 折口、一九二九（一九七一、三四一―三四二）、なお一九三七（一九七一、七一）参照。
(14) 伊波、一九六二、中二四八、
(15) 仲原、一九五九
(16) 吉田、一九七三
(17) 大林、一九七二
(18) 岡ほか、一九五八、四七
(19) 金、一九七二、二四七
(20) 三品、一九七一、ことに四二二―四三六
(21) 白、一九三三、一六―一七
(22) 白、一九三三、一七―一八
(23) 今村、一九一九、一九

（24） 今村、一九一九、四四六

（25） 虎を軍事的機能の象徴とするのは、あるいは中国の影響かも知れない。古代中国の虎賁のような軍事組織を想起せよ。なお朝鮮において、虎を軍事的機能の象徴としたその他の事例については、Pogio 1895 : 218—219 をみよ。

（26） 三品、一九七一、四二七—四二九

（27） Chamberlain 1887 : 35—38

（28） 大林、一九六一、三一（一九七三、三〇—三一）

（29） 大林、一九六一、八三—八四（一九七三、八三—八四）

（30） 大林、一九六一、一七四—一七六（一九七三、一七二—一七四）

（31） 大林、一九六一、二二八（一九七三、二二七—二二八）

（32） 大林、一九七三a、三四四—三五二

（33） 更科、一九六八、一六二

（34） 更科、一九六八、一六二

（35） 大林、一九七三b、第二章

（36） 更科、一九六八、九一

（37） 村山、大林、一九七三、一二二—一二九

（参考文献）

Chamberlain, B. H, 1887, Language, Mythology, and Geographical Nomenclature of Japan viewed in the Light of Aino Studies. Memoirs of the Literature College, Imperial University of Japan, No. 1.

Franz, Eckart, 1932, Die Beziehungen der japanischen Mythologie zur griechischen. Bonn

伊波普猷、一九六一—六二『伊波普猷選集』三巻、那覇

今村鞆、一九一九『朝鮮風俗集』京城
金両基、一九七二「朝鮮の建国神話」『中央公論』八七ノ二、一三八―一五一
松本信広、一九三一『日本神話の研究』東京（一九七一、平凡社）
松本信広、一九六八『東亜民族文化論攷』誠文堂新光社
松村武雄、一九五五―五八『日本神話の研究』四巻、培風館
三品彰英、一九七〇『日本神話論』平凡社
三品彰英、一九七一a『建国神話の諸問題』平凡社
三品彰英、一九七一b『神話と文化史』平凡社
三品彰英、一九七二『増補日鮮神話伝説の研究』平凡社
村山七郎、大林太良、一九七三『日本語の起源』弘文堂
仲原善仲、一九五九「太陽崇拝と火の神」『日本民俗学大系』一二ノ一六一―一七四、平凡社
直木孝次郎、一九六四『日本古代の氏族と天皇』塙書房
大林太良、一九六一『日本神話の起源』角川書店（角川選書版、一九七三）
大林太良、一九六五「出雲神話における〈土地の主〉――オオナムチとスクナヒコナ――」『文学』三三ノ六、五五九―五六九
大林太良、一九六六「記紀の神話と南西諸島の伝承」『国語と国文学』四三ノ四、一四六―一五五（日本文学研究資料叢書『日本神話』三八―四六、有精堂、一九七〇に再録）
大林太良、一九七二「宇気比神話の諸様相」『宗教研究』四五、四七一―五〇二
大林太良、一九七三a「琉球神話と周囲諸民族神話との比較」日本民族学会編『沖縄の民族学的研究』三〇三―四一九、民族学振興会
大林太良、一九七三b『稲作の神話』弘文堂
大林太良、伊藤清司（編）、一九七二―七四、『シンポジウム　日本の神話』五巻、学生社
岡正雄ほか、一九五八『日本民族の起源』平凡社

折口信夫、一九二九「続琉球神道記」島袋源七『山原の土俗』郷土研究社、東京（大藤時彦・小川徹（編）、『沖縄文化論叢二一民族編一』、三三八―三五二、平凡社、一九七一に再録）
折口信夫、一九三七「琉球国王の出自」『南島論叢』（馬淵東一・小川徹（編）『沖縄文化論叢、三、民俗編、二』、六三―一〇〇、平凡社、一九七一に再録）
白南雲、一九三三『朝鮮社会経済史』（経済学全集、六一）、改造社
Pogio. M. A., 1895. Korea. Wilhelm Braumüller. Wien und Leipzig
更科源蔵、一九六八『歴史・民俗　アイヌ』社会思想社
新里恵二、一九七〇『沖縄史を考える』勁草書房
吉田敦彦、一九七二「印欧神話にあらわれた社会構造と世界観」大林太良編『神話・社会・世界観』三五七―三八五、角川書店
吉田敦彦、一九七三「日本神話とギリシャ神話」伝統と現代社編『日本神話の可能性』一〇八―一五三、伝統と現代社

第一部　東アジア神話との比較

琉球神話についての若干の問題

山下欣一

一　はじめに

北は喜界島から南の与那国島に至る日本本土と台湾との海上に点在するおよそ四十余にのぼる大小の島島は、北から奄美諸島、沖縄諸島、宮古諸島、八重山諸島であり総称して琉球列島と呼ばれている。これらの島々は、その地理的位置からして、日本本土への南方からの海上経路の一つとなり、また北から南下する経路となったであろうと想定される。このためこれらの島々に対する民族学的、民俗学的方面等からの関心はきわめて高く、その論考も数多くなされており、近時これらについての研究論考の集成も刊行されている。(1) しかしこの列島における神話の研究については、いまその緒についたばかりであると言える現状である。

従来琉球神話については、『琉球神道記』や『おもろそうし』等から琉球王府編纂にかかわる『中山世鑑』、『琉球国由来記』等の文献類によって研究論考がなされているにすぎなかった。なにぶんにも文献類もその編纂が時代を下るのが大部分であり、稀少化していることもあり、その研究は、馬淵東一氏の「沖縄の穀物起源説話」についての先駆的業績以外は、停滞していたと言えよう。しかしながら近時日本神話をめぐるアプローチが各方面からなされるようになり、その方法も多様化し、深まってきている現状であって、従来は、資料として一、二の事例として引用されるにすぎなかった琉球神話についても正面からアプローチしてその位置づけを行おうという試みがなされるようになった。この試みは、今まで注目されていなかった民間に伝承されてきた説話群の検討によってなされており、琉球列島における神話についての考察は、この結果新しい展望を持つことが可能になったと言える。

大林太良氏は、——記紀に記された古典神話に親縁のモチーフは、わが国における現在あるいは比較的近い過去の伝承としては、ことに南西諸島に残存している。そしてこれらの南西諸島の伝承の基本的モチーフ、構造は、記紀の神話と大幅な一致を見せるが神名その他の細部においては一致していない。このことは現在の記紀の形にまとめられてから南西諸島に二次的に伝播したというよりも、記紀にまとめられる前の共通の母胎から分れて、南西諸島において保存された可能性が大きいという想定のもとに、記紀の所伝と南西諸島の伝承の比較によって、記紀以前の日本神話の古い形を再構成する可能性が生まれる。南西諸島の伝承には、国土創成、人類創造、農耕の起源の三つの主要問題を一つづきのものとして取扱っていることは構成的にみても記紀神話よりも一貫しており、日本神話と深い親縁関係をもつと信ぜられるポリネシアなどの比較から考えても、南西諸島の伝承がより古い形を保存している可能性があるとされた。

そしてこれらの開闢神話に含まれない若干のエピソードとしてのオオゲツヒメモチーフや海幸彦・山幸彦モチーフも南西諸島に現存している。このようなことから古典神話と後代あるいは現存の伝承との組織的比較がきわめて不充分な段階である現在、これらの諸問題に明確に答えるためにも一層の組織的な材料の収集と比較が必要であるという指摘をされた。(2) 一応この列島に関する神話の考究における理論的基礎と仮説を設定されたわけである。

このような立場から、この列島における民間に伝承された説話群の整理や分析を通じての考察がなされるようになってきている。琉球列島に普遍的に存在している兄妹始祖説話について、筆者は、民間説話の再検討という観点ではあったが、資料群の整理を行ったことがある。(3) またおなじ兄妹始祖説話についての伊藤清司氏の論考がある。伊藤氏は、アマンチューという巨人の天地分離型開闢伝承と沖縄の史書に現われるアマミキヨやアマミク・アマミキュという創造神の登場する創世伝承は、別系統の神話であるとして、アマミク・シネリク神についての考察を進められ、この神を一柱の神であることに疑問を呈示されている。そしてやどかりの方言としてのアマムとアマミキヨの称呼上の類似を指摘され、石垣島の人類起源伝承のやどかりの穴から男女二人が現われたという事例等のやどかりの強調される琉球列島南部の事例等を検討されて、その推論のなかで、地中の穴からの人祖の出現の考究の場合に穴そのものを比較研究の対象にすべきだとされた。そしてこの列島の兄妹婚説話について、日本列島や台湾など東アジアの東縁島嶼部に顕著な動物の交尾に示唆を得て、結婚の行為を営むというモチーフのあることが特色であると指摘された。また八重山・先島と華南諸族との洪水型同胞婚伝承上の類似を、石垣島にある兄妹同胞で夫婦になる可否を占うモチーフが井戸・泉をめぐる点に求め、この物めぐり系の伝承が類似しており、さらには、近親相姦による初産児が異常児である点の類似があるなどの指摘をされた。(4)

さらにその後大林太良氏は、琉球列島の神話について、詳細なそして綜合的な資料群の整理から琉球列島における神話領域についての研究と天からの土砂による島造り・流れ島・風により孕む・兄妹漂着・生み損い・土中から始祖・天地分離巨人等のモチーフについて近隣諸地域の資料との比較民族学的方法による研究をされて琉球神話の系譜についての考察をされている。(5)

この大林氏の研究によると琉球列島における神話領域には、まず兄妹始祖神話がこの列島に普遍的に存在すること、この列島における神話モチーフは、北部（奄美・沖縄）と南部（宮古・八重山）に分れる傾向が見られること、このことは、流れ島・風により孕む・世界分離巨人などの諸要素は北部から、他方犬祖と地中からの始祖などのモチーフは南部にのみ知られているように見えることから説明されるとする。『おもろそうし』や『琉球神道記』などに現われたモチーフは、原夫婦天降・流れ島・風により孕む・天からの土砂による島造りなどは王朝神話の基本的モチーフであったとされ、宮古・八重山への進出が認められないことを指摘しておられる。そして王朝神話に属さないで民間神話の性格を持つ他のモチーフは、すべてが一綜合体をなしていたわけでなく、王朝文化を受けとめた基層文化に地方差や系統差があったことを予想できるとされた。そして各モチーフの系譜を近隣地域との事例の比較研究を通して、次のような琉球神話の系譜について考察された。すなわち、この列島における神話は、大神話系統にまとめられていない。そして琉球神話は、南部と北部に二分される傾向があること、このことは考古学的見解からもそう言えること、北部神話は、一方ではインドネシア・ポリネシアと他方では日本内地と深い関係を持つが直接あるいは間接に中国の東南海岸から到来した諸要素から成るに対して、南部神話は、古層栽培文化とある種の漁民文化から成り立っており、しかも王朝神話の影響がその上に及んできていることなどを要約された。そして琉球王朝神話の成立を上限を七・八世紀、下限を十二・十三世紀に比定された。このような論考がなされることによって、琉球神話の研究は、今や新しい時代に入ったとみるべきであろう。琉球神話の研究は、前期・後期に二分できると考えられるが、先駆的・啓蒙的な段階を前期とするならば、まさに本格的研究の始まらんとしている現在は、後期が始まった時点であると指摘できよう。伊藤清司氏(6)や大林太良氏(7)もその論文の結語において、おなじように資料の整理・近隣地域との比較研究の必要性を強調されていることは、象徴的であると言える。

しかして、この琉球神話研究の後期における特色の一つである民間に伝承する説話の再検討による研究は、一応の今後の見通しはあるにしても、その整理について、フォークロアからの検討の課題があることを指摘しておきたい。そしてまたもう一つの課題としては、資料の提示と整理を急ぐ必要があろうかと思う(付記参照)。

このような観点からして、ここでは、まずアマミキヨ・シネリキヨについての若干の問題点を指摘し、奄美諸島に伝承している日光感精説話としてのオモイマツガネ説話について資料の整理を行い、最後に犬聟入説話についての若干の問題にふれてみたいと思う。

二　アマミキヨ・シネリキヨについて

昇曙夢氏は、『大奄美史』において奄美の開闢神話を大要次のように記しておられる。

大初この島は波の上に低くただよえる浮島に過ぎなかった。この有様を高天原から俯瞰し、不びんに思われた日の神は、アマミコという女神とシニレクという男神にこの島の修理固成を命ぜられた。二神は、この島に降臨されたが、海の波が東から西へ、西から東へと打ち越したので天から、土砂・草木を下して海の波を防ぎ、無数の島をつくった。後三男二女を生み、長男はアマミコ、次男は按司、三男は百姓、長女は君々、次女はノロとなった。また一説には、当時の住民は、穴居して果実を食い、禽獣の血を飲み、火食を知らなかったので、アマミコが天から五穀の種子を乞うてきて、栽培の法を民に教えた。また口碑によれば、女神アマミコの額の上には瘤があって、角の如く盛り上っていたので、常に珍絹《ウツギヌ》を頭にまとっていたので、奄美の婦女子は、頭に白布をまといこれを角隠し、または珍首《ウチクイ》といった。このようにして、シニレク・アマミコの二神は、大島を経営して、南下し、琉球入したという。琉球のオモロに大島を根の国といい景慕しているのは、このためであろう(8)。

この奄美大島における開闢神話については、現存する伝承からは、これをたどることはできない。『南島雑話』などでもこのことについては、その痕跡すら見出すことができない。

そしてこの昇曙夢氏の記述については、昇氏が全面的にその記事を引用しておられる都成南峰氏の『奄美史談』にその根拠をおかれていると考えることができる。しかして昇氏は、都成氏の引用しておられる、

「復開祖の図アリ　男ヲウヌカナシ　女ヲウメカナシト称ス・(南島画譜) 付記　加那支は、南島ノ尊称ナリ(9)」

という記事についてはこれにふれておられないのである。現段階では、この昇曙夢氏の奄美開闢神話については、はなはだ疑問とせざるを得ない。少なくとも現在管見の及ぶ限りでは、奄美諸島におけるアマミキヨ・シネリキヨ系の呼称は、これを追跡できないと言わざるを得ない。

アマミキヨ・シネリキヨについては、従来先人の諸説がある。この神を一柱とするか、二柱にするかがその説の分れるところである。

アマミキヨ・シネリキヨ系の呼称についてこれが記述されている文献からこれを示すと次のようになる。文献は、編述の時代の古いものから順に示すことにする。

文献名	神名
琉球神道記	シネリキュ（男神） アマミキュ（女神）
おもろそうし	あまみきよ しねりきよ
中山世鑑	阿摩美久
混効験集	あまみきょう しねりきょう 琉球開闢の男女也
中山世譜	阿摩弥姑（女神） 志仁礼久（男神）
球陽	男ハ志仁礼久ト名ケ 女ハ阿摩弥姑ト名ク

この二神について、伊波普猷氏、[10]鳥越憲三郎氏[11]等は、一神であろうと考えられた。外間守善氏は、『おもろさうし辞典・総索引』において、あまみきよ（アマミ人）について次のように述べておられる。[12]

「沖縄神話上の創造神と伝えられる「アマミコ」に同じ「きよ」は、「こ」に通じ人の意。対語に「しねりきよ」または「しねりやこ」があるためそれぞれ男女二神と解する人もいるが「しねりきよ」は対語であり一神とみるべきであろう。」

この外間氏の説は、主としておもろの対語の研究に基礎をおいたものであって、現在の定説とみていいものであろう。しかし『混効験集』には、明らかに男女二神とあることは、どのように解すればいいであろうか。そしてまたこの右の表が示すかぎりにおいて、男女二柱の神が優勢を示しており、わずかに『中山世鑑』が阿摩美久一柱の神をあげておるのは、どのようなことであったのか、などの疑問を持たざるを得ないのである。この問題についてその解明の手がかりとして、二、三の資料を検討してみよう。

事例1　柴差しのウムイ　大宜味村字喜如嘉(13)

むかしぬ
あまみくが　しるみくがきざしや
国立てら島立てら　みそうりば（後略）

このウムイは、八月四日から十四日にかけて行われる沖縄本島中部の喜如嘉での柴差しのウムイであるが、大要次のような創世神話を唱えるのである。

昔のアマミク・シルミクの神が、国建て、島建てしようとすると、島尻も、国頭もだぶついており、東の潮が西に、西の潮が東に越えていくので、ご相談なさって森の型をつくり、黒土を打ち放って、国釘を降ろして国をつくった。そして木々や石をさし降ろして島をつくった。

創世神話のうち国土創造を唱えるものであって、結びには、この村が生まれ変わるまで願いますという祈願の唱句がついて、ウムイとしては、典型的な形式を持つものである。このウムイのなかで注目したい

のは、

ぐそうだん　かたれみそうち

という、「ご相談、語り給いて」という文句であろう。この文句は、国をつくろうとしたアマミク・シルミクが島尻も国頭もだぶついているのをみて、相談したことを物語っている。このことから考えてみると、このアマミク・シルミクは対偶神であると考える方が無理がないであろう。

事例2　田ぬウムイ（クエーナウムイ）　東村字平良(14)

あまんちゅぬはじまい
しるんちゅぬはじまい
うふふくぬむーち
くふくしばやぬむーち
うきんじゅばくぬむーち
はいんじゅばねぬゆぬち
あーらあかばくぬむーち
あーらかさかさぬむーち
ちぬらかさやぬむーち
あかんちゃやくぎひて
しるんちゅややくぎうきて
あまんちゅーにしばさひーち

しるんちゅーや　　ういて三日なゆりば

このウムイには、不明な点が多いが大意を要約をすれば次の通りである。

アマミキョ・シネリキョの初めに、水を引いて、シネリ人は　ヤク貝を浮けて、アマン人に柴を引いて、シネリ人は植えて三日なれば、という水田耕作の準備を述べ、このあとに四月に穂がでて、五月にはたわわに稔り、六月に刈り、お酒をつくって、金森にささげて拝みますという豊作祈願を祈るウムイになっている。

このウムイでは、あまんちゅとしるんちゅの役割の分担が明確になされていると考えていいものである。

事例3　たきねーいぬウムイ　座間味村字阿佐(15)

あまみちゅが　しぬみちゅが
しちゃとうたる　ぬらとうたる
たきねーい　むいねーい
くぬしま　くぬくねー
うちくさ　ゆいくさるやゆる
あまみちゅが　しるみちゅが
あらぎうぃてぃ　なみけーすん
ぴるぎうぃてぃ　すーけーすん（後略）

このウムイは、二月の麦の穂祭りのときに座間味村阿佐殿の前で唱えるウムイである。その大要を示すと次の通りである。

アマミ人が、シネリ人が、この島、この国が浮き草、寄り草であったので、アダン木を植えて、波を返し、ヒル木を植えて、潮を返して国土の創造を述べ、次に田をつくり、肥料を入れて正月に種子をまきおろし、二月になると立ち繁り、三月になると立ち繁り、四月になれば露をかくして、五月になれば穂はたれて、六月になれば刈りとって、乙女が口でお酒をつくって捧げます。

このウムイは、事例2とおなじく国土創造から水田を開き、水稲の植付けから収穫までを述べているウムイで、こうしてできた米で酒をつくり、神に捧げようという意味の結びの句が祈願詞になっているものである。

この場合も対語としてみるよりも二柱の神名とみる方が妥当であろう。

このようなウムイに伝承されてきているアマミキヨ・シネリキヨ系の神名をさらに沖縄本島南部久米島・慶良間諸島に数多く伝承されているクエーナでみてみよう。

事例4　アマーウェーダ　浦添村字西原(16)

あまみつが始まる
アマウエーダーヤ（以下同じはやし）
米のわきやがる

しるみつののだてる（後略）

このクエーナの大意は次の通りである。

アマミ人が始めた天親田は、米の湧き上る天親田で、シルミ人が宣立てる天親田である。そして次に前の平原や下の平原を巡って泉をさがし田をつくり、稲を植え、二月にユダリ草をかき回し、五月には吉日を選び、うなり神を頼んで穂花を取り上げ、六月になれば稲を刈り、うず高く積み上げよう

このクエーナは、事例1・2の国土創造は欠くがアマミキヨ・シネリキヨが水田をつくり始めたこととその収穫までの順序を述べたもので構造上は類型的なものと言えよう。そしてこのクエーナでは、あまみつーが始まるとしてアマミ人が先行しそれを受けてしるみつーがのだてるとしているのである。このことは、アマミキヨの女性神としての優越性を示していることかも知れないし、またこのことはウナリ神としての姉妹の霊的優越性を示す信仰に根拠を持つものとして説明できるものでもあろう。

次に現段階において琉球列島における古謡の集大成された資料集(17)のなかから、アマミキヨ・シネリキヨ系の神名の現われてくる古謡を整理して表示することにしてみよう。

この表についてみるとこのアマミキヨ・シネリキヨ系の神名の伝承は、沖縄諸島のほぼ全領域にわたって見出すことができるものであると言える。さらに古謡番号の3・4は漁と関係し、1・6のウムイ、7・8・9・10のクエーナ、12・13のミセゼル、14のノダテゴト、15のテルクグチは、同じ類型のなかで

番号	古謡	アマミキヨ・シネリキヨ	地名	備考
1	柴差しのウムイ	むかしぬ あまみーくが しるみーくが　きざしや	大宜味村 字喜如嘉	八月の柴差しのとき（水田）
2	オモイ（シナマ）	あまじかさ いぬいじかさ	東村 字平良	
3	しらちなの オモイ	あまんちょの しねんちょの	恩納間切 恩納村	（漁）
4	海 オモリ	ウー　あまんちゅぬ　ヘイ ウー　しねんちゅぬ　ヘイ	恩納村	霜月ウンデーウユミに謡う漁りの歌曲（漁）
5	オモロ	あまみきよが のだてはじめのぐすく	知念村	
6	たきねーいぬウムイ	あまみちゅが　しぬみちゅが あまみちゅが　しるみちゅが	座間味村 字阿佐	二月麦の穂祭のとき（水田）
7	田の祝いのクェーナ	あまん世ね初め しるんちゅぬさりま	国頭村 安田	（水田）
8	アマウェーダクェーナ	あまみつーが始まる しるみつののだてる	浦添村 字西原	（水田）
9	アマウェダークェーナ	あまみちゅがはじみぬ しらみちゅがのだての	浦添村 字沢岐	（水田）
10	坐グェーナ立グェナー共通詞	あまみつがはじみぬ	玉城村 字百名	（水田）
11	仲里城祭礼の時くわいにや	あまみきょう　しのみきょうか あまみき屋　しにう屋き屋	久米島 仲里間切	
12	ミセゼル	アマミキヨガハジメ シネリキヨガハジメ	伊平屋島	八月の柴差イセ祭スレハともある（水田）
13	鹿児島の御手ニ入、三年目ニ嶽々トノヘ神出現ニテ神託ミセゼル	アマミキヨニ　イセ祭リ スレ	伊平屋島	（水田）
14	雨乞 ノダテゴト	アマミキゥユ イセ祭	伊是名島	
15	字勢理客のテルクグチ	エーシルンチェノヌダテル エーアマンチュノハジマル	伊是名島 勢理客	（水田）

とらえることのできる構造を持っているものである。すなわち国土創造を述べ、または水田を開き、稲を植えつけ、その収穫までの過程について述べるものである。

事例で検討してきたこととこの表において示されることについてこれを要約すれば次のようになろう。

(1) アマミキヨ・シネリキヨは、天帝などという文献に現われる神よりも民間の伝承においては、親しいものであった。

(2) その痕跡はあるが、はっきりとはしないアマミキヨとシネリキヨは、対偶神と考える方が妥当であろう。

(3) アマミキヨ・シネリキヨは、奄美諸島には、及んでいなかった。

(4) アマミキヨ・シネリキヨは、沖縄諸島のほぼ全領域に及んでいると言えよう。

(5) 宮古諸島、八重山諸島には、アマミキヨ・シネリキヨは及んでいなかった。

さらにこのことはアマミキヨ・シネリキヨと同系統のアマミヤ・シネリヤを検討していくことによってもほぼ立証できるものと考えられる。沖縄本島の北西部の伊平屋島・伊是名島に伝承されていたテルクグチには、アマミキヨ・シネリキヨの現われるものが一例あるが、あとのものには、テルクミ・ナルクミが(18)アマミキヨ・シネリキヨと同じように使用されている。これは奄美諸島のウムイにでてくるナルコ・テルコと対応するものであって、伊平屋島の田名のテルクロなどは、そのなかに喜界島・徳之島などがでてきており、奄美諸島の関連を考えさせるものがあるのを指摘しておきたい。

三　オモイマツガネ説話（日光感精説話）

喜界島・奄美本島・徳之島には、日光感精説話としての事例が二、三ある。まずこの事例群を要約して提示してみよう。

事例1　喜界島志戸桶(19)

我原家の始祖に天神がちらし子をした。男の子であった。友だちに父無し子といっていじめられた。七歳のときに父をたずねて、天にのぼる。天神は、不敬な奴だといって三三ぴろの川につき落とせと命じ、つき落とすがひらりと向こう岸に飛んだ。荒馬をさしむけたが、この子供のそばに行くとおとなしくなる。黒煙にまかせて息を止めてやろうとするが、この子供のそばは、晴れてどうもない。天神は、子供を自分の子と認める。子供は、父の天神と一緒にいたいと願うが、お前にスジヤ（人間界）のためになることをさせようと思ってちらし子をしたのだから、夏ウリズム・冬ウリズムのお初をささげられてスジヤ（人間界）の暮らしをしなさいと言って書物をくれた。子供はそれを持って下界に降りてくるが途中で書物を落とす。急いで降りてみると半分は牛が食べてしまった後だったという。

この話の記録には、要約と省略があるように考えられる。天神と表記してあるのは太陽である。正月二日や祭り日にこれを唱えており我原家の当主が伝承しているものである。

事例2　喜界町志戸桶(20)

絶世の美人が機織りしていて、太陽に愛される。男の子が生まれる。男の子は、父無し子と言われて父をさがしに行く。ミキをつくり門の上にのせ、テダクモガナシに自分を殺そうと思ったら藁のつなを、生かそうと思ったら金のつなを降ろして下さいと祈ると金のつなが下ってきたのでそれにすがって天に上った。人間界のものが天に上ってきたというので川に投げこむが、向こう岸に立ち、馬で踏みつぶさせようとするが、馬は、鼻でかぐのみで殺さなかった。テダクモガナシは、自分の子供であると認める子供は、天にいたいというが、テダクモガナシは、帳簿をあげるから、人間界に帰り、これで病人を治し、コメの初物、ムギの初物をいただくのだと教える。子供は七冊帳簿をもらうが、二冊は落とし、五冊の帳簿を持って帰り占いをするようになった。これがユタの始めだという。

この事例は、女性のユタが唱えたものである。正月には必ずこれを唱えたという。

事例3　喜界町志戸桶(21)

ティダクムィ加那志にウルシガー（下し子）があった。母一人に育てられ七歳になる。父無し子であると友だちに笑われる。母は、ティダクムィ加那志の子であることを教える。子供は、天に登る。太陽は怒って、鬼に食わせようとするが子供の位が高いので鬼は、ひざを折って手を合わせて拝む。太陽も自分の子供と認める。お前に物を食わせるようにすると言って、子供を地上に帰す。子供は、牛飼いをしている。ある日天からお草紙が落ちてきた。牛がそれを飲みこむ。子供が牛の腹をける。牛がはき出す。その時牛の血でお草紙の字は赤くなる。それで牛の第一胃をソーシワタ（草紙腹）という。子供はお草紙（占者）、母親はユタの始めになったという。

この喜界島の三例は、ともに喜界島北端の志戸桶で採集されたものであるが、若干違った要素をそれぞれ持っているようである。この要素を要約してみると次の通りになる。

(1) 太陽に地上の女性が愛される。
(2) 男の子が生まれ、七歳になる。
(3) 親無し子と笑われる。父は太陽であると知る。
(4) 父である太陽に会いに天にのぼる。
(5) 天で試練に会う——馬・鬼・煙。
(6) 太陽は自分の子と認める。
(7) お草紙を与え、占いをする人になるように地上に帰す。（お草紙はあとで落ちてくる）
(8) お草紙を落とす。牛がこれを食べる。
(9) 男の子はお草紙、母はユタの始めとなる。

この喜界島における三事例はともにその発端があいまいになり、牛がお草紙を食べるのが強調されるようになっているとみていい。

事例4　奄美本島浦上(22)

思松金という絶世の美人が太陽に愛される。病気がちになる。両親がトキ取り、物知りを頼み占ってもらうと太陽の愛を受けているという。思松金は十二ヵ月姙って金のマタラベという子供を生み、金のマタラベは生後三日で門口で遊びだしたという。この金のマタラベに按司の子供が船競争、弓競争をいどむが、金のマタラベが勝つ。口惜しがった按司の子は、父親競べをしようという。母にたずねてみると天に登って聞いてこいというので、線香の煙にそって登っていくと太陽がお前の父親は自分だと認め大和下りの刀と高膳を与えて帰す。金のマタラベは、高膳のふちを刀で切り箸にしてご飯を食べたので、太陽は、これを見て喜んだという。

このオモイマツガネは名瀬市に現在住んでいる男ユタの唱えたものであって、普通神がかりまでの呪詞なので完全に唱えることはできないものであり、完全なものではない。

事例5　名瀬市浦上(23)

思松金という美女がいて、川で洗濯をしていたら、てだがなし（太陽）が手をさしたので心遠くなった。占いをさせると子供を姙っている。十ヵ月で生まれれば人間の子、十二ヵ月で生まれれば神の子だ。男の子が生まれると金のマタラベ、女の子が生まれると金のウナカと名づけよとのことであった。十二ヵ月たって男の子が生まれた。七歳にならないうちに木戸あそびをし、七歳のとき、友だちから弓くらべをいどまれる。母は、布を織るスシで弓をつくり、メクサで矢をつくって持たしてやると天の雲がかくれるまで遠くへ飛んだ。舟競争をいどまれた。井ナのあとさきに、釘打って真中に柱を立て金のマタラベにやった。この船も海の果てまで走ったので勝った。最後に父くらべをいどまれた。金のマタラベはテダクモガナシの子だから父親はいないと言う。テダクモガナシに伺ったら、下司の子を生ました覚えはないと言って、鬼の牧にこめた。まばゆくて鬼は食うことができない。蛇の牧にこめた。まばゆくて食うことができない。七日間食事を与えないで、ご馳走をやったが食べなかった。人間と交わってできた子だから、天に引き取ることはできない。

このオモイマツガネも前半のみであるが、名瀬市のユタが母親に話すのを聞いた有田愛松氏からの一九四一年の聞書である。この名瀬市のユタは大熊・浦上の系統のユタであったという。

事例6　名瀬市浦上(24)

思松金は、神の生まれで絶世の美人であった。ひご川のそばで洗濯していた。体がだるくなったので占いにたのんでみると、太陽の愛を受けたのだ。十ヵ月で生まれれば人間の子、十二ヵ月で生まれれば神の子だとのことであった。十二ヵ月に月日を合わして生まれた神の子は男の子で、金のマタラベと名前をつける。七日祝いのとき母親の思松金が高膳をそろえて、四つ組、七つ組にして、大和から下してきた刀をそなえて拝むと、金のマタラベは、刀をとりあげて高膳のふちをたち切り箸にした。神と人間との区別を受けて、金のマタラベは、七日七夜で木戸で遊んだ。なんの訳も知らない長者の子が舟くらべをいどむ。金のマタラベは思松金にたのむ。思松金は、地機をとりこわし、織物を巻く井ナをこわしその上にメクサの帆柱を立てて帆をはり、芭蕉のいかりづなをとりつけた。金のマタラベの舟は、フセスの港、コセスの港を走り廻るが長者の子の舟は、一の波・七の波をかけられる。今度は長者の子は、弓くらべをいどむ。思松金に頼むと地機のスシをとって、芭蕉のいかりづなを三尺ぬいかけ、マスシを折りまげ、弓のつなをかける。メクサの矢を七本つくり、金のマタラベに持たせる。弓を射ると長者の子の矢は、さかさになって落ちてくる。金のマタラベの矢は、鶴の鳥のわき羽根を射り落とし、ホウの鳥のわき羽根を射り落とし、人間と神とが区別される。物を知らない長者の子は、父くらべをいどむ。長者の子は、親をつれてくる。思松金は、天にその腕を上げて、天の太陽を呼ぶ。天の日の神のおっしゃるには、金のマタラベは、太陽の子である。月の子である。天に上げることはできない。高膳をあげて、花・水を供えて人々のため、神のために祈るのだ。あんなに美しい思松金がのぼるお日様を拝みます。

このオモイマツガネは、男ユタの唱えたものを一九五二年に記録したものであるが、やや詳細に発端から、舟くらべ、弓くらべ、親くらべまでが語られている。しかし金のマタラベの天上訪問は、日の神に拒否されるように語られている。恐らく、ユタがこの呪詞を唱えているうちに省略したものではないかと思われるものである。

事例7　名瀬市大熊(25)

さあ、さあ芭蕉、芭蕉ナガレを読み下すぞ、あんなに長い山の尾根筋、あんなに美しい思松金が見立てた美しい芭蕉。切り倒し、はいでととのえ、灰をこしらえ、百ぴろ・千ぴろ滝から噴き出した雪白水でつくった灰汁でこしらえる。地炉をつくり、黄金の鍋をととのえ、芭蕉を煮る。それから芭蕉をすく、あんなに美しい思松金がすきととのえる。雪白水でさらす。七ひろの竿にそれを干す。あんなに美しい思松金が「うづみ玉かご」をそばに取り寄せて、黄金の「手ばさみ」を取り寄せて、うみととのえる。そしてつなぎをきれいにしていく。つなぎ目を黄金の手ばさみで切りととのえていく。次にちごろまきにしていく。十二のカセクダに並べていく。黄金の手ガセに打ちかけた美しさ。アゼをとっていく美しさ。六束（一束糸八十本）のナナヒロカセをととのえる。

次に黄金の地機を取り寄せて巻きととのえる。あぜを通し、おさを通す。糸を束ねくくり、織りととのえます。七ひろ布を織りととのえ、七ひろ布を灰汁に煮てととのえる。七ひろ布を雪白水にさらす。そしてこの七ひろ布を洗濯する。どうして美しい乙女よ、東の川で洗濯しているかと一声かけられた。七ひろの美しい芭蕉布を干しこしらえておいて、たたむ。そして裁断して縫いととのえる。打掛をきれいに着て天に飛び上る。一月たち、二月たつうちに、身持ちになりました。親はなんで身持になったかをせっかんする。思松金は、身に覚えはないこと神とも下司とも関係ないと言うのでまたせっかんされる。人間の子ならば十ヵ月で生み落とすはず、神の子であれば、十二ヵ月で生むはずだ。十二ヵ月たって、男の子が生まれ、石くんだ丸と名づけ、三つ、四つごろまで自分の手許で育てさせてくださいとテダクモガナシに頼む。下司の子に父無し子、母無し子とからかわれる。下司の子が弓射り競べをしようとする。下司の子には親がつくってくれるが、石くんだ丸には弓をつくってくれる親はいない。涙を流して、お日様に両手を上げて頼むと、地機のスシにアゼイトを張った弓と、矢は地機のメクサをつけたのが、天から落とされてくる。石くんだ丸は、この弓で下司の子と弓の射り競べをした。石くんだ丸の矢は、お日様のところまで射り上った。弓射り競べでは、下司の子に勝った。こんどは、下司の子は、舟競べをしようといどむ。下司の子には黄金の舟を親がつくってくれる。父無し子は、またお日様に手をあげる。神の煙草盆に灰をそろえて落とされてくる。さあ、父無し子の黄金舟は、黒潮・黒波、大波・小波にどんどん浮きあがり、舞いあがって下司の子に勝つ。また馬かけ競べをしようとする。下司の子は、きれいな馬に打ち乗る。父無し子は、またお日様に手をささげると、天から唐竹の三尺のむちと、地機のメクサが落とされる。この竹馬に父無し子は、ハイと声かけて打乗るとお天道にかけ上る。お天道の神様たちは、下界からきた子どを試してみる。鬼の牧に押しこめる。千ぴろ滝、百ぴろ滝の上のテンジバナ、四十バナ（和名リュウキュウアオギ）を取ってこいと言いつける。父無し子はテンジバナ、四十バナも取ってくる。また蛇の牧に押しこまれて、一の波、七の波のうえに百ぴろ千ぴろの焼灰縄を張って、黒海に踏み落そうとして、百ぴろ千ぴろの焼灰縄をつくれと言われる。父無し子は袖をふりふり、焼灰縄をむしとる。また竜の牧に押しこめられる。竜が呑みくだそうとすると、お日様がこれは自分の子であるから、自分を呑みくだしてくれと竜に言う。そうであれば父無し子でない。神の子である。神の子であれば呑みくだすことはできないと竜の牧、蛇の牧、鬼の牧を張り越え、五つから七つまで下司は、厄をとらない。下司の子ではないぞ。太陽の子だぞ。月の子だよ。これから物教えするから、心をきれいに持って、下司をからかわないで、三粒稲の種子をさかさに落とせば、下司の子のためにふえてさかえるものだ。シロコザ馬に乗鞍をのせて、打ち乗っていくと、片手にススキを持ち、片手には、馬の手づなを持ち、七つの年にさし下されて、心をきれいにして、米のお初を供え

たのをいただいて、世の中を静めるのだと物教えを受けて、天から下ってきた神です。太陽の子・月の子ですぞ、
さあ、さあ水の神・ひのとひの神拝み奉る。

このオモイマツガネは、前半に芭蕉ナガレが唱えられており、普通別々に唱えているバシヤナガネとオモイマツガネが一緒になっている点に特徴がある。バシヤナガネは、カネノマタラベラが親ノロに頼み、親ノロは、ワシの鳥にたのむ。太陽のそばにのぼったワシの鳥は、芭蕉の種子を三粒落とす。この三粒から芭蕉が生えてくる。この芭蕉から芭蕉布をととのえる順序を述べ、こうしてつくった芭蕉布で大袖・小袖という着物をつくり、神を拝みますという祈願詞である。この事例7のオモイマツガネは、バシヤナガネと一緒になったものとみなされるが、構造的にみると、前半には思松金が主役であって、東の川で洗濯するその芭蕉布の製作過程を唱え、この川のほとりで一声かけられて身ごもるが、この洗濯した芭蕉布で打掛をつくり、これを着てお天道に飛び上るという表現でこの日光感精を象徴的に物語っている。このため次にくるオモイマツガネとその子の石くんだ丸の物語にとっての前提となり、なんの矛盾もなく次の物語に移行していると言えよう。

そして、石くんだ丸の天にのぼる契機には、父をたずねるというモチーフは欠いており、その代りに馬駆け競べのとき天から落とされた竹馬に乗って、そのまま天にのぼることになっていて、物語がスムーズに展開している。

そして日の神が石くんだ丸を自分の子として認める段においては、日の神らしからぬ人間的である申し

出を竜にすることになる。この段ぐらいからあとのユタの唱えを子細に読むと一人称に移行しており、日の神＝ユタとなって石くんだ丸への物教えをしていることでむすんでいる。このオモイマツガネには、次のような唱えも一人称となって、すなわちユタが日の神となって石くんだ丸に物教えする段にでてくるので注目したい。

みすじ　ねぐらんたねば（三粒・稲の種子を）
こん　さかにうとさば（さかに　落とせば）
これさかの　げしぬくわに（これさかの下司の子に）
ふえさとらん（繁茂するぞ）

いわゆる稲の種子の由来を説いているからである。このオモイマツガネは、以上のようにここに提示する事例群のなかで、もっとも体系的である点とその形態からほぼ完全なものである点で資料としてすぐれたものであると言えよう。

事例8　徳之島町山(26)

あんなに美しい思松金よ、降る雨にも、照る太陽にも照らされないでいる。東から流れる川で太陽の子を身ごもる。下司の子ならば十ヵ月で生まれる。神の子であれば十二ヵ月で生まれる。神の子であれば、大膳・小膳、四隅の角から箸をつくって食べるといい。このよき日にあの美しい思松金の乗る馬は、白馬で黄金の鞍に手づな、くつわをきちんとはめて、前鞍は、朝日のお守護、後鞍は、月のお守護、前の腹帯・中の腹帯は、シメシメと。

このオモイマツガネは、他の事例と比較すると断片的になっているといえよう。ただオモイマツガネの話の発端は、明確に語られており、日の子の生まれまでにふれている。このオモイマツガネは、徳之島町山に住む徳之島のユタのなかでも本質的な成巫過程を持って成巫した唯一の女ユタが伝承してきたもので、現在では、徳之島においてはこの島の南西部の伊仙町河内に住む女ユタが断片的に伝承しているものと二例しかないものである。

これらのオモイマツガネ説話は、ほぼモチーフとしては、類型化できるものであろう。しかし細部にわたってはそれぞれ差異を示している。戦前の昭和十八年に岩倉市郎氏が『喜界島昔話集』に太陽の下し子として発表されて以来長く注目されなかった。柳田国男先生の『日本昔話名彙』では、

日輪の下し子
鹿児島県　喜界島昔話集　二四
〃　島　二の四八七
金の茄子系話　太陽の下し子が名乗って出て、天の命令でオソウシ（占者）の初めとなり、母はユタ（巫女）の初めになった。覡（とき）の家に伝わる伝説か。

という分類を与えている。(27)

このようにオソウシとユタの始祖であるとするのは、オモイマツガネ説話の持つ一つの意義である。ユタは、基本的にこの呪詞を唱えて、その意味を理解するときに、ユタの神観念を再生させているのである。そして何のために高膳に米を供えて拝むのか、ユタとしてモノシラセはどこからくるのかなどについての

説明はこの呪詞から与えられるとするのである。そしてすべての事例がユタの唱える呪詞となっている事例群である点を指摘しておきたい。

モチーフをここで整理してみると、奄美本島・徳之島についての共通する部分を要約すると次の通りになる。

(一) 思松金という絶世の美人がいて、川のほとりで太陽の愛を受けて身ごもる。

(二) 十二ヵ月たって、神の子を生む。

この二つのモチーフは、どの事例にも共通し、喜界島の三例にもおなじことが言えよう。

さらに事例を三例つけ加えるならば、文英吉氏の『奄美大島物語』によれば、奄美のユタ・ホゾンの祖の思松金が川で洗濯していたときにお日様に手をさされて身ごもり金のマタラベを生む。その金のマタラベが友だちとの門遊びで舟くらべ、弓くらべで勝ち、最後に父親くらべで困惑して、天上に父をたずねて面会するという話と奄美の昔話に一人の箱入娘が毎朝東に向って股を広げて放尿していたら、いつとはなしに身ごもり、両親に責められて子供を生むと首をくくって死ぬ。子供は母親をたずねて山に上り白髪の老翁に会いその神力で母が生き返ったというのを紹介している。この二話ともに、太陽の子を身ごもり、その子が神であるということを示していて同じ系統の話である。また、奄美本島の北部笠利町からの採集例としてイソ加那という美人がいて、家に閉じこもっていることが多かったが、ある日庭に出たときに太陽に照らされて懐妊した。十二カ月で子どもが生まれ、三日目には立ち、五日目には食事し、十日目には言葉が分ったので太陽の子であるとして日の丸と名づけたという事例も報告されている。(29)

これらの事例もまたおなじように先にあげた(一)・(二)のモチーフを満足させるものであろう。そしてさらにオモイマツガネの太陽の愛を受ける地点をみると東の川のほとりである例が多いのに気づく。思松金とその日の神の子は、水辺に現われる母子神の要素を投影するものとして理解していいものであると考える。つとにこの問題について、柳田国男先生が『桃太郎の誕生』において論考され、昔話のなかに断片的に存在している日本人の信仰を追求されて、人界に一人の優れたる児をもうけんがために、天の大神を父とし、人間のもっとも清き女性を母とした一個の神の子を留めようとするためとして、蛇聟入説話の要素を分析されておられる。そして日本の小さ子説話が、最初小さな動物の形をもって出現した英雄を説き又は奇怪なる妻問いの成功を中心に展開していることは、神人通婚の固く信じられていた時代に始まった証拠であろうとされた[30]。

そしてこのことは、我々にとってかなり大切な要点であると指摘された。この観点からするとオモイマツガネ説話は、かなり古い形を持つものであると言えよう。さらにこの柳田先生の説かれんとすることを日本民俗学の成果と比較民族学上の研究とを正当に結合せんとして石田英一郎氏は、この問題に「桃太郎の母」と題して論考を進められた。いわゆる小さ子が何らかの形で水界に関係を持つ場合が多いこと、そしてこれら水界の小さ子の蔭にたえず彷彿としてあらわれるものは、母とも思われる女性の姿があること、そしてまた処女懐胎と小さ子の生誕とを説き進められ、さらにこれらの要素の対馬・朝鮮との比較研究をされて、朝鮮の花童・舞童などの例を引かれて八幡信仰の原始形態、日本の母子神信仰の謎を解く一つのかぎがアジア大陸のシャーマニズムのなかに蔵せられていることを示唆するものがあるとされた。そして汎太平洋的な地域についての比較研究をされて、豊玉姫説話との関連を注意されつつ資料を分析された。そして近親相姦へと考察を進められ、それが獣祖神話とも関連してくることを指摘され、母子相姦説話の意味について解明を与えられたのである。そして結論的には、わが国の一寸法師をはじめ、各種の小さ子物語の意義というのは、その背後にひそむ母性の姿をむすびつけることによって、かつて地球上のある広大な区域を支配した母系的な社会関係や婚姻の形式が共通の母胎としてあったのだとされた。[31]

そしてまた三品彰英氏は、日鮮の神の子誕生の諸形式を(1)卵生型　(2)箱舟漂流型　(3)獣祖型　(4)日光感精型に分類され、そのアジア諸地域、オセアニアなどの分布事例を検討されて(1)・(2)が南方系、(3)・(4)を北方系とされている。[32]

このような先駆的研究の上にこのオモイマツガネ説話をみると、琉球列島の神話領域にこの説話がまた検討されるべき重要なモチーフを持つものとして確認できよう。

また検討すべきは、芭蕉布の紡織と関係深いことであろう。日の神の子が舟競べ、弓競べをするのに使用したのは、地機のオサやメクサが主であったし、この話の背景となっている点に注目したい。そしてまた南の島の人々の太陽に対する感覚に注目したいのである。奄美には、太陽についての説話で注目すべき次の三例がある。

事例1　徳之島町諸田[33]

弟が飛び舟をつくってティダ加那志のそばに行こうと兄に言う。弟は、一所懸命飛び舟をつくる。しかし諸田から四キロぐらいのところまで飛んで行っては落ち、落ちしていた。この様子を天の雲の彼方で見ていた天ぴら様は、たまりかねて下ってきて知恵をさずける。そして南へ飛んでいって沖縄の王様のお城の上を飛んでいると家来に見とがめられて、片羽根を折られ、兄弟はつかまる。しかし一計を案じ灰をもらって、家来どもに目つぶしをくらわせて逃げる。そしてティダ加那志の前に飛んでいき夜明け前につく。するとティダ加那志の母親が家の子が東から出てくると照り殺されるから早く逃げなさいとすすめる。兄弟は聞かずにティダ加那志を拝む。二人は、照り殺されてしまう。西日になる。あわれに思った母親がほし魚のようになった二人に生き水をかけて生きがえらせる。兄弟は、生き水をもって村に帰る途中生き水を落しヨモギにかける。

この昔話は、男ユタからの聞いたものであるが、奄美本島にあるスデ水（不死の水）を人間に与えるための天の神の使者となったチンチン鳥の話と類似のモチーフを持ち、この場合も生き水を人間世界に持ち帰るのを失敗しているし、再生を物語るモチーフを持っているものである。

事例2　知名町大津勘（沖永良部島）(34)

沖縄の北部の美女が呪術を知っていたので流されて、徳之島にきていた。ある日髪の毛を干しているのをテルテダガナシがみつけて、その女のところに下ってきて何日も滞在していた。そのためこの世の中は暗黒になった。隣の家の子供がテダガナシがそんなことでどうするんですかと恥をかかせたら、テダガナシはまた空にのぼって、世の中は明るくなった。

これは、昔話でなくてユタの呪詞として伝承されてきたものである。重病人の場合にこれを唱えるといわれる。太陽が沈み、世の中は暗黒になるが、また太陽が上がり、世の中が明るくなるという再生の意味を象徴的に物語ったものである。

同じような呪詞がもう一例ある。

事例3 知名町屋子母（沖永良部島）(35)

お日様が病気になり、ユタが占う。鬼と竜巻が子をつくり、名をつけないで飛び去ったので、その子がお日様の家の門のそばにいてかくれているのが病気の原因だと分る。鬼と竜巻の子を追い払う。お日様は、また元気になる。

この呪詞も瀕死の病人の場合にこれを唱えるものであって、事例2とおなじく象徴的なものであると言えよう。

これらの三事例は、ともにユタの伝承であったことと、おなじく再生を物語っている点に興味深いものがあろう。事例一で再生するのは、人であるがそれは日の神の母が吹きかける生き水で再生する。しかし沖永良部島の二例では、日の神そのものの再生である。

このようにして奄美諸島を中心にオモイマツガネ系の説話と太陽の再生やそれに関連する説話をみてきたが、さらには沖縄諸島の「テダガ穴」(36)などとオモロにある「太陽の洞窟」または宮古島での「洞窟で機織る乙女の伝説」等を含めて検討すべきものであることを指摘しておきたい。

四　犬聟入説話の問題

犬祖説話は主として琉球列島南部に分布するとの指摘がある。(37) それは、宮古島(38)・与那国島(39)などの事例からであろう。しかしてまた奄美本島・徳之島にモチーフをおなじくするものであろうと認められるものがあるので問題を多く含むと思うが、提示してみる。

事例1　名瀬市浦上(40)

赤ちゃんの尻を犬になめさせて、嫁にやるのを約束する。ある男のところに嫁に行き七人の子どを生む。犬がごちそうを運んでくる。主人は、その妻を見張ると、その女は犬の妻になっていた。妻は、その夫を殺す。

またおなじような話として、この女は大きくなって、犬の妻になる。その女を狩人が妻にしたいと思って、犬を殺し、一緒になる。何年かして、犬を殺したことを妻に話す。妻は、この夫と山に行き木をはからせるふりをして両手の重なったところに釘を打こみ殺す。

事例2　宇検村生勝(41)

女の子の尻を犬になめさせる。犬と夫婦になる。若い男がその犬を殺し、その女と一緒になる。その男との間に子供が七人生まれる。ある日えりを妻にそらせる。犬を殺したことを妻に話す。妻は、その夫をかみそりで殺す。

事例3　伊仙町上面縄（徳之島(42)）

石キュルというところに犬の妻になっている女がいた。ある人がその犬を殺し、椿の木の根に埋めその女と一緒になった。ある日女にさかやきさせる。そして犬を殺したことを話す、その女は、夫ののどを切り自分も石キュル椿の木に首をくくって死んだ。

このような事例は、与那国島や宮古島の事例とおなじモチーフをかなり持っているとみなしていいが、ただ奄美の場合、漂流と犬祖としての要素が欠落していることが認められる。この場合これらの民間説話の意味と位置づけをどのように解したらいいかは、今後の問題であり、フォークロアの観点からの分類と分析によって解明すべき点を含んでいると考えられる。

五　むすび

以上まずアマミキヨ・シネリキヨについての問題点を若干のウムイ・クエーナ等の古謡類の検討を通じて行ってみた。このことは、このようなウムイ・クエーナ等の民間に伝承された祈願詞や呪詞や歌謡からオモロに進んだものであるとする考え方に基礎を置いたものであって、従来の考え方に対して外間守善氏や小野重朗氏等によって、近時強く主張されている点であり、[43]筆者も綜合的見地に立って検討してみることによりこのことが立証されるものとして、賛意を表するものである。このような立場から、これらの古謡類を検索していくことにより、アマミキヨ・シネリキヨの神名の及んだ領域を一応確定することができたと考える。

オモイマツガネ説話については、資料の提示を行い、問題点を指摘しておいたが、さらにこの列島全体に視点を移して考究すべき問題であると思う。犬聟入説話についてもおなじように、奄美にある昔話のなかに犬祖の背景と陰影を認め得ること、そしてそのモチーフが与那国島のそれと類似を示すが、漂流、犬祖のモチーフを欠くことなどについての解明は今後の問題かと思う。[44]

今まさに黎明を迎えんとする琉球列島の神話の研究について、周辺地域との比較は重要な問題ではあるが、それよりもましてこの列島における資料の整理と提示を急務と考えるので以上三点についての問題点を指摘したものである。

さらに今後この研究を拡大し、資料の比較検討をつづけていきたいと考える。

(1) たとえば谷川健一編『叢書わが沖縄』五巻、木耳社、『沖縄文化論叢』五巻、平凡社、『日本庶民生活史料集成』三一書房等。特に馬淵東一、一九七一「沖縄の穀物起源説話」『村落共同体』『叢書わが沖縄』第四巻
(2) 大林太良、一九七〇、三八—四六
(3) 山下欣一、一九七二、二一—三五
(4) 伊藤清司、一九七二、一六七—二〇二
(5) 大林太良、一九七三、三〇三—三三八
(6) 伊藤清司、一九七二、一九七—一九八
(7) 大林太良、一九七三
(8) 昇曙夢、一九六八、一三—二四
(9) 都成南峰、一九六四、四—一四

(10) 伊波普猷、一九四二、一九七―一八九
または新里恵二、一九七〇、八九―九〇など
(11) 鳥越憲三郎、一九六五、四四八、同、一九六六、三六
(12) 外間守善、一九六七、三八
(13) 「日本庶民生活史料集成」十九巻一九七一、二二六 (14) 同、二三一
(15) 同、二六二 (16) 同二九五 (17) 同、二一一―三五七
(18) 同、三四九・三五〇・三五二・三五四・三五五
(19) 竹内穣、一九六九、一六八―一六九
(20) 山下欣一、一九六八、四四―四五
(21) 岩倉市郎、一九四三、二四―二五
(22) 山下欣一、一九六四、二二二―二二五
(23) 文英吉、神歌集（草稿）(1) (24) 同、(2)
(25) 亀井勝信、一九七二、一五―二三
(26) 山下欣一、一九六六、六二―六四
(27) 柳田国男、一九七一、一八二
(28) 文英吉、一九五七、三六
(29) 茂野幽孝、一九二六、二〇―二八
(30) 柳田国男、一九六八、一三―三六
(31) 石田英一郎、一九五六、一七五―二五八
(32) 三品彰英、一九七二、二八、松前健、一九七〇、五〇〇
(33) 水野修、一九六九、九三―九四（結末の記載の誤り確認）
(34) 山下欣一、一九七一、一四―一六

(35) 先田光演、一九六九、六二―六五
(36) 谷川健一、一九七〇、二〇九―二二一
(37) 大林太良、一九七三、三三三―三三六
(38) 稲村賢敷、一九七二、五一
(39) 池間栄三、一九七一、四九九―五〇一
(40) 田畑英勝、一九五四、二四―二五
(41) 鹿児島県立東高校民俗研究クラブ、一九六八、二九―三〇
(42) 田畑英勝、一九七二、七〇―七一
(43) 小野重朗、一九七二、一〇三―一四九
(44) 関敬吾、一九七二(六版)「本格昔話二の一一、九六―九七、および「笑話三の二」、八四五

『日本昔話集成』によれば、犬聟入は昔話の型では「四異類婚姻A異類聟」に分類されている番号一六五

1　母親が犬に娘の排便を始末したら嫁にすると約束をする。
2　娘が他の男に嫁入することになると犬が妨害する。
3　母親は、娘を犬の妻にする。
4　ある狩人が犬を殺してその娘を妻にするが、娘は狩人を殺して犬の仇を討つ。

この話は、広島、長野、山梨各県に分布しているようである。ただし南島の資料は集録されていない。この話をどのように考えるかは、今後の問題であると考えるが、本列島における資料が不充分であるために早急な結論はさし控えなければならないであろう。しかしこの話の背景には、犬祖の陰影をうかがうことができると考えている。

参考文献

伊波普猷、一九四二『古琉球』青磁社
伊波普猷、一九三九「あまみや考」『をなり神の島下』楽浪書院

伊波普猷、一九四二『沖縄考』創元社
伊藤清司、一九七二「沖縄の兄妹婚説話について」『沖縄学の課題』『叢書わが沖縄』第五巻　木耳社
岩倉市郎、一九四三『喜界島昔話集』三省堂
石田英一郎、一九五六『桃太郎の母』法政大学出版局
池間栄三、一九七一「与那国伝説」『沖縄文化論叢2民俗篇』平凡社
稲村賢敷　一九七二『宮古島庶民史』共同印刷出版社、那覇
大林太良、一九七〇「記紀の神話と南西諸島の伝承」『日本文学研究資料叢書　日本神話』有精堂
大林太良、一九七三「琉球神話と周囲諸民族神話との比較」『沖縄の民族学的研究―民俗社会と世界像』
小野重朗、一九七二「南島歌謡の発生と展開」『沖縄学の課題』『叢書わが沖縄』第五巻　木耳社
田畑英勝、一九五四『奄美大島昔話集』名瀬
田畑英勝、一九七二『徳之島の昔話』名瀬
都成南峰、一九六四「奄美史談」『名瀬市史料編3』
鳥越憲三郎、一九六五『琉球宗教史の研究』角川書店
鳥越憲三郎、一九六六『琉球の神話』淡交社
新里恵二、一九七〇『沖縄史を考える』勁草書房
『日本庶民生活史料集成十九巻』一九七一、三一書房
昇曙夢、一九六八『大奄美史』奄美社、鹿児島
外間守善、一九六七『おもろさうし辞典・総索引』角川書店
鹿児島県立東高校民俗研究クラブ、一九六八「葛山民俗」三号
文英吉、一九五七『奄美大島物語』南島社、名瀬
文英吉、「神歌集」草稿、文秀人氏所蔵
亀井勝信、一九七二「芭蕉ナガレ」『奄美郷土研究会報』一三号

先田光演、一九六九「ユタのオタカベ」『南島研究』一〇号
茂野幽考、一九二八「奄美群島とポリネシア南方文化の研究」
関敬吾、一九七二『日本昔話集成』（六巻）角川書店
谷川健一、一九七〇『沖縄―辺境の時間と空間』三一書房
竹内譲、一九六九『喜界島の民俗』黒潮文化会
松前健、一九七〇『日本神話の形成』塙書房
三品彰英、一九七二『増補日鮮神話伝説の研究』平凡社
三品彰英、一九四八『神話と文化境域』大八洲出版
水野修、一九六九「徳之島の民話」『徳之島郷土研究会報』三号
柳田国男、一九六八『桃太郎の誕生』角川文庫
柳田国男、一九七一『日本昔話名彙』日本放送協会
山下欣一、一九六四「奄美のユタについて」『民俗研究』一号
山下欣一、一九六六「ユタのオタカベ―徳之島の場合」『民俗研究』三号
山下欣一、一九六八「喜界島のユタについて」『日本民俗学会報』五五号
山下欣一、一九七一「とくのしまぬゆんとう」『薩琉文化』二号
山下欣一、一九七二「南西諸島の兄妹始祖説話をめぐる問題」『昔話伝説研究』二号

付記（次の文献も参照）
馬淵東一、一九七一「沖縄の穀物起源説話」『村落共同体』『叢書わが沖縄』第四巻
日本民族学会編、一九七三「沖縄の民族学的研究―民俗社会と世界像」
大林太良、一九七三『稲作の神話』弘文堂
国分直一・佐々木高明、一九七三『南島の古代文化』毎日新聞社

日本神話と韓国神話

玄容駿

一　はじめに

あらゆる民族の神話は、ほとんど天地の始まった、太初の事柄から語りはじめて、今日の世界や秩序の定まる過程を説いていく。宇宙起源神話は、民族のもっとも古い物語で、該民族の神話ないし文化のより古い様子を窺うようにするものと見える。

韓国と日本とは、地理的にもっとも近い国で、民族的、文化的に深い関係があり、従って、神話においても、その近親性の深いことは、諸学者によって検討されてきた。特に三品彰英氏によって比較された、建国神話を中心とする文献神話の研究は、(1)両国の密接な関係を立証している。しかし、開闢神話においては、まだその比較研究は勿論、その内容紹介も不十分な状態にあるといえる。

本稿は、今まで詳細な分析研究があまり進んでいない、開闢神話を中心に取り上げて、両国神話の相互関係を検討してみたい。

二　韓国の開闢神話

日本の「記紀」は多くの異伝からなる開闢神話をよくまとめている。ほとんど、「天地が混沌として未分化であったとき」、あるいは「天地がはじめて分れたとき」から書きはじめて、宇宙進化の各段階を示す独り神の出現、男女の対偶神の出現を叙述し、ひきつづいて、イザナキ、イザナミ二神の国生みへと語っていく。この神話は、解釈において多くの問題点を残しながら、日本の開闢神話の原状を読みとるようにする。

ところが、韓国には「記紀」のように開闢神話のまとめられている文献がない。神話が比較的多く載せられている十三世紀の文献、『三国遺事』を見ても、天降った桓雄の息子檀君が、国を開いたという国祖神話からはじまっていて、その以前の天地開闢を説明する話は一言もないのである。それで、韓国の開闢神話を見るには、現在の伝承説話によるほかはない。

世界の太初的事柄を語る説話として、今日見られるものは幾つかある。虎に追われていた兄妹が、天から降した綱を摑んで登り、日月になったという日月説話(2)や、大洪水で人類全滅の時、生き残った兄妹が天意を占って結婚し、人類の祖先となったという洪水説話(3)などが広く分布している。しかし、現在のところ、宇宙の起源を語る本格的な神話は、やはり巫が儀礼の時に唱う巫歌に求めるがよい。

まず、韓国の南端、済州島の巫儀チョカムジェ（初監祭と漢字を当てる）で唱われる開闢神話を紹介しよう。初監祭とはクングッ（大賽神）のはじめに諸々の巫俗の神を勧請して祈願する儀礼であるが、巫は、神神を勧請するに当って、儀礼を行なう場所、時日を明確に神々に告げるため、天地混合から現在に至る歴史的、地理的形成過程を次々と唱っていって、儀礼をする時日、場所へとしぼっていく。この際唱う原初の物語がそれで、内容は次の如くである。

太初、天地は混合していたが、甲子年甲子月甲子日甲子時に子の方から天が開き、乙丑年乙丑月乙丑日乙丑時に丑の方から地が闢き、人は寅の方から出て、天地は開闢した。そのありさまは、一塊になって暗黒で満ちていた天地が、甑餅の層が割れる如く、割目ができて、離れるのであった（異伝には、その割目が甲子年甲子月甲子日甲子時にできたともいう）。そして、天からは青い露が降り、地からは黒い露が湧き出て、互に合水されて万物ができはじめた。まず星ができ、まだ太陽がいない頃、天皇鶏が首を上げ、地皇鶏が羽をたたき、人皇鶏が尾を振ると、東の空がしらんで暗黒が明けはじめた。

この時、天の天主王が太陽と月二つずつを送り出して、天地は明るくなったが、そのため、昼は暑くて人間が焼け死に、夜は寒くて冷え死ぬ状態であった。

ある日、天主王は、欲張りでしかも不孝者であるスミョン（寿命）長者を罰するために、地上に降りてきて、チョンミョン（総明）夫人（異伝では、バグ王の娘、またはバジ王ともいう）と同寝し、天に登っていったが、その後、夫人は、テビョル王（大星王）、ソビョル王（小星王）兄弟を生んだ。兄弟は、父が形見物として残した瓢の種子を植え、天に伸び上ったその蔓をたどって天に登り、父に逢う。父は、兄の大星王にこの世を、弟の小星王にあの世を治めるように命じた。ところが欲張りの弟は、この世を欲しがって、兄に謎をして勝つものがこの世を治めることをいどみ、これに負けると、今度は花咲かし競争をすることにし、兄が眠っている間に、兄の花瓶をすりかえて勝った。しかたなく、兄はこの世を弟に譲りながら、人間の世界は乱れた秩序の世界になるだろうという。小星王がこの世に来て見ると、なるほど大変なものであった。空には太陽と月が二つずつあり、草木や動物がみな話をし、人間の不和、殺人、逆賊、窃盗、姦淫が多く、また、鬼神と人間のけじめが付かなくて、一つを呼びかけると互に返事をする状態であった。

小星王は仕方なしに、兄のところへ行って、この混乱を正してくれるように頼んだ。すると、兄は降りてきて、大概の秩序だけを片づけてやった。即ち、複数の日月は、千斤の弓矢で一つずつを射て東・西海に棄てて一つずつだけを残し、動植物が話をするものは、ソンピ（松皮と思う）の粉を五斗五升をまきちらして、舌がしびれるようにして言葉を止め、鬼神と人間は秤で計って百斤を超すものは人間に、足らぬものは鬼神として区別さした。しかし細かい事柄である人間社会の不和、殺人、逆賊、窃盗、姦淫などはほったらかして置いたため、今も人間社会の罪悪はそのまま続くのである（これにひきつづいて、三皇五帝、檀君、高句麗、新羅……というふうに、歴史物語に移って、儀礼の場所、時日へと話はしぼられていく）[4]。

この神話は、全島的に分布していて、その大筋は同じいが、秋葉隆氏の西帰浦にて採集した初監祭には、「如何なるものが天地混合なりや、天と地の相付るのが混合にて、……如何なるが開闢なりや、天と地の各々分るるが開闢なり」と、混合、開闢の概念が明らかに採録されており、複数日月の出現した理由は、南方国日月宮の息子、青衣童子の前額後額の二つずつの目が各々日二つ、月二つとなったからだとしている[5]。また、秦聖麒氏の採録したものには、盤古氏の前額後額の二つずつの目が日月となって、複数の日月ができた[6]となっているのが、目立つところである。

このような巫歌の開闢神話は、済州島にだけでなく、咸南地方、ソウル地方においても採集されている。孫晋泰氏が採集した咸鏡南道の創世歌を見よう。（これは、次に紹介する聖人クッ《セン》と同じものであるが、孫氏が創世歌と名付けたのである）

天と地とが相付いて離れず、天は釜蓋の取手の如く突き出て、地は四耳に銅の柱を立てていたとき、日も二つ、月も二つであった。この時、弥勒さまが出てきてこの世を治め、日月一つずつを取って星を作り、両手に金の盤《さら》、銀の盤を載せて天に祈ると、天から金の虫、銀の虫が落ちて男女になった。後に、釈迦さまが生れ出て弥勒の世を奪おうとして種々の賭けごとをするが、それごとに負けた釈迦は最後に牡丹の花咲かし競争をし、弥勒をだましてこの世を奪った。それがために、この世には妓生《キセン》(芸者)、寡婦、巫女、逆賊、白丁《えた》などが出たのである。(7)

近頃、任晳宰氏が採録した咸南の聖人クッ《セン》（聖人賽神）には次のようにある。

鳥、木が話をし、馬の頭に角が生え、牛の頭にたてがみが生え、鶏の頭に耳が付いていた時、天が子の方から開き、地が丑の方から闢き、人が寅の方から生れて開闢した。この時、弥勒さまが出てきて、アムノク山の黄土で人間を作り、三皇五帝が出てきてあらゆる法を立てた。その後、釈迦さまが生れ出て、弥勒の世を奪おうとして、種種の競争をいどみ、最後の牡丹の花咲かしで、弥勒さまをだまして勝った。弥勒は仕方なく、この世を譲りながら人間の世界は日も二つ、月も二つあり、悪疾、逆賊、巫女などが絶え間ないであろうというのであったが、全くその通りであった。釈迦は、仏さまに日月一つずつを無くすことを祈るがために西天の遠い路を出発した。途中、鹿を取ってその肉を食べながら、肉をかんで水に吹き棄てるとあらゆる魚ができ、空に吹き棄てると鳥類ができ、陸上に吹き棄てると獣ができた。西天国に着いた彼が、仏さまに願って日月一つずつを取ってもらったので、日月は一つずつになったが、人間の罪悪は今も続く。(8)

もう一つ、ソウルの巫歌シルマルを挙げると次の如くである。

柏木《トクカル》に餅《トク》が生まり、萩木《サリ》に米《サル》が実り、馬の頭に角が生え、牛の頭にたてがみが生え、飛禽走獣が話をする時、天下宮堂七星が地下宮に降りてきて、梅花園の梅花夫人と同衾して帰った。夫人は先門《ソンムニ》、後門《フムニ》二貴子を生んだが、後、兄は大漢国を、弟は小韓国を治めるようになった。この時は、日も二つ、月も二つあったが、兄弟が一つずつを鉄弓で射落した(9)。

このような韓国の開闢神話を中国神話の飜案のように考える方もいるようである。なるほど、天が甲子年甲子月……子の方から開いた云々とか、地の四方に銅の柱を立てたとか、盤古の目が日月となったとか、三皇五帝の治績が語られているとかは勿論、複数の日月の射落し、鬼神と人間の分別などまで、中国文献神話の複写のように見えそうな点がある。いうまでもなく、甲子乙丑などの干支、地の四方の柱、盤古の名儀、三皇五帝の治績などは、中国文献からの借用であろう。

しかし、この神話の主要なモチーフである複数の日月の射落し、鬼神と人間の分別などは、中国文献輸入以後の再生とは見られない。なぜなら、日月の射落しの話は、羿の射陽神話と似てはいるが、羿神話では十日が並び出たとし、射落された九日の中から鳥が死んで落ちたとなっているが、韓国の場合は、日月が複数になっており、日中の鳥の観念がない。

また、神人分別の話は、「尚書」にある「重黎、天地の間の通路を絶つ」という語句を観射父が解釈して「昔は巫覡や祝宗だけが祭祀を扱っていて明徳を失わなかったが、少皞氏の滅びたのち、誰彼の差別なく祭祀を行うようになったため、神と人間とのけじめが附かなくなったのを、顓頊の命によって南正の重が天の事を司り、北正の黎が地の事を司って、もと通り神々と人間とを引き離して侵瀆することのないようにしたこと」だとした「国語楚辞」の記録から借用したものと見えるかもしれない。しかし、この話の本旨と韓国のそれとは違うだけでなく、後者の重量による神人の分別モチーフが重黎神話には見えない。故に、これらの韓国開闢神話は、中国文献の影響を受けて、部分的に変化されてはいるが、中国文献神話の輸入以後の造作でなく、もと隣接民族との文化関係に基づいて成された、韓国の神話であると言わざるをえない。

三　天地の分離

右に紹介した韓国の開闢神話は、最南端の済州島、中部地方のソウル、北部地方の咸鏡南道のものであり、各々少しずつ異なった要素が添削されてはいるが、同じ神話の異伝であることは言うまでもない。してみると、この開闢神話は全国的に分布していたものであることが分ると同時に、それが、地方的保守性が濃い巫歌にて唱われていることを想い合せると、大昔からの伝承であることも分る。

それでは、この三地方の神話をまとめて、その性格から検討していくことにしよう。

まず、神話の序頭は、太初混沌状態であった宇宙がしだいに開闢したということからはじまっている。咸南の話では、その状態を「天と地とが相附いて離れず」と表現しており、済州島の話では「天と地の相附るが混合にて、天と地の各々分るるが開闢なり」といい、つづいて、一塊であった天地が甑餅の層の如く割目ができて分れはじめたと具体的に描いている。これは、すでに何かによって、天地が存在することを前提として、話をはじめ、そのくっついていた天地が次第に分れたということである。相接していた天地は暗黒であり、相離れた世界は光明の世界である。これが混合であり、開闢であるというのであるから、天地分離の観念の現われである。

この観念は、記紀神話の序頭「天地が混沌として未分化であったとき」「天と地がはじめて分れたとき」云々という、混沌、分離の観念と等しいものである。

天地が相附いているのが、何を意味しているのかは、済州島の話にて開闢につづく説明で推測できる。即ち、「天からは青い露が降り、地からは黒い露が湧き出て、互に合水して(或は陰陽相通じてとも表現される)万物ができはじめた」というのである。この表現は、陰陽説の借用と見えそうでもあるが、問題は「天と地の露の合水」にある。韓国語の露(イスル)という言葉は露を意味するだけでなく、女性のおりものも意味する。天から降りる液体(露)と地から湧き出る液体が合水されて万物ができるということは、どうも人間の性行為と誕生の原理を投影した表現のようにみえる。してみると、天を男性、父、地を女性、母として人格化して考えたものに違いない。これは天父地母の観念であり、天地が相接して各々露を合水さして万物を生むということは天父地母が抱擁しあって万物を生むことの表現と言えよう。

われわれは、このような天父地母の抱擁、万物の生誕を抽象的に表現したのち、天主王(済州)あるいは、天下宮堂七星(ソウル)という天神が地上に降りて、女神総明夫人あるいは梅花夫人と同寝して二子を孕みまた天に退けて行くという話が続いていることに、注意を払う必要がある。このエピソードは、イザナキ・イザナミの話に結びつくものである。沼沢喜市氏によれば、イザナキ・イザナミ二神が天降って結婚し、島々神々を次々と生み、最後に火の神を生むにつれて別れるという話は天地分離神話である。[10] この話と対比させれば、韓国の場合、天父イザナキは天主王あるいは天下宮堂七星に当り、地母イザナミは総明夫人または地下宮梅花夫人に当る。韓国の天父地母は大星王、小星王(済州)あるいは先門、後門(ソウル)二貴子を生み、イザナキ・イザナミは左右の眼を洗って日神アマテラスと月神ツクヨミを生み、鼻を洗ってスサノオを生むが、一伝では、韓国の天主王も複数の日月を送り出し、あるいは南方国日月宮の息子青衣童子の前額後額の目から複数の日月ができたとして、その類似を示している。

両国の天地分離の話は、そのモチーフだけでなく、構成においても類似性が見られる。即ち記紀は「天地初発の時」あるいは「天地まだ分れず陰陽の分れなかった時」からはじめて、五柱の別天神、神世七代の神々をもって天地の分離あるいは宇宙の進化を抽象的に示したのち、イザナキ・イザナミの結婚話に移しており、韓国の場合も、天地抱擁、分離を抽象的に語ったのち、天父地母の結婚の段に移しているのである。しかし、イザナキは三貴子を生むが、韓国の方は二貴子を生み、前者は神生みに先立って、島々を生むが、後者は国土を生むことを一つも語っていない。

その差異の原因はしばらく後にまわすにしても、韓国のこの開闢神話が天地分離神話であることは確かである。すると、その分離の原因は何であろうか。

隣国の中国古代神話では盤古が、沖縄ではアマンチュが天を押し上げたとし、日本神話と親縁関係が認められているポリネシヤでは息子タネが天父地母の抱擁を引きはなしたと語っている。

韓国にも巨人伝説がないではない。前に紹介した巫歌の青衣童子（済州）、弥勒（咸南）にも強いて巨人的性格を探り出そうとすれば探れるが、この神が天を押し上げたことは一言もない。もし、巫歌に天を押し上げるモチーフがあるとすれば、それは盤古神話の借用であろう。それでは、その分離の原因を何に求められようか。

振り返って、済州島の話をまた見ることにしよう。一塊の宇宙が甑餅の層の如く割目ができはじめ、まだ太陽がいない暗黒の時、天皇鶏が首を上げ、地皇鶏が羽をたたき、人皇鶏が尾を振ると、東の空が次第にしらんできて暗黒が明けはじめ、日月が二つずつ出たとなっている。鶏に天・地・人皇を冠したものは、中国文献の影響であるが、鶏が首を上げ、羽をたたき、尾を振るというのは何を表現したものだろうか。この表現を、巨鳥が宇宙を抱いている様を表わすものと解釈する方もいるそうだが、そう見るべきではなく、早朝、鶏の鳴くありさまを表現したものと見るべきだろう。鶏が羽をたたき、尾を振り、そして空に首を上げて鳴くと暗黒が明けはじめたということである。鶏が鳴いて東の空がしらみ、太陽が出るということは、毎朝見る夜明けの表現であると同時に、原初の暗黒に最初の光が現われたということである。暗黒に包まれた宇宙に最初の光が現われるということは、結合されていた天地が分離することを意味し、天父が地母から離れ去ることを言うのである。天父の人格化された天主王が、地母に当る総明夫人に降臨して結婚し、再び地母を離れて昇天するという話の筋は、天父退去の説話化なのである。

鶏が鳴くことは太陽を誘き出す行為で、天地分離の間接的原因である。真の夜明けは、太陽の昇天にあるのと同じく、完全なる天地の分離は、最初の日光の出現とともに成しとげられる。従って、鶏がなくことによって、天地が分離したという、この神話の真の分離原因は、結局太陽の現われのためである。天父天主王が抱擁していた総明夫人を去って退けるのも、夜明け（太陽の昇天）にその原因があるのだ。

太陽は火と直結する。天地分離の原因たる太陽が火に換えられるのは自然のことである。天父イザナキと地母イザナミが火（の神）によって分離されるのはこの観想であろう。すると鶏鳴によって太陽が誘き出され、それによって天地が分離するという、韓国神話の観想とイザナキのそれとは同じものになる。

ところで、鶏を鳴かして、原初の光明を誘き出す直接的かつ具体的エピソードは、日本の場合、イザナキの分離によりも、天の岩屋神話に挿し込まれている。隠れた日神を誘き出すために、長鳴鳥《ながなきどり》を集めて鳴かし、賢木《さかき》に玉、鏡、麻などをさげ、小竹の葉を束ねて手に持った巫が踊っているのがそれである。この儀礼のありさまは、神木に麻布、紙、糸などをつるし、明斗（鏡）、揺鈴、小竹を手に持った韓国の巫が、生きた鶏を供物にして、踊りながら儀礼を行うありさまと一致する。

それはともかくとして、鳥を鳴かして天地を分離させたという伝承はアミ族にもある。

太古、スラおよびナカオという男女二神の子孫が地上に繁殖した。あるとき、子供たちが急死するので、その原因を占うと天があまり地に接近しているためであることが判った。かくて彼らは鳥類を呼び集めて天を上方に揚げることにした。竹鶏、鳶にやらせて失敗し、最後にタタチュという鳥が翼と尾を活発に動かして、力一ぱい鳴くと天が次第に上って今の高さに至った(11)。

貴州省の花苗の神話には、隠れた太陽を鳥を鳴かして誘き出す話がある。

十個の太陽が一時に揃って出たので酷暑となり、五穀蔬菜が全部枯死するので、国王は弓の名人を招いて太陽を射ることにした。弓人が九個の太陽を射落すと、一番目の太陽は山後に逃げ去って、満天暗黒になる。声の大きい動物をして、太陽を呼ばしめることにし、獅子、黄牛をもって呼ばしめたが失敗、最後に公鶏（雄鶏）をもって呼ばしめたところ、太陽が東方の山頂から顔を出し、世界は光明に転じた。(12)

天の岩屋物語もその原型は、このような神話の単純な筋に近かったのかも知れないし、(13)韓国の天地分離神話における、太陽の役割を考え合せると、もと天地分離と連なる話だったかも知れない。すると、鶏の鳴き声が太陽を誘き出し、あるいは天父を退去させることと、誘き出された太陽あるいは火が天地を分離させるということは一連のつらなる観想になるわけである。

これらを考え合せると、中国南部、東南亜と日本との関係は、韓国のかけ橋を通して、より密接につらなってくるのである。

四　混沌とその整理

ごらんの通り、韓国の開闢神話は、相接して混沌としていた天地が、鶏の鳴き声による太陽の出現につれて分離され、今見るような天地になったという筋に説かれていた。

ところが、われわれの疑問は、その天と地の分離が瞬間にさっと隔ったのか、それとも、長い歳月に亘って次第に隔ったのか、また、その分離当時の天地のありさまはどんなものであったか、ということである。しばらくこのことを検討してみることにしよう。

『日本書紀』によると、天地の分離が相当に長い歳月に亘って進行されていたという観想のような記録が見える。即ち、イザナキ・イザナミが日神大日霊貴《おおひるめのむち》を生み、この神に天界を授け治めるようにしようとして、天のみ柱をたどって天上に送りのぼらせた時は「天と地とがまだ互に遠く隔っていなかった」(紀本文)というのがそれである。天地分離における時間性は中国古典神話を中間に置いて考えるが良い。盤古神話では、分離に所要された時間を明確に示している。即ち、盤古は鶏子の如く混沌たる天と地の間に生れ、日に一丈ずつ背がのびながら一万八千年間天を押し上げて、今の高さに分けたのである。韓国の神話の場合も、もとは同じく長い期間に亘って徐々に隔って行ったと語ったに違いない。

次は、この長い期間における世界のありさまである。

大林太良氏によると、記紀開闢神話の多くの異伝は、アメノミナカヌシ、クニノトコタチ、ウマシアシカビヒコジの三つのグループに分けられ、後二者に共通して見られる考えは、原始混沌の観念である。この観念も若干違うところがあって、クニノトコタチグループは天地が混沌としており、時には空虚として理解されているのが特徴であり、ウマシアシカビヒコジグループは国土が稚いという観念が特徴である。(14)国土が稚いということは、ちょうど水に浮かんでいる魚の如く(紀本文)、水に浮かんでいるあぶらの如く

（記、紀一書二）、海に浮かんでいる雲の如く、国土が浮かび漂うことであり、また泥の如く土壌が固まっていないことをいう。こうした表象は、オノゴロ神話や国引き神話にも表われており、西南諸島、九州、伊豆地方の「流れ島」の伝説にも見られる。(15) しかし、こうした宇宙の混沌、国土の浮動が、天地分離以前のことか、以後のことか、それとも分離途中の出来事かははっきりしない。

中国の盤古神話は、このことを暗示している。鶏子の如く一塊であった天地の中に生れた盤古が一日一丈ずつ大きくなるにつれて、天は日に高くなること一丈、地は日に厚くなること一丈、このようにして一万八千年の後に、天地は現在のようになった。天が高くなり、地が厚くなるということは、何を意味するものだろうか。思うに、天は、日に一丈ずつ高く押上げられながら整えられていき、大地もまた、浮かべるあぶらの如くあるいは泥の如く稚かったものが、日に一丈ずつ一万八千年間固まり続いて、分離が完了されると同時に、現在のように完成されたというのではなかろうか。もし、そうだとすれば、書紀の「天と地とがまだ互に遠く隔っていなかった時」という表現を考え合せると、日本の浮かび漂う国土も天地の分離が進行する間、徐々に固められて行き、分離の完了とともに、修理し固め終ったという観想があったのではなかろうか。イザナキ・イザナミのただよえる国の修理固め、ヤツカミオミツヌの国引など、この期間の作業として語っていたものかも知れない。

さて、日本において、浮かび漂う国土の観念が、西南諸島に伝説として伝承されているように、韓国にも現在伝わっている。それがかなり古くから存在していたことは既に指摘されている通りである。(16)

済州島の北済州郡翰林邑の飛揚島は、昔、中国から浮かんで来たものであるが、小便をしていた女が見て、「島が浮かんでくるよ」と言ってしまったので、そのまま止ってしまった。(17)

大邱の達城山の場合は、山が浮かんできたとし、洗濯をしていた女の妄言によって、その場に止ってしまった、(18)と伝え、全羅北道鎮安邑の馬耳山の場合は、人格化されて山が歩いて移動したとまで変わっている。

鎮安邑の東南五里にある馬耳山は、雄馬耳山と雌馬耳山とからなって夫婦であるが、むかし、この馬耳山夫婦が鎮安邑へ向って歩いて来ていた。早起きしたある女が、これを見て、「あれ、山が歩いてくるよ」と叫んでしまったので、その場に立ち停ってしまった。(19)

島のない陸地になると、島が山に変わるのは、当然のことであるが、その停る原因が、女の言動にあるというのが西南諸島のそれと一致する。そこで、今度はこの流れ島(山)に綱をかけて引いたという観念の残存と考えられる伝承も見られる。

全羅北道沃溝郡羅浦面羅浦里にある公州山は、もと忠清道公州にあったものだ。ある時、洪水によって羅浦里まで流れてきたのであるが、公州の人たちは、それを知り、沃溝の人たちに税金を納めるように促した。沃溝では非常に困っていたところ、十三歳の少年が「あなたたちの郡の山が私たちの田沓の上に流れてきて、田沓の面積が狭くなった。その賠償をしろ」と立ち向った。すると、公州の人たちは、「では、この山をわれらの郡に引いて行くからあしたまでに灰の綱三千丈をなっておくように」というのである。それで、少年は早速村人に縄を三千丈なうようにし、翌日山に運んで火を燃すと、立派な灰の縄になった。そして「どうぞ引いて行きなさい」と勧めると、公州の人たちは灰の縄を見てみな逃げてしまった。[20]

この伝説は、少年の奇智譚に重点がおかれているが、流れる山(島)に縄をかけて引いたという観想が微かに残っているものである。これは、ヤツカミオミツヌの国引モチーフとつらなるものではなかろうか。両国の流れ島の観念は、島の語彙にも見られる。日本語のシマ(shima)は、韓国語の島、ショム(shəm 섬)と同じ語源であることは、その母音だけが異なることを見ても明らかであろうが、韓国語のショム(shəm)は「立つ、停る」の意の語幹ショー(shə-)に名詞形語尾ム(-m)が附いたものと分析される。立つ、停るの意の韓国語は、ショタ(shəta 十五世紀語)で、その語幹に語尾ム(-m)を附けて名詞を作る。そして、ショム(Shəm)は、島の意味のほかに、「立つ、停る」の転成名詞として同音多意に使われている。このことは、流動していた大地が停って固定したものが島であるという観念を表わすものではあるまいか。これらから見ても、ただよえる国土を修理し固めるという観念は、両国とも古くから共同にもっていたものであることが確実になってくる。このただよえる国土は、天地分離の途中進行されていた、地上の混沌現象の一つである。

韓国の神話では、地上の混沌現象だけでなく、天体の混沌現象も重要に語っている。複数の日月の出現がそれで、これを天体混沌の一現象として理解しており、その一つずつを射落すことを、天体混沌現象の片付けと見ているのである。

多数太陽の話は、巫歌ばかりでなく、古典にも幾つか見える。『三国史記』によると、新羅恵恭王二年春正月に太陽二つが並出したとし、[21] 文聖王七年一二月朔日には三つが並出したとしており、[22]『三国遺事』によると、新羅景徳王十九年夏四月朔日にも太陽が二つ並び出て十日も続いたとある。王が日官に占わせると、縁僧を呼んで散花功徳を行なうと災いを除けるというので、月明師という縁僧を招いて兜率歌を唱わせると、この日怪が即滅したという。[23] この歌唱儀礼は、宇宙起源神話に基づく複数の太陽に関連した儀礼で、天候調節、作物の豊穣と関わりのある儀礼のありさまを表現したものであろうが、[24] これをみると、韓国では複数日月に関する神話とその儀礼が古くから行なわれていたことがわかる。それで、韓国の神話では、複数の日、月の射落し、あるいは遠征をその特徴とし、それが、原古の天体の混沌現象として、天地分離神話の一要素として語られており、その儀礼まであったということになる。

日本の記紀神話にはこのようなモチーフが見られないが、別伝には、垂仁天皇の時、九つの太陽が並び出て射落した話があり、三重県神島の氏神社の春祭では、胡頽(グミ)の木で作った二つの太陽の像を氏子が竹槍で突き落す行事がある。[25] これは、たとえ『記紀』に収録されていないにしても、古代から日本にも多数太陽の射落しの話と、その儀礼があったことを説いてくれるのであろう。すると、射陽のモチーフも韓日共同のものになるが、日本では、これが古典開闢神話にまとめられていないという差がある。この差は、両国の神話のまとめ方とその意図によるものであろう。

岡正雄氏によると、このような射陽説話は、インドネシア族、タイ・支那族、トルコ・モンゴール族、日本、西部インディアン族に分布されており、台湾のが主として二つの太陽と遠征を特徴とし、トルコ・モンゴール族およびツングース族では、猟師、身体毀損、モルモットへの変身などが一つの特徴であり、古支那においては、太陽と鳥との関係が一つの規準らしい。(26) してみると、韓国のそれは、日月の数が二つである点、また、遠征の要素が見られる点からして、台湾の型に近いといえる。また、その日月を射落す動機は、酷暑、酷寒を除けるためだと説くのはどこでも同じいが、その寒暑の原因が、天（従って太陽）が地に接近しているからだと説く型は、南中国を中心として大陸に沿った南海諸島に分布していて、天地分離神話と混合されているという。(27) このことから見ても、韓国のこの神話は東南アジアのものと近いものになる。日本の射陽神話も、その渡来の道において、韓国が無関係ではなかっただろう。

　天地分離の当時は、このように国土、天体が混沌としていたとすれば、人間の世界もまたそのように混雑していたと考えるのは無理でない。天体、国土の混沌現象と共に、人文社会の混沌現象を、神話は説くわけである。相変らず、韓国の神話はこれを説いている。既に見た通り、天と地とが相付いていた時、動植物が人間と同じく話をし、人間と鬼神のけじめがなく、馬の頭に角が生え、牛の頭にたてがみが生え、鶏の頭に耳が付いていたとか、柏木《トクカル》に餅《トク》ができ、萩《サリ》の木に米《サル》が実る時云々は、この人文社会の混沌状態を表わしたものである。

　柏木に餅が、萩の木にお米が生えたということは、その語音、柏（トクカル ttakkal）と餅（トク ttak）、萩（サリ ssari）と米（サル ssal）の類似から出た言語遊戯であり、馬、牛、鶏などに角、たてがみ、耳などが生えたということは、昔話的興味中心の表現で、その混乱相の象徴的表現に過ぎない。そして、物語の結末において、別に問題にしていないが、動植物が話をすること、鬼神と人間のけじめがなかったこととならび、人間社会の不和、窃盗、逆賊、姦淫、悪疾などの社会悪の問題は重要なこととして扱っている。

人間以外の動物、草木までが話をするということは、太初の混乱としても大変なものである。日本でも、『常陸風土記』に「天地のはじめ、草木言語ひしとき」、『書紀』欽明天皇条に、「天地剖判の代、草木言語ひしとき」などと書いていて、古くから同じ観念があったことを知る。日本では、この混雑をどうして片付けたか語っていないが、韓国では、大星王が松皮の粉をまきちらして、動植物の舌をしびれるようにして、その言葉を止めたと語っている。

次に、鬼神と人間との分別のことであるが、韓国ではその重さを秤って、重いものを人間に、軽いものを鬼神にしたとしている。これは、盤古神話における、「清軽なるものは上って天となり、濁重なるものは下って地となる」という観念と連らなるもので、神は天に、人は地に所属するという観念に結びつく。また、鬼神(幽霊)は移動が速く、軽くて天を飛び廻り昇天するとかいう、今日の観念も、この軽さからの演繹であろう。

なお、この話は重黎神話にも連らなる。「重は天を上に挙げ、黎は地を下に押しさげた人である」という程倣の解釈や、「天帝が重に命じて天空を押し上げさせ、黎に命じて土地を抑えて下げさせた」という、山海経の大荒西経の記録から見て、重黎神話は、確かに天地分離的側面がある。(28) それにまた、「帝は南正の重に命じて天の事を司り神々を集いさせ、北西の黎に命じて地の事を司り人民を取締らせて、神々と人間とを引き離した」という、観射父の話を考え合せると、中国でも、天地分離、神人の分別、天地の分治などが一つの物語としてまとめられていたかも知れない。すると、韓国神話における天地分離、神人分別、幽明分治のまとまりも、中国文献神話の直接借用ではないにしても、それ以前に無関係なものとはいえないことであろう。

とにかく、韓国の開闢神話は、上のように天体、大地、人文社会の混沌が、二貴子の幽明分治によって片付けられ、おさまりがついている。その幽明を分治する二貴子は、謎、花咲かしなどの競争によって決定されるが、現世統治を詭計によって簒奪したため、社会悪は片付けられずに、今なお続くとなっている。

この各界分治、王位簒奪が、日本神話の三界分治、誓約神話と対応することは依田氏によって検討されているが[29]、その詳細なことは別として、原始混沌から各界分治までをまとめて見ると、両国の神話は、そのさまざまな混沌現象が各界分治によって、ついに片付けられ、おさまりが付くという、筋の運びが類似するといえる。しかし、両国の神話は、そのまとめ方において、相違する点も少なくない。特に目立つものは、記紀の方はその混沌の整理において、浮動する国土の修理固め、天(日)神への系譜付けなど、国土と皇族に重点を置いて、天体の混沌、人文事象の混乱などの片付けは軽視しているのに対して、韓国の方は、天体(日月)の怪異、人文事象の混雑、ことに人間の罪悪に関心が払われている点である。これは、前者がより国家的、政治的で、後者がより宗教的、倫理的であることを意味する。言いかえれば、日本は、国家の歴史、天皇の族祖神話としてまとめ、韓国は、巫俗の経典として取扱っているための差であろう。両国と言っても、両国の開闢神話が、別々にまとめられたというのではない。もと同じ型のものであるが、両国の文化の差によって、神話の取扱い方が違い、その伝承、改変、定着過程が異なって、今の形になったというのである。

五　死体化生

以上で、両国開闢神話の天地分離神話的性格を比較したつもりであるが、そこに主要な構成要素となっている巨人・死体化生的エピソードの検討がもれている。このエピソードは、天地分離神話の要素としては異質的、異系統的存在と見えるが、両国とも重要な挿話となっていて、注目を要する。ここで、その類似を探ってみよう。

韓国神話では、既に紹介した如く、天地開闢の時、南方国日月宮の息子、青衣童子の目が日月になったとか、弥勒が鹿の肉をかんで吹き棄てると魚類、鳥獣類になったとか語られていた。前者は、盤古神話やハイヌヴェレ神話の如く、神の死体から宇宙あるいは栽培植物が発生するというモチーフと見え、後者は、神の排泄物や嘔吐物によってそれが発生するというものである。

まず、前者から検討してみよう。

韓国における死体化生説話で、右のような簡単なもののほかに、具体的なものを拾うと、巫歌として歌われている門神神話（門前ボンプリ）が挙げられる。

ナムソンビ夫婦が七人の息子を生んで貧しく生活していた。父が米商売でもしようとして、海を渡ってお米を買いに出かける。お米の産地に着いた父は、邪悪な妾を娶るようになり、お金もみな取られ、ついに盲人になった。

待っていた妻が、夫を探しに行くと、妾は妻を池に溺らして殺し、正妻ぶりをして家に帰って来る。盲の父は勿論息子たちも実母と信じるようになるが、ついに末子がこれを気付くようになる。継子たちが厄介になった継母は、この継子たちを殺そうとして、いろいろ邪悪なたくらみを企てるが、とうとうそれがばれてしまった。そして、継母は便所に逃げ、首を吊って便所神になり、これを見て驚いた父は、外に飛び出す途端、門柱にぶつかって死んで門神になり、溺れ死にした母は、冷たい水中で苦労したから、温かい台所の竈神となった。

ところで、便所で死んだ継母の死体はいろいろなものに化生する。頭は豚のトゴリ（豚に飼料をやる鉢）になり、髪は馬尾草になり、耳はさざえになり、爪は巻貝になり、口はソルチ（solch 솔치）という魚になり、陰部は鰒になり肛門はいそぎんちゃく（磯巾着）になり、肝はなまこ（海鼠）になり、大小腸は蛇になり、両脚は、用便する人のうずくまる踏み石になり、肉は蚊、蚤などになった。

この済州島の話は、継子譚と結びつけて、興味中心に変化されてはいるが、豚を飼い、肥料を生産する便所の神の屍体がいろいろなものになるという点に注目すべきである。今は主に海産物発生の説明となっているが、もとは、栽培植物の発生を説いていたに違いない。

この死体化生モチーフは、スサノオあるいはツクヨミがオオゲツヒメないし保食神を殺したとき、その死体から蚕、稲、麦、小豆、大豆など穀物が発生したと説くのと類似する。

ところで、神の排泄、嘔吐など生理的作用によって、大地あるいは動植物などが発生する説話も、韓国では主に伝説として語られている。その一例、全羅南道の巨人伝説を見ると、

大昔、一人の巨人がいた。お腹がすいて困っていたところ、全羅道の穀倉地帯で御馳走されて満腹になった巨人

が嬉しくなって踊り出すと、平野が陰になって作物がだめになった。そのために、農民に追い出され、北の方に行ったが、またお腹がすいてたまらないので、石、木などなんでも食べた。それが腹痛を起し、吐き出したものが白頭山になり、流した涙は鴨緑江、豆満江になり、下痢をしたものは太白山脈になり、大便の一塊は飛んで行って済州島となり、大きい溜息をすると満洲平野となり、小便をすると洪水になった。(30)

この型の巨人伝説は、全国的に分布しているが、咸南地方の巫歌にみえる、神の吐きものが魚類、鳥獣類になったという話とを考え合せると、日本のイザナキ、保食神神話のモチーフとの類似性が見出される。即ち、イザナミがカグツチを生んだとき、食べものを吐き出すと、それがそのまま金山彦になり、小便をすると罔象女になり、大便をすると埴山媛になった(書紀一―第四)とか、イザナキが国土の霧を吹きはらうと、その息が風の神になり、涙を流して号泣すると、涙が啼沢女命になった(書紀一―第六)とか、イザナキが黄泉国から追われた時、大樹に向って小便をすると大きな川になったとか(紀本文)いうものや、あるいは、ツクヨミが保食神に下降したとき、保食神が首をめぐらして国に向かうと、口から飯が出てき、海に向かうと大小の漁獲物が、山に向かうと狩の獲物が口から出て来るという要素とほぼ一致するものである。

天地分離神話において、異質、異系統と見られる死体化生モチーフが、両国とも、その神話に結合されて語られていることは、偶然でなく、本来まとまった形で両国に入ってきたものと見るべきであろう。

この両国の類似は盤古神話と結びつけて考える必要があるが、(31)盤古神話はもと漢民族のものでなく、苗、猺、シャなど、南方民族のものであったことを想起すると、中国南部→韓国→日本の関係がより深くなっていくわけである。

六　おわりに

以上、韓日両国の開闢神話を天地分離神話とし、その大筋における異同点を検討してきた。まとめてみると、両国とも、太初、天地は暗黒、混沌として一塊に相接していて、次第に分離されたと考えたこと、その天地を天父地母と観念し、分離の原因が、鶏の鳴き声による太陽の出現ないし太陽と同系の火の出現によること、また、その混沌現象を漂う国土、多数の日月、動植物の言語、社会悪など、大地、天体、人文事象のあらゆる領域のものと見、その混沌状態が、天地の分離の完成と共に、神々の各界分治によって収まるということなど、類似が見られ、天地分離神話の基本要素でない死体化生モチーフまでも、ともにこの神話に結合されている。このような類似は、かつて同一ないし極めて近親関係のものが、両国の神話編纂意図の差によって、現在のような姿にまとめられたことを意味し、もと韓国のかけ橋を通して、まとまった形で日本にもたらされたものと考えられるのである。

稿を終るに当って、もう一つ付け加えたいことは、この両国の神話における宇宙観の問題である。

本論で取り上げた韓国の開闢神話における世界の分け方は、若干の相違点を見せながらも、大体において一致している点が見える。内容を見ると、済州島の話では、天の天主王が地上の総明夫人と結婚し、あの世の支配者大星王とこの世の支配者小星王を生んでいて、天・幽・男・善・正と地・顕・女・悪・邪が対比する垂直的二分が見え、咸南の話では、あの世の支配者弥勒とこの世の支配者釈迦と、また西天国の仏さまが登場していて、ここでは、西天国という水平的別世界がもう一つ考えられている。それに対して、ソウルの話では、天の天下宮堂七星と地上の梅花夫人とが結婚して、大漢国の支配者と小韓国の支配者兄弟を生むとなっていて、天地という垂直的二分と、大漢国、小韓国という水平的二分の観想が見られる。しかし、西天国、大漢国、小韓国などは、仏教的、歴史的知識による変化と見られるので、これでは当てにならない。やはり、三つの話とも、天地の二分観と見るべきであろう。

このような世界の見方は、三品彰英氏が詳しく研究されてきた古典神話に多く見られる観想である。古朝鮮の檀君神話では、天帝の庶子桓雄が太伯山の頂上に、加洛国の始祖首露は亀旨峰の上に、新羅の朴赫居世は楊山の麓に、それぞれ降臨したと説いて、天地という垂直的二つの世界が描かれている。ここで、山は地の神聖な処で、地即ち山と同一視しているのである。

これに対して、山の神と海の神の対比を語る神話が多いことは注意を惹く。済州島の三姓神話では、毛興穴から湧き出た三神人が、海の彼方（碧浪国あるいは日本と比定される）の国から寄り着いた三神女と結婚しており、済州島巫俗の堂神話では、漢拏山あるいは島内のある丘から湧き出た男神が、東海竜王国に行って、その末女と結婚して帰ってきており、もと竜城国の王子である新羅の脱解王は、最後に東岳神になった。この類の話では、山即ち地と同一視し、山と海を対比して、水平的に世界を二分しているのが特徴である。

この二つの二分視、天と地（山）、山（地）と海の二つの分け方が複合される場合、天と海あるいは、天と地と海という観想が成り立つことではあるまいか。天帝の子である北夫余の始祖、解慕漱が河伯の娘と結婚するとか、天降った朴赫居世が閼英井の鶏竜女と結婚し、また天降った加洛国の首露王が海からやってきた王后と結婚するなど、天と海、あるいは天と山と海の構造が見られるものである。ところで、済州島巫歌の開闢神話で、天地、幽顕という二つの世界を垂直的に分類しながら、日月一つずつを射て海に棄てるということをもって、海の世界がしばらく登場することは注意に値する。

さて、日本の各界分治神話は、二つの型があって、一つはアマテラス、ツクヨミ、スサノオの三神が高天原、夜之食国（あるいは天上と天下）それに海原を分け与えられたという型で、宇宙の三分観を示し、他は、アマテラスとツクヨミが天、スサノオが根の国を治めるという型で、二分観を示すものであるという。(32)もし、この三分観が天・日・昼対地・月・夜という構造の垂直的二分観と、山対海を対比する水平的二分観との複合によって形成されたものという説明付けが可能ならば、韓国の神話のそれとが一層近くなるといえるのではないかと思う。

（1）　三品、一九七一、一九七二
（2）　孫、一九五四、一五五―一六九頁
（3）　孫、一九七〇、二四―二五頁
（4）　済州道北済州郡朝天面朝天里、男巫鄭周柄唱、筆者採録要約。この話の中、天主王が複数の日月を送り出す場面から終りまでを天主王ボンプリ（本解の意）という。

(5) 赤松、秋葉、一九三七、上、三六九頁
(6) 秦、一九六八、八七二頁
(7) 孫、一九三〇、一一一三頁
(8) 任、一九六六、一一一八頁
(9) 赤松他、一九三七、上、一二八―一三二頁
(10) 沼沢、一九六五、一六頁。一九六七、五六頁
(11) 佐山他、一九二三、八―九頁
(12) 松本、一九六七、三三―三四頁
(13) 松本、一九六七、三四頁
(14) 大林、一九六一、二一―三九頁
(15) 大林、一九七〇、三八―四〇頁
(16) 依田、一九七二、一二二―一二三頁
(17) 筆者蒐集、玄、一九七二a、七〇―七六頁
(18) 孫、一九七〇、五三―五九頁
(19) 文化公報部、一九七一、五八四頁
(20) 崔、一九五八、六九―七一頁
(21) 『三国史記』巻第九、新羅本紀第九
(22) 『三国史記』巻第十一、新羅本紀第十一
(23) 『三国遺事』巻五、明月師兜率歌条
(24) 玄、一九七二b、八七―一〇六頁
(25) 中山、一九三七、四五―四七頁
(26) 岡、一九六七、六四―七二頁

(27) 註26と同じ

(28) 森、一九六九、四五—四七頁

(29) 依田、一九七二、一二四—一二五頁

(30) 文化公報部、一九六九、七四四—七四五頁

(31) 森、一九六九、一一八—一三六頁

(32) 大林、一九六一、一二三—一二五頁

〈参考文献〉

赤松智城、秋葉隆、一九三七、『朝鮮巫俗の研究上巻』大阪屋号書店

文化公報部文化財管理局、一九六九、『韓国民俗綜合調査報告書』全羅南道篇、ソウル

——一九七一、『韓国民俗綜合調査報告書』全羅北道篇、ソウル

張籌根、一九六一、『韓国의神話』ソウル

玄容駿 一九七二a、「떠흐르는섬—済州島伝説과国土浮動観」『켸주시』一九号、済州

——一九七二b、「兜率歌背景説話考」『韓国言語文学』第一〇輯

松本信広、一九六七、「神話伝説」『現代のエスプリ 神話』至文堂

森三樹三郎、一九六九、『中国古代神話』清水弘文堂書房

三品彰英、一九七一、『建国神話の諸問題』平凡社

——一九七二、『日鮮神話伝説の研究』平凡社

中山太郎、一九三七、「太陽を射る話」『民族点描』京都、人文書院

沼沢喜市、一九六五、「南方系文化としての神話」『国文学解釈と鑑賞』三六巻一一号、東京

——一九六七、「天地分るる神話の文化史的背景」『現代のエスプリ 神話』至文堂

任晳宰、一九六六、『関北地方巫歌（追加）』ソウル、文教部
大林太良、一九六一、『日本神話の起源』角川書店
――一九七〇、「記紀神話と西南諸島の伝承」『日本文学研究資料叢書　日本神話』有精堂
――一九七二、「日本神話における分類の論理」『国文学解釈と鑑賞』三七巻一号、東京
岡正雄、一九六七、「太陽を射る話」『現代のエスプリ　神話』至文堂
金富軾、『三国史記』ソウル、先進文化社
一然、『三国遺事』ソウル、東国文化社
崔常寿、一九五八、『韓国民間伝説集』ソウル、通文館
佐山融吉、大西吉寿、一九二三、『生蕃伝説集』台北、杉田重蔵書店
孫晋泰、一九三〇、『朝鮮神歌遺篇』東京、郷土研究社
――一九五四、『韓国民族説話研究』ソウル、乙酉文化社
――一九七〇、『朝鮮の民話』東京、岩崎美術社
秦聖麒、一九六八、『南国의巫歌』済州
依田千百子、一九七二、「日本神話と朝鮮神話」『国文学解釈と鑑賞』三七巻一号、東京

神武東征伝説と百済・高句麗の建国伝説

大林太良

一　はじめに

日本神話の比較研究において、朝鮮は極めて重要な地位を占めている。三品彰英を始め、すでに多くの学者が、天孫降臨神話を始め、いくつかの我が神話との比較を行なって来た。(1) そして最近では、依田千百子氏や、(2) ことに玄容駿氏によって、(3) 朝鮮現代の巫歌神話も利用して、新たな展望が開けつつある。

私がここで試みようとしているのは、神武東征伝説を中心とした日本の建国伝承と、朝鮮の夫余・高句麗・百済の建国伝説の比較である。ここで重要なことは、朝鮮伝説のいくつかのモチーフが、部分的には記紀の体系とは順序が異なるとは言え、緊密に連関し合って現われており、全体としての我が建国伝承の大筋と顕著な対応を示していることである。つまり、バラバラの神話伝説要素よりもむしろ、これら要素が集まって出来た伝承複合の類似が問題となっている。

しかし、議論の進め方として、まず、主な要素をそれぞれ別々に取り上げて行き、最後に全体的な構成を考えてみることにしたい。

二 海の兄と陸の弟

神武東征の前半に関して、『古事記』と『日本書紀』とを比較してみると、一つの目立った相違点がある。

それは、『書紀』では、一貫して神武が東征の主体になっているのに反し、『古事記』では、神武とその兄の五瀬命とが相並んで主体となっていることである。

つまり、『書紀』では、東征に先立って、イワレビコ（神武）が、年四十五歳に及んで、《諸《もろもろ》の兄及《いろね》び子《みこ》等に》東征を発議し、これに対して《諸の皇子》もこれに賛成している。また、いよいよ同年の冬十月の丁巳の朔辛酉に出発したときの記事も、「天皇、親ら諸の皇子・舟師を帥ゐて東を征ちたまふ」とある。このように『書紀』では、最初から天皇を中心として東征が行なわれ、それを主に《諸の皇子》が扶けた形式をとっていて、皇兄のことは、最初の発議のところに出てくるだけである。そのくせ、孔舎衛《くさえ》坂で長髄彦と対戦してからは、五瀬命の負傷とそれに引きつづいての戦死、さらに稲飯、三毛入野の熊野での入水というぐあいに、皇兄の次々の悲劇的な最後が記述されている。

これに反して『古事記』では、東征を発議するところからして、「神倭伊波礼毘古の命、その同母兄《いろも》五瀬の命と二柱、高千穂の宮にましまして議りたまはく」とあって、イワレビコとイツセの二人が主役である。そればかりでない。イツセが負傷したとき、太陽に逆らって戦うのはよくないと言ったのは『書紀』では神武だと明記してあるが、『古事記』の文章では、むしろイツセのようである。

「ここに登美毘古と戦ひたまひし時に、五瀬の命、御手に登美毘古が痛矢串《いたやぐし》を負はしき。かれここに詔りたまはく、「吾は日の神の御子として、日に向ひて戦ふことふさはず。やれ賤奴《やつこ》が痛手を負ひつ。今よは行き廻《めぐ》りて、日を背に負ひて撃たむ」と期《ちぎ》りたまひて、南の方より廻り幸でます時に、血沼《ちぬ》の海に到りて、その御手の血を洗ひたまひき。かれ血沼の海といふ。其地《そこ》より廻り幸でまして、紀の国の男の水門《みなと》に到りまして、詔りたまはく、「賤奴が手を負ひてや、命すぎなむ」と男健《をたけび》して崩《かむあが》りましき」。

つまり、征路の変更もイツセの意志によって決められ、神武によって決定されたのではない。こうしてみると、『古事記』の記述では、東征の前半の主人公は、神武よりもむしろイツセであったと見ることさえできる。この関連で注意しておきたいことは、東征の途上、速吸の門で槁根津日子(記)ないし椎根津彦(紀)に出あったときも、これをめしよせて、名を問い、またサオネツヒコないしシイネツヒコという名を与えたのも、『書紀』では神武であると明記しているが、『古事記』には主語がなく、誰が召しよせ、名を授けたのか明らかでないことである。

また、『書紀』と比べて、『古事記』の特徴の一つは、東征に参加した皇兄としては、イツセだけが強調されていることである。つまり、『書紀』では熊野で入水したことになっている他の二人の皇兄については、『古事記』では、なるほど上巻の末尾に、ウガヤフキアエズに四柱の子があったことを記した個所に、

「かれ御毛沼の命は、波の穂を跳《ふ》みて、常世の国に渡りまし、稲氷《いなひ》の命は、妣《はは》の国として、海原に入りましき」とあるだけであって、その入水が何時のことであったか、つまり、東征の途上か、それとも東征以前のことであったかは記していない。いずれにしても、東征の記事自体には、この二兄は出て来ず、神武とイッセの二人が東征に出発しているのである。

私の考えを率直に言うと、『古事記』の記事の方が、神武東征の原伝承により近いのではないかと思われる。つまり、イッセとイワレビコの兄弟二人が東征に出かけ、前半の主人公はイッセであったが、途中戦死したために、後半の主人公がイワレビコに交替する形式である。これならば、話の筋もよく通る。

ところが、この兄弟二人の東征譚が、第一代の天皇・神武の東征として定位され、したがって、初代天皇の功績を讃えることに重点がおかれるようになって来たために、『古事記』では、イッセの重要性をみとめつつも、神武がイッセと東征を議すとか、あるいはサオネッヒコの話は主語なしで記すというような中途半端な現象を呈し、『書紀』においては、この変容過程はさらに進んで、東征記事全体を通じて、神武を主人公に仕立てていると解釈できる。事実、『書紀』は神武をハックニシラススメラミコトと尊称しているが、『古事記』ではこの称号は神武には与えられていないことを見ても、一般に神武のグロリフィケイションが、『古事記』よりも『書紀』において一段と進んでいることが窺われるであろう。

ところで、さきに私が、神武東征伝説の原形と考えたものでは、イッセとイワレビコの兄弟二人が東征する。そして前半の主人公はイッセであり、後半の主人公はイワレビコである。ここで注目すべきことは、この東征伝説には、海と山の対置が描き出されていることである。

つまり、東征の前半は、もっぱら海上航海の話であり、後半は陸上の転戦である。そして前半の主人公イツセは陸に上ってトミビコないしナガスネヒコと戦うが傷を負い、海上で憤死する。これに反して、イワレビコは、陸上を遍歴して戦い、勝利を収め、ヤマトの支配者になる。(4) してみると、海の原理の代表者としてのイツセは失敗し、陸の原理の代表者イワレビコは成功することになっていて、神武東征譚に先行する海幸山幸神話において、やはり兄弟関係にある山幸彦が海幸彦を屈服せしめたのと類似した基調が存在しているのである。

私は、この神武東征伝説の大筋は、百済の建国伝説に比較できると思っている。ここでも二人の兄弟が流浪し、海の原理を代表する兄は失敗し、陸の原理を代表する弟が建国するのである。

つまり、『三国史記』(二三、百済本紀一)によれば次の通りである。

高句麗の始祖朱蒙が北扶余から難を逃れて卒本扶余に来、扶余王の第二女をめとった。やがて扶余王は薨じ、朱蒙がその位をつぎ、長を沸流、次を温祚という二子を生んだ。ところが、朱蒙がまだ北扶余にいたときに生んだ子の類利が、その母とともに北扶余から逃れて来たので、朱蒙はこれを喜んで立てて太子とした。そのため、後妻の子たる沸流、温祚の兄弟は、その近臣十人を率い、国を出て南行した。彼等は漢山に至り、負児嶽(ソウルの北嶽)に登って、住むべき地の相を望んだ。兄の沸流は海浜に居らんと欲したが、十臣はこれを諫めて、河南の地に都をつくるようにすすめた。しかし、沸流はこれをきかず、その民を分って弥鄒忽(仁川?)に行って住み、他方、温祚は河南慰礼城に都し、十臣をもって輔翼として、国を十済と号した。ところが海浜の弥鄒忽に行った沸流は、そこが土湿水鹹なるために安居することが出来ず、河南にもどって来た。そして河南慰礼の都邑鼎安し、人民安楽なのを見て、遂に慚愧して自殺し、沸流の臣民はみな慰礼に帰った。

この百済の建国伝説を神武東征伝説と比較すると、イツセと同様に海の原理を代表する沸流が兄であり、イワレビコと同様に陸の原理を代表する温祚が弟となっている点がまず一致している。第二に、この二人の兄弟が今までの居住地を棄てて新しい国を求めて放浪する点が、日本、百済ともに共通している。しかも、第三に、海の原理を代表する兄は失敗して死に、陸の原理を代表する弟は成功して建国し、王朝の祖となる点が、これまた日本と百済とで同じなのである。

ただ、相違点としては、第一に、神武東征伝説では、著しく軍事的・征服的色彩が濃いのに対し、百済の建国伝説では、まるで無人の地に植民したような書き方で、先住民との摩擦が記されていない点がある。第二は、沸流・温祚二兄弟が、並立の主人公として描かれており、この点では『古事記』にまとめられたイツセとイワレビコとの関係にやや近いが、『古事記』では、東征の前半の主人公がイツセ、後半のそれがイワレビコという二段構成の痕跡が窺われるのに対し、百済の建国伝説ではそのような痕跡がはっきり見えないことである。

ところで、この百済の沸流・温祚兄弟の移住伝説を、我が国の神話と比較した学者としては、三品彰英がいる。しかし、同氏は、私とは異なって、神武東征譚と比較するのではなく、海幸山幸神話と比較する。つまり、同氏は『書紀』の一書三を引いて次のように論ずる。

「ホホデミは最初は山サチ彦であり、後に水の呪能を体得して海サチ彦になるが……結論的には水田耕作の勝利者として語られている。いわば海童ホホデミは、その名の意味するように稲サチヒコとして国づくりをするのである」。

さらに同氏は、「わが山幸彦・海幸彦の国づくり伝説の類型に属する伝説は、百済国の建国伝説のうちにも語られている」として、沸流・温祚の伝説を紹介した後、次のような説を展開する。

「記事ははなはだしく史実ふうになっているけれども、これは『三国史記』の性質のためであって、その素材としては山幸彦・海幸彦型の伝説を予想することができる。兄沸流の居所である弥鄒忽は mis-kor 水城の意で、漢江の河口の地に推当され、弟温祚の慰礼城 ŏr-kor は「泉の城」を意味し、漢江を上流に少し遡った南岸の地である。すなわち河口の湿地帯よりも「泉の城」の方が古代農耕の適地であったことを語っている。原始の農耕者にとって、水利に関しての適地を選定する知識と水を支配する技術は最も重要なもので、彼らにあっては、その知識と技術は常に呪術と神助によって支えられていた。いわば神授されたものである。この事実を古代人が説明すると神話的な表現をとることになる。ちなみに、温祚の父は朱蒙にして、朱蒙の母すなわち温祚の祖母は河神の娘柳花であることが神話されている。わが山幸彦・海幸彦の治田による国づくり神話を、右の『三国史記』の百済本紀のように歴史記事風に書き改めることもあるいは可能であろう(5)」。

以上の引用によっても明らかなように、三品が沸流・温祚伝説を《海幸山幸》神話と比較するとき、それは、あのさまざまな構成要素からなる《海幸山幸》神話のうちの一側面としての国作り神話的側面にのみ注意が払われている。なるほど、沸流・温祚伝説には、二兄弟の対立を伴いつつ国作りが行なわれる点においては《海幸山幸》神話との共通性はある。また、三品ははっきり指摘していないが、私が上に述べたように、この沸流・温祚二兄弟の対立は、海と陸との対立という性格をもっている点でも、我が《海幸山幸》神話と類似している。

このように、三品説にはある程度の根拠がある。しかし、私は、三品の解釈の妥当性はかなり限られたものであり、やはり沸流・温祚伝説は、神武東征伝説に比較するのがより適当であると考えている。

その理由は、第一に、沸流・温祚伝説が《海幸山幸》神話と共通するところがあると言っても、上に記した程度の共通性に過ぎず、しかも《海幸山幸》神話の国作り神話的側面、ことに三品説が問題にしている水田の水の呪的支配は、実は、むしろ、これによって洪水や旱魃を起して弟が兄に報復する点に力点があり、農耕による国作りという性格は強くないことである。

第二の理由は、海幸山幸神話では、兄弟のうち、片方だけが放浪するのに対して、沸流・温祚伝説では二人とも放浪し、この点において神武東征伝説により近い。

第三は、海の原理を代表する兄が失敗し、陸の原理を代表する弟が成功する点では三者は同じであるが、海幸山幸神話では、敗れた兄は別に死ぬことなく、かえって弟の部下として服属することになったのが重要な点であるのに対し、神武東征、沸流・温祚の両伝説では、海の兄が死ぬことによって、陸の弟の王者としての地位が確立されることで共通している。

第四は、海幸山幸神話では、一度海宮に赴いた山幸彦も、そこから故郷に戻って兄と対決し、兄が敗北する。本国の支配権の葛藤がそこでは問題である。これに反し、神武東征と沸流・温祚の両伝説は、何よりも国覓ぎ伝説である。本国を捨てた二兄弟が流浪を重ねて新しい国を求めて行き、そのうちの一方が新しく国をつくるのである。

第五は、三品は「ちなみに、温祚の父は朱蒙にして、朱蒙の母すなわち温祚の祖母は河神の娘柳花であることが神話されている」ことに注意を喚起した。しかし、これもまた沸流・温祚伝説を海幸山幸神話と比較するよりもイツセ・イワレビコ伝説と比較するのが、より適切な一証である。つまり、海幸山幸神話では、温祚に当るヒコホホデミ自身が海神の女と結婚しているが、イツセ・イワレビコ伝説では、百済伝説と同様、水界の主の女は、兄弟の祖母に相当していて、この点もまた一致を見せているからである。

このように見てくると、沸流・温祚伝説は、三品が考えたように《海幸山幸》神話と比較するよりも、筆者のように神武東征伝説に比較する方がより肯綮に中っていることは明らかであろう。

三　国譲り

このように、沸流・温祚の二兄弟の来住による百済建国の伝説は、神武東征伝説と著しい類似を示している。だが、これで問題のすべてが論じ尽されたわけではない。実は、この百済建国伝説は、他の点でも日本神話とさまざまな類似を示しており、しかも、高句麗ないし扶余の建国神話をも併せ考えると、日本神話との一致はさらに一層顕著なのである。

さきに引いた沸流・温祚伝説の始めの部分を思い出していただきたい。卒本夫余に朱蒙が来て、沸流・温祚の二子を生んだが、朱蒙がまだ北夫余にいたとき生んだ長子の類利がやって来たために、朱蒙はこれを太子に立てた。不遇の沸流・温祚は出国した。つまり、正統性を主張する外来の新しい太子のために土着の王子たちが国譲りしたのである。

これは日本神話において、葦原中津国の支配者オオナムチないしオオクニヌシが、アマテラスの子孫、つまり正統性を主張する外来の王子のために国譲りしたことを思い出させる。

しかし、この朝鮮伝説が日本の出雲国譲神話と異なっている点は、日本神話では国を譲られた側の天孫の系列が関心の中心を占めているのに対し、百済伝説では、国を譲り明け渡した側の二兄弟が、いかに新天地を拓いたかに興味が集中していることである。

ところで、日本には出雲国譲のほかにもう二つの国譲り伝承があった。その一つはつまり、ニギハヤヒのイワレビコへの国譲りの伝説である。しかもそれは問題の神武東征伝説中に存在しているのである。ただし、沸流・温祚伝説では国覓ぎの前に国譲りが行なわれるのに反して、ニギハヤヒの国譲りは、神武東征の終り近くなって行なわれた点が異なっている。だが、このような相違点はあるものの、両者を比較すると、重要な細部の一致もまた存在している。

ニギハヤヒのイワレビコへの国譲りは、『古事記』と『日本書紀』では、かなり内容が違っている。

『古事記』では、久米歌など六つの歌謡の後に、やや唐突な、前の文章とのつながりがあまり良くない書き出し方で、次のように記されている。

「かれここに邇芸速日の命まゐ赴きて、天つ神の御子にまをさく、「天つ神の御子天降《も》りましぬと聞きしかば、追ひてまゐ降り来つ」とまをして、天つ瑞《しるし》を献りて仕へまつりき。かれ邇芸速日の命、登美毘古が妹登美夜毘売に娶ひて生める子、宇麻志麻遅の命（こは物部の連、穂積の臣、婇臣が祖なり）。かれかくのごと、荒ぶる神どもを言《こと》向《む》けやはし、伏《まつろ》はぬ人どもを退《そ》け撥《はら》ひて、畝火の白檮《かし》原の宮にましまして、天の下治らしめしき」。

つまり、『古事記』の文面による限り、ニギハヤヒはイワレビコより先に大和に入っていて勢力を確立していたことは明記されていない。トミビコ（ナガスネヒコ）の妹をめとってウマシマヂを生んだのも、ニギハヤヒがイワレビコに出会う前であったか否かは明らかでないのである。したがって、『古事記』においては、ニギハヤヒの国譲りを云々することは出来ない。

これに反して、『書紀』の記載は、国譲り伝説としての様相をはっきりもっている。

「時に長髄彦、乃ち行人《つかひ》を遣《まだ》して、天皇に言して曰《まう》さく、「嘗、天神の子有《ま》しまして、天磐船に乗りて、天より降り止《い》でませり。号けて櫛玉饒速日命（饒速日、此をばニギハヤヒと云ふ）と曰す。是吾が妹三炊屋《いろもみかしきや》媛（亦の名は長髄媛、亦の名は鳥見屋媛）を娶りて、遂に児息《みこ》有り。名をば可美真手命（可真手、此をばウマシマデと云ふ）と曰す。故、吾饒速日命を以て、君として奉《つか》へまつる。夫れ天神の子、豈両種有《ま》さむや。奈何《いかに》ぞ更に天神の子と称《なの》りて、人の地《くに》を奪はむ。吾心に惟《おしはかりみ》るに、いつはりならむ」とまうす。天皇の曰はく、「天神の子亦多《さは》にあり。汝が君とする所、是実に天神の子ならば、必ず表物《しるしもの》有らむ。相示《み》せよ」とのたまふ。長髄彦、即ち饒速日命の天羽羽矢一隻《は》及び歩靫《かちゆき》を取りて、天皇に示せ奉る。天皇、賢《みそなは》して曰はく、「まことなりなり」とのたまひて、還りて所御《みはかし》の天羽羽矢一隻及び歩靫を以て、長髄彦に賜示《みせたま》ふ。長髄彦、其の天表《あまつしるし》を見て、益おそれかしこまることを懐《うだ》く。然れども凶器已に構へて、其の勢、中《なかぞら》に休むこと得ず。而して猶迷へる図《はかりこと》を守りて、復改《ひるが》へる意無し。饒速日命、本より天神ねむごろにしたまはくは、唯天孫のみかといふことを知れり。且夫《か》の長髄彦の稟性愎佷《いすかしまにもと》りて、教ふるに天《きみ》人《たみ》の際《ちひだ》を以てすべからざることを見て、乃ち殺しつ。其の衆を帥《ひき》ゐて帰順《まつろ》ふ。天皇、素より饒速日命は、是天より降れりといふことを聞しめせり。而して今果して忠効を立つ。則ち褒めて寵《めぐ》みたまふ。此物部氏の遠祖なり」。

つまり、『書紀』の記述によれば、すでに大和にはニギハヤヒが君臨していたが、そこにイワレビコがやって来た。ニギハヤヒの妻の兄ナガスネヒコとイワレビコは天表としての武器を見せあい、ニギハヤヒはナガスネヒコを殺してイワレビコに国を譲ったというのである。

朝鮮の伝説では、『三国史記』（高句麗本紀第一）の琉璃明王即位の条に、次のように出ている。

「琉璃明王立つ。諱は類利、或は孺留と云ふ。朱蒙の元子、母は礼氏なり。初め朱蒙扶余に在りて、礼氏の女を娶り、娠む有り。朱蒙の帰る後乃ち生る。是を類利と為す。幼年のとき出て陌上に遊び、雀を弾つ。誤て水を汲む婦人の瓦器を破る。婦人罵りて曰く、此児に父無し。故に頑なること此の如し。類利慙づ。帰りて母氏に問ふ。我父は何人たるか、今何処に在りやと。母曰く、汝の父は非常の人なり。国に容れられず、逃れて南地に帰し、国を開きて王を称す。帰時予に謂ひて曰く、汝若し男子を生まば則ち言へ、我に遺物有り、蔵して七稜の石上の松下に在り、若し能く此を得れば、乃ち吾子なりと。類利之を聞きて、乃ち山谷に往きて之を索めて得ず。倦みて還る。一旦堂上に在り、柱礎の間に声有るがごときを聞く。就て之を見るに、礎石七稜有り。乃ち柱下を捜して断剣一段を得る。遂に之を持ちて、屋智・句鄒・都祖等三人ともに、行て卒本に至り、父王に見えて、断剣を以て之を奉る。王己が有つ所の断剣を出して、之を合するに、連りて一剣と為る。王之を悦び、立て太子と為す。是に至りて位を継ぐ」。

そして、類利が太子となったため、卒本で朱蒙に生まれた沸流・温祚の二兄弟が南下して百済を建国するに至ったことは前に述べた通りである。

つまり朝鮮の場合、表面上は朱蒙がその長子類利に王位を譲るのであるが、実際は王位継承権を奪われた沸流・温祚の二兄弟が出国するのであるから、実質的にはこの二兄弟が類利に国を譲ったことになる。

しかし、その国譲りが、日朝ともに天表としての武器の合致を契機として行なわれることと、王位請求者（イワレビコ、類利）と直接交渉するのは、国を譲るもの自身ではなく、その身内のもの、つまりニギハヤヒの場合は妻の兄のナガスネヒコ、沸流・温祚の場合はその父の朱蒙であるという二点において類似している。このような一致は、百済の場合の二兄弟の流浪、日本の場合のナガスネヒコ殺し、という相違点にも拘らず、やはり注目に値するものと思われる。

ところで、日本神話の体系においては、国譲りは一回だけでなく、何回も行なわれており、このニギハヤヒの国譲りの前に出雲のオオナムチ（オオクニヌシ）の国譲りがあったことは前に述べたところである。しかし、実はその中間の天孫降臨のところでも、『書紀』によれば、さらにもう一つの国譲りが行なわれていた。

『書紀』本文によれば、

「其の地《くに》〔笠狭碕〕に一人有り。自ら事勝国勝長狭と号《なの》る。皇孫問ひて曰はく、「国在りやいなや」とのたまふ。対へて曰さく、「此に国有り。請はくはみこころのままに遊《みた》せ」とまうす。故、皇孫就《ゆ》きて留住《とどま》ります」。

一書二には、

「〔ニニギ〕浮渚在平地《うきじまりたひら》に立たして、乃ち国主事勝国勝長狭を召して訪ひたまふ。対へて曰さく、「是に国有り。取捨勅の随に」とまうす」。

また一書六では、

「吾田の笠狭の御碕に到ります。遂に長屋の竹嶋に登ります。乃ち其の地を巡り覧ませば、彼《そこ》に人有り。名けて事勝国勝長狭と曰ふ。天孫、困りて問ひて曰はく、「此は誰が国ぞ」とのたまふ。対へて曰さく、「是は長狭が住む国なり。然れども今は乃ち天孫に奉上る」とまうす」。

つまり、出雲国譲り、笠紗国譲り、大和国譲りという三回の国譲りが行なわれたのである。

ところが、夫余・高句麗においても、実は国譲りが三回行なわれている。日朝ともに三回というのは奇妙な一致であるが、この三回にそれぞれ象徴的ないし宇宙論的な意味が与えられているかどうかは、まだ明らかでなく、私は現在のところ、この三回という数字に特に大きな重要性を認めるつもりはないが、この一致は見逃すことはできない。

朝鮮における三回の国譲りのうち、沸流・温祚の国譲りはもう述べた。他の二回は次のようなものである。

『三国遺事』（巻一、北扶余条）には、次の記事がある。

「古記に云はく、前漢宣帝神爵三年壬戌四月八日、天帝、訖升骨城（大遼医州界に在り）に降るに、玉竜車に乗る。都を立て王と称し、国を北扶余と号し、自ら名を解慕漱と称す。子を生み扶婁と名づく。解を以て氏と為す。王、後に上帝之命に因り、都を東扶余に移す。東明帝、北扶余を継ぎて興り、都を卒本州に立て、卒本扶余と為す。即ち高句麗之始祖なり」。

つまり、解慕漱が北扶余国を立てたが、その子夫婁の時に至って、天帝の命に従って東扶余に遷都し、これにかわって東明帝、つまり朱蒙が北扶余の後を継いで高句麗の祖となったと言うのである。

この伝説には、いろいろ問題がある。

しかし、ここで我われにとって重要なことは、天帝の子のために国譲りが行なわれたことである。これは、我が出雲の国譲りを著しく想起させる。しかも、金両基氏は、夫婁と東明(朱蒙)は異母兄弟で、ともに神の子であるので、『三国遺事』が夫婁を天帝の子でないとしているのは、《一つの矛盾》だと指摘した。(6) 事情は日本神話でも似ている。つまり、オオクニヌシは、天神アマテラスの子孫のために国を譲るが、オオクニヌシ自身は、『記』『紀』の神統では、アマテラスの弟、つまり本来は天津神の一員たるスサノオの子孫なのである。またイワレビコに国を譲ったニギハヤヒも、ともに天神の子であった。日朝どちらの場合も、先住の王は神統上は天神の血を引きながら、しかも天帝の子に国を譲ることが要求されているのだ。また金両基氏は、

「そしてもう一つの矛盾は、北扶余の王に東明を迎えるということだ。朱蒙＝東盟は、東扶余から南下して高句麗を起すので地理的に――方向上正反対である」。

と論じている。(7)

このような地理的矛盾を冒してまでも、なお国譲りが建国伝承の一部として語られていることは、我が国譲り神話においても、矛盾の態様こそ違うが、類似している。つまり、日本神話では、出雲で国譲りが行なわれたにも拘らず、天孫は出雲に降臨せず、全く方向の違った竺紫の日向の高千穂のくじふる峰に、稜威《いつ》の道別《ちわ》き道別きて天降りましたのであった。日本神話の場合、この地理的矛盾は、出雲が幽の原理を体現する土地であるのに対して、日向が顕の世界であるという宇宙論が背景にある。(8) これと同様に朝鮮の場合も、あるいは東夫余とか北夫余という領域には、それぞれ異なった宇宙論的意味が賦与されていたのかも知れない。

それはともあれ、このような矛盾をいろいろ含みつつも、なおかつ国譲り伝説が伝えられていることは、

これが高句麗の建国神話にとって不可欠の構成要素だったことを示唆している。事実、東明帝が北夫余を継いだこの高句麗伝説ばかりでなく、さきに論じた百済の建国伝説でも、沸流・温祚は卒本夫余を類利に譲っているという具合に、夫余の地については、国譲りが繰返し語られている。そして高句麗には、さらにもう一つ別の国譲り伝説があり、これまた朱蒙に国が譲られるのだ。

『李相国全集』所収の「東明王篇并序」に引く『旧三国史』逸文に、朱蒙が沸流王松譲（これは、沸流・温祚兄弟の沸流とは別人）から、国を強引に譲らせた話が出ている。朱蒙は松譲と弓矢の技を競って克ち、また従臣扶芬奴が沸流から鼓角を盗んできた。この鼓角は「これ天の与ふる物なり、何ぞ取らざらんか」と扶芬奴が述べているところから見て、天から降った神器《レガリア》であろう。そして、このあと朱蒙は松譲に止めをさす。

「（朱蒙）西狩して白鹿を獲り、蟹原に倒懸して呪ひて曰く、天若し雨降りて沸流の王都を漂没せざらんか、我固より汝を放たざらん、この難を免れんと欲すれば、汝能く天に訴ふべし。其鹿哀鳴して声天に徹す。霖雨七日にして松譲の都を漂没す。王葦索を以て横に流し、鴨馬に乗り、百姓みなその索を執る。朱蒙鞭を以て水を画すれば、水即ち減る。六月松譲国を挙げて来投す」。

この伝説については、すでに三品彰英が論じている。つまり、この『旧三国史』の伝説は、『三国史記』（高句麗本紀一、始祖東明聖王条）では次のような歴史的記事に化している。

「二年夏六月、松譲国を以て来降す。其地を以て多勿郡と為し、松譲を封じて主と為す。麗語に謂う旧土を復するを多勿と為すと、故に以て名づく」。

そして同氏によれば、この国譲り伝説には歴史的事実の背景があるらしい。

「三世紀前葉の高句麗国の状況を記録している『魏志』高句麗伝に、

「本有二五族一有二涓《(消)》奴部・絶奴部・順奴部・灌奴部・桂婁部一本涓奴部為レ主、稍微弱、今桂婁部代レ之」

と、その支配権の推移を語っている。涓奴は『翰苑』所引の『魏略』逸文に消奴とある。松譲、消奴（松音 song、消音 so、譲、奴は通音 na）はともに通音する同名であり、したがって消奴王は松譲王である。高句麗の古代王権が消奴部から桂婁部（朱蒙の部）に移ったことは確かな史実である。ちなみに鴨緑江の谷間に僅かな農耕を営んだ高句麗王にとって、治水の呪儀は不可欠の義務であった。朱蒙の本国の夫余国でも国王の最大の責務は水旱をととのえることであったと『魏志』夫余伝は記している。要するに『魏志』は歴史的事実を客観的に外側から記述しているのであり、朱蒙伝説に高句麗民族が国王の呪能を自らの神話的理解において語っているのである。[9]」

これほどまでに執拗に高句麗系建国伝説において国譲りが手を更え品を更えて再三語られるのは、なるほど、このような史実の裏付けがあってのことであるかも知れない。しかし、その場合、すでに国譲りが確立したモチーフとして存在していて、たまたま、このような歴史的出来事があったために応用されたのに過ぎない可能性も考えてよい。この問題が、より広汎な比較研究を必要とすることは言うまでもない。

ところで、三品は、松譲王の国譲り伝説を日本神話と比較して、次のように論じている。

「この松譲王の国ゆずり伝説中、朱蒙が雨を降らせて相手を屈服させるあたりはわが日向神話のホホデミの物語に似ている。ただし狩猟を主とし農耕を従とする生活形態にあった高句麗民族においては、その水の呪儀は白鹿を猟することから始っており、わがホホデミの場合は海宮から得た潮みつ玉・潮ひる玉が水界支配の呪具となっており、その点で海洋神話的である。出雲の国ゆずりはタケミカヅチノ神が海水の上に天降って国ゆずりをさせる話になっている[10]」。

たしかに、日本神話と松譲王国譲りとの間には、このような相違がある。まだ他の重要な相違としては、日本の国譲り神話では、国譲りの交渉をする神は、降臨する予定の神の代理人ないし使者にしか過ぎないのに反し、高句麗では朱蒙が直接手を下して、松譲王から国を譲らせていることがある。

だが、他方においては、この松譲王伝説は、さきに述べた二つの国譲り伝説に比べると、次の二つの点で、日本の国譲り神話に似ている。

その一つは、国を譲った松譲王が、国土から追放されたり、移住を余儀なくされることなく、故土にとどまることを許されたことである。これは日本神話で国を譲ったオオクニヌシが、百足らず八十坰手《くまで》に隠れたとは言え、なお出雲の国の多芸志の小浜に天の御舎《みあらか》を建ててもらい、そこに住んだ(『古事記』)ことや、ニギハヤヒがイワレビコの臣下となって仕えたのと軌を一にしている。

もう一つの類似点は、朝鮮の他の二つの国譲り伝説とは異なって、松譲王の国譲りでは、武力と呪力のさまざまな手段に訴えての国譲りの交渉が行なわれたことである。その手段の内容こそ異なるが、このような交渉が強調されている点は、出雲の国譲りの場合と同様である。

四　亀・獣・鳥

神武東征伝説の、はじめの部分にサオネツヒコの話がある。『古事記』では、それは吉備の高島の宮を出発してからのことになっている。

「かれその国より上り幸でます時に、亀の甲に乗りて、釣しつつ打ち羽振り来る人、速吸の門に遇ひき。ここに喚びよせて、問ひたまはく、「汝は誰ぞ」と問はしければ、答へて曰はく、「僕《あ》は国つ神なり」とまをしき。また問ひたまはく「汝は海《うみ》つ道《ち》を知れりや」と問はしければ、答へて曰はく、「能く知れり」とまをしき。また問ひたまはく「従《みとも》に仕へまつらむや」と問はしければ、答へて曰はく「仕へまつらむ」とまをしき。かれここに槁《さを》を指し度《わた》して、その御船に引き入れて、槁根《さおね》津《つ》日子《ひこ》といふ名を賜ひき。こは倭の国の造等が祖なり」。

『書紀』では、この事件は豊予海峡でのこととなっていて、しかも亀は出てこない。

「時に一人の漁人有りて、艇に乗りて至れり。天皇、招《めしよ》せて、因りて問ひて曰はく、「汝は誰ぞ」とのたまふ。対へて曰さく、「臣は是国神なり。名をば珍彦と曰す。曲浦《わだのうら》に釣魚す。天神の子来《い》でますと聞《うけたまは》りて、故《ここ》に即ち迎え奉る」とまうす。又問ひて曰はく、「汝能く我が為に導つかまつらむや」とのたまふ。対へて曰さく、「導びきたてまつらむ」とまうす。天皇、勅をもちて漁人に椎槁《しひさを》が末を授《さしわた》して、執へしめて、皇舟に牽き納れて、海導者とす。乃ち特《こと》に名を賜ひて、椎根津彦とす。……此即ち倭直《やまとのあたひ》部が始祖なり」

『書紀』においては、『古事記』よりも、合理化・歴史化が一歩進んで、亀は姿を消し、ウズヒコは単なる漁人になってしまっている。恐らく『古事記』の方が古い形であろう[1]。

ところで、この話が、夫余や高句麗の建国伝説中の一挿話と対応することは、すでに江上波夫氏によって指摘されている。夫余の伝承は、一世紀の王充の『論衡』の吉験篇や、三世紀の魚豢の『魏略』に出ている。この場合は、東明が主人公となっているが、高句麗の伝承を記録した『旧三国史』逸文（李圭報「東明王篇」所引）では朱蒙、弘太王碑では、鄒牟王（朱蒙と同じ）が主人公になっている。内容的には類似しているので、ここでは『旧三国史』を引くことにしよう。朱蒙は夫余から南土に行って国家を造ろうとして、淹滞水に至ったとき、

「渡らんとするも舟なし。追兵の奄及するを恐れ、廼ち策を以て天を指し、慨然として嘆いて曰はく、我は天帝之孫、河伯の甥、今避難して此に至る。皇天后土、我が孤子を憐みて、速かに舟橋を致さしめよと。言ひ訖って、弓を以て水を打つ。亀鼈浮びでて橋を成し、朱蒙乃ち渡るを得たり。良久しくして追兵至る。追兵河に至れば、亀鼈の橋即ち滅す」。

好太王碑では、朱蒙が《我は天帝の孫、河伯の甥》と言う代りに、鄒牟王が、《我は是れ皇天之子、母は河伯女郎》と言っている。これに反して、『論衡』や『魏略』の文では、東明がその出自を告げることは出ていない。

さて、江上氏は次のように論じている。

「このような、夫余・高句麗の始祖建国伝説の要素となっているものは、㈠故国（故郷）を出て河水を渡って、新しい土地にいって建国すること、㈡その河水で亀の助けをえて、無事彼岸に渡ること、㈢始祖となった者は天の子で、ときには父方が天、母方が河神の娘、という三点にあるが、これを神武の東征伝説のばあいと比較すると、前者で河を渡るところが、後者では海を渡ることになっており、前者で亀が出てくるところが、後者では亀に乗った人が現われることになっている。

また、前者で父が天で母が河神の娘であるというのに対しても、神武は天孫で、しかもその母は海神の娘であったというように、まったく大同小異であることが注意される。

要するに、夫余・高句麗始祖伝説の河が、神武伝説では海になっているだけで、大筋においてはまったくひとしい。これは大陸起源の伝説が、海国である日本に伝えられ、その新環境に応じて一変型をなしたと認めるべきであろう」(12)。

私も江上氏の説に賛成である。そればかりでなく、それを補強する別の論拠ももっているのである。

神武東征伝説には、三種類の動物が登場する。つまり、最初、速吸之門で、亀に乗ったサオネツヒコ（シイネツヒコ、ウズヒコ）が出現して東征の軍に参加する。次に熊野では妖熊が現われて、その毒気によって天皇の軍を昏睡せしめる。第三に、高木の神が派遣した八咫烏が、天皇の軍を吉野河の河尻に導く。熊と八咫烏は『古事記』、『日本書紀』ともに記すところであるが、『書紀』にはこのほかに、さらに、ヤタガラスが兄磯城・弟磯城との交渉の使者として活躍したことや、長髄彦との対戦のときに金鵄が飛んで来て、長髄彦の軍卒を迷眩せしめたことが出ている。

私は、別の機会にこの問題について、海、陸、空の三大宇宙領域を代表する動物が現われ、しかも海・空の動物は天皇の軍を助け、陸の動物は天皇の軍に害を加えるが、その災難が克服されたことは、第一代の天皇神武が宇宙三界を支配する普遍王《ウニフェルサールケーニッヒ》であることを象徴的に述べている、と論じたことがある。(13)

ところが、実は、高句麗の朱蒙の伝説でもまた、彼が天・地・水の三界を支配する普遍王たることを象徴する動物たちが登場するのである。

つまり、好太王碑文では、話が大変簡略で亀しか出ていないが、『旧三国史』では、三界を代表する動物が勢揃いしている。

まず、河伯の女柳花が卵を生んだが、金蛙王はこれを不祥として、人をして馬牧に置かしめたが、群馬はこれを践まなかった。深山に棄てれば百獣がみなこれを護ったことが出ている。つまり、朱蒙を害するはずの動物たちも、彼を傷つけることはできなかったのである。

ついで、朱蒙が年長大なるに至り、彼は金蛙の子七人と遊猟したが、朱蒙の獲物の鹿が多いことを妬んだ王子が、朱蒙を執え、樹に縛り、鹿を奪い去ったが、朱蒙は樹を抜いて去った。これは、陸上の動物は朱蒙に害を与えたが、彼はよくこれを克服したことを示し、神武東征譚における妖態の害とその克服と同じ趣旨である。

つづいて、太子は王に讒言して、王は朱蒙に馬を放させ、その意を試みようとした。これに対して朱蒙は恨みをいだき、その母に、「我は是れ天帝の孫にして人の為めに馬を牧するは生くるも死ぬに如かず」と言っている。つまり、この場合も、陸上の動物は彼にとってマイナスの価値をもつものである。しかし、これもまた彼は克服する。つまり、トリックによって良馬を得、そして国を求めて南行するのである。

このあとが、さきほどの亀の話で、水棲動物が朱蒙にとってはプラスの価値をもつ助力者であることは言うまでもない。

これにつづいて、鳥の話が出てくる。朱蒙が母の国なる扶余を去り、南下する首途に当って、母から別離の遺品として五穀の種子を授けられた。そのうち朱蒙が忘れた麦種子は、母の別態と思われる二羽の鳩によって後にもたらされた。これらの鳩を朱蒙は大樹の下に一矢をもって射落し、喉を開けて麦種子を手に入れた。鳩は蘇生して飛び去った。

こうして朱蒙は卒本川に至り、沸水の上に居をかまえて、国号を高句麗としたのである。

つまり、朱蒙が高句麗を建国するまでに、陸・水・空三界の動物が登場する。その順序は神武東征伝説と同じではないが（陸と水とが入れ替っている）、それでも、水・空の動物が助力者であり、プラスの価値をもつのに対し、陸の動物がマイナスの価値をもつことは、神武東征の場合と一致していることは注目に値する。

夫余の東明の伝説においては、三界とのかかわり合い方はやや異なっている。しかし、ここでも、東明が生まれてから、王がこれを溷（豚小屋兼便所）中にすてさせたが猪（豚）はこれを喙嘘し、また馬閑にうつしても、馬は気を以て之を嘘したので、東明は死ななかったことが出ており、これら陸上の動物は東明にとっては、本来害を与えるマイナスの価値をもつものであったが、東明はこれを克服したのである。また東明が馬の牧を命ぜられたことも出ており、これも朱蒙の例からみて、本来マイナスの価値をもつものであったろう。そして、そのあとで上記の亀の話が出てくるのである。

つまり、夫余の東明伝説では、水陸の動物が出てくるだけであるが、陸・水の動物に与えられた価値は、高句麗の朱蒙伝説の場合と異ならない。

ただ、東明伝説には鳥が明瞭な形では出てこない。しかし、東明の母たる槖離国王の侍婢が、鶏子（卵）のような気が下って来て、それによって東明を孕んだとあるのも、天界が東明の父であることを物語っており、たとえ鶏子を鳥に結びつけなくても、東明が、宇宙三界の普遍王としての資格をもつことが示されていることは、朱蒙や神武の場合と大差ない。

五　宇宙領域の結合と分離

さきに論じたように、百済の沸流・温祚の祖母が河伯の女であることは、イツセ、イワレビコの祖母が海神の女であるのと対応し、また、沸流・温祚の父たる朱蒙が、河伯の女の子たる故に、亀の背を渡って渡河できたのが、ちょうど、海神の女の孫ないし子であるイツセ・イワレビコの海上東征に当り、亀に乗ったサオネツヒコが海上の道案内をしたのと呼応するものであった。つまり、夫余神話における天帝の子解慕漱と河伯の女柳花との結婚は、ちょうど我が山幸彦ヒコホホデミと海神の女トヨタマヒメの結婚に当ることになる。

ここで指摘しておく必要があるのは、この結婚が、単に建国者たる子孫との関連においてのみ、つまり系譜上の位置のためにのみ、比較できるに止まらないということである。

つまり、日本、高句麗の両神話において、ともにこの結婚が二つの宇宙領域の結合と分離を物語る点においても一致しているのである。

日本神話においては、山幸彦は、《天神の孫》(『紀』一書一、二、三)ないし《天孫》(『紀』本文、一書四)あるいは《天つ日高の御子虚空《そら》つ日高》(『記』)として、つまり天の代表者として海の代表者、つまり海神の女トヨタマヒメと結婚する。そして生まれた子も《天つ神の御子》ないし《天孫の胤》(『紀』一書三、四)なのである。

しかし、トヨタマヒメは海の異族の形をして出産するありさまを天神の子たる夫に見られ、海坂を塞いで返り入ってしまった(『記』)。これは宇宙領域の分離を意味している。『書紀』本文に「もし我を辱しめざること有りせば、海陸かよわしめて、永くへだてたつること無らまし。今既に辱みつ。将に何を以てかむつましき情を結ばむ」といい、一書四に「此、海陸相通わざる縁なり」というように、海陸が分離したのである。

「まとめて見れば、天と山の通婚によって生まれた天神の子は海と山とに分解する。そして両者は幸易えを行なう。旧山幸彦は天の代表者という資格で、海宮に行き、天と海の通婚が行なわれるが、両者間に天神の子が生まれることによって、海陸が分離したのである。つまり、単に天が海、山に分解したばかりでなく、天を媒介者として海陸の分離が行なわれたのであった」[14]。

ニニギとコノハナサクヤビメとの結婚から、ヒコホホデミ(山幸彦)とトヨタマヒメの別離に至る日向神話の全体を通じては、このような構造が見られる。この巨視的な考えは、今でも変わっていないが、微視的に海幸山幸神話だけを考察すると、若干つけ加える必要があるのを感ずる。

つまり、一方においては、天を媒介者として海陸の分離が行なわれたが、これは他方から言えば、山幸彦には山(陸)と天との双方の代表者という二重の性格があったからである。山幸彦が海神の女と別れることがつまり海陸の分離を意味したという単純な構造が、山幸彦が《天神の子》という資格で海神の娘と結婚した形をとったために、天神の子と海神の女が別れることが、天と海との分離ではなく、陸と海との分離を意味するという屈折した形式をとらざるを得なかったのである。もちろん、このことは、日本神話の体系においては、これより先に天孫降臨において、天上界と地上界との分離がすでに行なわれていたために、いまさら天と海との分離という形をとれなかったという事情もあったのであろう。

それでは高句麗ではどうであろうか？　『旧三国史』によれば、天帝が太子の解慕漱(天王郎)を扶余王の古都に降らせた。天王郎と河伯は、次々に相補的な動物の姿に自らを変えて争ったが、天王郎が勝ち、彼は河伯の女柳花をめとった。河神は天王郎と娘を小革輿に入れて、ともに昇天させようとしたが、天王郎は女の黄金釵をとって革輿を刺し、その穴から一人で昇天してしまった。河神は娘が教えに従わなかったことを怒り、娘の口をしばって、その唇吻を三尺ほどにして、優渤水に追いやり、後にこの娘が朱蒙の入った卵を生んだ。

つまり高句麗神話では日本神話よりも構造が単純明瞭であって、天と水界との神話と、それにつづく天と水界との分離が語られているだけである。しかし、これもまた宇宙領域の結合と分離を物語る点において日本神話と軌を一にしており、しかも、日本神話においても、海陸の分離が語られているとは言え、陸を代表する山幸彦は、まさに《天神の子》という資格で海神の女と結婚したのであった。しかも、日本、高句麗ともに、この不幸な神婚の後の世代において、亀の話や二人兄弟の遠征が語られているのである。このように、宇宙領域間の神婚神話においても、顕著な一致が日本・高句麗両神話には見出されるのである。

六　結　論

今まで私は神武東征伝説を中心として、日本と高句麗・百済の建国伝説・神話を比較して来た。そして、両者間にかなりの数の要素の一致を見出した。しかし、日本と朝鮮とでは、事件の展開の順序は一見したところ、少々相違している。ことに、日本神話では国譲りⅠ・Ⅱのあとに山(天)と海との結婚およびそれ

日本		朝鮮	
出雲国譲り	国譲り Ⅰ	国譲り Ⅰ	高句麗建国
天孫降臨	国譲り Ⅱ	国譲り Ⅱ	
神武東征	海兄と陸弟の国覓ぎ 海兄の死 国譲り Ⅲ 陸弟の建国	国譲り Ⅲ 海兄と陸弟の国覓ぎ 海兄の死 陸弟の建国	百済建国

日本		朝鮮	
日向神話	山(天)と海の結婚 陸と海の分離	天と河の結婚 天と河の分離	解慕漱
神武東征	亀（＋の性格） 獣（－の性格） 鳥（＋の性格）	獣（－） 亀（＋） 鳥（＋）	朱蒙（東盟）

につづく海陸の分離が来ているのに、朝鮮では、天と河との結婚とそれにつづく天と河の分離のほうが、三回の国譲りよりも先になっている。だが、この点を除けば、建国の経過は両地域において殆んど合致している。私の考えでは、諸モチーフを二群に分けて見ると、その継起関係の対応がより明瞭になると思う。

第一の群（表、上）は、国譲りと海陸二兄弟による建国の話である。

つまり、この群においては、日本神話における神代に当る部分が、ほぼ高句麗建国に相当し、人代の神武東征に当る部分が百済建国に対応している。

第二群（表、下）は、宇宙領域間の結合と分離の神話と、亀・獣・鳥によって代表される宇宙三領域を背景とした普遍王の表象である。日本神話では前者が神代、後者が人代にそれぞれ割り当てられているが、高句麗神話では前者が父の解慕漱、後者が子の朱蒙に割り当てられている。

このような類似は、単なる個々の要素の類似と言うより、両地域における建国伝承の全体的な構造の類似であると言わなくてはならない。別の言葉で言えば、それは枠組みの類似である。嘗て私は次のように述べた。

「神話の比較研究においては、要素の研究ばかりでなくて枠組みの研究も必要なのである。そして枠組みが導入され、要素自体はその土地その土地において適当な対応する神話的人物を採用し、はめこむということが繰り返し行なわれたに相違ない(15)」。

ここでは、共通した枠組に、日朝それぞれ異なった神話的人物ばかりでなく、エピソードがはめこまれている。たとえば、亀、獣、鳥という枠組みと、それぞれの動物に割り当てられたプラス、マイナスの価値の体系は両地域において一致している。しかし、その枠にはめこまれた要素たるエピソード自体は非常に違っている。たとえば日本の八咫烏と朱蒙の鳩とのエピソードは、すこぶる相違している。また国譲りの枠組にしても、出雲国譲り神話を構成している諸モチーフは、朱蒙神話の国譲りにおける諸モチーフと共通するところはないと言ってもよい。

もしも我われが、個々のモチーフの比較に満足していたならば、本稿で指摘したような、日朝建国伝説の一致は発見できなかったであろう。事実、そのために、この一致は従来の研究者の注意を逸して来たのであった。個々のモチーフ、個々の要素の比較の域よりも、一段深く分析のメスを入れ、枠組みを剔抉し、構造を浮び上がらせることによってのみ、日朝建国伝承間の大幅な一致が我われの目に入って来るのである。

そして、日本の建国伝承とのこれだけ大幅の、しかも細部にわたる一致は、私の知る限り、中国や東南アジアの伝承には見られず、朝鮮の伝承においてのみ見られるものである。そして日朝両地域間の地理的隣接、歴史的接触、密接な文化の関連から見て、同一系統のものであることを物語っていると言って差支えない。しかも、ここでは何よりも建国伝承が問題になっている。これは、日本の支配者文化の系統を考える上にも極めて示唆的である。

私はこの論文では、意図的に日本神話との比較の範囲を高句麗・百済の建国伝説という、かなりよくまとまっている伝説体系に限定した。ここで論ぜられた諸要素のより広範な地域における比較は今後の課題である。

系統論を別として、神話の構造自体に関しても、筆者にはまだよく説明がつかない問題が一つ残っていることを指摘しておかなくてはならない。それは、日朝の建国伝承では、ともに一方においては、海の兄が建国に失敗し、陸の弟が建国に成功しているのに、他方では、建国者の鴻業を助ける宇宙三界の動物のうち、海(河)の動物は空の動物とともにプラスの価値をもち、それに反して陸の動物はマイナスの価値をもつ点である。つまり、主役は人間(文化)であり、助役は動物(自然)であり、かつ建国の主役については、海がマイナス、陸がプラスの価値をもち、建国の助力動物については、プラス、マイナスの価値が逆転している。この逆転の論理の解明もまた魅惑的な課題であろう。そして、この問題解決の鍵は、恐らく、日朝ともに海兄、陸弟は人間のレヴェルであるのに対し、亀、獣、鳥は動物(自然)のレヴェルにあることであって、人間と自然の間の境界を越えることによって、価値の逆転が生じている事実にあるのではなかろうか？(16)

(1) 三品、一九七〇—七二

(2) 依田、一九七二

（3） 玄、一九七四
（4） この海の原理を代表するイツセと、陸の原理を代表するイワレビコという人名自体も、ことによると海と陸を表現しているかも知れない。つまり、イワレは奈良県磯城郡の地名にもとづくと考えられているから、同地が内陸にあることから見て、イワレビコを《陸の男》に当てるのは差し支えない。これに対してイツセは五瀬命という字が用いられていることから、記紀編纂当時には、《瀬の男》を指すという意識があったのではないかと思う。イツは august という美称であろう。ところで瀬は、ふつう川の瀬を指すが、瀬戸という合成語から見れば狭い内海も指していると思われる（この点は伊藤清司氏の神話研究会席上での指摘による）。事実、『万葉集』(三八七一)には、「角島《つのしま》の瀬戸のわかめは」という表現が出ている。また『古事記』下巻の清寧天皇条に袁祁《をけ》の王がよんだ歌として（『書紀』武烈即位前紀では武烈天皇の歌として）、「潮瀬の、波折《なを》りを見れば、遊び来る鮪《しび》が端手《はたで》に、妻立てり見ゆ」があり、この場合の《潮瀬》が鮪の遊泳し来る海の瀬を指していることは明らかである。してみると、《陸の男》とイワレビコに対してイツセが《海の男》を、その名称自体が含蓄していたという解釈も可能なのではあるまいか？ 後述の百済建国伝説において海の原理を代表する沸流、陸の原理を代表する温祚も、その名称において果してそれぞれ海、陸が含意されているかどうかは、識者の教示を仰ぎたいと思う。
（5） 三品、一九七〇、二四二―二四三
（6） 金、一九七二、二五八。なお三品氏は朱蒙と夫婁は神話上同一の本質をもつと見ている。三品、一九七一a、二九〇―二九三
（7） 金、一九七二、二五八
（8） 大林、一九七二a
（9） 三品、一九七〇、一一二
（10） 三品、一九七〇、一一二
（11） 志田諄一氏は、『古事記』の記事について、「『羽振り』は鳥の羽ばたきを意味するから、これは鳥を表現したものであろう。海上や陸上を飛翔する鳥も海路や陸路をよく知っていると考えられていたのである。したがって椎根津彦は亀のように海路に精通しているばかりでなく、鳥のように、はるかさきまで見通すことができる国つ神としてえがかれているのである」と

論じ、さらに『万葉集』巻五の山上憶良が遣唐使多治比真人らを送るとき詠んだ好去好来の歌の一節に、椎根津彦の後裔と称する倭直が斎き祭る神たる大和の大国霊の神が、「ひさかたの、天の御空ゆ、天翅り、見渡し、給ひ」とあるのを引いて、「その神が単なる海導ではなく、鳥のように天がけて行手を見渡しになると歌われているのは、古事記の「打ち羽挙き来る人」と通ずるものがあろう」と指摘している（志田、一九七一、四一八—四一九）。たしかに、シイネツヒコ伝承には、鳥との関係があるように思われる。しかし、『古事記』の文面に直接明記されているのは亀である。したがって、ここでは、宇宙三界のうちの海を象徴する亀が表面に出ているのであって、空界の鳥ではない。注意すべきは、鳥も亀と同様、神武東征伝説においては、征服軍を助ける、つまりプラスの価値をもっていることである。

(12) 江上、一九六七、一七九—一八〇。なお、すでに出石誠彦は、この東明ないし朱蒙が、亀の橋によって渡河した伝説と類似した話が中国にもあることに注意を促していた。彼が引いた中国の例は、『拾遺記』巻二に「舜命レ禹疏レ川済二巨海一、則黿鼉為レ梁」とあるのや、『竹書紀年』に「穆王三十七年、大起二九師一、東至二於九江一、架二黿鼉一以為レ梁、遂伐レ越至二於紆一」とある記事や、さらにこの周穆の話を修飾誇張した唐の王起の「黿鼉為梁賦」（『全唐文』巻六四三）である（出石、一九四三、五四、三三三—三三四）。

(13) 大林、一九七三a

(14) 大林、一九七二a、九五

(15) 大林、一九七三、二六七、なお大林、一九七二b、四五、五四参照

(16) この論文で述べられた構想は、一九七二年夏に考えつき、金両基氏との対談において始めてその一部を述べた（金、大林、一九七二、一三七）。同年始めの学生社の『日向神話』シンポジウム当時には、まだこの構想はもっていなかった。この論文の内容は、第一回神話研究会（一九七三年三月一六日）席上で発表されたが、その際、いろいろ有益な発言をされた諸氏に感謝したい。ことに吉田敦彦氏が指摘した印欧神話との若干のパラレリズムは、将来の興味深い課題であろう。

（引用文献）

江上波夫、一九六七『騎馬民族国家』中央公論社、東京

玄容駿、一九七四「日本神話と韓国神話」本書、六九—九七
出石誠彦、一九四三『支那神話伝説の研究』中央公論社、東京
金両基、一九七三「朝鮮の英雄神話」『中央公論』八七—五、二五〇—二六三
金両基、大林太良、一九七二「日韓の古代基層文化——アジアの知的交流のこころみ——」『アジア・レビュー』一一、一三二—一四一
三品彰英、一九七〇『日本神話論』平凡社、東京
——、一九七一a『建国神話の諸問題』平凡社、東京
——、一九七一b『神話と文化史』平凡社、東京
——、一九七二『増補日鮮神話伝説の研究』、平凡社、東京
大林太良、一九七二a「日本神話における分類の論理——双分観と三分観——」『国文学解釈と鑑賞』四六〇号、九〇—九六
——(編)、一九七二b『国生み神話』(シンポジウム 日本の神話、一)、学生社、東京
——一九七三a「四つの神代」『日本書紀研究』七、六三—八八、塙書房
——一九七三b『日本神話の起源』(角川選書)、角川書店、東京
志田諄一、一九七一『古代氏族の性格と伝承』雄山閣、東京
依田千百子、一九七二「日本神話と朝鮮神話」『国文学解釈と鑑賞』四六〇号、一二三—一二九

蓬萊島説話と国引き神話

伊藤清司

天地の創始を物語るわが国の神話には、いくつかのタイプがみとめられる。大林太良氏は『古事記』や『日本書紀』の神代巻に収録されている創世神話を四つの類型に整理して、その系統と文化史的位置づけを試みた（大林、一九七二）。その中の一つは、国土が稚《わか》くて、水に浮かぶクラゲとか魚とか、あるいは脂のようであって、やがて、その中に葦《あし》が生えだしたというタイプであって、たとえば、『日本書紀』一書の二の、

いにしえ、国稚く地稚かりし時、譬えばなお、浮べる膏のごとくにして漂蕩《ただよ》えり。時に、国の中に物生まれ、状《かたち》、葦牙《あしかび》の抽《ぬ》け出でたるがごとし云々

や、『古事記』の、

国稚く、浮きし脂のごとくにして、海月《くらげ》なす漂える時、葦牙のごとく萌え騰《あが》る物によりて云々

などがそれである。この類型では、原初の混沌たる状態が漂々たる海の世界とのアナロジーによって描写されており、原古の地が「漂える国」であったという考え方が、その基本的な観念としてみとめられるの

である（大林、一九七二）。そしてこれは『日本書紀』一書の五の、

天地いまだ生《な》らざる時に、譬えばなお、海の上に浮べる雲の根、係《かか》る所なきがごとし

という伝承や、同書一書の六の「又に曰く」の、

物あり、浮べる膏のごとくにして云々

の記述にも通じていえることであり、さらに、イザナキ・イザナミの二柱の神による国生み神話を語るもののの一つである同書の一書の四の、

二神はあい謂《かた》りて曰く、物あり、浮べる膏のごとし

同じく『古事記』の、

ここに天つ神、もろもろの命《みこと》もちて、二柱の神に
「この漂える国を修め理《つく》り固め成せ」

とみことのりをくだしたので、二柱の神が天の浮き橋に立って、賜った天の沼矛をさしおろして大海の中を掻きまわした……という描写にも、同じような観念がよみとれるのであって、原古の「漂える国」という考え方は、相当根深くわが国の古代神話の中にくみこまれていた観念であったことが想像される。

この「漂える国」という観念は、大林氏の指摘のとおり、さらに、『出雲国風土記』の国引きの神話に、ヤツカミヅオミツヌノミコトが大きい鉏《すき》をもって、諸国のあまった土地を割《さ》き、綱をかけて引っぱって縫いつけたといっているのも、そして、後で具体的資料をあげるが、九州の一部の地方やその南につらなる奄美諸島などにも伝承されている、島が海上を漂っていたといういわゆる「流れ島」モチーフの伝説も、

この「漂える国」観念と無関係ではなさそうなのである（大林、一九六六）。いずれにしても、この「漂える国」のタイプは、宇宙の創始を、高天原を前提にして考え、そこに神の出現することから語るものや、虚空の中に、まず、独り神がつぎつぎに出現することから説く類型、あるいは、男女耦生神の生殖作業によって、この世界の形成されたことを語るタイプなどとは、その系統を異にすること、そして、古典に収録されているその頻度数から類推しても、日本の創世神話として、重視すべき伝承であったことが想像されるのである。

ところで、原古の「漂える国」観念を含むと考えられる『出雲国風土記』の国引き神話は、

八束水臣津野命が出雲の国が稚い小さな国であるので、童女《おとめ》の胸鉏《むなすき》をとり、大魚の鰭《きだ》を衝き別け、幡薄《はたすすき》を振り別けるように、新羅《しらぎ》の三埼を三搓《より》の綱をかけて、河船のもそろもそろと動くように、「国来い、国来い」とよびながら、引っぱってきてつないだ国土が杵築《きづき》の御埼であり、そのとき、八束水臣津野命が引いた綱が薗の長浜で、御埼を堅めて立てた加志（杭）は石見と出雲の国境にある佐比売山であるという。命はこうして、いくたびか国引きをくり返して、出雲の国を拡げてゆき、最後に、高志の都々の三埼を引いてきて、これを三穂の埼として、国引きの業を終えたが、このとき、堅めて立てた加志が伯耆の国の大神《おおかみ》の岳《やま》であるという。

おおむね以上のような内容であって、文中には難解な言辞が含まれてはいるものの、国引き神話の大要は理解できる。そして「大魚の鰭を衝き別ける」前後の文脈から、国土を引きとることを、あたかも、魚を捕獲することになぞらえているものと解釈し、つぎのようなポリネシアなどの「島釣り」型伝承との比較において、これを論議するようになったが（松本信広、一九三一）、これは、日本の創世神話研究の新し

い地平をきり開く劃期的な見解であった。

ポリネシアのマルケサス島には、

太初に海だけがあり、その上を、チキという神がカヌーで浮びながら、太洋の底から地を釣りあげた。(Dixon, 一九一六)

という創世神話があり、同じくパウモツ諸島では、

マウイマナマナが郷国であるハヴァイキを海底から釣りあげた。(Caillot. 松本、一九三一による)

という同系の伝承が語られており、さらに、メラネシアのニューブリテン島でも、

二人の兄弟が海の中から土地を釣りあげた。(Dixon. 一九一六)

ミクロネシアのパラオ島でも、同じように、

海底から国土を鈎で釣りあげた。(松本、一九三一による)

というモチーフの伝承が語られてきたが、オセアニアにひろく分布しているこれら「島釣り」型神話伝承の中で、出雲の国引き神話との比較研究上、とくに興味をひくのは、ニュージーランドの、大要つぎのような神話である。

英雄マウイが祖母の下顎骨でつくった釣針で、海中から大きな魚のような陸地を釣りあげた。そして兄弟たちにむかい、その「魚」をきってはならぬと注意したのに、彼らはいうことをきかず、きりつけた。そこで、今日みるような凹凹の多い陸地になってしまったのである。(Dixon. 一九一六)

この伝承の後半の、釣りあげた「大魚」をきずつける一条を、火の神＝カグツチを寸断するイザナキの神話と比較できるともいわれており、あるいはまた、さきに示した『出雲国風土記』の文意を、上述のよ

うに、国土を引きよせることを、大魚を捕えることになぞらえたものとみて、オセアニア各地の「島釣り」型伝承と出雲の国引き神話の内容のちがいは、陸地を海底から釣りあげることと、海上遙かのかなたから引きよせることとの相違、つまり、陸土の引き方のタテとヨコとのちがいにすぎないのであって、両者は同一系統の神話伝承であろうともいわれてきた。(松本、一九三一・大林、一九六一)

私はこのような先学の研究に触発されて、この両伝承間の比較に、やや異なった解釈の入る余地のあることを考えている。同じオセアニアの島々でも、ほかのサンゴ礁などの島嶼とちがって、ニュージーランドその他の大きな火山島は、山川陵谷の多い起伏にとむ陸地であるが、「マウイの魚」という別名をもつニュージーランドの場合についていえば、その起伏の多い自然の景観を、その「魚」を釣りあげた創世期に、マウイの兄弟たちによって、加えられた傷あとであると、住民たちの間で語り継がれてきたことは、さきに紹介したとおりだが、その「魚」をきりきざむことと、ヤツカミヅオミツヌノミコトの国引きの神話の中の、「大魚の鰭を衝き別ける」ことを、対比することができるのではないであろうか。『出雲国風土記』の語るこの文言の意味は必ずしも鮮明ではないが、大魚の鰭を衝ききるように、鰭や喉をきることによって、「大魚」である原古の島が形づくられ、あるいは、漂游するその「魚の島」が固定されるようになったと語る開闢神話は、ニュージーランド以外のポリネシアの島々からも発見されているのである。

ソシエテ諸島の中心をなすタヒチの西北のライアテア(ハヴァイイ)島とタハウ(ウポル)島の間の海峡は、もとは陸地であった。この地方では祭儀の日が迫ると、忌み籠りの期間に入るので、ニワトリやイヌも啼き吠えてはならず、人間もブタも戸外に出ることを禁じられる。風はやみ、海は波浪をおさめて、世界は静寂となる。ところがテレ・ヘという名の美しい娘が、その禁を破って、こっそり、自分の家のそばの流れで水浴をした。神々はこの破戒を罰するため、娘を水に溺れさせた。そして、大きなウナギがその娘を丸のみにしたところ、娘の霊がそのウナギにのりうつった。怒ったウナギはハヴァイイとウポルの間の陸地の土台を引きちぎってしまった。根を絶ちきられた土地は、魚のように海面を漂った。この「魚」の頭はオポアにあり、尾はウポルにまでのびていて、水平線の方へ漂游してゆこうとしていた。タアロアの偉大なる職人のツが、この「魚」の仕末をした。その「魚」が大タヒチで、その第一の背鰭がこの島でもっとも高いオロナ山である。第二の背鰭はとれて落ち、小タヒチ、つまり、今日のモオレア島となった。そして、この大きな「魚」の体からふり落されたほかの断片がメチアやテ・チァロアなどの小さい島々となった。このようにして、大タヒチや風上の群島の小さい島嶼は、ハヴァイイから漂ってきたこの陸魚からできたのである。（バック・鈴木訳、一九六五）

別伝によれば、

タヒチの人びとは自分たちの乗っている「魚」の安定性について、不安を抱いていた。ハヴァイイから泳ぎでてきたこの「魚」は、どこへ泳いでゆくかわからないので、これを固定するために、「魚」の腱《すじ》を断ちきることになった。数人の武人たち——その名前は太洋のさまざまな様相を擬人化したものであった——が石の手斧でこの土地をめったぎりにしたが、まったく効果はなかった。そこで、武人タファイがオーストラル諸島のツプアイにゆき、その島のマレレ・ヌイ王から与えられたテ・パ・フル・ヌイ・マ・テ・ヴァイ・タウという名の石の手斧で「魚タヒチ」の腱を切断することに成功した。それ以前は、タヒチの全島にわたって山脈がのびていたのであるが、霊妙な手斧の力で山脈は断たれ、このすきまが、現在の「魚」の頭にあたるタイアラプと「魚」の胴体とを結びつけているタラヴァオの地峡を形づくっているのである。「魚」は喉をたちきられて動かなくなった。（バック・鈴木訳一九六五）

なお、ハワイ諸島のアチウタキ島には、「島釣り」型の伝承はみられないし、島そのものが別に魚の恰好をしているわけではないが、島が「魚」の頭・胴体・鰭・尾に分けて考えられ、その「魚」が永久に動けぬように、太い綱で縛りつけられているという神話が伝えられている。（バック・鈴木訳、一九六五）

特定の斧をもって「魚」をきりつけ、あるいは、太綱でその「魚」を固定することによって、島が創始したことを語るこれらの創世伝承と、鉏をとって大魚の鰭を衝き別けるという描写、その衝いた「魚」そのものではないが、綱をもって国土を引き、出雲の国ができあがるという国引き神話との間には、単なる比喩以上に、構造的な類似性がみとめられるように思うのである。それとともに、上掲のポリネシアの諸伝承との比較の上で注意されるのは、大林氏が指摘していることであるが、国土を引きよせるとか、それを固定するために、加志、つまり杭の存在が語られていることからわかるように、出雲神話が語る引きよせられた陸土は、当初、浮漂する島であったという観念がよみとれる点である。「浮き島」であるからこそ、「河船のもそろもそろに」引きよせることもできたのであろう。つまり、出雲の国引き神話に、「島釣り」型よりも、むしろ開闢期の国土が漂っていたという「浮き島」伝承の側面をつよくよみとりたいのである。

壱岐の島はかつて「天比登《あめのひと》都《つ》柱《ばしら》」ともよばれたと『古事記』にみえ、その古い称呼に、天の中心の柱、宇宙樹の観念がみとめられるといわれてきたが、それとともに、石上堅氏らによって、「くらげなす漂える国」つまり、「浮き島」の観念もみとめられるといわれた（石上、一九五七・大林、一九六六）のは、

壱岐の島は昔、あちこち動いていたのを、神が綱でもって、八本の柱につないで動かないようにした。そのときの柱が折れて、今日では岩として残っている。「折れ柱」とよばれているのがそれである。

という伝説の存在を媒介にしてであった。これと似た伝承に大分県東国東郡姫野村の「浮き島」伝説があ

る。

姫島は大昔は浮き島で、海上を流れ動いていたそうだ。ところが、どこからか一人の姫神が現われて、矛千本をもってこの島を縫いとめられた。そして、その矛を埋めた塚を千本塚といい、今でも、この塚を発いて矛を掘りだすと、また、この島が浮いて流れだすという。(大分県教育会『大分県郷土伝説及び民謡』、一九三一)

因みにいえば、前掲の「魚」になぞらえられたタヒチなどの島々にも、もちろん、「浮き島」の観念がみとめられるが、島嶼そのものをはじめから「浮き島」であるという伝承が全ポリネシアに散見している。たとえばクック諸島のラロトンガは、もと、ヌク・テレとよばれていたというが、そのヌク・テレとは「浮き島」の意味である。その「浮き島」が浮き漂うので、イチという神様の妻である女神アリが海底にもぐって、この島の土台を固定したという。(バック・鈴木訳、一九六五) 女神が「浮き島」を固定するという点で、大分県の姫島伝説と類似していることは興味ぶかい。

「島釣り」型神話と「浮き島」型伝承との間の因果関係は必ずしもあきらかではない。つまり、島釣りと魚釣りとの連想を通じて、魚の游泳──→島の浮漂の観念を生んだのか、それとも、太古の島は根のない浮き島であったという伝承がまずあって、それが魚の連想を生み、これが魚を釣るように島を釣るという伝承に展開したのか、あるいはまた、この両者は原古の国土創世神話の一つのタイプの二つの側面が、それぞれ強調されて、発展、形成されたヴァリアントなのであろうか。私のあげた以上のわずかの資料からだけでは、このむずかしい設問に応答することは困難であるが、「島釣り」型神話といえ、「浮き島」型伝承といえ、ともに島嶼民のそれにふさわしい創世神話伝承であるということができるかもしれない。ただし、この種の伝承がポリネシア・メラネシア・ミクロネシア、そしてヤポネシア（日本列島）などに分布していることをもって、これら島嶼地区に発生した伝承と断定することに躊躇するとともに、さらに、P・H・バック氏が文学的発想をもって、このような漂游する「魚の島」・「浮き島」伝承は、

太平洋探検の初期の時代に、島々を発見したロマンスの名残りである。捕捉しがたい島々は、ポリネシア人の発見者たちが、現実の世界にもたらし、その位置にすえるまでは、（たとえてみれば）空想の海の上を動きまわっていた。（バック・鈴木訳、一九六五）

と説いて、洋々たる大海の真只中に、安住すべき島を求めて、果てしない船旅をつづけた「偉大なる航海者たち」の希望の所産であったと断じているのには、そのまま承服することはできない。

バックの見解をもって印象主義にすぎると批判したのは、じつは、かつて果てしない大海に小舟をのりだして、幾百千里の水平線へ渡っていった経験者たちとはとうてい考えられない中国大陸の住民たちの間にも、この種の「魚の島」・「浮き島」型の伝承が語りつがれていたからである。中国古典に書き残された同系の伝承としては、神仙思想によって変色はしているが、まず、『列子』湯問篇のつぎの記録があげられる。

渤海ノ東、幾億万里ト云ウコトヲ知ラズ大壑有リ。実ニ惟《コ》レ底無キノ谷ナリ。其ノ下ハ底無シ。名ヲ帰墟ト曰ウ。八紘九野ノ水、天漢ノ流レ、之ニ注ガザル莫ク、シカモ増スコト無ク、減ルコト無シ。其ノ中ニ五山有リ。一ヲ岱輿ト曰イ、二ヲ員嶠ト曰イ、三ヲ方壺ト曰イ、四ヲ瀛洲ト曰イ、五ヲ蓬萊ト曰ウ。

そしてこれらの山々の上には、金玉の台観が建ち並び、そのあたりに棲む禽獣は純縞《まっしろ》で、珠玕の樹木が繁茂しており、その果実はまことに滋味で、これを食べれば齢もよらず、死にもせず、したがって、この山

山に住む人びとはみな仙人のたぐいである、という。ここまでは、「浮き島」の要素はさしてはっきりみとめられないが、これにつづいて、

シカシテ五山ノ根ハ連署スル所無シ。常ニ潮波ニ随ツテ上下往還シ、暫《シバラ》クモ峙《ソバダ》ツコトヲ得ズ。仙聖ハ之ヲ毒《クル》シンデ、之ヲ帝ニ訴ウ。帝ハ西極ニ流レテ群聖ノ居ヲ失ワンコトヲ恐レテ、乃チ禺彊ニ命ジテ巨鼇十五ヲシテ、首ヲ挙ゲテ之ヲ戴カシム。迭《タガ》イニ三番ト為リ、六万歳ニ一タビ交《カ》ワル。五山始メテ峙ツ。

といい、神仙の住むところは水中に上下浮漂する山島であることが理解されるのであり、大林氏も示唆しているように、この説話の中に、「浮き島」観念がよみとれるのである（大林、一九七二）。

『列子』にみるこうした観念は、中国大陸では、けっして稀なものではなかった。たとえば『太平寰宇記』によれば、山東省東阿県に浮山という名の山があり、故老の相伝によれば、尭の時代に大洪水があって、この山が水中に浮びただよっていたというから、これは「浮き島」伝承の内陸型かと思われる。他方、『永嘉記』には、浙江省永嘉県の羅浮山について、この山は秦の時代に、海上を浮かんで流れてきた山であるといわれている。また、『淮南子』の、

秦ノ時、丁壮丈夫、東ノカタ会稽ノ浮石ニ至ル。

の浮石も、この種の古伝承に関係のある地かもしれない。高誘は右の文に注を施して、

浮石ハ水ニ随ツテ高下シ、没セズト言ウ。

と釈いているが、その浮石とは火山口から噴出した熔岩の一種のいわゆる軽石でないとは断言できないが、やはり、「浮き島」伝承と関係あるもののように思われる。『中国古今地名大辞典』の編者は、「山海経」

南山経の、

マタ（句余ノ山）ノ東、五百里ヲ浮玉ノ山ト曰ウ。

を引き、この浮石の地を広東省中山県北七十里の海中にある浮虚山に比定しているのであるが、その妥否は保証のかぎりではないが、しかし、浮石ないし浮玉山とよばれている存在には、広東省の浮虚山が、

（ソノ）山ノ下ハ浮虚海ト為ス。（宋・鄧光薦『浮虚山記』）

といわれ、その山名の起源をめぐって、

海中、波ニ随ツテ上下ス、虚浮ノ如ク然リ。

と伝えられているような伝承があったのではないかと推測されるのである。

同型伝承は広東省の海南島方面にもあった。『交州記』には、

海中ニ浮石山有リ、浮ンデ水ノ上ニ在リ。昔、李遜ハ朱崖ヲ征シテ其ノ実否ヲ審カニセント欲シ、長イ索《ツナ》ヲ山ノ底ノ洞ニ牽イテ過グ云々（『太平御覧』地部に引く）

と記されており、さらに、広東省北部の曲江県の浮山について、この山の、

地ノ一処ヲ躡《フ》メバ、則チ百余歩動ク（『太平寰宇記』）

といわれているのは、わが国の南西諸島の沖永良部の「浮き島」型創世伝承に、

島コーダ国コーダが島を建設して、
島は建設したが、島が地揺れし、土がぐらついて、
此処踏めば彼処上り、彼処踏めば此処上り（岩倉市郎『おきえらぶ昔話』民間伝承の会、一九四〇）

などの描写と通じるものがあり、曲江の浮山は海中の山島とは明示されていないが、この伝承は「浮き島」

系の伝説であったらしい片鱗を覗かせている。

中国の「浮き島」型諸伝承の中には、たんに陸土が海面・水中に浮かんでいるだけではなく、あちこち漂流・移動することを語るものもみられる。それは『捜神記』巻五にあり、またすでに『列子』や『永嘉記』でもみたところだが、さらに、南シナ海沿岸の各地にも、この種の伝承があった。まず、福建省霞浦県の海辺に、羅浮山とよぶ山があって、

相伝ウ、比《コ》ノ山ハ海ニ浮ンデ来タルト。(『読史方輿紀要』福建・興化県・福寧州)

といわれている。さらに南へ下って、広州市東方の広東省博羅県にある同じ罹浮山(標高一二六〇メートル)は、海上をはるばる移動してきた浮山が、粤江(珠江)の河口を遡って、羅山と接合してできた山であると伝えられている。

浮山ハモト、蓬萊ノ一峯ナリ。堯ノ時、洪水アリ。海ヲ浮ンデ来タリ、羅山ニ傅《ツ》ク。崖巘巧湊、故ニ合シテ之ニ名ヅク。(楊載鳴『通志』)

同じ伝承が『南越志』にも収録されていて、この書によると、流れてきたその浮山は浙江にあった浮き島であったという。

後漢書郡国志ノ注ニ傅羅県ニ浮山有リ。会稽ヨリ浮イテ来タリ、羅山ニ傅ク。故ニ傅羅山ヲ置クト。晋ノ時ニ始メテ博羅ニ作ル。(『太平寰宇記』に引く)

もっとも、その浮山のもとの位置については異説もあって、

羅山ノ西ニ浮山有リ、蓋シ蓬萊ノ一阜ナラン。海ニ浮ンデ至ル。羅山ト体ヲ並ブ。故ニ羅浮ト曰ウ(右に同じ)

ともいわれているが、とにかく、同じ「浮き島」型伝承であることにはかわりがない。

以上の中国側の諸資料はけっして十分な質量とは思わないが、しかし、これだけの記録を通じてみても、中国大陸の東辺と南縁の沿岸地帯を中心に、「浮き島」型伝承が分布していることがわかるが、オセアニア、就中、ポリネシアの「魚の島」、そしてこれらと関係の深いと推測される『出雲国風土記』の大魚の鰭を衝くごとく、浮く国土を引く国引き神話と比較するとき、とくに注意をひくのは『列子』の中の、巨大な亀鼇によって、浮き島が支えられて、はじめて固定したという上掲の説話である。この『列子』湯問篇では、その水上に漂う浮き島である蓬萊以下の島々が、三疋の巨鼇《おおがめ》の首にのっているといわれたが、『玄中記』では、蓬萊島は亀の首ではなくて亀の背に載っているという。

東南ノ大ナル者ニ巨鼇有リ。背ヲモッテ蓬萊山ヲ負ウ。（『太平御覧』地部に引く）

そもそも、山島が亀の背中にのって大海に浮漂するというほうが、あたかも鼎のごとく、亀の首によって支えられているという『列子』の伝承よりも、むしろ古い形をとどめるものかと思うが、とにかく、この型の伝承はすでに先秦の『楚辞』天問篇にもうかがえる。つまり、

鼇ハ山ヲ戴イテ抃ス
何ヲ以ッテ　之ヲ安ンズルカ

の一句がそれで、王逸は『列仙伝』を引いて、これに注釈を加え、

巨霊ノ鼇有リ。背ニ蓬萊ノ山ヲ負イテ抃舞（手を拍ちつつ舞うこと）シ、滄海ノ中ニ戯ムル。ヒトリ何ヲ以ッテ之（背の上の蓬萊山）ヲ安ンズルヤ

といっているように、漂う蓬萊島は『列子』のいうように、亀の首にのって固定したのではなく、むしろ、はじめはつねに浮漂上下して安定せず、創造神ないし英雄神が何らかの始末をすることによって、はじめて固定し、かくて、この世が開始されたと考えられるのである。屈原が、

何ヲ以ッテ之レヲ安ンズルカ

と問うたのは、何ものかの事業なしには、亀の背にのる蓬萊山はつねに浮動していたということを裏書きするものであろう。因みにいえば、梁の湘東王＝蕭繹の『金樓子』に、

その昔、巨大な亀が大海に棲んでおり、その背には樹木が茂り、あたかも、大海の中の大きな島のようであった。あるとき、商人たちがまちがえて上陸し、薪を採って炊事をはじめたところ、亀は焼かれて、熱くてたまらず、海中にもぐったので、商人たちは溺れ死んだという。

という奇譚を収録しているが、これも、亀の背にのり、海上を漂う蓬萊島の説話と同系の物語ではないかと思われる。

蓬萊の島を長寿のシンボルである大きな亀が背負っているというのは、まことに神仙思想にふさわしい。しかし、不死不老の神仙思想からきり離して、「浮き島」が背にのって大海に浮くという伝承としてみれば、その支えるもの、背負う存在が、必ずしも亀と限る必要はないわけで、他の水棲の動物でもいい理屈である。『史記』武帝本紀に、漢の武帝が建章宮を造営し、その北に太液池をつくったことを述べ、さらに、その池の中に、

蓬萊、方丈、瀛州、壺梁有リ、海中ノ神仙ト亀魚ノ属ヲ象ル。

という。索隠は『三輔故事』を引用して、この文に、

殿ノ北ノ海也。北岸ニ石魚有リ。長サ二丈、広サ五尺。西岸ニ石亀二枚有リ。各長サ六尺。

と注している。これらをみれば、太液池の中の亀や魚の模型は、海中に棲む亀や魚をあらわしただけであり、とくに蓬萊以下の仙島をこれらが支えている様子を表現したものではないようにも思えるが、しかし、神仙島に亀や魚を配するのは、「浮き島」としての蓬萊島と魚鼈類との必然的な結びつきを物語る伝承を素地にもつ造作のようにも思えるのである。そしてさらに、亀と並んで魚類が姿をみせていることは、けっして偶然のことではなく、魚もまた、蓬萊の山島を支える亀と同じような役割を創世伝承の中で演じていたのではないかと想像されてくるのである。

『史記』封禅書の中に、戦国の斉の威王や宣王、それに燕国の昭王が人を派遣して、海の中の蓬萊・方丈・瀛洲の三つの神山を捜し求めさせたことがのべられ、そして、この三神山は、

伝ニ渤海ノ海ノ中ニ在リ。人ヲ去ル遠カラズ。且ニ至ラントスレバ則チ船ハ風ニ引カレテ去ルコトヲ患ウ。

といわれ、さらに、

未ダ至ラズシテ之ヲ望メバ雲ノ如ク、及ンデ至ラバ、三神山ハ反《カエ》ッテ水ノ下ニ居リ。之ヲ臨メバ、風ハ輒《スナワ》チ引キ去リ、終《ツイ》ニ能ク至ル莫シト云ウ。

といわれたと記されている。この渤海々上の奇妙ないい伝えは、従来、この地方に生じる蜃気楼の現象などによって説明されてきたのであるが、そうした側面をもち、そのような解釈の可能性までは否認しないが、しかし、ときには水中に没し、海上に幻のごとく漂うこの神山伝承は、じつは、「浮き島」型伝承の

一つのヴァリアントではなかったかと考えているのである。それはまず、上掲の亀の首、またはその背にのる蓬萊島説話との比較からの想像であるが、それとともに、海上遙かに去来するその蓬萊島への接近を可能ならしめないのは、ほかならぬ海中の大魚であったという、つぎの資料の分析から得られる推論でもある。つまり、『史記』始皇本紀に、始皇帝が方士の徐芾《ジョフツ》らに命じ、海上に船を出して神薬を求めさせたところ、数年たってもその不死の薬が手に入らない。徐芾《ジョフツ》は罰せられることを恐れ、偽ってこう報告した。

蓬萊ノ薬ハ得ベシ。然レドモ、常ニ大鮫魚ノタメニ苦シメラレ、故ニ（島ニ）至ルヲ得ズ。願ワクバ射ヲ善クスルモノトトモニユキ（大鮫魚ガ）現ワルレバ則チ連弩ヲ以ッテ之ヲ射ンコトヲ請ウ。

他方、始皇帝は海神と戦う夢をみた。そこで、夢占い博士にその夢を占わせると、博士のいうのには、

水神ハ見ルベカラズ。大魚・鮫竜ヲ以ッテ候《キザシ》ト為ス云々

という返事。そこで始皇帝は、まずそれら往く手をはばむ大魚を退治すべく、

海ニ入ル者ヲシテ巨魚ヲ捕エル具ヲ齎《モ》タセ、自カラ連弩ヲ以ッテ、大魚ノ出ルヲ候《ウカ》ガイ、之ヲ射ントス。

というのである。この物語では、大魚や鮫竜を悪しき水神になぞらえたり、さらに、その鮫魚すらも、虚偽の言いわけや夢の中の存在にされており、あるいは、この説話の外貌がほとんど神仙思想によって塗りつぶされてはいるが、海上に出没去来する蓬萊の島に到達するため、大魚を捕捉し退治するという説話の構造は、「浮き島」を固定するために「魚」を傷つけ、これを綱などで縛りつけるオセアニア各地の「魚の島」型伝承や出雲の国引き神話とその類を異にするものではない。つまり、始皇や徐芾の往く手を邪魔する大魚とは、浮漂する原古の「魚の島」のその魚、ヤツカミヅオミツヌノミコトが「大魚の鰭を衝き別

け」るようにして、国土を引いたというその大魚に対比されるのであり、また、その大魚は『列子』の語る禺彊によって、蓬萊などの神山を支えるように命ぜられた巨大の亀と、それぞれの物語の中で、演じる役目に具体的なちがいはあるものの、同じような位置づけをされる存在であったようにみられる。

巨大な魚と浮漂する蓬萊の島との関係を示唆する新しい資料が最近発見された。

一九七二年、もと楚の国の地である湖南省長沙市の東郊——馬王堆前漢墓出土の彩色帛画は古代中国の

長沙馬王堆一号漢墓出土の帛画
(『文物』1973年1期)

神話伝説を絵画で物語るものとして、その発見当初から注目を浴びている資料であるが、この中に、「浮き島」・「魚の島」伝承に関連があると推想される部分が含まれているのである。ところで、この神話伝承の描かれた絹の衣裳は全長二〇五センチメートルで、譚商志氏によれば、これは伴出した竹簡上にいう「非衣一、長丈二尺」・「右方　非衣一」の非衣、つまり、飛衣がこの帛衣の当時の名称であろうという。そして、その使途はその名からも推測されるとおり、戦国時代の楚の地方の顕著な習俗であり、『楚辞』招魂篇にもみえている招魂――つまり、死者の魂を招き鎮めるための呪物か、さもなければ、死者の霊魂がこの飛衣を身につけて、昇天することを期待する呪衣であろうという（商志譚、一九七二）。いずれにしても、棺を被うていたこの帛衣は呪的な使途の衣裳であったにちがいない。

さて、この飛衣の絵画はその構成上、三つの部分に分たれる。上段は天上世界、中段が地上界で、そのほぼ中央には杖をつく死者自身＝軑侯夫人と思われる人物が描かれている。下段はおそらく、地下の世界を表わしたものとされているが、この部分は全体的に、蓬萊島の伝承と関係の深い図柄である。それはまず、この部分の外形が壺状を呈していることにかかわりがある。というのは、古来、蓬萊などの仙島はその姿が壺に似ているといわれている。たとえば、商氏は晋の干宝の『捜神記』に、

三壺ハ海中ノ三山ナリ。一ニ方壺ト曰イ、二ニ蓬壺ト曰イ、三ニ瀛壺ト曰ウ。山ノ形、壺ニ似ル。故ニ壺ト曰ウナリ。

とあるという。（ただし、二〇巻本・八巻本に欠く）それはまた、王嘉の『拾遺記』にも、

三壺ハ則チ海中ノ三山ナリ。一ニ方壺ト曰ウ。則チ方丈ナリ。二ニ蓬壺ト曰ウ。則チ蓬萊ナリ。三ニ瀛壺ト曰ウ。

則チ瀛洲ナリ。形ハ壺器ノ如シ。（高辛）

と説かれている。さて、飛衣の地上・地下図の中央の部分に、大きい壁を貫いて二疋の竜状のものがからんで形づくっている空間が、その上部のコウモリ状の鳥を含む部分を壺の蓋を表現していると解すれば、それよりやや下って細い頸、そして中太を呈して、また細くなるという、いわゆる壺器の姿を示しているようによみとれる。商氏はこれを上述した伝承上の蓬壺の表現ではないかという興味深い指摘をしているのである。さて、この蓬壺状の図の下部に、まさに大地を支える巨人アトラスのごとく、それを支えもつ一人の裸身の巨人図がみられ、その足下に、踏まえる二疋の巨大な魚の姿がみとめられる。この描写をめぐって、すでにいくつかの解釈が発表されているが、それらについての紹介や批判はここでは一切はぶくとして、それらの中で、上掲の『列子』湯問篇の、

禺彊ハ鼇十五ヲシテ、首ヲ挙ゲテ之ヲ戴カシム

および、同注にみえる

北極ノ神、名ハ禺彊。霊亀ハ之ガ使ト為ルナリ（『山海経』に引くというも、今本には佚す）

の禺彊と亀鼇に対比すべきものであろうという商志譚氏の説は、もっとも私の興味をひく解釈である。ただし、この裸身の巨人が、商氏のいうように、果して、

人面ニシテ鳥身、両《フタ》ツノ青イ蛇ヲ珥《ミミワ》トシ、両ツノ赤イ蛇ヲ践《フ》ム（『山海経』大荒北経）

であるのかは、なお検討の余地はあるかもしれない。また、飛衣画中の二疋の魚状の動物は本来、亀をあらわしたのであって、それが『淮南子』覧冥訓、『列子』湯問篇などに、女媧が補天の際に、

鼇ノ足ヲ断ッテ以ッテ四極ヲ立ツ。

と伝えているように、もともとあった四本の足を切断されたために、魚の姿を呈しているのであろうという商氏の推断はそのままには肯定できない。図の水棲動物はとうてい亀ではない。頭部・背鰭、そして分れた尾は、これらが亀類でないことを物語っている。おそらく、この二疋の大魚は最初から「大魚」を表現したものであろう。そしてこの飛衣の下部は、遙かの海上にあたかも壺のごとく水面を出没浮游する蓬萊の神仙島とこれに関係深い大魚を描写したものであって、しかも、この大魚はまた、その「浮き島」を背で支えているという伝承も物語っているのではなかったろうか。

巨大な魚が「浮き島」を背負っているという伝承を、中国の古典の中から求めることは寡聞にしてできないが、西南中国にすむイ族系のアシ人たちの伝える創世神話の中に、それを見出すことができるのである。天と地が形成されたが、まだ人類が生じなかった原古の時、

そのまんまるい大地は
三疋の大魚の背の上にのっかっていた。
魚はお腹がすいて、
魚はとびはねる。
蝦をつかまえて喰べさせると
魚はまた動く。
鴉が魚の眼玉をつっつくと、
魚は跳びはねる。

すると地もまた大へんゆれ動く。
天上の銀竜神が
銀の鎖を投げ降して、
阿托にその魚を縛らせる。
もし阿托でなければ、
魚はなおおさえきれず、動く。
魚はぎっちりと縛りつけられ、
魚は跳びはねることはもうできない。
そして地もまた動かなくなった。

（雲南省民族民間文学紅河調査隊『阿細的先基』、一九六〇）

このアシ人たちの創世神話は、あたかも地下の大鯰が地震の源であるという日本の俗信の源流を示唆する伝承であるとともに、その本来は、地が大きい魚に支えられているという世界の構造を語る神話の一側面を物語るものである。そして、その大魚が動きまわるたびに、地もまたゆれるので、阿托という英雄神が鎖で魚を縛りつけたというのは、禺彊が巨亀に命じて、蓬萊島を固定させたり、あるいは、ポリネシアのタヒチの伝承で、武人タファイがツプアイのマレレ・ヌイ王から授かった長い名の手斧で、魚タヒチの腱を切断して、動きまわる「魚の島」を固定させたとか、また、ハワイのアチウタキ島の伝承で、太い綱で浮動する「魚の島」を縛りつけたという物語とよく対応性をもつ。そして、この阿托は例の漢墓出土の彩色飛衣上の「壺」の島を支える巨人や、壱岐の島を綱でつなぎとめた壱岐の「浮き島」伝説の神様、あるいは、矛千本をもって浮き島を縫いとめたという姫島伝説の姫神、さらに、鉏をもって、大魚の鰭を銜き別けるように、国土を引いて、綱で加志(杭)につないだという出雲神話のヤツカミヅオミツヌノミコトにも対比することができるように思うのである。なお、因みにいえば、中国には揚子江の全流域を中心に、英雄が鎖をもって、巨竜を杭につなぎとめ、洪水になやまされる大地を回復するとする説話伝説がひろく分布していて、その類話はすでに『山海経』などにもみえ、また各地方志などにも収録されている。これらの伝承は治水を語ったものではあるが、その背後に、水に浮く国土と、この国土を支える竜魚を固定させるというアシの人々の創世神話に似た伝承を含むものであるならば、中国には原古の「浮き島」・「魚の島」の観念を語る古い伝承例がさらに多く採集される可能性があるであろう。

浮漂する原古の島が大洋を浮游する大魚のアナロジーで語られている伝承は、中国の文献では上述の『金楼子』があげられるが、これとよく似た奇譚が上ビルマのカレン族でも語られていたことがF・マーソンによって報告されている。それは、

カレン族の古老たちはこう伝えている。大海の中に、山ほども大きな魚が棲んでおり、その上には、陸地のように樹木や竹が繁茂している。航海者たちは炊事をしようと上陸するときは、十分注意してかからなければならない。人びとは斧を携えて、まず試みに地面を掘ってみる。もし、そこから液体がほとばしりでたら自分たちの上陸しているのが大きい魚であることを識るのである。もし逆に、その地面が乾燥しているようならば、炊事をはじめることができる。もしそういう用心なしに炊事をしに上陸しようものならば、大魚に水中にもぐられて、人びとは溺死することになる云々。

そして、さらに、これにはつぎのような滑稽なほら話がつづいている。

……その大魚の胃袋に入ってしまったら魚に向ってこういう。

「雄は獲物を手に入れるときは、喜びのあまり、大声をだして叫ぶものだ。ところが、お前は声を出さない。するとお前さんは雌の魚か？」

これを聞いて、その魚は大声を張りあげて口を開く。そのすきに逃げだす。長老たちがいうには、人びとがこの大魚を捕えたとき、全部はとても食べきれない。脂はもやし、骨は家の梁や棰をつくることができる。

（F. Mason, Religion and Mythology of the Karen. 一八五八）

B・ラウファは中国古典にしばしば散見する呑舟の魚の物語、たとえば、

滎沢ノ水ニ　呑舟ノ魚ナシ（『韓非子』）

呑舟ノ魚ハ　枝流ニ游バズ（『列子』）

呑舟ノ魚ハ　淵ニ游バズ（『説苑』）

などは、上掲の『金樓子』やカレン族の大魚物語や東南アジアからインド洋、そしてさらに遙かに西欧の文献にもしばしば登場する巨魚奇譚と同系であるとし、インド洋を航海した船人たちが、鯨などの巨大な水棲動物を実見した誇張談をその背景にして伝播したものといい、その東端の分布例として、『史記』始皇本紀にみた、徐芾らの方士が大鮫にさまたげられて、蓬萊島探検に失敗する物語をあげている。私は東亜の呑舟の魚物語にラウファの見解を入れる余地のあることまでは否定しないが、『史記』の蓬萊仙島伝承は本質的には、むしろ上に示したような一連の資料とその解釈から、「浮き島」・「魚の島」を語る伝承であったのではないかと考えるのである。

従来、日本神話の比較研究の上で、その文化史的関係の深さに反して、日中神話の比較は意外なほどにたちおくれているといわなければならない。その原因はいろいろあろうが、中でも大きい原因の一つは、中国神話研究自身のたちおくれであろう。戦前に出石誠彦氏の『支那神話伝説の研究』（一九四三、中央公論社）の大著が出版され、つづいて、森三樹三郎氏の『支那古代神話』（一九四四、大雅堂。のち『中国古代神話』と改題）が世にでたが、それらは中国の神話伝承を組織的体系的にまとめあげたものとはいいがたかった。このような事情は中国でもおおむね同じであって、玄珠氏の『中国神話研究ＡＢＣ』（伊藤弥太郎訳『支那の神話』一九四三、地平社）など、比較的好著もあったが、一般に組織的研究はここでも低調であった。戦後には、貝塚茂樹氏の『神々の誕生』（一九六三、筑摩書房、グリーンベルト・シリーズ。のち『中国神話の起源』と改題）、とくに、袁珂氏の『中国古代神話』（一九五一、伊藤敬一・高畠穣・松井博光訳、一九六〇、みすず書房）はもっとも体系的な研究書として利用されることが多いが、ただし、その資料解釈などの上に、なお、万人を肯綮させるものに欠くうらみが少なくない。

とにかく、神話に関する諸資料を収録している中国古典籍の特殊な性質上、中国神話の研究、その神話の復元作業はきわめて容易でない。すなわち、中国は、古い歴史と文化の伝統をもちながら、神話資料はごく断片的に古文献の中にのこされているにすぎず、わが国の記紀の神代巻にみるような、まとまりのある資料にまったく欠けているのである。しかも、広大な地積をもつ中国大陸には、種族出自を異にする多くの民族が住み、系統のちがう伝承が各地に伝流し、錯綜していたと考えなければならず、それらの断片的な資料を組織系統的に整理することを一そう困難にしているのである。また他方では、すでに説いたように、古代中国の高度に発達した諸思想、ことに思想界の正統をもって任じてきた儒教的合理主義は神話を意識的に退ぞけ、神々の物語を怪力乱神のことがらとして、これを否定し、あるいは、いやしむ傾向がつよかった。そしてまま、それらに言及し、物語に触れることがあっても、知識人たちはそれらの伝承の中味をすりかえて、その本来の意味と容貌までも変えてしまったのである（伊藤清司、一九六九）。東方海上に浮ぶ蓬萊島伝承なども、多分に原古の「浮ぶ島」・「魚の島」であった伝承を、不老長寿を説く神仙思想をもって衣換えをしたものであり、それはまさに、仙人になろうと志す者が、金丹の薬によって、凡骨を仙骨にすりかえる「換骨奪胎」であったと思われる。

中国は早くから神話の失われた国土とされて、日本神話の比較研究の場でも、その比較の必要が指摘されながらも、現実はきわめてたちおくれていたといわなければならない。したがって、わが国の開闢神話の比較研究にしても、文字どおり一衣帯水の朝鮮半島は別として、遠くインド・ゲルマン系神話や東南アジア各地の神話伝承、あるいはポリネシアのそれらとの比較研究のほうが、むしろ活発におこなわれてきた。『出雲国風土記』の冒頭を飾り、したがって、おそらく出雲の地方でかつて語りつがれていた重要な創世神話であろうと目されるヤツカミヅオミの国引き神話、あるいは、記紀に散見する同系の開闢神話の研究の場でも、この論考の前半でも示してきたように、われわれの耳目にふれてきた多くの比較資料はポリネシアなどの伝承であった。日本文化の形成・日本神話の成立の複雑な経緯を予想するとき、今まで行なわれてきた比較研究は、もちろん、無意味なものではない。しかし、遠くポリネシアの島々へ乗りだしていった人びとの原郷を想像するとき、日本とポリネシアの比較研究の視線は、当然、東アジアないし東南アジアに向けざるを得ず、東亜大陸周辺部の諸伝承の研究の重要性が改めて思いおこされるのである。原古のくらげなす漂える国、大魚の鰭を衝き別けるようにして引く国土の神話は、ポリネシアを中心にしたオセアニア各地の「浮ぶ島」・「魚の島」伝承と比較されるとともに、それらは中国大陸の大魚によって支えられる山島の伝承との比較、そして相互照射によって、いっそうそれらの意味が鮮明にされてゆくはずである。日本神話の研究における中国神話伝承との比較研究の重要性とその可能性がここに再び強調されるゆえんである。

（参考文献）

（1）石上堅　一九五七『発想民俗学』一歩社
（2）伊藤清司　一九六九「神話と伝説の世界」（学習研究社『日本と世界の歴史3　東洋古代』所収）
（3）大林太良　一九六一　『日本神話の起源』角川新書（のち角川選書として出版、一九七三）
（4）大林太良　一九六六「記紀の神話と南西諸島の伝承」「国語と国文学」四月号（のち　有精堂『日本神話　日本文学研究資料叢書』一九七〇年に所収）
（5）大林太良司会　一九七二『シンポジウム日本の神話1　国生み神話』学生社
（6）松本信広　一九三一『日本神話の研究』同文館（のち平凡社東洋文庫本として改訂　一九七一）
（7）バック・鈴木訳　一九六五『偉大なる航海者たち』　社会思想社
（8）商志𩡝　一九七二「馬王堆一号漢墓〝非衣〟試釈」（「文物」一九七二年第九期）
（9）Dixon, R. B. 1916 "Ocenic. The Mythology of All Races. IX" Boston
（10）Laufer, B. 1933 "Turtle Island" The New Orient. Vol. II Chicago

第二部　東南アジア、オセアニア神話との比較

日本神話とインドネシア神話

小野明子

はじめに

日本神話を構成している種々の神話モチーフには、神話の系統・起源を主たる関心とする視点からは、インドネシアと深く関連するとおもわれるものが少なくない。従来日本神話における南方系要素の一端として多くの比較民族学的研究の対象となってきたところである。

さてここに与えられた日本とインドネシアという地域的枠内で伝播論的乃至系統論的観点から神話を取扱おうとすれば、当然のことながら不十分かつ断片的なものにとどまらざるをえない。従って類型論的取扱いにしばしばなるということを予めお断りしておきたい。

本稿では、特にインドネシアとの関連が濃厚であるイザナキ・イザナミ神話と、コノハナサクヤビメとホデリ・ホオリの神話即ち日向神話を考察の中心とする。両神話はより普遍的神話類型をもって言い換えれば、天父地母・天地分離神話と死の起源神話、海幸山幸神話ということになる。この他の神話については、一応総体的展望を得ることを目的として概略述べることとしたい。

宇宙のはじまり

まず、原初混沌からイザナキ・イザナミの夫婦神の結婚に至るまでの日本神話を、インドネシアのモチーフと比較しつつ概観してみよう。

『古事記』、『日本書紀』には、原初天と地の分かれる前、宇宙は混沌として国が稚《わか》く水に浮ぶ脂《あぶら》のようであった、その中から生まれ出た葦の芽のようなものから最初の神が出現したと書かれている。書紀にはいくつかの異伝があるが、原初天と地は分離していなかったこと、宇宙は混沌とした状態であったことは記紀神話に共通している。また書紀の本文には、昔天と地も陰と陽も分かれていなかった時、宇宙は混沌とした鶏の卵のようなものであった、後に清明なるものは天へ上り、重濁なるものは地となったと書かれており、日本の宇宙開闢神話に卵生型の要素が存在することがわかる。宇宙卵神話は高文化地帯とその影響を受けた地方に分布するものである(1)。

さて神話では最初の神が出現すると次に独り神が、次いで夫婦神が現われ、最後にイザナキ・イザナミの夫婦神の登場となり、両神は天父地母として国生み神生みを行うのである。こうした原始混沌から宇宙生成の経過を物語る開闢神話は、アメリカの人類学者ディクソンがポリネシアからインドネシアに分布する世界起源神話を分類した際、系図型＝進化型と呼んだものにあたる。(2) この型の神話はポリネシアの古層文化に属するもので、東部ポリネシアに典型的なものである。インドネシアにはニアス島に原始混沌の観念があるが、最も顕著にあらわれるのはディクソンの呼んだもう一方の型、創造型神話である。これは洪水神話と結合している場合が多い。インドネシアの世界や人類の起源を物語る神話を特徴づけているのは、まず宇宙開闢的要素の欠如ということと洪水神話の非常な発達という二点である。インドネシアの創造型神話の代表的な例は、次のセレベスのブギ・マカッサール族に伝わる神話にみられる。

原初、天神の息子が虹を伝って地上に送られ、天神の命により人類のために世界を準備した。仕事を終えると、彼は一緒に天界から地上に降りてきた三人の女神と、地上や地下出身の三人の女神の合せて六人の女神と結婚し、全人類の祖先となった。(3)

この神話は神が天神の命を受けて地上に降ったこと、虹の橋を利用したこと、人類のために地上＝世界を準備したことなど、イザナキ・イザナミの国造り神話と多くの類似点をもつ。イザナキ・イザナミは天神より矛を授かり、この漂える国をつくり治めよとの命を受けて天降った。天浮橋に立ち、矛で海中をかき廻したところオノコロジマとなった。二神はこの島に降り、ミトノマグワイをして国を生み、神々を生む。この部分は所謂世界両親神話と称されるものである。二神の国生みは、神が創造的行為によって国土を創成するという点でディクソンの創造型の神話にあたる。日本の宇宙のはじまりを物語る神話は、このように進化型＝系図型と創造型が結合して構成されているといえる。

オノコロジマの生成に関しては、記紀には、矛で海をかき廻して引上げた時のしずくが積って出来たとする説と矛で探りあてたとする説と二説あり、系統論的に問題の多いところである。オノコロジマ神話が北方ユーラシアや北アメリカに分布する、天神の命を受けた動物が水中に潜って世界を創造するための島や土片を探り当てるという潜水モチーフと何らかの親縁関係をもっているとしても、天神の命を受けたのは動物ではなくイザナキ・イザナミという人格神であり、肝心の要素が異なっている。そこで一連のイザナキ・イザナミ神話にみられる濃厚な南方系（ポリネシアやインドネシア）要素を考慮した時、オノコロジマ神話は南方系の島釣りモチーフの方により近いとの結論が出る。しかしこの場合にも細部の一致は少なく、一異伝として類似しているにすぎない。島釣り神話はポリネシアに多くみられるものである。(4) インドネシアでは天からの土砂によって神が島造りをするというかたちが圧倒的に多く、ボルネオ、(5) スマトラ、(6) セレベス、(7) ティモール、(8) フィリピン(9)などの部族神話に広く分布している。

天と地の分離

御柱めぐり

二神はオノコロジマに降り、八尋殿を建て、柱の周りを廻ってミトノマグワイをするが最初失敗してヒルコを生んでしまう。失敗の原因として記紀には、御柱めぐりをして二神が出会ったとき女であるイザナミが先唱したからと記されている。この説明は女に対する男の優先権を説くものであって、本来的なものとは考え難く、儒教思想その他の影響によって後に付け加えられたものと考えるのが妥当であろう。一体日本の古典神話は系統を異にする種々の要素が錯綜しており、初原の形をつきとめることは極めて難しい。そこで海外の諸例との比較研究が必然的に求められるのであるが、御柱めぐりの話は非常に有名な例がセレベスのミナハサにある。

原初、海洋の大岩から生まれた女神ルミムトゥは、世界を創造した後山に登り、西風により孕み息子を生む。息子は成人し、妻を探すが誰一人みつけることが出来なかった。母であるルミムトゥは自分と同じ丈の板切れを息子に渡して、これより背の低い女を探して妻にするようにと命じた。母と子は左右に分かれて全世界をまわって旅をし、最後にお互いに親子であることに気づかずに出合う。息子が母の傍に板切れを置いたところ、板切れは成長して丈が長くなっており、そのため彼女の背丈より高かった。そこで母子は結婚し、沢山の子供をもうけた。(10)

また北ボルネオのドゥスン族では、

昔六人の兄と一人の妹がいた。ある日妹のダヤンダヤンは夢をみた。夢の中に一人の男があらわれ、洪水になるから筏を作り、赤いバンヤンの木にしっかりとくくりつけ、洪水に備えるよう兄達に伝えよと告げた。そこでダヤンダヤンはその通り兄達に伝えたが、一人の兄を除いては皆彼女を気狂扱いにしとりあわなかった。その後何度かお告げがあったが同じように兄達はとりあわなかった。やがて本当に洪水になり、ダヤンダヤンと夢を信じた一人の兄だけが助かり生残った。水が退いて筏を降り左右を見渡したところ、兄妹の他は誰一人見あたらなかった。そこで二人は左右に別れて世界をまわり、各自配偶者をみつけて結婚することに決めた。しかし二人は誰にも会うことが出来ずに世界を廻り続け、とうとう互いに兄と妹と気付かずにもとの赤い木のもとで出合い結婚する。彼らは七人の娘と七人の息子をもうけるが、ある時突然自分達が兄妹であることに気付く。二人は他の人間を探しに行かねばとあせるが見つかる可能性もなく、また子供が沢山いるため別れることも出来ず、男女二人の子供をキノロヒンガンと呼ばれる男神の所へ相談に行かせた。キノロヒンガン達は、二人の子供の、自分達は結婚しても良いのだろうかという問いに答えることが出来ず、子供達は結局神々の首長の所へ相談に行く。首長は両親の首を切り落せば良いと答える。子供達は戻ってこのことを両親に話すと、彼等はそうせねば人間の数が増えないからと言って、祭りを催すことを条件に首を切られることを承諾する。子供達は酒に酔った親の首をはねて首長の所へもってゆき、その後家に戻り互いに結婚する。その子孫が現在のドゥスン族である。[11]

両神話とも特定の物の周りを廻るという記述はないが、前者は山、後者は赤い木と考えられる。柱の周りを廻るという習俗は、従来歌垣などの古代の婚姻儀礼の反映であるとか、[12]柱を依り代として神を招ぎ降した習俗の痕跡であるとか[13]幾つかの解釈が提出されているが、最も説得力をもつと思われるのは、最近紹介されたネリー・ナウマン女史に代表される見解であろう。[14]女史によれば、天の御柱は世界の中心である世界柱、世界軸なのであり、優れて宇宙的世界像に適合するものなのである。さらに女史はこの世界像を、八尋殿と出雲の祭礼建築との建築様式上の表現構造の一致と結びつけて考え、出雲文化に帰するものと推定した。ところで御柱めぐりを含めた物の周りを廻るという習俗をみてみると、フロベニウスの研究で知られる如く、高文化＝古代文明およびその周辺地域に特徴的なものとなっている。[15]いうまでもなく世界樹の観念もまた高文化的なものである。このことは出雲神話において中国の高文化との関連が繰返し問題になっていることと符合する。

しかしながら女史は、二神の御柱めぐりが婚姻の前段階をなす手続きとなっている点に関しては、単に副次的な意味しか持ちえないとしてそれ以上の言及をしていない。だが御柱を宇宙の中心の定位の象徴とうけとめることに異存はないとしても、後述するようにイザナキ・イザナミ二神の原型を兄妹神ととらえ得る可能性を考慮した時、東南アジア一帯に広がる兄妹始祖型の洪水神話との関連でより精緻に考察する必要が一方に残ろう。

ともあれ天の御柱のもつ意味は、後述する天と地の交通手段としての木その他にみられる世界樹の観念とともに、より普遍性をもった中心のシンボリズムの問題としてまず考察されねばならないことは論をまたない。

生み損い

次にイザナキ・イザナミの媾合によるヒルコの誕生であるが、これは人類の始祖が最初の結婚をして初生児を生み損うというタイプの神話の類型である。この生み損いのモチーフは東南アジア一帯に広く分布するもので、大抵兄妹始祖型の洪水神話に組み込まれている。[16] ヒルコという言葉は、水蛭子とも日子＝太陽の子とも解釈出来る言葉である。多くの研究にみられるように、従来ヒルコの誕生は生み損いのモチーフであるのか太陽神話の一部であるのか論議の分かれてきたところであった。[17] 日本神話に実にさまざまな要素が混交していることは明白な事実であって、後者の可能性を否定するものではないが、一連のイザナキ・イザナミ神話の展開をみるに、ヒルコを不具の子・生まれ損いとみた方がより神話のもつ一貫性から考えて適合的であるとおもわれる。生み損いの神話には、近親相姦の罪を犯した結果として、ヒルコや四肢のない怪物、あるいは異類のものが生まれるという際立って特徴的な一面があらわれる。

北ボルネオのムルト族の神話は、洪水で生き残った二人の兄妹がネズミやリスから性交を習い[18]、近親相姦の結果犬そして鶏を生み、それからはじめて人間の息子と娘を生んだと伝えている[19]。台湾のアミ族の神話では、洪水で生き残った兄妹が結婚したが、蛇や蛙が生まれたのでその嘆きを神に訴えたところ、その命により授った豚を犠牲に供え神人一緒の大宴会を催し、その後やり直しをしてはじめてまともな子供が出来たとしている[20]。異伝でも、最初魚や蟹が生まれたと語っている[21]。またボルネオのカヤン族には、四肢のない怪物の子孫が世代を重ねて人類の祖となったことを物語る神話がある。

原初、空からクモが降りてきてあみをはった。それに小石がひっかかり、その石は水平線の下の全空間を満たすまで成長した。天からこの岩に苔が落ち根をはり、虫類が発生した。その排泄物から最初の土ができた。……蟹が地上に落ちてきて爪で地面を掘り山や谷を作った。植物が地上に成長し、木につるがまつわり結合した。最後に二人の男女が天から降りてきて、男の剣のつかと女のつむが結合して、頭と体だけで手足のない少年が生まれた。この怪物は二人の男女の子供を生む。彼等は結婚して子孫が増え、何世代もたつうちに完全な人間の姿になった[22]。

南ニアスにも姉弟相姦の結果手足のない子が生まれたとする神話がある[23]。

生み損いのモチーフの有無を別として、洪水神話と結びついた近親相姦の話は数多い。中でもフィリピンの部族神話では、近親相姦はさけるべきであるという倫理性が特に強調されている。例えば中央イフガオ族では、

洪水でたった二人の兄妹ウィガンとブガンだけが生き残った。水がひいてウィガンは他の生き残りを探したが誰もみつけられなかった。そこで自分達兄妹からしか世界に人間が生まれ出ないことを悟る。しばらくして妹のブ

ガンは自分が妊娠しているのに気づき、嘆き悲しんで逃げだし、長い旅の後疲れてある川の堤に腰かけてふるえていた。すると一人の老人が現れて、〝恐れるな娘よ。私は神だ。すべては正しかったのだとおまえに言いに来たのだ。〟とブガンに告げた。そこへウィガンが跡を追って現れ、老人は二人の結婚に神の祝福を与える。兄妹は家に戻り、沢山の子をもうけた。彼らは何かトラブルがおこると神に供物を捧げた。(24)

しかしインセストの罪を強調する反面、洪水で生き残ったのはたった二人の男と女である兄妹だけであり、彼等の結婚以外から人類の再生を望みえないところから、本来原則として避けねばならぬことではあるがこの場合には往々にして仕方のない行為とみなされている。前出の、御柱めぐりのモチーフをもつ北ボルネオのドゥスン族の神話では、首長によりインセストが是認される代りに祭りを催して親の首をはねるという、一種の供犠的行為がとられている。イフガオ族の神話でも、神により兄妹相姦の不可避性が認められ、彼等が供物を捧げることによってその行為が正当化されている。ヒルコの誕生もインセストの代償的結果として現われるという神話特有の合理性が認められるのである。即ち、インセストの罪を他のもの――認可した神や人物あるいは不具の子・異類のものなど――に転嫁することによって自らの正当性を保持しようとする志向が存在すると考えられる。もっとも、インセストが禁忌として現われるのとは逆に、人祖（乃至は王族の祖）の高度に創造的行為として、その聖性の表現として積極的な意味をもつ傾向も神話の特質として一般的に、従ってインドネシアの神話においても認められるものであることはいうまでもない。

日本神話においては、イザナキ・イザナミの関係が兄妹であったとする乃至は両親が近親相姦を行なったというような記述はなく、推測の域を出ないのであるが、御柱めぐり——初生児の生み損い——媾合のやり直し——といった話の運びからおして、二神の媾合の根底にインセストの影がほのみえるのである。従って、日本周辺において兄妹始祖型の洪水神話の分布が、南中国——東南アジア——台湾——インドネシアへと広がっていることとにらみ合せてみれば、岡正雄氏の主張された如く、イザナキ・イザナミ神話の前半は実に洪水神話の断片ではなかろうかとの説[25]が妥当性を持ってくるのである。

特に、西南中国の少数民族の間に伝わる伏義・女禍の兄妹始祖型の洪水伝説が、婚姻の前段階としての物の周りを廻る行為、最初の求婚の失敗、初生児の生み損いなど、イザナキ・イザナミ神話の主要モチーフと驚く程の一致を示していることをあげておきたい。

火・熱・太陽

イザナミは火の神カグツチを生む時、陰部《ほと》を焼かれて死ぬ。つまり火が原因となって、配偶者の死亡という物理的な夫婦別れになる。また亡妻を追って黄泉の国へ出かけたイザナキは、タブーを犯して妻の姿をみてしまったために黄泉比良坂《よもつひらさか》で永遠の事戸渡し《ことどわたし》(=離婚)をすることになり、二重の分離が成立している。イザナキ・イザナミ神話は多くの構成要素をもち、いくつかの性格づけが行なわれているが、その一つは沼沢喜市氏の研究でよく知られる如く、天(父)地(母)分離神話としての性格である。[26]イザナキを天父、イザナミを地母としてとらえる根拠については、イザナミが病の時その嘔吐物から土や水の神、穀物や生産の神などの農耕に関する諸神を生み、また最初の死者であり黄泉の国(地下界)の主であること、そしてイザナキが黄泉の国から逃げ帰って阿波岐原で禊をした時、左目から日の神、右目から月の神、鼻から暴風の神が生じたことなどをあげれば十分であろう。

火を契機とする天地分離神話としてのイザナキ・イザナミ神話と類似の例がセラム島中部のヌサヴェレ族にある。

かつて、男である天（ラリア）は女である地（ポフン）の上に横たわって性交していた。天と地の双方とも当時は今よりずっと小さかった。この性交からまずウプラハタラが、次に弟のラリヴァと妹のシシリネが生まれた。しかしそこには彼らの為の場所がなかったので、ウプラハタラは天を上に押し上げた。すると大きな地震がおこり、天と地は今日のように広がった。地震の時地中から火が生まれ、木や植物が芽をふき、山々がそびえ立った。しかしまだ暗闇が支配していた。そこでウプラハタラはダルマンの樹脂から二つの大きな玉を作ってそれに火をつけ天へ放り投げた。するとそれらは太陽と月になった。(27)

この神話は火を契機として天地分離が行なわれ、その結果太陽と月が生じるという点で、我国のイザナキ・イザナミ神話と驚くほど似ている。また天と地は天父地母として人格化されていないが、太陽の熱さが原因で天地が分離することになったという神話がある。

西北ボルネオのダヤク族では、

昔、天は非常に低く、人間の高さしかなかった。ある男の妻が太陽の熱で倒れ病気になってしまった。夫は非常に怒り、翌朝早く七本の矢で太陽を射落そうとした。当時太陽は七つあった。彼の放った矢のうち六本が六つの太陽に命中した。残った一つの太陽は恐れをなして高く昇っていってしまった。(28)

フィリピンのバゴボ族の神話では、

原初、太陽は空と同様低かった。原女性のモナは太陽の灼熱から身をまもるため家と同じ位大きな穴を掘って持っていた。モナは常に年老い疲弊していたが、空と太陽が高く追っぱらわれてから子供を生みはじめた。(29)

この神話では天と地の分離と生殖のはじまりが対応している。

またインドネシアには火の起源についての神話の中に、神から火や火の作り方を盗むというプロメテウス型の火盗み神話が若干存在する。中央セレベスのトラジャ族では、フレーザーの著書によると、

創造主は人類に火を与えたがそのつくり方は教えなかった。ある時不注意のため火を逃がしてしまい、米を炊くのに困った人々は、神に火を分けてもらうためタムブーヤという昆虫を使者として神のもとへ送った。神々は承諾し、火をつくる間タムブーヤに目隠しするように言い渡した。ところが昆虫はもう一対の眼をもっていたため火のつくり方の一部始終をみてしまい、その秘密を人間のところへ持ち帰った。(30)

異伝では昆虫はアブになっており、やはり人類に神から盗み見た火のつくり方を教えている。(31) ニアス島には次のような火の起源神話がある。

かつて、人間に病気をもたらすベラスという悪霊がいた。現在司祭しか彼らの姿を見ることが出来ないが、以前は誰でもみることが出来た。人間とベラスは親しく互いに行き来し、火のやりとりをしていた。しかしベラスだけが火のつくり方を知っており、人間には火の製造は禁じられていた。ある時一人の男がベラスの妻の所へ火をもらいに行った。丁度その時彼女の所の火は消えていたので新たに火をつくらねばならなかった。そこで彼女は男に着物をかぶっていてくれるように頼んだが、彼はそれではすけて見えてしまうからバスケットをかぶせてくれるようにと答え、ベラスの妻はこれに同意した。しかし男は網目から見えることを充分知っており、火のつくり方を観察してしまった。彼がベラスの妻の単純さを嘲笑したところ、怒ったベラスは〝今後おまえたちは決して我々の姿を見ることは出来ないし、我々の所へ来ることも出来ないぞ〟と言い渡した。(32)

「火」は生あるものすべての命に等しいものであり、その故に神聖なのであり、神話的思考においては本来神もしくは人間の族以外の力あるものの領域に属していたものと考えられる。ニアスの神話では、人間にとってタブーとなっていた火の製造法を盗み見てしまったために、もはや悪霊の姿をみることが出来なくなり、従って交流が杜絶してしまったことが語られている。これらの神話は、プロメテウス神話がまさにそうであるように、火を契機とする神の族と人間の族の分離を基本的テーマとしているといえよう。

ところで火の神カグツチはイザナミの陰部から生まれ出た。火が元来神や動物の体内にあったという観念（この中には火が女神の陰部にあったとするものが多くある）は世界的規模で分布し、特に南米、メラネシア、ポリネシアに色濃いことはすでに指摘されてきたところである。(33)

ここで興味深いのは、ガストン・バシュラールによる火の精神分析的研究である。彼によれば、火は継続的磨擦作用によって生ずるという特性により明白に性的なものである。そして女性性器は生命の火花を受け入れるべく身構えるものであると。(34) この火の原初性についての心理学的分析は、おそらく火の神話のもつ象徴性の一面を正しく指摘するものであろう。

また火が男女の別離と深い関係をもち、離婚式に鑽火儀礼が付随することは既に松本信広氏によって紹介されたところである。(35) しかし火はまず生殖と関連する。そしてかなり一般的にみられるものに、太陽の熱を受けることによって神や人類が誕生したとする神話がある。例えば前出のセレベスのミナハサの神話で、原女神ルミムトゥは太陽の熱を受けた焦げた石から誕生した。同じくミナハサに、原初の泡から生じた卵状のものから太陽の熱を受けて一人の少年が生まれたという人類起源神話がある。(36)

このように、火や熱はきわめて原初的な創造的力であると同時に、天と地の分離をうながす破壊的な力ともなるすぐれて両義的な力となっているのである。

神と人間の分離

さて、ここではじめにたち帰って、天地分離をテーマとする神話を包括的な視点から整理してみる必要があろう。

そもそもこの神話は実に数多くみられ、アフリカからヨーロッパ――西南アジア――インド――インドネシア――オセアニア――アメリカにまで広がる世界的な分布をもち、その内容も多岐にわたっている。従って天地分るる神話のテーマの本質を確定することはきわめて難しい問題と言わねばならない。これまで天地分離の基本的概念をめぐって、フロベニウス、シュタウダッヒャー[37]、フィッシャー等により独自の見解が出されている。フロベニウスは、これらの神話の基本に聖なる結婚の概念が存在すること、そして分離のテーマは世界両親神話 Welternmythen の第二の時期を示すものであると結論づけた[38]。シュテーアはその著 "Die Religionen Indonesiens" において天と地の分離のテーマに関する従来の諸説を論評して、フロベニウスの見解に賛同の意を表している[39]。フィッシャーによれば、天地の分離は世界両親神話とは別の独立したテーマであるという。彼は分離は、神と人間との間に自由な交流のあったかつての楽園状態を人間が犯した罪により神を怒らせた結果であると考え、分離神話は典型的な楽園神話 Paradiesemythen であると主張した[40]。フィッシャーのこの説は多分にインドネシアの資料に規定されたものといえる。インドネシアの天地分離神話にはなるほど前段階に天と地の原婚のテーマを含むものは少ない。しかしシュテーアが指摘するところの、世界両親神話あるいはその痕跡と分離モチーフのインドネシアにおける一致を考えれば、フィッシャーの説は根拠の薄いものとなると言わねばならないであろう(41)。

日本神話の中でこの問題を考えてみると、イザナキ、イザナミ二神は天父地母として結婚して世界両親となり、その後に火の神カグツチの誕生を契機として別離し、さらに千引岩をはさんでコトドワタシ（離婚）をしている。イザナキ・イザナミ神話においては天地の分離は聖婚の第二の部分をなしているわけである。結婚の後に離婚がくることは、いわば自然な話の展開であって、聖婚の概念のみられるところでは、天と地の分離を独立のテーマとは考えにくい。

さてなるほどイザナキ・イザナミ神話は世界両親神話であるが、二神の離婚のみが天地分離神話のテーマではない。後述するごとく、より根源的とおもわれる神と人間の分離のテーマを背景としており、天地分離神話を一方的に解釈するのは正しくないであろう。火を契機とする天地分離神話が、神と人間の分離をテーマとしてもつことは先に指摘したとおりである。

ここでは世界的な規模で天地分離のテーマを分析することが目的ではないので、一応これまでの諸説を簡単におさえるにとどめ、インドネシアの資料に限って検討してゆきたい。

天地分離の神話は、天地分離以前の状態のとらえ方の相違に着目して分類すると都合が良い。分離前を(A)楽園状態として、(B)暗黒状態としてという二つのタイプのとらえ方にまず大別したい。

(A)は、かつて即ち天と地が分離する以前の時代は、人間と神とが自由に交流しあい生活の為に働く必要などなかった黄金時代であったとみるもので、所謂楽園神話である。典型的な例がセレベスのトラジャ族の神話にみられる。

人間はかつて今よりずっと楽に暮していた。土地を耕したり働いたりする必要はなかった。畑に刈鎌を一列に置いておくだけで仕事は全部ひとりでに出来てしまった。また人間はトウモロコシの一杯つまった背負いかごを運ぶ必要はなく、かごは自動的に家へ届いた。同じように水樽は自然に一杯になった。……[42]

楽園神話は、セレベス、ティモール、ロティ、フローレス、メンタウェイ、ボルネオ、フィリピンなど東西インドネシアに広く分布している。[43] (A)の場合の分離の契機は総じて人間の側の罪によるもので、これにはタブーの違反、神に対する忘恩や出しゃばり、それに意地の悪い女の嫉妬、躾の悪い子の粗相、伝令の言い誤まりなどが含まれる。プロメテウス型の火盗み神話もまた、セレベスやフィリピンの若干の部族に存在する。聖書の影響とおもわれるアダムとイヴ型の原罪の観念をもつ分離神話も、ともにタブーの違反による天地分離神話である。

ここで興味深いのは、分離の推進者として、所謂トリックスター的役割を果す個性が登場することである。セレベスのミナハサに次のような神話がある。

かつて、天と地の交流は自由で神族は常に地上を訪れ至福に満ちていた。ところがワレレという男がコロン山を登って神の住居にやってきて、そこで厚顔無恥な振舞を繰返した。とうとう神族は激怒し、彼を処罰しようとした。ところがワレレは素早く逃げのび、神々は彼を捕えることが出来なかった。ワレレはこの仕返しをせんと時をうかがい、強力な剣でコロン山を二つにさき、投げ捨て、天への交通手段を破壊してしまった。天地鳴動し、神々や人間は皆青くなって震えた。その後ワレレは暴虐の報いを受け、常に人間達から忌み嫌われ、一人ぼっちで軽蔑されつづけた。[44]

その他トラジャ族にも類同の神話がある。

我々はすでにこのワレレに日本のスサノオのイメージが重なることに気付く。スサノオもまたいたずらが過ぎて天から追放されている。スサノオが善悪二面性をもった神であり、神と人間との間の仲介者的性格を特徴とすることは、既に多くの研究から明らかである。[45] いたずら者のすぐれて媒介者的な性格が、特に天地分離の神話において鮮明な形で、天と地そして神と人間との間を取結びあるいは破壊する力として作用する根拠となっているのである。トリックスターの登場する神話は世界的規模で分布し、インドネシアにおいてもここで一つ一つ取り上げる余裕はないが、多くの神話にトリックスターが活躍している。

バウマン[46]その他の研究で知られるように、インドネシアは所謂双性＝両性具有の人神が、神話や宗教の領域において濃厚にあらわれる地域の一つである。双性の神あるいは文化英雄は、正義の守護者であると同時に道化、ぺてん師であり、アンビヴァレントな性格をもつ。ジャワの有名な文化英雄のパンジ[47]や西ボルネオのヌガジュダヤク族の至高神マハタラとジャタ[48]やニアスの女神シレウェナザラタ[49]などはその代表的なものである。パターン的な見方をすれば、トリックスターは二元性を止揚する第三の要素としてとらえられる。ニアスの例のように三神が存在する場合、善神と悪神の双分観にトリックスターが加わって三分観を構成する。この三分観はトリックスターを中心にすえてみれば一種の双分観となる。二元性と三元性が同時に開示される神話なり世界観は何もインドネシアに限ったものではないが、ライデン学派による一連の宗教・世界観の研究は、特にインドネシアには双分観と三分観、さらに両者を複雑に組み合せた二重双分観ともいうべきものが存在することを広く知らしめた(50)。

近年、神話を個々の素材からではなく構造的枠組から解釈しようとする傾向が強まってきている。日本神話においても、大林太良氏により、双分観と三分観に焦点を合せた日本神話における分類の論理の研究がなされている(51)。神話を一つの構造体として理解しようとする時、当然その社会的機能との連関が問題になってくる。日本神話における所謂天津神族と国津神族との機能的分類は、そのままインドネシアにも適用できるものであり、特に東部インドネシアは、ファン・ワウデンの社会構造的研究で明らかにされた如く(52)、日本神話との構造的比較研究にとって恰格の材料を提供する地域となっている。構造的神話分析は、民族あるいは部族単位で完結しうるものであるが、神話の普遍的な構造の解明もまた一つの今後の課題であろう。日本神話とインドネシア神話にあらわれる分類の論理の比較研究は、筆者にとって非常に関心のあるテーマであるが、紙数の関係上若干の示唆にとどめ、別の機会に取り上げたい。

話を別の方向に広げてしまったが、ともあれ、(A)の場合の天地分離の契機はさまざまであるが、結果として天＝神は地＝人間から遠ざかってしまうのである。

天と地の交流の神話と関連して出てくるものに白鳥処女モチーフがある。セレベスのト・ロイナン族に典型的なものがある。

昔、七人の天女が地上の池で水浴をしていたところ、一人の男（アデ・バンガイ）がそれを見て天女の一人の衣をかくしてしまう。天女は衣がないため天へ戻れず、男と結婚し、子供も生まれる。しかしやがて彼女は衣を見つけ、子供とともに天へ戻ってしまう。男は天まで伸びたロータンの木の助けをかりて天へ妻子を探しにゆき、首尾よく見つけ出し、しばらく一緒に暮す。やがて男は地上に戻りたくなるが、ロータンの木はその時、それと知らずに掃除していた天人の手で切り倒されてしまっていた。そこで彼は大鳥に乗って帰ろうとするが、途中でロカイ山に墜落してしまい、その山で猿の祖先となった。(53)

このモチーフの構成は、天女が水浴中にある男に衣服を隠され天へ戻れなくなり男の妻となる――その後衣服を見つけ夫を残して天へ戻る（しばしば子供を連れて）――夫は妻を追って天へのぼってゆく――となっており、結果は失敗に終る例が多い。この型の神話はインドネシアに数多くみられ、北セレベス(54)、ハルマヘラ(55)、スマトラのバタック族(56)などに同様のモチーフが存在する。

我々は日本にも風土記などに登場する民間神話である羽衣伝説があることを知っている。我国の羽衣伝説では、前半の天女が天へ戻っていってしまうまでの筋は白鳥処女説話とそっくり同じであるが、後の男が妻を追いかけて天へのぼるという部分が欠落している。後世の所謂天人女房譚になると、夫が妻を追って天へのぼるという話が出てくるが、大抵天の川の織姫星の話と複合している。インドネシアの白鳥処女モチーフはまさに天と地の交流を軸に展開しているという点で、天地分離神話の末端に連なるものなのである。

この他白鳥処女モチーフと同一のカテゴリーに属するとおもわれるものに動物の変装 animal disguise がある。中央セレベスのトラジャ族では、天女の衣装は鳥や蟹の皮となっている(57)。ディクソンによれば、animal disguise は印欧神話に共通するもので、インドネシアにおいても初期のインド文化の影響を受けた所に広がっているという(58)。このことは白鳥処女モチーフがもともとユーラシア起源であること、後に伝播したとおもわれる、インドの最古の散文物語ブラーフマナの一挿話にみられることを考え併せれば一層明確になる。この動物の皮をかぶる変装は、後述する海幸山幸型の神話においても登場し、異族の国へ出かける際の不可欠の装束となっている。この場合変装は、人間の族以外の族が異族の国である地上を、天界あるいは地下界から訪れる際のコスチュームである。羽衣であれ動物の皮であれ、皮をつけている間は異族であり、皮を脱げば人間あるいは人間と同じになるという最も基本的な部分は共通している。

さて、日本神話においては天と地の交流はどのような形であらわれているのであろうか。記紀の古典神話には、かつて天と地の間に自由な交流があったことをうかがわす箇所が断片的に存在する。例えばスサノオの話の中からも、彼が母の国へ行きたいという意志を伝え暇乞いするために姉のアマテラスの所へ昇天したこと、その後乱業がすぎたため高天原から追放され出雲に降ったことで、少なくとも以前には天地の往来があったことが推測される。また書紀本文には「伊弉諾尊《いざなきのみこと》、伊弉冉尊《いざなみのみこと》……共に日神を生みまつる。大日孁貴《おおひるめのむち》と号す……此の子光華明彩、六合《あめつち》の内に照り徹る。故ニ神喜びて曰はく、『吾息多《みこさわ》なれど、未だ此の若く霊異なる児有らず。久しく此の国に留めまつるべからず。自から当に早かに天に送りて、授くるに天上の事を以てすべし。』とのたまう。是の時、天地相去ること未だ遠からず。故天柱を以て天上におくりあぐ。次に月神を生みたまう。其の光彩日に亜げり。以て日に配して治しむべし。故天に送りたまう。」とあり、かつて日本にも天地分離神話が存在したのではないかとの推察の根拠となっている。大林太良氏は「四つの神代」と題する論文の中でこの問題をとりあげ、幾つかの例を引いて、少なくとも降臨以前には天と地即ち高天原と地上との間には自由な交流があり、降臨以降交流が杜絶してしまったと結論づけておられる。(59)氏は、(1)神世七代 (2)天孫降臨 (3)神武天皇 (4)崇神天皇の各々を境とする四つの神代の可能性をあげておられるが、いずれが妥当であるかを別として、日本の古典神話において神代と人代の区別がなされていることは明白な事実である。

以上の考察から、(A)の場合、天地分離神話の第一のテーマは神と人間の分離に他ならないと結論づけることが出来よう。

さてここで天と地の交流の交通手段について若干検討してみたい。インドネシアの分離神話において最も頻繁に出てくるのは、ある種の天まで伸びている木(籐、鎖)である。その他は山であったり虹であったりする。また素材はわからないが一般的に梯子や階段といった表現も多い。

天と地をつなぐ木は、天と地の交流を支える唯一のものであり、楽園神話においてはあらゆる至福の源泉であり、それ故世界の中心に位置する極めて聖なる性格をもつものである。この木の切断、破壊によって楽園は終焉を迎え、人間の苦悩の時代がはじまるのである。我々は天と地の交流を支える木や山や虹に、世界樹や宇宙軸の観念を見い出すことが出来る。この宇宙軸=世界樹は至高神と同一視され、勿論人間の世界=ミクロコスモスにおける諸儀礼の中に繰返し再現されているのである。世界樹、生命の木の観念が最も明瞭な形で見られるのは、ニアス北部、南ボルネオのヌガジュダヤク族、スマトラのトバ・バタック族などの高文化の影響の強い所である。日本神話における世界樹=宇宙軸の観念は、前述した天の御柱の他に、宇宙開闢の時のアシカビやイザナキ・イザナミがオノコロジマを創る時大海をかき廻した瓊矛などにその色彩が認められる。日本神話における、原初葦からウマシアシカビヒコジが生まれたという話は、東南アジアやオセアニア一帯に広く分布し、古層栽培民文化を基盤とする、植物から最初の神や人類が出現したことを伝える神話の類話と考えられる。その素朴な形態と比べて、日本の場合には世界樹的な色彩が濃くなっている。

次に(B)の、天地分離以前の状態を人間にとって非常に不都合な状態ととらえる立場であるが、この場合には天と地があまりに密着しすぎていることに分離の原因がある。この型の神話は、日常生活に支障をきたした人間の側が天を押し上げ追放するところから、沼沢喜市氏の命名である天の追放型の神話と呼ぶことにする。この型に属する典型的な神話は、例えばフィリピンに伝わる次のようなものである。

昔、天は地の上にあつくたれかかり非常に不快であった。人間はまっすぐ立つことも出来ず、仕事もしにくく、米を搗くことも出来なかった。また太陽の熱は耐えられないものであった。そこで一人の老女が米搗き杵で天を打ち、上へ高くのぼってゆくように命令した。その結果、天は今日のような位置になったのである。(60)

フィリピンでは(B)の追放型の天地分離神話が圧倒的に多いが、地域により若干のヴァリエーションがある。北部ルソンのイフガオ族は、天は人を食う食人としてあらわれ、天を押しあげ人間を救ったのは強い力をもつ神である。(61)バゴボ族では、貧しい米搗きの女が登場するが、杵を使わず声だけあげて高くのぼれと命令したり、また巨人や神が天を押し上げている。また異伝に特殊な例として、原初天があまりに低くおおいかぶさっていたため人間はまっすぐ立つことも出来なかったのを、見かねた天の住人が天に呼びかけて現在の位置になったという話がある。(62)

フィリピンの例に限らず、追放型の神話で、杵搗き女や巨人が天を押し上げたという神話はインドネシア各地に見出される。例えば杵搗き女は、ボルネオのダヤク族[63]、セレベスのト・ナプ族[64]、ロティ[65]、フローレス[66]、台湾のパイワン族[67]などの神話に、天地分離巨人は、フローレス[68]、セラムのハトゥオロ族とスサウェレ族[69]、ティモールのベル族[70]、台湾のツォウ族[71]などの神話に登場する。

天と地の分離の推進者が女であること、殊に杵を搗く農業にたずさわる女が特徴的であること、また登場する動物が牛や豚であることなどから、追放型の神話が農耕民文化の産物であることは明らかである。シュミットは天地分離神話を、その濃厚な分布から、東南アジアの非常に未開な農耕民文化に神話の成立基盤を求めた[72]。沼沢喜市氏は更にこの神話に社会制度としての訪問婚の痕跡が認められることを併せ考えて、母権的文化それも原始的農耕文化ではなく父権的文化によって触れられた第二次的母権的農耕文化の産物であると結論された[73]。このように文化史的観点から述べられた諸説にはくいちがいがみられる。しかし諸説を検討してみると、天地分離神話が元来穀物栽培民文化を基盤としているということ、また特に高文化とその周辺地域に分布するということはほぼ一致した見解となっている。先に引用したフロベニウスやシュテーアらの天地分離神話の基本的概念をめぐる諸説はこの神話の高文化的性格を支持していた。ともかくバウマンによる天父地母神話の分布図[74]をみれば一目瞭然であるように、この神話が古代文明起源であって、その影響圏下に伝播していったことはほぼ疑いない。そこで追放型の神話は、こうした高文化的宇宙観の地方的あらわれととったほうがより蓋然性が高いのではなかろうか。いずれにしても天地分離神話の文化史的研究は今後の課題として残された問題である。

天地分離の神話は無論(A)(B)の二つのタイプに集約されるものではなく、視点を変えれば幾つかの異なった分類が可能であることは言うまでもない。例えば原始混沌から天地が分離したことを物語る宇宙開闢神話も一つの天地分離神話であるが、別個に扱った方が理解しやすいと思われた。

死の起源

天と地の分離神話は死の起源神話と密接に結びついている。多くの場合両者は一つながりの神話を構成している。これまでイザナキ・イザナミ神話が結婚↓子供の誕生↓離婚という過程をたどって展開されているのをみてきた。そこで次に死のテーマが続くのもまた物語の必然的な進展と考えられよう。

日本の記紀神話には二つの系統を異にする死の起源神話がある。一つはイザナキ・イザナミ神話の後半の部分、所謂コトドワタシの神話であり、もう一つは日向神話であるコノハナサクヤビメのそれである。

二神の対立

まずコトドワタシ神話をみてみよう。イザナキ、イザナミの両神は黄泉比良坂で千引岩をはさんで睨み合い、イザナミは「汝の国の人草一日に千頭絞り殺さむ。」と呪う。これに対してイザナキは「汝しか為したまわば吾はや一日に千五百産屋たてなむ。」と答えて、イザナミに事戸を渡す(離婚する)。

このような、二神が人間の生死をめぐって対立し、その結果人間の死が始まるという筋をもつ神話を、一般に対立型の死の起源神話と呼んでいる。

日本のコトドワタシ神話と最も良く似た例としてニュージーランドのマオリ族のタネとヒネの神話が広く紹介されているが、インドネシアにおいては良く似ていると思われる例がフィリピンのバゴボ族にある。

バゴボ族の神ルマバットは、一緒に天へ行こうと妹神メブヤンを誘うが断わられる。この後二神は互いに争いはじめる。メブヤンは大きな米搗き臼の上に座って、「私は地下界へ降りて行くつもりだ。ギモクダン（魂の住居）へ降りたら、私はあのレモンの木をゆさぶる。ゆさぶる度に地上の人間は死ぬであろう。もし青い実が落ちたらその人間は若死であろう。」と言う。そして彼女は米が一杯入ったボウルを取り上げて、人間の死すべき運命の印として臼の中に米を注ぐ。臼は回転しはじめ、徐々に地中に沈んでいった。その時彼女は一握りの米をまき、「私は米粒のように多くの人間を死に至らしめるためこの米を落してゆく。何百人もの人間が地下にくるであろうが、誰も天へのぼることはできないであろう。」と言って地上から姿を消した。(75)

この神話は男女二神が対立し、その対立から人間の死が生じ、女神は地下界に行き死の国の主となるという点で、日本神話と基本的構成を同じくする。また口論の要素はないが、二神のある種の対立から人間の死が生じたとする話が南東部ボルネオに多くあり、大抵は次のような筋になっている。ある神が人間を型取った像を作り、それに与える不死の生命を天界に探しに行った。ところがその間に別の神がやってきて像に息を吹きこんでしまった。戻ってきた最初の神は怒って不死の生命を与えることをやめてしまい、その結果人間の生命は息のようにはかない限りあるものになってしまった。(76)

人間が風や息から生命を獲得したという話だけとれば、どこにでもあるごく一般的な人類起源神話の一モチーフである。

大林太良氏によれば、対立型の死の起源神話の分布は、一方は北アジアから北米の採集狩猟民、さらに南米の南端ティエラ・デル・フェゴ島まで、他方は東南アジアからオーストラリア東南部にまで及ぶ世界的な分布をもつという。そして日本のコトドワタシ神話は、中でも北アジアからアメリカにかけて分布するものにより近く、中国の中南部あたりから日本へ入ってきたものであろうと結論しておられる。(77)

バナナタイプ

次に日本神話にあらわれた二つめの死の起源神話、コノハナサクヤビメ神話であるが、これは一般にバナナタイプと呼ばれる死の起源神話に属している。インドネシアに色濃くみられる死の起源神話もこのバナナタイプの神話である。

コノハナサクヤビメの神話は周知の如く、天孫のニニギノミコトがオオヤマツミの娘コノハナサクヤビメと結婚する時、一緒に送られた姉のイワナガヒメが醜くかったので送り返し、コノハナサクヤビメ一人を妻としたため、以後御子の命は石の如く不動のものになるところを、木の葉のようにもろくはかないものになってしまったという話である。この神話は後述する海幸山幸神話とともに天孫降臨以後の所謂日向神話に属する。日向神話は従来よりことにインドネシアと密接な関係をもつ神話として位置づけられており、日本神話とインドネシア神話の比較研究上重要な素材を提供している。

バナナタイプと呼ばれる死の起源神話は、人間が神から与えられた食物である石とバナナのうちバナナの方を選んだという筋を基調とする、人間の誤った選択に原因を置く死の起源神話である。東南アジアからニューギニアにかけて広く分布するものであるが、特にインドネシアに濃厚で、セレベスのトラジャ族[78]、ニアス[79]、メンタウェイ[80]などにみられる。

特にバナナが問題となっていて他の栽培植物が登場しないところから、バナナタイプの神話は元来東南アジアの果樹のみを栽培する古層栽培民文化を基盤としていたと推定される。さらにこの神話を東南アジア起源とする他の有力な根拠がある。それはニニギから純潔を疑われたコノハナサクヤビメが、身の証をたてるため産屋に火をかけて出産したことに関連する習俗の比較民族学的考察によるものである。産屋と火が結びつく習俗は、東南アジア一帯に分布するマザー・ロースティングと呼ばれる産婦の近くに火をおこす習俗、あるいは日本や沖縄の別火の習俗と恐らく関係すると考えられるからである。

さてバナナモチーフは、他のタイプの死の起源神話——脱皮モチーフや伝令の言い誤りのモチーフと混交していることも多い。脱皮モチーフは例えばセレベスのトラジャ族の神話に出てくる。

人間は以前年をとると脱皮して若返り、死ぬことがなかった。ある時一人の老女が河で脱皮をしていると、一人の男が通りかかり、その異常な光景に叫び声をあげた。女は驚いてしまって脱皮を完了することが出来なかった。そのため人間は以後死ぬようになった[81]。

異伝ではバナナモチーフとの混交がみられる。

かつて一人の老女が脱皮をした。彼女の娘はまるで母親が死んでしまったかのように悲しんだ。老女は、「生きたい。生きたい。石のように生きたい。」と言った。しかし若者は、「死ぬのを悲しんではいけない。もし人間が死ななかったら世界は一杯になってしまう。我々は生きたい生きたい、バナナのように生きたいと言わねばならない。何故ならその子供は親にとって代るから。」と言った[82]。

また両者の混交形態としてメンタウェイには、バナナとエビを食べるのに順序をまちがえて先にバナナを食べてしまったので、エビのように脱皮することによって不死を得ることが出来なくなったと伝える神話がある。(83) 脱皮モチーフではエビや蛇が脱皮の能力をもつ代表的な動物として不死の象徴として繰返し登場する。逆にバナナは実を結んだ後その茎は枯れてしまう。つまり子は親にとって代るので、死の象徴とみなされるのである。

古代的思考においては、死ははじめから人間の運命として、つまり所与のものとしては考えられていなかった。このことはバナナモチーフや脱皮モチーフが典型的楽園神話の中にしばしば現われ、神と人との自由な交流のあった不死の黄金時代が、人間のエラーがもたらした死の導入によって終りをつげるという話を構成していることにもうかがえる。プロイスはその著『死の神話』において、「自然民族にとって死の導入は一つの罪としてではなく、例えば創造神の変心或いは偶発的事件や欺瞞や人間の無分別な言行の結果として生ずるのが普通である」と述べている。(84) しかし人間がもし永久に死ぬことがなかったら地上は人であふれてしまうから、やはり人間が死なねばならないという説明がなされているように、死の契機は何であれ、神話の中に、人間に与えられた運命を合理化しようとする志向性がみられる。

フィリピンのバゴボ族の神話は前述したように、天地分離神話であるとともに死の起源神話であった。そしてさらに人間の生殖のはじまりを物語る神話でもあるのだ。バゴボ族の神話では、天の神が遠ざかってから地上に子供が生まれはじめる。(85) また先に異伝として、かつて太陽は非常に低い位置にあったが空高く昇っていってから老女が子供を生みはじめたという話をあげた。これらはほんの一例であるが、神話の中に死の起源と生殖の起源の話がパラレルに存在するかたちは世界的に広く分布する普遍的なものである。日本のイザナキ・イザナミ神話においても両神の媾合と火の神の誕生によるイザナミの死とが結びついており、やはり死とセックスとがワンセットになっているとみなして良い。性的行動と死とが一種の相関関係にあることは、既にプロイスやイエンゼンが指摘したところである(86)。生殖とはつきるところまさに人間の実在の基盤そのものであり、それ故アダムとイヴの話に典型的なように神と人とを分かつ契機となるのであろう。従って死の導入は生殖の機能と表裏の関係にあり、人間が人間たりうる基盤=生殖を承認することは死すべき運命を不可避のものとして受け入れざるをえないということとイコールになるのである。このことが多くの神話の中に人間の死に対する肯定的な要素が認められる由縁だといえよう。

ここで一つ付け加えたいのは、死とセックスの起源はさらに作物の起源と関連し、三つでしばしばワンセットの神話になっているということである。日本神話ではイザナミの死により誕生した火の神カグツチの子ワカミムスビから五穀が生じた話がこれにあたる。神の死体の各部分からさまざまの有用植物が生じたとする死体化生モチーフが、他にウケモチやオオゲツヒメの神話においても現われていることは改めて言うまでもない。インドネシアは東部インドネシアセラム島のハイヌヴェレ神話(87)に代表されるように、こうした死体化生モチーフをもった作物起源神話が最も典型的かつ濃厚にみられる地域である。ハイヌヴェレ型の作物起源神話の他の分布地域がメラネシアや南米であることと、前述した火が元来神（女神）や動物の体内にあったとする神話の分布地域を考え併せれば、系統論的にはこれらの神話は熱帯のイモ類・果樹栽培民文化層に基盤をおいていると推定される。バナナモチーフの死の起源神話も、その担い手はバナナナ栽培を特徴とする古層果樹栽培民と考えられる。こうした文化的基盤の一致は、死と生殖と作物の起源がワンセットの神話として登場するのと対応している。しかしここで問題になるのは日本神話において死体から化生するのはイモ類ではなく穀物であり、死の起源神話においても登場するのはバナナではなくコノハナである。基本的にはインドネシアの神話と同一の類型と考えられながらも、こうした部分的変形はどのような経路をたどって、誰によって日本にもたらされたかが問題になる。現在のところ多くの学者のほぼ一致した見解として、九州南部の住民であった隼人が伝承者と推定されている。

海幸・山幸

コノハナサクヤビメがニニギノミコトと一夜婚して生んだのがホデリノミコトとホオリノミコトであった。代表的日向神話である海幸山幸神話は、コノハナサクヤビメの子ホデリ（海幸彦）とホオリ（山幸彦）の物語である。ホオリは後に海神の娘トヨタマヒメと結婚しており、厳密にいうと日本の海幸山幸神話は、前半の〈失われた釣針〉、と後半の〈トヨタマヒメ〉という二つの別の話からなる複合神話である。前半の失った釣針を海底に探しに行くという型の神話は広く南洋に分布するものであり、特にインドネシアに類話が多い。但し後に例をあげるごとく、インドネシアの場合失われたものを探しに行く異族の世界は海底のみでなく地下界である例がかなりみられ、従来のタームを用いれば海洋型と陸上型という二つのタイプの神話が区別される。

海幸山幸神話の構成は次のようなものである。弟が兄から釣針を借りる。しかし漁に失敗し釣針を失ってしまう。兄は別のものでは駄目でどうしても最初の貸したものを返せと命令する。そこで弟は失ったものを異族の国（海底）へ探しに行く。異族の国で首尾よく釣針をとり戻し、海神の娘と結婚する。その後異族の国で霊力を得て自国へ戻り、意地悪をした兄に復讐する。これが前半の失われた釣針の話である。その弟が結婚した海神の娘はトヨタマヒメである。トヨタマヒメ神話はこの結婚譚に更に離婚譚が加わって成立している。即ち弟神が帰国する時既にトヨタマヒメは妊娠しており、海辺に産屋を建てて御子を出産する。この時ヒメは決して自分の姿を見てくれるなと夫に言明して産屋に入った。しかし好奇心にかられた山幸彦が、妻がワニの姿で出産する有様をのぞき見てしまったため、怒ったトヨタマヒメは御子を置いて海中に去っていってしまう。

まず海洋型で、日本の海幸山幸神話と最も類似するのはケイの次の神話である。

天界に三人の兄弟と二人の姉妹がいた。末の弟のパルパラは、ある日釣りをしていて長兄のヒアンから借りた釣針を失くしてしまう。怒った長兄は必ず見つけてこいと命令する。そこでパルパラは舟に乗り雲の海をわけて探しに出かける。キリボバンという名の魚の助けを得て、喉に針がひっかかって病気になっている魚を発見し、失くした釣針を取り戻す。しかしパルパラは兄に対して復讐を企て、竹筒に自分のヤシ酒を満たして、兄のベッドに彼が起きたら必ずひっくりかえすように固定した。案の定兄は器をひっくりかえし、パルパラはこぼした酒を戻してくれと要求する。ヒアンの努力は徒労に終るが、その努力の結果、大地に天界を抜ける深い穴が掘られた。……三人の兄弟と一人の妹と四匹の犬がその穴を降りて行き、下の世界を発見、人類の始祖となった。(89)

セレベスのミナハサにも類話がある。(90)

陸上型の神話は次のセレベスのトラジャ族の神話にみられる。

七人の兄弟がいた。彼らが炙って置いておいた豚肉が何者かに盗まれてしまった。末弟は盗人に槍を突き刺すのに成功するが、槍は逃げた盗人の体に突き刺さったまま消えてしまった。その槍は祖父のものであったため、祖父は怒って皆に探しに行くよう命じた。兄弟達は盗人がいつも現われる地下の大穴に降ってゆくが、真暗闇のため六人の兄達は恐がってしまい、末弟のみが底にたどりついた。そこは地下界であった。彼は町を発見し、そこで地下界の主が槍で傷ついて苦しんでいるのをみつけた。彼は主を殺し槍を取り戻して急いで元の場所へ引きかえした。途中七人の美しい娘に会い、上界へ連れていってくれるよう頼まれる。七人の娘達は七人の兄弟のそれぞれの妻となった。(91)

同じく陸上型ではあるが探索のモチーフのない異伝がセレベスのパジャピ族にある。(92) この神話では兄妹が対立し、それぞれ利口な狩猟犬、カゴ一杯の魚をとる鷹を宝としている。また二者の対立はないがハルマヘラのガレラに類話がある。

昔、野豚に荒らされるのを防ぐため、常に自分の畑を見張っていた男がいた。ある夜野豚に自分の槍を投げて傷を負わせた。翌日後を追い、岩の深いわれ目にその跡を見つけ、地中に入って行った。すると最後に見知らぬ町中に出て、一軒の家にたどりついた。家の戸には槍がたてかけられており、中からは泣声が聞こえた。一人の男が戸口から現われ、彼に何をしに来たのかと尋ねた。彼が事情を話すと、その家の主人は、「私の娘が槍で傷ついている。おまえは彼女を治し、傷が良くなったら結婚すべきだ。」と言った。この地下界の人々は地上の畑を荒しに行く時は豚の皮をかぶって変装するという。このことを知った彼は、娘と結婚し、自分も変装して時々地上の自分の町を訪れた。結婚して三月程たったある日、地下界の人々と一緒に皮をかぶって地上に出た。この時約束通り訓戒を守ると、もとの人間の姿に戻ることが出来、畑を荒しに来る野豚を追いかえす方法も知った。だ

がそのかわり二度と再び地下界の妻の姿をみることが出来なくなった。(93)

失われた釣針型の神話の構成をみてみると、まず兄と弟、海と山あるいは地上と地下といった対立や双分がある。そして最初いじめられる弱者の立場にあった弟が、霊力を得て復讐する強者になるという変身があり逆転がある。更に異族である動物の世界との微妙な交流というように、日本の古典神話の中にあって、この海幸山幸神話はきわめてナチュラルな典型的物語的パターンをもっているといえよう。

さて、陸上型のハルマヘラの神話は大変興味深いもので、この話の後半は異族の娘との結婚、そして約束事を媒介とした夫婦の別離という点でトヨタマヒメ神話と類似する。そして前に白鳥処女モチーフの中で取り上げた、異族の国を訪れる際のコスチュームとしての動物の偽装のテーマが明確にあらわれている。このハルマヘラの神話でもそうであるが、異族の女との結婚によって主人公である人間が霊力を獲得するという話は、海幸山幸型神話に共通してみられるものである。この話は別の表現をすれば、異族の女との結婚による致富譚ということになる。いずれにしても、海幸山幸型神話は人間と動物（異族）との交流を基本軸として展開しているのである。

後半のトヨタマヒメ神話であるが、この話はイザナキ・イザナミ神話において、イザナキが黄泉国で妻の姿を盗み見たことと同一の範疇に属するもので、禁室型と従来称されている神話である。日本のそれのように、見てはならないものを見てしまったことからくる夫婦別れのテーマを含む型は、これまでのところ知られていない。多少似たものがハルマヘラの神話の他、マライ半島で採集された話(94)に見られる程度で、かなり特殊なものとなっている。

海幸山幸型の神話の分布をみてみると、インドネシア以外では、中国、朝鮮、東南アジア特にインドシナやオセアニアに分布し、更に北アメリカインディアンにも知られ、太平洋周辺地域に広く流布している。大林太良氏は比較神話学的研究から、中国で特に類話の多い楊子江流域から東南海岸にかけての地帯で発達した諸モチーフが、一方は朝鮮や日本へ、他方は東南アジアやオセアニアへ拡がっていったのではないかと結論づけておられる。(95) 松本信広氏も同様の見解をとっておられるが、氏は旧アジア文明との連関を示す材料として、北アメリカインディアンに分布する海幸山幸型神話に注目されている。(96)日本における海幸山幸型神話の担い手は、ホデリが書紀に「その苗裔は隼人なり」と記され、また実際に姓氏録にその名があることなどから例証されるように、南九州の海洋民族である隼人であったとの解釈が定着している。そして隼人族が南島語族の分派であるインドネシア語族に属するという説が有力であるところからも、日向神話とインドネシアとの親縁関係はより一層明確となる。海幸山幸型の神話は、元来南九州の異種族であった隼人族が持っていた芸能・隼人舞の起源神話であって、これが後に宮廷で演じられるようになってから記紀神話の中に組み入れられたものと推定されている。

終りに

以上述べてきたことから、日本神話の諸モチーフがインドネシアのそれと深い親縁関係にあることは明白であるが、当然のことながら系譜的にたどれない、あるいは伝播経路のはっきりしない点が多々あった。

中でも特にコトドワタシ神話や海幸山幸神話では、本稿で取り上げることの出来なかったイザナキ・イザナミ神話における呪的逃走モチーフや冥界訪問のモチーフとともに、中国の西南部が伝播の分岐点として想定されながらも推測の域を出ないでいる。この地域の神話が一層明確になることが第一に望まれるところである。更に中国南部の神話は、イザナキ・イザナミ神話の国生みや天地分離その他の高文化的要素を考えた時重要な例証となってくる。本稿で繰返し述べた如く、日本神話における高文化的要素は今後追求さるべき重要な課題と思われ、その際個々のモチーフとは別に、より巨視的な観点から日本神話を位置づけること、いわば枠組を問題にしてゆくことが必要となることは言うまでもない。本稿では紙数の関係上出雲神話を省略したが、そのうち所謂ヤマタノオロチの神話は中国の南部からインドネシアにかけて類話が多い。またスクナヒコナ神話にみられる天鳥船の観念や方舟漂流譚も、東南アジア、インドネシア、オセアニアにかけて分布するモチーフの異伝と考えられる。こうした日本神話の複雑多岐な重層性を、枠組と個々の要素とを平行しておさえながら実証的に解明してゆくことが今後に残されている。

(1) Baumann, H., 1955, Das Doppelte Geschlecht. Berlin
(2) Dixon, R. B., 1964, Oceanic (The Mythology of All Races, vol. 9) Boston.
(3) Dixon, ibid : 156
(4) オノコロジマ生成をめぐる解釈については、大林太良、一九六一年の『日本神話の起源』(角川新書)六四～八七頁が詳しい。
(5) Shärer, H., 1946, Die Gottesidee der Ngadju Dajak in Süd-Borneo. Leiden, 7, 68

(6) Dixon, ibid: 157-158

(7) Münsterberger, W., 1939, Ethnologische Studien an Indonesischen Schöpfungsmythen. Haag. 50, 64-67, 77-78
Dixon, ibid: 161-163

(8) Vroklage, B., 1953, Ethnographie der Belu in Zentral-Timor II. Leiden. 141, 145

(9) Walk, L., 1949, Das Flut-Geschwisterpaar als Ur- und Stammelternpaar der Menschheit, Wien, 63

(10) Dixon, ibid: 157-158

(11) Evans, I. H. N., 1953, The Religion of the Tempasuk Dusuns of North-Borneo. 379-383

(12) 松本信広　一九七〇年『日本神話の研究』平凡社　一八一～一八七頁
松村武雄　一九五五年『日本神話の研究』第二巻　培風館　二三二頁

(13) 中山太郎　一九三〇年「物の周りを廻る民俗」『日本民族学神事篇』三六六頁

(14) ナウマン・ネリー　一九七一年　藤本淳雄訳「天の御柱と八尋殿についての一考察」『民族学研究』三六ノ三　一九四～二〇二頁

(15) Frobenius, L., 1923, Vom Kulturreich des Festlandes. Berlin, 87-91

(16) Walk, L., 1949　参照

(17) 例えば松本信広　一九七〇年「蛭児と日女」前掲書、福島秋穂　一九六九年「ヒルコ神話をめぐって」『日本神話』有精堂等

(18) 日本神話においても紀の一書に、イザナキ・イザナミが鶺鴒の交尾から性交を習ったと記されている。人祖が鳥や小動物から性交を習うという話は、沖縄・台湾・東南アジア、インドネシアにおいては北ボルネオ・セレベス・フローレス・ソロー諸島と広い分布を示す。Walk 前掲書参照

(19) Walk, ibid: 86

(20) 佐山融吉・大西吉寿　一九二三年『生蕃伝説集』台北　一二一～一二三頁

(21) Walk, ibid: 96

(22) Dixon, ibid: 158-159, 176
(23) Dixon, ibid: 166
(24) Dixon, ibid: 170-172
(25) 岡正雄　一九五八年『日本民族の起源』平凡社　四五頁
(26) 松村武雄　前掲書、沼沢喜市　一九六五年「南方系文化としての神話」『国文学解釈と鑑賞』三〇巻一一号、同一九六七年「天地分るる神話の文化史的背景」『現代のエスプリー神話』一二一
(27) Röder, J., 1948, Alahatala: die Religion der Inlandstämme Mittelcerams. 76
(28) Fischer, H. Th., 1932, Indonesische Paradiesmythen. in: Z. f. Ethnology, LXIV
(29) Raats, P. J., 1969, A Structural Study of Bagobo Myths and Rites. この本をはじめ、大林太良氏より多くの資料の提供を受けた。ここに深く感謝する次第である。
(30) Frazer, J. G., 1930, Myths of the Origin of Fire. 93
(31) Frazer, ibid: 94
(32) Chatelin, L. N. H. A., 1880, Godsdienst en Bijgeloof der Niassers. in: Tijdschrift voor Indische Taal-, Land-en Volkenkunde, XXVI, 132
(33) 大林太良　一九七〇年「日本神話の比較民族学的考察―火の起源の神話を中心として―」『日本神話』有精堂　二四頁
(34) バシュラール・ガストン　一九六九年『火の精神分析』（前田耕作訳）せりか書房　四七～七四頁
(35) 松本信広　前掲書　一八八～一八九頁
(36) Dixon, ibid: 157
(37) Staudacher, W., 1942, Die Trennung von Himmel und Erde. Tübingen.
(38) Frobenius, L., 1904, Das Zeitalter des Sonnengottes. Berlin. 335-342
(39) Stöhr, W., 1965, Die Religionen Indonesiens (Die Religionen der Menschheit, 5. 1), 151-153
(40) Fischer, ibid: 204-205, 230-235

(41) Stöhr, ibid : 153

(42) Fischer, ibid : 208, 211, 213

(43) Fischer, ibid : 207-230

(44) Graafland, N., 1898, De Minahassa, 256-257

(45) 松本信広　前掲書　一二〇頁、大林太良編一九七二年『シンポジウム　国生み神話』学生社　二二七～二三〇頁　等

(46) Baumann, ibid : 参照

(47) Rassers, W. H., 1959, Panji, the Culture Here : a Structural Study of Religion on Java, Haag.（英訳版）参照

(48) マハタラは天上界の男神、ジャタは地下界の女神として別個の性格をもった二神としてあらわれるばかりでなく、しばしば二神は統合され、全体的神性として登場する。Schärer, H., 1963, Ngaju Religion : the conception of god among South Borneo. Haag.（英訳版）参照

(49) シレウェは、万物の創造神で天上界の神、善神であるロワランギ（兄）と、地下界の神で悪神であるラトゥレダニュ（弟）双方の妹で、ロワランギの妻である。彼女は地上で最初の高位の司祭であり、ひとり宇宙の秩序と全体性を回復することが出来る。また同時に彼女はトリックスターの性格を強くもち、ニアス宗教のトータルでアンビヴァレントな性格を代表している。Peter, Suzuki., 1959, The Religious System and Culture of Nias Indonesia. 参照

(50) 一九二五年から一九四五年頃にかけての Rassers, Schärer, van Wouden, Jong らによる神話・宗教・世界観の研究。馬淵東一　一九六九年「インドネシア慣習法共同体の諸様相」『インドネシアの社会構造』（岸・馬淵編）アジア経済研究所を参照すると良い。

(51) 大林太良　一九七一年「古代日本における分類の論理」『理想』四五三号　一六～三一頁、同一九七二年「日本神話における分類の論理」『国文学解釈と鑑賞』四六〇号　九〇～九六頁

(52) van Wouden, F. A. E., 1968, Types of Social Structure in Eastern Indonesia. Haag（英訳版）参照

(53) Fischer, ibid : 213-214

(54) Fischer, ibid : 215

(55) Dixon, ibid：207-208
(56) 中島悦次　一九四二年『大東亜神話』正統社　二四一～二四二頁
(57) Dixon, ibid：206
(58) Dixon, ibid：209-210
(59) 大林太良　一九七三年「四つの神代」『日本書紀研究』第七号　塙書房
(60) Fischer, ibid：221
(61) Fischer, ibid：221
(62) Raats, ibid：8
(63) Fischer, ibid：218, 220
(64) Fischer, ibid：210
(65) Fischer, ibid：228
(66) Fischer, ibid：227
(67) 佐山融吉・大西吉寿　前掲書　三五頁
(68) Fischer, ibid：227
(69) Röder, ibid：77, 78
(70) Vroklage, ibid：129, 142
(71) 佐山融吉・大西吉寿　前掲書　三四頁
(72) シュミット・ヴィルヘルム　一九六二年　山田隆治訳『母権』南山大学選書2　四四～四六頁
(73) 沼沢喜市　一九六五年　前掲書　一五～一八頁
(74) Baumann, ibid：附図参照
(75) Raats, ibid. 24-25
(76) Dixon, ibid：169-170, 173-174

(77) 大林太良　一九六一年　前掲書　九八頁
(78) Fischer, ibid : 207, 214
(79) Fischer, ibid : 223
(80) Fischer, ibid : 224-225
(81) Fischer, ibid : 214
(82) Fischer, ibid : 213
(83) Fiscehr, ibid : 225
(84) プロイス　一九六六年　加治明訳「死の神話」『現代のエスプリ――神話』一二、一三頁
(85) Raats, ibid : 10
(86) プロイス　前掲書　一三一～一三六頁、イェンゼン　一九六三年　大林太良・鈴木満男訳『民族学入門』社会思想社　七九～八〇頁
(87) Jensen, Ad. E., 1963, Prometheus-und Hainuwele-Mythologem. in : Anthropos, 58, 178
(88) Jensen, Ad. E., 1949, Das Religiöse Weltbild einen Frühen Kultur. Stuttgart
(89) Dixon, ibid: 156-157
(90) 松本信広　前掲書　六〇～六一頁
(91) Dixon, ibid : 214-215
(92) Clifton, V., 1927, Islands of Queen Wilhelmina. London. 209-210
(93) Dixon, ibid : 213-214
(94) 松本信広　前掲書　七三～七五頁
(95) 大林太良　一九六六年「比較神話学からみた日本神話―海幸山幸を中心に―」『講座日本文学1　上代編I』三省堂　一六八頁
(96) 松本信広　前掲書　七七頁

（参考文献）

バシュラール・ガストン　一九六五年『火の精神分析』（前田耕作訳）　せりか書房　東京

Baumann, H., 1955, Das Doppelte Geschlecht. Berlin

Chatelin, L. N. H. A., 1880, Godsdienst en Bijgeloof der Niassers. in: Tijdschrift voor Indische Taal-, Land-en Volken-Kunde. XXVI.

Clifton, V., 1927, Islands of Queen Wilhelmina. London

Dixon, R. B., 1964, Oceanic (The Mythology of All Races, vol. 9), Boston

エリアーデ・ミルチャ　一九六八年『大地・農耕・女性』（堀一郎訳）　未来社　東京

Evans, I. H. N., 1953, The Religion of the Tempasuk Dusuns of North Borneo.

Fischer, H. Th., 1932, Indonesische Paradiesmythen. in: Z. f. Ethnology, LXIV.

Frazer, J. G., 1930, Myths of the Origin of Fire. London

Frobenius, L., 1904, Das Zeitalter des Sonnengottes. Berlin 1923 Vom Kluturreich des Festlandes. Berlin

Graafland, N., 1898, De Minahassa. Batavia

Jensen, Ad. E., 1949, Das Religiöse Weltbild einer Fruhen Kurtur. 1963, Prometheus-und Hainuwele-Mythologem. in: Anthropos, 58. Wien

Jonker, J. C. G., 1905, Rottineesche Verhalen. in: Bijdragen Tot de Taal-, Land- en Volkenkunde.

松本信広　一九五六年『日本の神話』　至文堂　東京

　一九七一年『日本神話の研究』（東洋文庫一八〇）　平凡社　東京

松村武雄　一九五五年『日本神話の研究』第二巻　培風館　東京

Münsterbergar, W., 1939, Ethnologische Studien an Indonesischen Shöpfungsmythen. Haag

中島悦次　一九四二年『大東亜神話』　統正社　東京

中山太郎　一九三〇年「物の周りを廻る民俗」『日本民俗学神事篇』

ナウマン・ネリー　一九七一年「天の御柱についての一考察」（藤本淳雄訳）『民族学研究』三六ノ三

沼沢喜市　一九六五年「南方系文化としての神話」『国文学解釈と鑑賞』三〇巻一一号

　　　　　一九六七年「天地分るる神話の文化史的背景」『現代のエスプリ―神話』一二一　至文堂　東京

大林太良　一九六一年『日本神話の起源』（角川新書）　東京

　　　　　一九六六年「比較神話学からみた日本神話―海幸山幸を中心に―」『講座日本文学１　上代編Ｉ』三省堂　東京

　　　　　一九七〇年「日本神話の比較民族学的考察―火の起源の神話を中心として―」『日本神話』（日本文学研究資料叢書）有精堂　東京

――編　一九七二年『シンポジウム　国生み神話』学生社　東京

　　　　　一九七三年「四つの神代」『日本書紀研究』第七号　塙書房　東京

岡　正雄　一九五八年『日本民族の起源』　平凡社　東京

プロイス　一九六六年「死の神話」（加治明訳）『現代のエスプリ―神話』一二一

Raats, p. J., 1969, A Structural Study of Bagobo Myths and Rites. Cebu

Röder, J., 1948, Alahatala : die Religion der Inlandstämme Mittelcerams. Bamberg

佐山融吉・大西吉寿　一九二三年『生蕃伝説集』　台北

関　敬吾　一九五三年『日本昔話集成』二の二　角川書店　東京

Schärer, H., 1949, Die Gottesidee der Ngadju Dajak in Süd-Borneo. Leiden

シュミット・ヴィルヘルム　一九六二年『母権』（山田隆治訳）　南山大学選書　二

Stöhr, W., 1965, Die Religion Indonesiens (Die Religion der Menschheit, Band 5,1). Stuttgart

Tobing, Ph. L., 1956, The Structure of the Toba-Batak Belief in the High God. Amsterdam

Vroklage. B., 1952, Ethnographie der Belu in Zentral-Timor. 3 Bde. Leiden

Walk, L., 1949, Das Flut- Geschwisterpaar als Ur- und Stammelternpaar der Menschheit. Wien

東南アジアの建国神話

生田　滋

はじめに

最近日本神話と世界各地の神話との比較研究がすすみ、それにつれて東南アジア諸国の神話にも注意がはらわれるようになってきた。しかし東南アジア史の研究者としてこれらの研究を読んで気のつくことは、日本神話は『古事記』『日本書紀』『風土記』など八世紀の著作を材料にしているのに対して、東南アジアの神話のほうは多くは十九世紀後半ないしは二十世紀に入ってからおこなわれた民族学的・人類学的調査によって採集されたものを材料としていることである。両者の間には千年以上の時間のへだたりがあり、資料としての性質もまったくことなっている。神話学的な観点からすればいざしらず、歴史学的な立場からすればこうした比較研究はまったく無意味であるといってよい。日本神話と東南アジア諸国の神話を比較研究しようとするならば、まず『古事記』『日本書紀』『風土記』などとほぼ同じ時期に成立した、ほぼ同じ性質の史料との間の比較研究がおこなわれなければならない。

しかしこれには大きな困難がともなう。まず第一に東南アジア諸国で多数作成されていたと思われる貝葉[(1)]や紙に書かれた記録類は、高温多湿の気候条件とたびかさなる戦乱のためにほとんど失なわれ[(2)]、十九世紀以前の筆写にかかわる文書・記録・写本類は数えるほどしか残っていない。これにかわるものとしては四世紀から十四世紀にかけてさかんに作成された、サンスクリットあるいは各地の言語で記された碑文と、中国人[(3)]、アラブ人[(4)]あるいはヨーロッパ人による記録[(5)]がある。しかしこれらにしてもその数は限られたものである。

第二には東南アジア史研究の現段階ではここにあげたさまざまな史料がどのような性質を持ち、利用にあたってどのような注意が必要かというような、歴史学の基礎である史料の批判的研究が決定的にたちおくれていることがあげられる[(6)]。したがって歴史学的な立場から日本神話と東南アジアの神話とを比較研究することは、現段階ではほとんど不可能であるといってもよいのであるが、私はここであえて一つの試みをおこなってみたいと考えている。

周知のように、日本神話は天皇家による国土の支配に正統性を与えるために編纂された国家神話であって、その中核は建国神話[(7)]にあるということができる。ところがさいわいに東南アジアにおいては、『記・紀』とほぼ同様の性質を持つ史料にいくつかの建国神話が記録されており、時代・地域をこえてその変化を追跡することが可能である。そこで私はこの論文で東南アジアの建国神話のいくつかの例を紹介して、日本神話との比較研究をすすめるための材料を提供してみたいと考えているのである。

ここでいう『記・紀』とほぼ同じ性質の史料というのは、いくつかの碑文と歴史書、およびそれに類するヨーロッパ人の記述である。通常これらの史料は歴史的な事実を記録したものとされている。(8) しかし私はそれらが「書く」という神聖な行為(9)によって記録された、一定の「構成」にもとづいて選択された事実の体系であって、それは「読む」ことによって反復することの可能な時間(10)と意味深遠な空間(11)とをもつ一つの神話的世界を形成しているものと考えている。私がこれらの記述をあえて「建国神話」と呼ぶのはこのためである。

なおここであらかじめ二、三の技術的な問題をはっきりさせておきたい。

この論文に現れるさまざまの固有名詞は、それと明示した場合を除いては、すべて実在の地名・人名などとは無関係である。それらはすべて神話的な存在であると考えていただきたい。またこの論文では史料の記述と史実との関係にも一切触れていないこともはっきりさせておきたい。

本文中に引用した史料はほとんどが関係部分の要約であって、それらにはすべて（要約）と明記してある。これは紙面の制約上やむを得ない処置であって、原文とは相当の距離があることを承知しておいていただきたい。にもかかわらずこうした要約を多数挿入したのは、専門家は別として、これらの原文に接することが必ずしも容易ではないからである。また考証の過程なども細部はほとんど省略し、関係ある問題への言及も最小限度にとどめた。

この論文では東南アジアの中でも、わが国と同じく中国文明の影響を受けて発展して来たベトナムの建国神話は一応除外してある。これは私自身にベトナムに関する知識が乏しいためであるが、また松本信広氏などの業績を通じてそれに接することが比較的容易なためでもある。(12) またビルマ・タイ・フィリッピンおよびジャワ・スマトラ以外のインドネシアの建国神話もさまざまな理由から除外したことを御詫びしたい。

固有名詞はカタカナで書くと長くなってしまい、一般の読者には繁雑なので、いくつもの名前のある場合は便宜上もっとも短い名前を用い、また称号の類は特に必要な場合を除いては一切省略した。また注には史料の引用に関する場合を除いては一般の読者が参考にすることのできる、手に入りやすい文献をあげてある。さらに専門的な知識をもとめられる方は、それらの参考書の引用文献目録を参照していただきたい。

一、『梁書』「扶南伝」

唐の姚思廉が六二九年に勅命を受けて編纂した、中国の南北朝時代の南朝の一つ梁（五〇二〜五七）の正史『梁書』の巻五四・列伝四八は「海南伝」・「東夷伝」・「西北諸戎伝」の三つの部分にわかれている。最初の「海南伝」は中国の正史としてはじめて東南アジア・インドの諸国を包括的に記述したもので、[13]序文に続いて、林邑・扶南・盤盤・丹丹・于陁利・狼牙脩・婆利・中天竺・師子の九カ国に関する記述があり（それぞれ「——伝」と呼ばれる）、中天竺・師子国を除く七カ国はすべて東南アジアの諸国である。[14]各国の記述に長短はあるが、いずれも当時の知識にもとづく地理的・歴史的な記事と、中国との交渉に関する記事とを含んでいる。

東南アジアにおいて国家の形成がどのようにしてはじまったかという問題はまだ充分には解明されていない。紀元前二・一世紀ごろにはじまった中国文明の影響、紀元一世紀ごろからはじまったインド文明の影響が強い刺激を与えたことは事実であるが、必ずしもそれだけですべてが説明できるわけではない。[15] いずれにせよ今日知られているかぎり東南アジアでもっとも古く成立した王国は、紀元二世紀のはじめにメコン河下流の地域に成立した扶南王国である。[16] この「扶南」に対応する原語は確認されていないが、現在のカンボジャ語で「山」を意味する「プノム」に対応するモン・クメール系の言語の一単語であったとされている。[17] したがって扶南王国というのは「山の王国」という意味である。この王国はインド、中国およびインドネシア方面をむすぶ交通路の要衝に位置していたために貿易の中心地として繁栄し、たちまち勢力を拡大して、周辺の諸国を支配するようになった。[18]

この扶南王国とならんで、現在の南ベトナムの海岸地帯に、はじめ中国文明、のちにインド文明の影響を受けて成立した林邑王国があった。[19] この王国はのちにチャムパという名称で知られるようになる。このほかマレー半島およびインドネシアの各地でもこれと平行して国家の成立が進んでいた。

次に掲げるのは『梁書』「扶南伝」の中の扶南の建国に関する記述である。

「扶南国の風俗はもと裸体で、頭髪で身体をかくし、衣裳を作らなかった。〔その国は〕女性を王としていた。彼女は柳葉と呼ばれ、年若く、壮健で、男子に似たところがあった。その南に徼国という国があり、鬼神につかえる混塡という者がいた。ある時、彼は神から弓を授けられ、商人の船に乗って航海に出たという夢を見た。翌朝起床して神廟に詣でてみると、はたして神木の下で神弓を得た。そこで、彼は夢〔のお告げ〕に従って船に乗り、航海に出た。彼がとうとう扶南の海岸の町に到着すると、柳葉の部下は彼の船を見つけてこれを拿捕しようとした。

そこで混塡は神弓を張ってかれらの船を射たところ、矢は舷側を貫いて彼女の侍者のところに達した。柳葉は大いにおそれ、部下をひきいて混塡に降参した。混塡は柳葉に対して布に穴をあけて貫頭衣を作ることを教えた。人々はもはや肉体を露出することはなくなった。彼はこうしてこの国を支配し、柳葉を妻とした。生まれた〔七人の〕子には七つの町をそれぞれ支配させた。[20]」

この記述は扶南がインド文明の影響のもとに国家を形成した過程を反映する建国神話であると解釈されている。[21] しかしはたしてそうであろうか。

この記述の中心的なテーマは扶南が野蛮な状態を脱して文明の状態に入ったということである。野蛮の状態は柳葉と裸体の人々によって代表され、文明の状態は混塡と衣服とによって代表されている。混塡は文化をもたらした人物すなわち文化英雄として描かれているが、文化英雄としての要素を一応除去して考えてみると、[22] 鬼神につかえる混塡が神命を受け、宝器を携えて海を渡り、扶南にやって来て、その宝器の威力で人々を畏服させ、柳葉と結婚して王位につき、王統を開くという内容を持つ建国神話が浮かび上がって来る。

これと次に掲げる十六世紀の中頃に著わされたマラッカ王国の歴史書『スヂャラ・ムラユ』に記録されているチャムパ王国の建国神話とを比較してみよう。

「昔チャムパ王の王宮のそばに一本の檳榔の木があり、それに大きな蕾がついていた。それがいつまでも開かないので、王は不審に思い、それを摘みとらせてみると、中から美しい男の子が現われた。そして花の萼が宝器のどらとなり、その雄芯が宝剣となった。チャムパ王は彼にパウ・グランという名前を与え、彼が長ずるに及んで娘のパウ・ビアと結婚させた。王が死ぬとパウ・グランがその後をつぎ、大きな都市を建設し、これにヤクと命名した。[23]」

（要約）

この『スヂャラ・ムラユ』の記述ではパウ・グランが檳榔の蕾から生まれたとされ、また宝器のどらと剣とが樹木と関連づけられている。「扶南伝」では混塡は樹木から生まれたとされてはいないが、神聖な樹木の下で神弓という宝器を得たことになっていて、男性と宝器とが樹木に結びつけられ、しかもそれが樹木と関連づけられている点でパウ・グランとの間に類似がみられる。次に混塡の性格を見ると、パウ・グランが植物から誕生した、いわば最初の人類という性格を与えられているのに対して、彼は「鬼神につかえる」とか、神の御告げによって徼国を出発するというように、一見宗教的な性格を与えられている。しかしこれは彼が司祭者的な性格を持っていることを意味しているのではない。「扶南伝」に見える毗騫国[24]に関する記述には、国王について「その王の身長は一丈二尺、頭の長さは三尺である。彼は不老不死で、年齢もわからない。国王は神聖で、国中の人々の善悪や将来をすべて知っている。……国王は常に高楼(ママ)に住んでいて、必ず血を啜ってから鬼神につかえる。国王の子孫の生死は常人と同じで、国王だけが死ぬことがないのである」[25]（要約）と記されている。これと混塡と対比してみると、「鬼神につかえる」という点が共通しており、後者によると、国王は不老不死で、あらゆることを見通すという、人間以上の能力、つまり魔力を持つ存在であって、「鬼神につかえる」ということは、その魔力が霊魂や神々と交感することを意味していると考えられる[26]。

さて混塡は宝器たる神弓を携えて徼国を出発し、海をわたって扶南に来航し、その宝器の威力によって人々を畏服させる。この海は実際の海ではなく、観念的・神話的な海で、また混塡の故国である徼国も観念的・神話的な、いわば「常世の国」であろう。[27] 混塡にはいわゆる「スクナビコナ」型の霊魂の訪問という観念[28]を見ることができるように思われる。

こうして人々を畏服させた混塡はいよいよ柳葉と結婚することになる。この「柳葉[29]」という女性はその名前から考えると、植物から生まれたか、あるいは植物にきわめて関係深い女性であると考えられる。おそらく彼女は植物から誕生した最初の人類であり、同時に植物の女神という形をとる地母神の象徴であろう。[30] パウ・ビアはもちろん彼女の後身にほかならない。[31]「扶南伝」では混塡が王位についた後に女王であった柳葉と結婚することになっているが、これは文飾であって、柳葉はその後身であるパウ・ビアが王女であることに示されているように、女王ではなく、その配偶者を国王とする神秘的な能力を持った女性であったと考えられる。こうして彼は王位につく資格を獲得するのである。この建国神話の背後には、植物から最初の人間が出現し、その男女の結婚から人類が誕生したという内容の人類創造説話があったと思われる。[32]

「扶南伝」では王位についた混塡について、単に国を支配し、生まれた七人の子供に七国をそれぞれ支配させたとしか記されていないが、[33]『スヂャラ・ムラユ』のほうでは、パウ・グランはパウ・ビアと結婚して、大きな都市を建設し、これにヤクと命名したとされている。この都市(＝国家)の建設とその命名ということもこの神話の本質的な部分であったように思われる。この型の建国神話を柳葉＝混塡型と呼ぶことにしたい。

『梁書』「林邑伝」には次のような建国神話が記録されている。

「晉の成帝の咸康三年（三三六）に林邑王の范逸が死亡し、奴〔隷〕(34)の〔范〕文が王位を奪った。彼は元来日南郡西捲県(35)のえびすの長范稚の家奴で、いつも谷川で牛を飼っていた。ある時彼が二匹の鱧魚をとらえたところ、それは鉄の塊になった。そこで彼はそれを用いて刀を鋳造した。彼は大きな岩に向い、「もしこの岩を切り割ることができれば、自分はこの国の王になるだろう」と願をかけて岩に切りつけた。すると岩は藁のようにやすやすと切れてしまった。

彼はいつも主人から商取引のために林邑に派遣されていた。彼はいつも林邑王に宮殿の建築法や、武器・設備の製法などを教えていたので、林邑王のお気に入りとなっていた。彼はやがて国王に讒言して王子たちを国外に追放させた。国王が死ぬと〔国内には〕後継者がいなかったので、〔范〕文は隣国に亡命していた迓王子を毒殺し、国民を脅迫して王位についた。(36)」（要約）

この記述は、范文という賤しい身分の人物が、さまざまな遍歴を経験し、剣という宝器を入手し、やがて前の王統をほろぼして新しい王統をひらいた――と要約することができる。これは単なる国盗り的な説話ではなく、一人の英雄が宝剣の魔力をかりて王を殺害し、王の持つ神秘的な力を奪い取って王位につくという――王殺しを核心とする建国神話であると考えられる。(37)これを范文型の建国神話と呼ぶことにしよう。

『梁書』の記述による限り、柳葉＝混塡型および范文型の建国神話では国王はいずれも遠方からやって来て文化・技術を伝え、その力によって王位につくという、いわば文化英雄として描かれている。これは、姚思廉が、これらの東南アジア諸国はインド文明あるいは中国文明の影響のもとに国家を形成したのだという一種の文化史観にもとづいてかれらのことをこのように記述したのか、[38]あるいは宮廷において建国の始祖とされていた人物に一般人が文化の起源を仮託し、それを通じてかれらを文化英雄と考えていたかの[39]いずれかであって、文化英雄がすなわち建国の始祖であると考えることはできないように思われる。[40]

『南斉書』「林邑伝」にはまた別の型の建国神話が記録されている。すなわち、林邑王范陽邁の出生について、「はじめお産の時、彼の母は人が黄金のむしろで幼児をつつんだ夢を見た。……それによって陽邁と名づけたのである」[41]と記されている。この「陽邁」というのは「黄金の精」という意味で、[42]この記事は、ある人物を黄金製のむしろにつつむという一種の儀礼を通じて「黄金の精」としたことを示している。「黄金の精」とはなにかというと、『南斉書』「林邑伝」に「林邑には金山があり、黄金が液体となって流出している」[43]という記事がある。これは特定の山がなにかを生成する神秘的な力を持っており、黄金はそれによって生み出され、山のもつ神秘的な力を帯びていると考えられていたことを示している。したがって黄金のむしろにつつまれるということは、それを媒介として山の持つ神秘的な生成力を身につけ、それによって国王となる資格を得ることにほかならない。これを便宜上陽邁型の建国神話と呼ぶことにしよう。

以上の三つの型、すなわち柳葉＝混塡型・范文型・陽邁型の建国神話は、いずれも紀元四、五世紀あるいはそれ以前に東南アジア大陸部で行なわれていたものである。『梁書』「海南伝」からは群島部に行なわれていた建国神話を知ることができないのは残念であるが、これらの型の建国神話が当時すでにはじまっていたインド文明の影響のもとにどのような変化をたどったかをまず追跡してみよう。

二、バラモンと龍女

メコン河下流で繁栄を誇っていた扶南王国は六世紀に入って新興のクメール王国によってほろぼされた。クメール王国はトンレ・サップ湖を中心とする地域を支配していたが、七世紀の末になって分裂し、一時はジャワの中部にあったシャイレンドラ王国の侵入を受けたこともあった。この時期の建国神話はシャカ暦[44]五七九（六五八）年にチャムパ王国のプラカーシャダルマ王（在位六五三―六八六頃）[45]が作らせた碑文[46]によって知ることができるが、ここではまずその中にふくまれているクメール王国の建国神話をとりあげてみたい。

「この〔都市の〕雄牛〔のように傑出した〕バラモンのカンウディニャがドロナの息子で有名なバラモンのアシュヴァッターマンから授けられた槍を立てたのは〔この地であった〕。

ここに……の流れを汲む龍の王の娘でソマーという者がいた。彼女はこの地上にその一族を創生し、このすばらしい国を相続して、人間の住む所に住んでいた。雄牛〔のような〕カウンディニャという者は、儀式を完結させるために彼女と結婚した。将来起るであろうことの原因に対する神慮は真に測り難いものがある。この神聖な血統の連綿たる連続による、王たるべき環境の下に生を享けた彼〔バヴァヴァルマン〕は今日に至るまで彼のすぐれた業績によって人々の尊敬の的である」[47]

このクメール王国の建国神話はまた扶南王国の建国神話であると今日一般に認められている。

この内容は、(A)バラモンのカウンディニャが、(B)アシュヴァッターマンから槍を授けられ、(C)龍王の娘ソマーと結婚して王位につき、(D)その血統から新しい王統の創始者バヴァヴァルマンが生まれた――と要約することができる。

バラモンのカウンディニャは『梁書』「扶南伝」に見える僑陳如に比定されている。[48] 同書には「その後の王橋陳如はもと天竺のバラモンであった。彼は『扶南に行って王となれ』という神の御告げを受け、喜び勇んで扶南の南の盤盤国に到着した。扶南の人々はこれを聞き、国を挙げて彼を歓迎し、王に推戴した。彼は制度を改め、天竺の法を用いた[49]」と述べられている。これはカウンディニャの文化英雄としての姿であろう。[50]

この記述の(A)(B)(C)の部分はいわば即位式の形態をとった「建国神話」の記述である。この儀式はドロナの息子の高名なバラモンのアシュヴァッターマンを執行者として行なわれている。彼に関しては九世紀の東インドのパラヴァ朝および南インドのチョーラ朝(八四六頃―一二七九頃)の建国神話との類似が指摘されている。[51] それではアシュヴァッターマン自身と龍女との結婚から王統の伝説的な始祖スカンダシスヤが生まれたことになっている。また別の伝承では龍王の娘と結婚した男性が彼女から神器を授けられたことになっている。この場合もある男性と竜王の娘との結婚から生まれた息子が王朝の始祖となっている。しかしチャムパの場合は、アシュヴァッターマンは王統の始祖ではなく、神器を授けるという、つまり即位式の執行者となっている点が特長的である。

次に神器の「槍」であるが、これは『マヌの法典』に見える、王位の象徴である刑杖に相当するものであろう。[52] 即位式の第一の要素はこの神器がカウンディニャに授けられることである。そして第二の要素はカウンディニャと龍王の娘ソマーとの結婚である。要するにカウンディニャが王位につくためには、アシュヴァッターマンからの神器の授与とソマーとの聖婚という二つの条件が満たされなければならないのである。「ソマー」というのはサンスクリットで「月」という意味である。この龍王の娘、つまりナギ・ソマーをインド系の説話と見るか、あるいは東南アジア固有のものと見るかについては意見が分かれている。(53) いずれにせよここに龍（蛇）―月―女性という観念の結合が見られ、それに対応するバラモン―〔太陽〕―男性という観念の結びつきが想定される。これはあきらかにインド的な観念の所産である。すなわちこのカウンディニャ＝ソマー型の建国神話は一つの宇宙論を背景とし、この結婚は人類の創造になぞらえられる神聖な結婚であったと考えられる。

このカウンディニャ＝ソマー型の建国神話が柳葉＝混塡型の建国神話をインド的な概念を用いて再構成したものであることはあきらかである。鬼神につかえる混塡はバラモンのカウンディニャで置きかえられ、神器の弓は槍で、柳葉はナギ・ソマーで置きかえられている。そのほか、全体の構成がアシュヴァッターマンの執行する儀式の形をとり、また女神との聖婚は、宇宙論的な聖婚とされている。

『梁書』「扶南伝」によると、憍陳如はほぼ三五七年から四五三年までの間の人物として記録されている。おそらくこの時期に憍陳如の活動によって象徴されるインド文明、すなわち宇宙論、王権の概念をふくむ法体系、四姓（バラモン・クシャトリャ・ヴァイシャ・シュードラ）に象徴されるカスト制度を根幹とする社会制度など要するにヒンドゥー教の名のもとに総括される文明の体系が扶南王国に伝えられたものと思われる。(54)

こうしたインド文明を伝えたのはアシュヴァアッターマンに象徴されるインドから渡来したバラモンであろう。かれらは扶南の社会に入り込んで、カスト制度に準拠して自分たちを司祭者たるバラモンとして位置づけ、王および王家をバラモンを祖先とし、戦士たる職能を持つクシャトリャとして位置づけることによって社会体制を確立し、(55)元来国王の職能であった祭祀と軍事・政治とを分離させ、自分たちを祭祀の担当者としてその地位を確立したと思われる。カウンディニャ＝ソマー型の建国神話もおそらく四世紀ないし五世紀前半に柳葉＝混塡型の建国神話がインド的な概念によって再構成されて成立したものと考えられる。

次にこのカウンディニャ＝ソマー型の建国神話をふくむ記述全体の内容を検討してみよう。

(1) 「むかしガンガーラージャという王がいた。彼は王位を捨てることを躊躇していたが、決心してガンジス河に〔巡礼に〕赴いた。

(2) 大洋のように強力なマノラタヴァルマンは、曽孫である娘〔の婿として〕有名なバラモンの息子ルドラヴァルマン王を持っていた。彼の息子はシャムブヴァルマンで、彼はシャムブバドレシュヴァラ(56)の神殿を再建した。彼の息子はカンダルパダルマ王であった。彼の息子はプラバシャダルマであった。彼は世界の幸福の源泉である妹を持っていた。

(3) 〔バラモンの〕サトヤ・カウシカ・スヴァミンが彼女の配偶者となった。二人の間にクシャトリャとバラモンの二重の出自を持つ息子が生まれた。それはバドレシュヴァラヴァルマンで、彼にはアナンガルーパとヴィシュヴァルーパの二人の弟があった。

(4) ある事情でジャッガダルマはバヴァという名前の町(57)〔クメール王国〕に来ていた。

(5) バヴァヴァルマンの出自（前出）。

(6)　バヴァヴァルマンの弟はマヘンドラヴァルマンであった。その息子はイシャナヴァルマン王で、彼の娘はソマー族〔の血統〕に生まれたシャルヴァニーで、彼女はジャッガダルマとの間に一人の息子を得た。
(7)　彼シュリ・チャムパープラ・パラメシュヴァラ・マハラージャ・シュリ・プラカーシャダルマはまたシュリ・ヴィクランタヴァルマンである〔と称した〕。」(58)（要約）

この記述の(1)から(3)まではチャムパ王国の王統を、ガンガーラージャ、マノラタヴァルマン、およびルドラヴァルマンにはじまる王統によって象徴的に示している。(59)(4)ではこの建国神話の主人公ジャッガダルマが登場する。彼と前の王統との直接の関係は明記されておらず、ただ「ある事情のもとに」クメールに赴いたとされている。彼をチャムパの王統に属していると考えることもできるが、後に述べるようにこれと反対の考え方も可能である。(5)、(6)は彼の配偶者であるシャルヴァニーの出自を述べている。(5)の部分、つまり前に述べたクメールおよび扶南の建国神話はその一部をなしている。ここでは彼女は「ソマーの血統を引く」特別な王統に生まれたとされており、血統を通じてソマーの持つ神秘的な能力を受けついでいると意識されていたことを示している。したがってこの記事は(A)チャムパの王統に属するジャッガダルマ王子が、(B)遍歴の末にバヴァの町（クメール王国）にやって来て、(C)「ソマーの血統を引く」王女シャルヴァニーと結婚し、チャムパに帰って王位につき、プラカーシャダルマ王を生んだ——と要約できる。

ここではジャッガダルマ、シャルヴァニーのいずれもが王統の出身とされ、王位につく資格として血統がきわめて重視されている。しかしジャッガダルマの出自がかならずしも明確にされていないことから考えると、元来は、ジャッガダルマが遍歴の途中で、クメールという一種の常世の国に至り、そこで神秘的な女性シャルヴァニーと結婚して王位につく資格を獲得し、やがてチャムパに赴いて王位についたという内容の建国神話であったとも考えられる。(60) これをジャッガダルマ型の建国神話と呼ぶこととしたい。

柳葉＝混塡型とカウンディニャ＝ソマー型との間の関係を念頭において考えてみると、この碑文の記述はこのジャッガダルマ型の建国神話（ないしはそれに近い型）を血統という観念を用いて再構成したものではないかと考えられる。

三、宇宙の帝王・女神・吉祥天

七世紀の末から分裂状態におちいっていたクメール王国は、九世紀に入ってジャヤヴァルマン二世（在位八〇二―五）が新しい王朝を開き、王国の再統一に着手したことによって新しい時代に入った。アンコール・ワットやアンコール・トムなどが建設されたのはこの時代であって、彼の建設した王国はアンコール王国とも呼ばれる。(61) この時期に行なわれた建国神話はシャカ暦八六九（九四八）年の碑文(62)によって知ることができる。

(1) 太陽族と月族との結婚によって良い血統を受けた隠者のカムブ・スヴァヤブヴァは三界の師ハラ〔＝シヴァ〕の媒酌によって天女中の天女メラーと結婚した。

(2) シュリ・カムブの国土をささえて立っている者はシュルタヴァルマンをその始祖とし、彼が最初に貢納の軛を断ち切り、善行の中に喜びを見出し、英雄心を発揮したことを誇りにしている。そのために故アウルヴァは太洋の真只中に身をかくしたのである。

(3) こうして王統がはじまるが、最初に現れたのはカウンディニャとソマーの血統に属するルドラヴァルマンであった。

(4) この血統にジャヤヴァルマン〔二世〕が生まれた。彼はその居をマヘンドラ山の頂上に定め、シュリ・カムブの国をにない、太陽族の保護者として敵を打破った。」(要約)[63]

この碑文の(1)の部分はいわば神々の世界の出来事であり、(2)以下の部分が人間の世界の出来事となっている。(1)の部分は「クメール」という名前の起源を説明するために創作されたものとされているが、[64] この解釈はすくなくとも「カムブ・スヴァヤブヴァ」と「メラー」という名前に限定されるべきであろう。基本的な構成は太陽族と月族の血統を受けた大隠者と天女中の天女とが三界の師ハラ〔シヴァ〕の媒酌によって結婚することによって王統がはじまるというもので、カウンディニャ＝ソマー型の建国神話と同じタイプであって、ただ男性が宝器の所有者ではなく、インド的な観念にもとづいて太陽族・月族の二つの血統の結合から誕生したとされている点がことなっているだけである。この場合カンボジャの王統が太陽族、扶南の流れをひくクメールの王統が月族とされていることはいうまでもない。

次に(2)以下の部分を見ると、シュルタヴアルマンという王朝の始祖が現れるが、彼に関してはなんの説明もない。この点第二節で述べたガンガーラージャと同様である。しかし彼が太陽族の始祖と考えられていることは明らかである。次に現れるルドラヴァルマンは、「ソマーの血統を引く」月族の王と考えられているのであろう。そしてジャヤヴァルマン二世はこの太陽族と月族との結合から生まれたと考えられているようである。そして彼が王位につくためには「マヘンドラ山の頂上に居を定め」ることが必要とされている。要するに全体の構成はまず神々の世界と人間の世界の二重構造になっており、神々の世界ではカウンディニャ＝ソマー型の建国神話の一変型が語られ、一方人間の世界では太陽族の始祖たるシュルタヴァルマンの血統とソマーに源を発する月族のルドラヴァルマンの血統を引く、ジャヤヴァルマン二世が武勇を示したのちにマヘンドラ山の頂上に居を定めて王位についた――と要約できる。神々の世界と人間の世界は相互に対応してはいるが、両者の間には時間的な連続性はない。むしろ平行していると考えたほうがよい。つまりジャヤヴァルマン二世には神性と人間性の二つの性格があり、この神話の二つの世界はこのそれぞれに対応していると考えられる。

この碑文による限り、柳葉あるいはソマーに相当する神秘的な女性は天女メラーとして神々の世界に送りこまれてしまっており、人間の世界で王位につくためには、聖婚の代りに「マヘンドラ山の頂上に居を定める」ことが必要とされている。ここでいうマヘンドラ山とは実際にはプノム・クレン山をさすのであるが、「マヘンドラ山」というのは南インドではすべての神々の王――神王《デヴァラージャ》であり、またその土地の王としてのシヴァ神の住むところと考えられていた(65)。したがってマヘンドラ山の頂上に居を定めるということは、それによって神々の仲間入りをして神性を獲得することを意味している。ここに神性と人間性、山頂と平地との関係が対応しているのをみとめることができる。

シャカ暦九七五（一〇二四）年の紀年を持つ、カンボジャ王国の王室付きバラモンの代々の功業を記録したサンスクリットとクメール語による碑文(66)にはこの神性を獲得するための儀式に関する記述がある。いまクメール語の部分によって(67)関係部分を要約すると次の通りである。

「(1) ジャヤヴァルマン[68]〔二世〕は「神王〔の儀式〕」を行なって、マヘンドラパルヴァタ[69]の町に居を定めた。彼はまたストゥク・ランシとバドラパッタナの氏族に属する一族を永久に「神王の儀式」の司祭に任命し、他の家族のものがその職につくことを禁止した。

(2) ジャヤヴァルマンはこの国を統治するためにジャワからやってきて、各地を遍歴したのちにインドラプラに住んだ。高い学識のあるシヴァカイヴァリャ師は王に近侍する司祭であった。

(3) 王がマヘンドラパルヴァタに居を定めた時に、彼の招きによりヒラニャダマという魔術に造詣の深いバラモンがジャナパダからやって来た。王はカンボジャの国がもう二度とジャワの支配下に置かれないように祈願させ、また〔この王国に〕転輪聖王《チャックラ・ヴァルティン》〔すなわち宇宙の帝王〕を置く儀式を行なわせた。彼は「ヴラ・ヴィナーシカ」という経典にもとづいてこの儀式を行ない、またシヴァカイヴァリャにこのほか三種の経典を教えて「神王の儀式」の式次第を伝えた。[70]」（要約）

まず(2)の部分でジャヤヴァルマン二世がジャワからやって来たとされている点に注意したい。ここには徼国から海をこえてやって来て王となった混塡の俤を認めることができる。[71] しかし彼は混塡のように孤独な存在ではない。彼には司祭とされる学識を持つ人物が近侍している。この点が大きな相違点である。

ついで(3)の部分でジャヤヴァルマン二世は各地を遍歴した後にマヘンドラ山に居をさだめ、「魔術に造詣の深い」バラモンを招いて、「宇宙の帝王」としての即位式をあげさせている。この時に招かれたヒラニャダマのもちいた経典は密教的なものらしく、儀礼的な斬首、[72]つまり俗的な人間としての死と聖的な「宇宙の帝王」への再生を象徴する儀礼を含んでいたらしい。したがって、ヒラニャダマによって代表される、この儀式を執行するバラモンは、カウンディニャ＝ソマー型の建国神話に見えるアシュヴァッターマンに対比させることができる。

ここで興味深いのは王室付きバラモンの位置と役割である。碑文の記述によると、この一族は「神王の儀式」を執行すると同時に歴代の国王の師傅でもあった。これはジャワの「英雄王と寵臣」型の建国神話における王と寵臣との関係に対比することができる。しかしカンボジャの場合はその家系が母系を通じて相続されているという点に大きな特色がある。同碑文のサンスクリットの部分には、

「この一族に生まれ、学芸と活力にひいでた苦行者だけがこの儀式の司祭になる——というのが王室付きバラモンの規則である。(73)」


と述べられている。実際に系譜を作成してみると、シヴァカイヴァリャから九代目の当主までは原則として姉妹、特に妹の息子が王の地位を相続している。私はこれを配偶者を王にするという能力を持つ女性と、その能力が女系を経て伝えられるという観念(74)と、王に神性を授けることのできる神聖なバラモンという観念とがキングメーカーという共通要素によって結びつけられてこうした制度ができたものと考えている。

一般的にいって、ここに掲げた二つの碑文から知られる「宇宙の帝王」型の建国神話は七世紀後半にはじまったジャワの影響下に形成されたものと思われる。(75) しかしこうした「宇宙の帝王」の観念がカンボジャに定着したとはいえない。例のバラモンの家系の九代目のサダシヴァに関して碑文のクメール語の部分では「ニルヴァーナパダ陛下〔スールヤヴァルマン一世(在位一〇〇二—一〇五〇)〕は彼を聖職からはなれさせ第一王妃ヴィララクシュミの妹を与えて〔結婚させた〕」(76)と述べられており、また彼の後継者はもはや

彼の姉妹の息子という関係ではなくなっている。これに代って王妃に「……ラクシュミー」すなわち「吉祥天」あるいは「……デヴィ」すなわち「女神」という名前が現れてくる。たとえばスールヤヴァルマン一世時代のものと思われる碑文にはジャヤヴァルマン二世の妃をカムブジャラクシュミーすなわち「カンボジャの吉祥天」としている。(77) またハルシャヴァルマン三世（在位一〇六六――一〇八〇）のものと思われる碑文ではジャヤヴァルマン二世の妃つまり同三世の母を表1のように位置づけている。(78) このルドラヴァルマンは二一五ページに述べた月族の王ルドラヴァルマンであると考えられるから、ここでは前述の神秘

（表1）

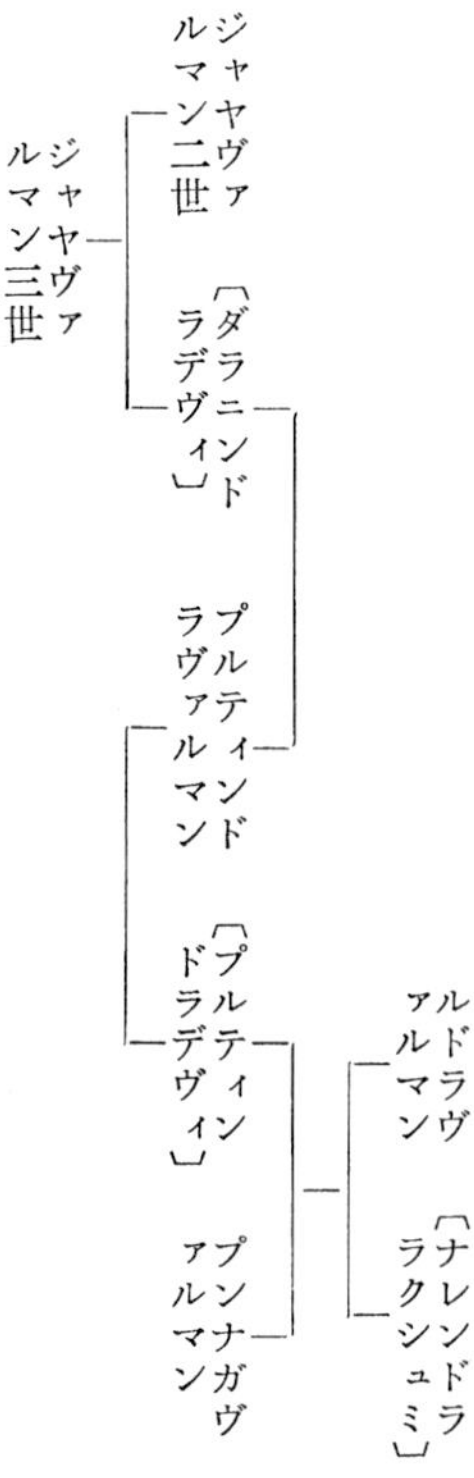

（〔 〕は女性を示す）

的な能力が母系を通じて伝わり、その家系の女性と結婚したものが王になるという観念が示されているように思われる。(79) こうした観念をさらにはっきりと示しているのがシャカ暦一一〇八（一一八六）年の紀年を持つ碑文であって、(80) その王統譜を見ると（表2参照）、ジャヤヴァルマン七世（在位一一八〇――一二二〇頃）は母方を通じて伝説的な王朝の始祖の一人であるバヴァヴァルマンに結びつけられ、さらにその妃カムブ

（表2）

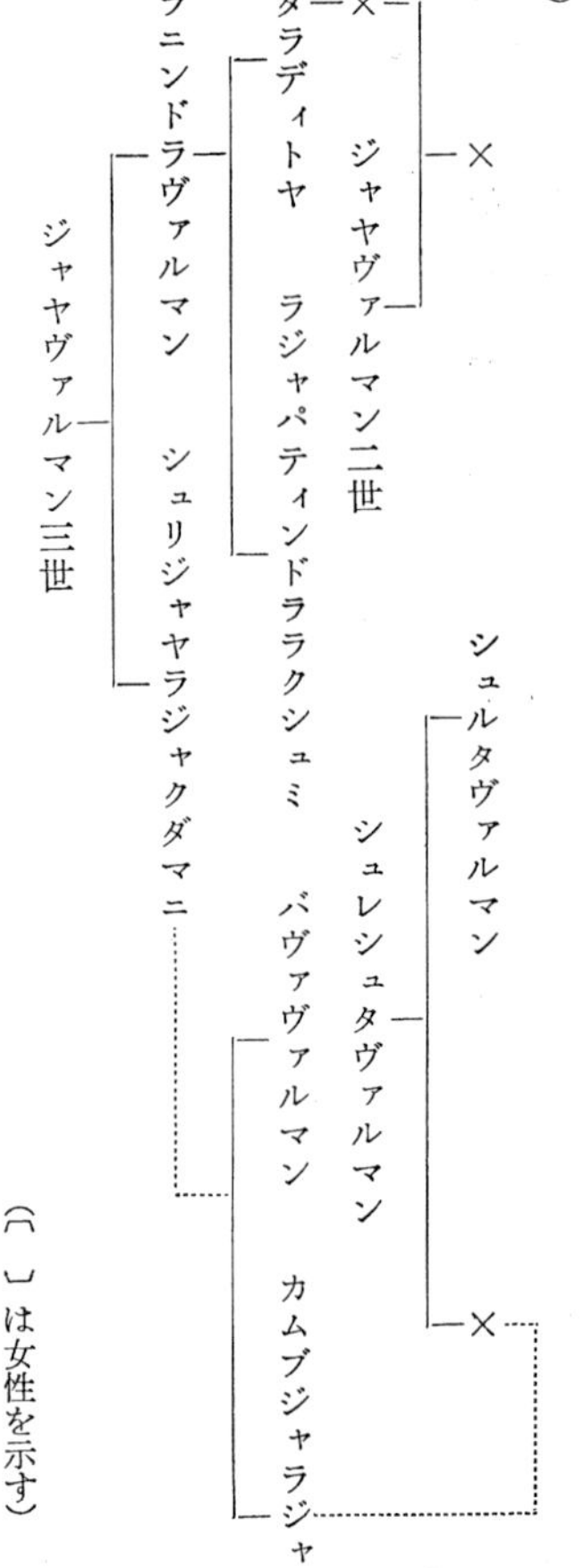

ジャラージャラクシュミーすなわち「カンボジャの王の吉祥天」を通じて同じく伝説的な王朝の始祖シュルタヴァルマンに結びつけられている。この碑文には彼の師傅の名前も見えるが、すでに彼はなんら特別の役割をはたしていない。いわばこの時期には王宮付きバラモンの家系に統合されていた二つの要素は分離し、神秘的な能力を持つ女性という観念は王統譜の中に組みこまれる一方、バラモンは単なる儀式の執行者に堕してしまっていたと思われる(81)。

四、英雄王と寵臣

東南アジアの群島部の文化の中心はジャワである。七世紀以前のジャワの歴史は資料がとぼしく、詳しいことはよくわからない。七世紀の末からスマトラのパレンバンを中心として勃興したシュリヴィジャヤ王国が一時ジャワを支配し、また八世紀の末からジャワの中部にシャイレンドラ王国が勃興した。十世紀に入って東部ジャワで国家の形成がおこなわれるようになると、やっと碑文などによって歴史を明らかにすることができるようになる。この地域にはじめて成立したのはクディリ王国であり、ついでシンゴサリ王国(一二六九—一二九二)、マジャパヒト王国(一二九三—一五二〇頃)が次々と勃興した。

ジャワで行なわれていた建国神話を記録した古い資料は残っていない。『梁書』「婆利伝」にはバリ島の王国の起源に関して、「その国の昔のことを聞いても、年数がたっていてよくわからないという答えで、ただ、白浄王の夫人はその国の女性であるというだけであった」(82)と記されており、すでに大乗仏教の強い影響によって伝統的な建国神話がおきかえられていた様子を示している。伝統的な建国神話が説話化したと思われるものとしては、十四世紀の後半に王大淵の著した『島夷誌略』ジャワ国の条に、「昔のいいつたえによると、国王は雷に打たれた岩の中から出て来た女性で、人々は彼女を支配者としたのである。」(83)という記事がある。これは、岩の中から最初の人間が出現したという人類創造神話の存在を示すものであるが、同時に雷によって象徴されるように、人間が天父地母の聖婚から生まれたことを示しているのかもしれない。さらに十五世紀はじめの鄭和の西征の記録である馬歓の『瀛涯勝覧』のジャワ国の条には、「昔からのいいつたえによると、青い顔、赤い身体、赤い頭髪の魔王がここ〔マジャパヒト〕で怪龍と結婚して百余人の子供を生んだ。かれらは人の血を常食としていたので、たくさんの人が喰べられてしまった。ある日のこと雷が落ちて岩が割れ、その中に一人の男が坐っていた。人々はこれを不思議に思って王に推戴した。彼は精兵をひきいて怪龍の一族を駆逐してその害を除いた」と述べられている。[84] スマトラのパサイの近くのハルにも王の祖先が岩から生まれたという伝承のあったことが『スヂャラ・ムラユ』に見えている。[85]

この二つの記述からジャワの建国神話の特長としていえることは、人間は岩の中から誕生するのではあるが、それには雷という形で天の力が関与しなければならないということと、英雄は孤独な存在ではなく、部下をひきいるという社会的存在であるということである。

これらの記述はおそらくシャイレンドラ王国あるいはそれ以前からの伝統的な建国神話の説話化したものと考えられるが、シャイレンドラ王国自体の建国神話を直接明らかにする資料はない。それに続くクディリ王国の建国神話は次に掲げる同王国のエルランガ王（在位一〇一六—一〇四九）が恐らくシュリヴィジャヤ王国の攻撃を受けて混乱した国内を再統一し、プガット山の麓にヒンドゥー教の寺院を建設させた[86]ことを讃える古ジャワ語の碑文[87]（以下「エルランガ王頌徳碑」と呼ぶ）を通じて知ることができる。

(1) シャカ暦九三八（一〇〇七）年に破滅的な大洪水がジャワ島を襲った。全ジャワは海のようになってしまい、多くの高貴な人々が死亡した。故国王もまっさきにこの世を去り、ヴァタンの聖地に葬られた。

(2) 彼〔エルランガ王〕はまだ年若く、十六歳で、戦術にもたけておらず、完全武装を使いこなすこともできなかった。しかし彼はヴィシュヌの化身そのものであった。

(3) 彼はヴァナギリ山〔森の山〕に召使たちとともに滞在し、苦行している隠者たちと一緒に暮していた。もっとも信頼のあつい召使のプ・ナロッタマが大王に……した。[88] 彼は側近として常に大王に近侍し、また日夜神殿にこもり、すべての神々の愛が大王にそそがれるように祈った。大王は神々の加護によって世界を治め、先祖の地位

〔＝王位〕を相続し、王国の栄光をおのれのものとし、世界の歓喜を再び新たにし、世界のおそろしい精霊を無害なものとすることのできる運命を授けられた。彼は即位すると、故国王の墓所を詣で、ここを神聖な場所とした。[89]

(4) こうして彼はラケ・ハル・シュリ・マハラジャ・ロケシュヴァラ・ダルマヴァンシャ・アイルランガ・アナンタヴィクラマ・ウットゥンガデヴァの名前によって、仏教徒、シヴァ教徒およびバラモンの高位者によって王位につけられた。無数の……がすべての神々の彼に対する恩寵にもとづいて……した。

(5) 彼は万機に精通し、臣下の職務をよく監督した。彼は……に行き、ジャワのおそろしい精霊をすべて……し、また各地を征服した。彼の名声は無限のものとなった。ウンクルの領主も打破られた。ジャワ島の動乱は静まっていなかったが戦争は終った。

(6) こうして彼は約束を果すためにプカンガンに僧院を建設した。[90]」（要約）

これはいわば英雄王による王国の再建と統一をその内容とする建国神話であって、「英雄王と寵臣」型ともいうべきものである。類似した記録としては、この碑文の反対側の面に記されている、サンスクリットではほぼ同じ内容を記した碑文がある。[91] それは通常「エルランガ王讃歌」として知られているものである。このほか、十五世紀に現在の形にまとめられたと思われるシンゴサリ・マジャパヒト両王国の歴史を述べた『パララトン』などの記述を対比しながら、この型の建国神話の特長を明らかにしたい。

(1) 「頌徳碑」はまず大洪水の記述からはじまっている。これは実際の大洪水ではなく、王国の滅亡を象徴的に示したものであろう。[92]「讃歌」ではまず五代にわたる王統が記されている。この五代の王統の起源に関してはなんの説明も加えられていない。『パララトン』では、全体の構成をマジャパヒト王国を建設したラーデン・ヴィジャヤを中心として考えると、ケン・アンロクにはじまるシンゴサリ王国の王統の記述の部分がこれに相当する。「讃歌」ではこれに続いて「長い間インドラの都のように繁栄していた彼の首都は灰燼に帰した」(93)と述べられている。この事件がつまり「頌徳碑」の大洪水に相当するのであって、『瀛涯勝覧』の記述に見える、怪龍の子孫が人間をほろぼして行く状態に対比させることができる。

(2) ここで英雄が出現する。漢文史料の記述によれば、彼は雷に打たれて裂けた岩の中から誕生することになっている。これにもっとも近い形は次に述べる『パララトン』のケン・アンロクである。「頌徳碑」では彼の出自についてははっきりとは記されていないし、また結婚に関してもなんの記述もない。この点は「宇宙の帝王」ジャヤヴァルマン二世の場合に似ている。これが「讃歌」になると、「有名な王族の出身であるウダヤナ」と「美しい王女マヘンドラダッタ」との結婚からエルランガ王が生まれ、東ジャワの支配者ダルマヴァンシャ王の娘と結婚し、名声が四方に拡がったとされている。(94) シャカ暦一二一六(一二九五)年の紀年を持つ碑文によるとラーデン・ヴィジャヤは「ナラシマムルティの一族の出身で、クルタナガラの娘と結婚することに定められ、クルタラージャサ・ジャヤヴァルダーナの名前で王位についた」(95)と述べられている。『パララトン』(96)ではケン・アンロクはブラフマ神が農夫の妻ケン・ウンドクに生ませた子供で(97)、「婦人中の婦人で彼女を自分のものとした者が世界の征服者となるであろう」ケン・ドゥドゥスの夫であるトゥマプルの領主を暗殺して彼女と結婚し(98)、王位につくことになっている。ここには神話の一つの発展が見られる。すなわち、元来は英雄王の出自は問題ではなかったと思われるが、それが王族の出身とされ、さらに神と人間との間に生まれた息子とされる一方、妻のほうも地方的な領主の娘から由緒正しい王女へ、そして最後には神秘的な女性ケン・ドゥドゥスへと発展している。[99]

(3)　しかし英雄王はまだ幼く、力も弱く、王位につく資格はない。彼はまず遍歴の旅に出なければならない。「頌徳碑」では単純に彼は「森の山」に行ったとされているが、[100]「讃歌」では彼は「騎馬の警護の者と従者たちと、人民の中の主立ったものを伴って森に向った」[101]と述べられている。まさに彼は将来の王国の中核となるべきグループを従えて遍歴の旅に出たことになっている。

英雄王はここで二つの行為を行なうものとされている。第一は神々に対して祈願を行なって神の加護を受け、王者たるべきの運命を授けられることである。これについては、この山なり森なりが非常に神聖な場所とされ、ここでいわば神と人間との間に交感が行なわれるのだという点を指摘したい。この山は、『瀛涯勝覧』の記事に見える、人間の誕生する岩と同じものであり、陽邁型の建国神話と同様になにものかを産み出す神秘的な力を持っている場所であると同時に、[102]天父地母の結合から人間が誕生するという観念の延長として、地上に住む人間が天上の神々と交感する場所――すなわち天界と地界を結びつける宇宙軸であったものと考えられる。エルランガもこうした神聖な場所に赴き、そこで修行し、神々に祈願をささげることによって王たるべきの資格、つまり神性を獲得するのであるし、ケン・アンロクもルジャル山にのぼり、神々の集会に列席して神命を受けるのである。

さてこうして神性を獲得しても、王位につくためにはそれだけでは不充分である。彼は臣下から王位に推戴され、それによって君臣の関係が成立しなくてはならない。「頌徳碑」のこの部分は欠損がはなはだしく、意味がよくとれないが、彼は「森の山」でプ・ナロッタマによっておそらく王位に推戴され、さらに神々に祈りをささげた結果、全ジャワの王たるべく神々の加護を授かったとされている。これは神性を獲得することのヒンドゥー教的な表現であろう。「讃歌」では特に「山」には言及していないが、「臣下たちと主立ったバラモンが……『国をすみずみまで統治して下さい』と懇願した」[103]と述べられている。ここには『瀛涯勝覧』の記事に見える、人民に推戴されて怪龍の子孫を退治した王と一脈相通ずるものが見られる。

(4) ここでは彼はいよいよ王の称号を名乗り、聖職者たちによって王位につけられる。これが二一九ページに述べた、ジャヤヴァルマン二世の行なった「神王の儀式」に相当することはいうまでもない。ケン・アンロクの場合は、山で神命を受けて降りて来ると、インドから不思議な方法でやって来たロガヴェという、人相をよく見るバラモンによって見出され、このバラモンのすすめによってトゥマプルに赴き、その領主に仕えることとなる。[104] バラモンは彼にさまざまな知識を与えたり、事物の真の意味を教えたり、行動の指示を与えたりしている。[105] このような例はたとえば『スヂャラ・ムラユ』の次のような記事にも見える。

「スルタン・ムハンマド・シャーにはラジャ・イブラヒムとラジャ・カシムの二人の息子があった。父の死後ラジャ・イブラヒムが王位につき、ラジャ・カシムは漁民の間で生活していた。ある時一隻の船が風上の地域〔東方すなわちインド洋方面〕からやって来た。それにはマウラナ・ジャラルッディーンが乗っていた。彼は漁民の間にいるラジャ・カシムを見分け、彼を説いて王宮を襲わせた。こうしてラジャ・カシムは王位についた。」[106]（要約）

こちらのほうではマウラナ、つまりイスラムの聖職者となっているが、基本的にはインドからやって来たバラモンと変らない。いずれにせよ、このインドから来たバラモンあるいはマウラナは、人相を見ることによって、マクロコスモスを具現したミクロコスモスとしての王者を発見し、同時に彼の師傅としてその行動に助言を与えるのである。「宇宙の帝王」型の場合はヒラニヤダンマがこれに対応している。

(5) この部分の「頌徳碑」の記述は第二節に述べた毗騫国の国王の姿を彷彿させる。[107] 各地の征服はまたそれぞれの地の精霊を支配下に置くことであり、それは神性を獲得した国王にしてはじめて可能となるものである。

これに各地を征服する記述が続く。「頌徳碑」のほうはもっぱらウンクルの領主と戦ったことになっているが、「讃歌」のほうは、まずおそらく中心地域を征服した後に東・南・西をそれぞれ征服したことになっている。[108] このように英雄王が各地を征服するというのがこの「英雄王と寵臣」型の独自の要素となっているように思われる。[109]

以上述べた所から明らかなように、この「英雄王と寵臣」型の建国神話は、「宇宙の帝王」型の建国神話ときわめてよく似ている。基本的な世界観を見ると、陸界・水界というような平面的なものではなく、[110] 天界・地界という垂直的なものである。また国王にしても単独で遍歴するのではなく、必ず従者が従っているし、また山が特別な意味を持つ宇宙軸である点も共通している。これらのことから考えて、私は「英雄王と寵臣」型、「宇宙の帝王」型の建国神話には、共通の原型があって、それとカンボジャあるいは東部ジャワの伝統的な建国神話とが融合してそれぞれの型を形成したものと考えている。その原型はおそらく次のようなものであったと推定される。

一、天界・地界という垂直的な宇宙観を持ち、宇宙軸たる山がその両者を連絡している。

二、国王たるべき人物は各地を遍歴したのちにこの宇宙軸たる山に到達し、それをたどって天界に達し、ここで神と人間とのあいだの交感が行なわれ、国王は神性を獲得する。

三、国王となるべき英雄は孤独な存在ではなく、常に従者＝寵臣ないしは家臣団をしたがえており、君臣関係という政治的な人間関係の原理がこの国王＝介添者の関係にもとめられている。東南アジア群島部においてしばしば見られる名君＝賢宰相型の説話――その典型的な例はマジャパヒト王国のハヤム・ウルク王と名宰相ガジャ・マダである――もこの延長線上に位置する。

四、山にのぼって神性を獲得して国王となるプロセスは、インド渡来のバラモン、ないしはインドから伝わった宗教の聖職者によって行なわれる儀式を通じて再確認される必要がある。

五、王位についたのち国王は各地を征服して王国を建設する。

六、神聖な結婚は王位につくためには必要でない。

こうした内容を持つ建国神話が作られたのはおそらく中部ジャワで八世紀末から十世紀まで繁栄していたシャイレンドラ王国においてであろう。(11)「シャイレンドラ」という名前そのものが「山の王」という意味であり、また有名なボロブドゥルを建設したのもこの王国であった。これらの観念の間には山を中心として密接な類似が見られる。

五、黄金の精・三王子

マレー半島・スマトラ・ジャワ島の西部[112]など、東南アジア群島部の西半分はインドと中国との間の交通路に位置していたために、古くからインド文明の影響を受けていくつもの国家が成立した。それらの諸国は多く海岸の商港を中心とした小国にとどまり、全体を統一するような国家はなかなか出現しなかったが、七世紀の末からスマトラのパレンバンを中心としてシュリヴィジャヤ王国が勃興して海峡地帯を支配した。同国は九世紀の中ごろからジャワのシャイレンドラ王朝の支配下に入り、やがて十一世紀の中ごろに南インドのチョーラ王朝の攻撃を受けてからおとろえていった。

シュリヴィジャヤ王国の建国神話は記録されたものが伝わっておらず、断片的な記事から推測するほかはない。

この国は黄金と関係が深い。すでに十世紀にアラビア人アブー・ザイドは「シュリヴィジャヤの王は毎朝黄金の延板を池に投込み、それが朝日にかがやくのをよろこぶ」という有名な記述を残している。[113]さらに、十三世紀に書かれた趙汝适の『諸蕃志』にはシュリヴィジャヤの国王について次のような記述がある。

「国王が即位するとまず黄金の像を作ってその身体にかえる。……人々は国王を龍の精だといっている。彼は穀物を喰べずにサゴだけを喰べている。そうしないと凶作が起って穀物が不足するからである。水浴をする時にはバラ水を用いる。水を用いると洪水が起るのである。百宝の黄金の王冠があってはなはだ重い。王だけがこれをかぶることができる。王位をゆずる時には王子たちを集め、これをかぶることのできた者に王位をつがせる。[114]」(要約)

国王が黄金で自分の像を作らせるというのはなにも富を誇示するためではない。それは彼が「黄金の精」であることを具体的に示そうとしたものであると考えられる。王冠が百宝の重さの黄金でできているという点もこの推測を裏書きしている。私はシュリヴィジャヤ王国の建国神話は国王が「黄金の精」であるという観念を中核としたものであったと考えている。

国王が「黄金の精」であるという観念は農耕と分かちがたく結びついている。『島夷誌略』の旧港〔パレンバン〕の条には「一度穀物を植えると三年にわたって黄金を生ずる――というのは、その穀物が黄金に変化することをいうのである。のちに西洋の人〔南インドのチョーラ王朝の侵略をさす〕がその田が美しいことを聞き、舟を作ってやって来て、田の中の土骨を持去った。……これから旧港の田は黄金を生じなくなった」[115]と述べられている。したがって、「黄金の精」ということは同時に「穀物の霊」であることを意味したと思われる。

このような「黄金の精」である国王がどのようにして生まれたかを記述した同時代史料はないが、『スヂャラ・ムラユ』の最初の部分に次のような記述がある。

「パレンバンの近くにシ・グンタン・マハメルという丘があり、そこでワン・ウムポとワン・マリニという二人の寡婦が水田を耕作していた。ある晩のこと二人は丘が急に明るくなったので不思議に思い、翌朝そこに行ってみると、稲穂は黄金に、葉は銀に、茎は金銀の合金に変っていた。そしてそこに三人の王子がいた。一人はアンデラスの人民に迎えられてメナンカバウの王となり、一人はタンジョン・プラの人民に迎えられてそこの王となり、一人はパレンバン王ドゥマン・レバル・ダウンに迎えられてパレンバンの王となり、スリ・トゥリ・ブワナと称した。レバル・ダウンは王位を退き宰相となった。」[116]（要約）

ここでは山・黄金・稲・三王子の誕生の四つの要素が結び付けられている。三王子は、おそらく宇宙軸でもある神秘的な山で栽培された稲から黄金の精として誕生したものと考えられる。

前に引用した『諸蕃志』の記事によると、国王は「黄金の精」ではなく、一応「龍の精」であるとされている。私はここに「スクナビコナ」型の穀霊の神話を基礎としていると思われる混塡の俤をみとめたいのである。彼が海をわたって来て王になったという考え方がさらに発展して、水界の支配者とされ、さらにそれが「龍の精」という型をとるようになったのではないだろうか。

また同書の記述では国王は飢饉が生じないようにサゴばかりを喰べ、洪水を起さないようにバラ水で水浴すると述べられている。これは国王自体が一つのミクロコスモスであって、その行為がただちにマクロコスモスに反映するという観念が存在したことを示し、またその最大の関心事が農耕であったことをはっきりと示している[117]。

次に三人の王子がそれぞれ三つの国の王になり、しかも一番末の王子が本国を相続するという点であるが、これに類似した説話はビルマにもある。それでは三王子が中国・パラウン・パガンの王になることになっている[118]。トメ・ピレスもマラッカの歴史を記述するにあたって[119]、まず冒頭にシンガプラ・パレンバン・タンジョン・プラの三人の王を並記している[120]。これはさかのぼると、『隋書』「赤土国伝」に「〔王は〕三人の妻を持っている。いずれも近隣の国王の娘である[121]」という記述につながるもので、一つの世界（王国ではなく）を三つの地点で象徴するという一種の世界観を示すものであろう。なお『スヂャラ・ムラユ』の場合もピレスの場合も三地点の中にジャワが入っていないことに注意したい。それはこの世界観が、ジャワが東南アジア群島部で勢力を伸張するようになる以前——つまりシュリヴィジャヤ王国がシャイレンドラ王国の支配を受ける以前に形成されたことを示すものかも知れない。ただし、世界観の問題についていえば、『新唐書』「室利仏逝伝」ではシュリヴィジャヤ王国に関して「城〔=都市〕は十四あり、二国が分れて管轄している」[122]と述べられており、シュリヴィジャヤでは双分的な世界観が行なわれていたものと思われる。[123]

さて前の三王子の問題にもどると、かれらのうち二人はいずれもある国の人民にむかえられて王となっているのに対して、パレンバンの場合だけは前の国王が三王子の末子をむかえて国王とし、自分は退位して宰相となっている。いわば国譲りが行なわれているのであるが、それはまた同時に君臣の関係の起源をも説明している。ただこの場合の国譲り、ないしは君臣の関係の成立は、「英雄王と寵臣」型の場合が、同一グループ内で君臣の別がすでに定まり、問題は王位への推戴と服従の誓願であるのに対して、こちらの場合は対等な者同士の間に君臣の関係が結ばれることになっている点が特長的である。この点は『スヂャラ・ムラユ』の次の記述ではさらにはっきりしている。

「スリ・トゥリ・ブクナはパレンバンで王位につき、妃をもとめた。しかし迎えられた妃は彼と寝所をともにすると、必ず皮膚病にかかってしまった。こうして三十九人の妃を迎えた後に彼はレバル・ダウンの娘ワン・センダリをもとめた。これに対して、レバル・ダウンは君臣間の契約をもとめ、自分たちとその子孫は王とその子孫が慈悲をもって待遇してくれるならば、絶対の忠誠をつくすことを誓った。王もこれに対して誓約を行なった。こうしてワン・センダリは妃となったが、王と接しても皮膚病とはならなかった。[124]」(要約)

これによると、新しく迎えられた国王とそれにつかえることになった古くからの国王との間の君臣間の関係は、契約と婚姻とによって二重にかためられている。ここでは君臣間の関係が保護と奉仕という双務的な契約にもとづいたものであること、王の結婚は神聖なものではなく、君臣間の関係をかためるものであることに注意したい。

以上述べたところから、私は「黄金の精」型の建国神話は、同じく黄金の精であった陽邁型の建国神話を原型としてシュリヴィジャヤ王国の時代に形成されたもので、人類の誕生・世界観・王権の起源・君臣の関係の起源を包括した、高度に発達した体系を持つものであったと考えている。

六、広開土王

十四世紀に入ると東南アジアの諸国に大きな変化が起る。まず東南アジア大陸部ではカンボジャ王国が没落し、これに代ってタイが大きな勢力として登場してくる。群島部ではイスラムが伝来し、十三世紀の末から十四世紀のはじめにかけてスマトラの西北端、特にパサイを中心として次第にイスラム国家が成立するようになって来る。その頂点は十五世紀のはじめマレー半島のマラッカに成立したマラッカ王国で、同王国はその繁栄の絶頂において一五一一年にポルトガル人によってほろぼされてしまったが、その遺産として東南アジア群島部に共通の宗教としてのイスラム、共通語としてのマレー語を残した。(125) こうしたはげしい変化もジャワにはなかなか及ばず、そこには古典時代の完成された姿を示すマジャパヒト王国が成立した。現在のインドネシア共和国はこの二つの異なった伝統の上に成立しているのである。

この時期の建国神話としては「広開土王」型ともいうべきものがジャワ・スマトラの各地に共通に見られる。それは大別して二つのパターンに分けることができる。

A型　この代表的な例は十四世紀の後半に書かれたパサイ王国の歴史書『ヒカヤト・ラジャ・ラジャ・パサイ』の最初の部分である。

「(1)　昔パサイにラジャ・アフマドとラジャ・ムハンマドという兄弟の王子がいた。ラジャ・ムハンマドがある時ジャングルを切開いていると、黄金色に光る竹の中から美しい少女を発見した。彼は彼女をブトンと命名した。こうしてラジャ・ムハンマドは新しい町を作ったが、兄のラジャ・アフマドも森の反対側に町を作ってそこに住んだ。ある時彼は象に乗った美しい少年を見付け、計略を用いてこれを捕え、メラ・ガジャと命名した。兄弟は二人を結婚させて幸福に暮した。

(2)　ブトン王女の幸運は彼女の頭に生えている一本の金色の毛髪にこもっていた。メラ・ガジャはある時冗談半分にこれを抜いたところ、白い血が流出して王女は死んでしまった。

(3)　ラジャ・ムハンマドは激怒してラジャ・アフマドとメラ・ガジャを襲った。戦いの中に一族はことごとく戦死し、メラ・ガジャとブトン王女との間に生まれたメラ・シルとメラ・ハスンの兄弟だけが生残った。二人はこの不幸な土地〔スメルランガ〕をはなれ、プルアナに赴き、そこで王となった。

(4)　メラ・シルのちょっとしたいたずらから二人は仲違いをしてしまった。メラ・シルはここをはなれて、身のまわりの品々と水牛の群をつれて遍歴の旅に出た。そして、プロ・トゥランに行き、そこの支配者のムガット・イスカンダルによって王に推戴された。彼はリンバ・ジュランのスルタンの攻撃を撃退した後に、ムガット・イスカンダルによって同地の王とされた。

(5) ある時メラ・シルはシ・パサイという犬をつれて猟に出た。ある丘の上で彼は大きな蟻を見付けてそれを喰べた。彼はそこを開拓して宮殿をたてることを命じ、「大きな蟻」という意味のサムドラと命名した。[126]」(要約)

(1)の部分ではまず世界が二つの部分から成り、それぞれ別ではあるが相互に関係のある支配者と都とを持っているという双分的な世界観が示されている。こうした双分的な世界観は『ヒカヤト・ラジャ・ラジャ・パサイ』の第一部[127]全体を通じて見られる。

ここでブトン王女が竹の中から誕生する。彼女は柳葉と同じく植物から出現した女性である。一方メラ・ガジャは混塡に相当する人物であるが、彼は海からではなく、森の中から現れてブトン王女と結婚し、王位についたものと考えることができる。これは同時にそれぞれ別々の部分から出た国王と王妃とが結婚して王国が成立するという、つまり王国の成立とは二つの部分の統合であるという考え方を示しているように思われる。

ブトン王女にはまた彼女が黄金色に輝く竹の中から生まれたとされていることに象徴されるように、「黄金の精」という観念が結びつけられているように思われる。そしてメラ・ガジャがタブーを破って、黄金色の頭髪の中に秘められた生命力を奪ったことによって彼女は死んでしまう。その結果として戦争がはじまり、それにともなって王家の一族が滅亡してしまう。これは「エルランガ王頌徳碑」の場合と同じく、一つの世界の終りを象徴する事件である。ここにはまたミクロコスモスとしての王の行動がマクロコスモスの現象を左右するという、二三三ページに見える観念が反映している。

こうして一つの世界が滅亡した後に生残った二人の兄弟によって新しい時代——新しい世界がはじめら

れる。かれらは新しい土地に移り、ここを開いて新しい都市(すなわち国)の建設に着手するのである。この新しい都市(=国)を建設するというのがこの型の建国神話の中核であるが、柳葉=混塡型の場合と同じくそれは常人によってではなく、聖別された人間——つまり国王によって行なわれなければならず、また国王のみに許される特権であったと考えられる。

以上がこの型の建国神話の第一段であって、全体としては一つの世界が崩壊し、その生残りによって新しい世界が建設されるという内容を持っている。

次に(4)の部分ではまず兄弟王子の仲たがいが述べられている。これを類似した兄弟王子の間の王位の争いから一人が他の場所に移って国家を建設するという説話は他にも例が多い。ともかくここで王子は遍歴に出発し、ある土地に行ってそこの王の庇護を受け、武勇を示したのちそこの王になり、前の王は退位して彼につかえることになる。つまり国譲りが行なわれ、そこに対等な者同士の間に君臣の関係が結ばれるわけである。しかし彼はここに安住することができず、さらにそこから新しい土地に移動してそこに居を定めなければならない。これも一種の遍歴と解釈することができるが、これはすでに王者となった人物が都とするのにふさわしい場所を発見するためのいわば国まぎの行為である。彼は犬をつれて猟に出てその場所を発見する。そこは鹿が活力を回復したことでも明らかなように、神秘的な活力を秘めた山である。つまり彼は犬という神の使いに導かれてここに到着し、そこに居をさだめるのである。

このように山頂に居をさだめることの例はすでに「宇宙の帝王」型の建国神話にも見られた点である。しかしここではすでに山頂に居をさだめて神性を獲得するというような観念は失なわれ、そのかわりにその場所をそこに住む動物の名前によって命名するという新しい要素が加わっている。[128]

次にこの型の建国神話をB型と比較してみよう。

B型 この代表的な例としてはマラッカ王国の建国に関するトメ・ピレスの記述がある。

「(1) サン・アジ・パリンバンの息子パラメスワラはジャワの王バタラ・トゥマプルの姪〔姉妹の誤りか〕パラメスワリと結婚し、義理の兄弟となった。彼は義兄のジャワ王に反旗をひるがえしたが、反撃を受けてパレンバンを逃れ、シンガプラに移った。

(2) 彼は同地で国王サン・アジ・シンガプラの庇護を受けるが、やがて彼を殺してシンガプラを支配した。

(3) サン・アジ・シンガプラの義父であるシャム王はこのことを知って追討の軍を送った。パラミスワラはシンガプラを放棄してムアルにかくれた。

(4) 彼に従っていたセラテ人たちはムアル川の上流にブレタンという土地を発見し、パラメスワラに対してここに移住するようにすすめた。かれらはその時、果物の入った籠と、今日マラッカの要塞の山の麓にあるセラテ人の家の近くにあった一本の木の枝を携えて行った。

(5) パラメスワラはかれらの好意を謝し、かれらとの間に君臣の関係を結んだ。そしてこの地方を「隠れた逃亡者」という意味のマラッカと呼ぶこととした。[129]」(要約)

全体の内容はほぼA型の(4)、(5)の部分に対応している。B型がA型とことなっている点をさがしてみると、A型に見える国譲りとそれにともなう君臣関係の成立という点がB型では庇護をもとめた対手を殺してその地位を奪うという、「王殺し」によって置きかえられている点である。これは単なるエピソードではなく、この型の建国神話の本質的な部分で、その原型は范文型の建国神話に溯ることができると思うが、ピレスのこの記述に限っていえば、「王殺し」は一種のタブーとされ、それを破ったことによって彼はさらに遍歴をかさねる必要が生ずることになっている。

この「王殺し」の典型的な例はケン・アンロクであるが、[130] 彼の場合と范文型とを対照すると、神器である短剣が王を殺す神秘的な力を持っていると考えられていたことがわかる。このことは『パララトン』にトゥマプルの領主のわすれがたみがこの宝器の短剣を持出し、それを用いてケン・アンロクを刺殺して王位を奪ったと述べられていることによっても明らかである。[131]

またケン・アンロクの場合を別にすると、パラメスワラにしてもラーデン・ヴィジャヤ[132]にしてもかれらの結婚は、王統につながるということによって王位につく資格を与えているだけで、「王殺し」あるいは王位の獲得と結婚とは直接結びついていないことがわかる。

次にピレスの記述の後半で重要な点は君臣の関係に関する記述である。まず第一に国王はA型の場合とことなり一人で遍歴をするのではなく、従者あるいは同盟者を従えている。両者の関係は、二三四ページの場合と同じく契約と結婚の二つのむすびつきによっているのであるが、ここでは特にその対手がセラテ人という、漁業に従事しているマレー人[133]である点に注意したい。つまりこの場合は君臣の関係が文化を異にする人々との間に成立していることと、もう一つは建国神話に実際の海に関係ある人々がはじめて登場したことである。『パララトン』によると、マジャパヒト王国の建設者ラーデン・ヴィジャヤは簒奪者ジャヤカトワンによってシンゴサリ王国がほろぼされると、マドゥラ島に逃げて、マドゥラ王ヴィララージャのところに逃れ、王国を二分してそれぞれを各自が領有するという条件で援助を要請した。ヴィラララージャはこれにこたえてシンゴサリ王国をほろぼしたジャヤカトワンにつかえ、トゥリクの地に新しい村を建設することをすすめている。(134) ここではマドゥラ人との間に君臣の関係でなく、同盟の関係が結ばれたことになっている。

ここで注意してみなければならないことはラーデン・ヴィジャヤはマドゥラ王ヴィララージャの助言を受けて行動している点である。この点はケン・アンロクも同様で、彼はバラモンの勧めによってトゥマプルの領主につかえ、やがて宝器の短剣を用いて領主を殺し、その妻であった神秘的な女性ケン・ドゥドゥスと結婚して王位につくのである。はじめにかかげたピレスの記事でもパラメスワラはセラテ人の助言を受けて行動している。ここに「英雄王と寵臣」型の建国神話に見える英雄王と寵臣ないしは師傅との間の関係の影響を見ることができる。

王は君臣の関係を結んだ後にさらに新しい土地に移ってここに都市を建設しなくてはならない。この点はA型と同じであるが、大きな相違点としては、それが必ずしも神聖な場所ではなく、またそれを教えるのが、犬ではなく、同盟者あるいは臣下として助言を与える立場に立つ人物であるという点である。また、その場所は必ずしも山とは限らない。そしてその場所を命名するのも、動物の名前ではなく、そこに生えている植物の名称によってである。たとえばラーデン・ヴィジャヤの場合は、部下がにがいマジャの果実を喰べたところから「マジャパヒト」(つまり「にがいマジャ」)と命名している。(135) ピレスの記述ではこの点がはっきりしないが、のちにパラメスワラの子イスカンダルシャーがミロバランの木にちなんで「マラッカ」と命名することになっている。(136)

以上述べたところからA型B型の基本構成は同じで、ただ構成要素がことなっているだけであることがあきらかになる。基本的な構成は、王子が遍歴の途中で王位につく資格を獲得し、さらにしかるべき土地に遍歴してそこに都市（＝国家）を建設するというもので、范文型あるいはジャッガダルマ型の基本構成と一致している。これは君臣関係の成立や、土地の命名（これは基本的な構成の一部であったかもしれない）が附加され、その際の相違によってA型B型といったヴァリエーションが生じたものと考えられる。やや大胆な想定ではあるが、これは大陸系のジャッガダルマ型の建国神話と、ジャワ系の「英雄王と寵臣」型の建国神話との混合によって成立したものではなかろうか。

七、日本神話との比較

以上で東南アジアの建国神話に関する検討を終り、ここにあげたいくつかの例と日本の建国神話、とくに『古事記』に記録[137]されている建国神話とを比較してみたい。

(1)　崇神とオオクニヌシ――まず第一に崇神を主人公とする建国神話をとりあげてみよう。崇神記の内容を附随的な部分をとりさって考えてみると、[138] (1)崇神の治世に疫病が流行し、人民が死に絶えようとした。(2)崇神はオオモノヌシノカミの夢の御告げによってその子オオタタネコをさがし出し、彼を神主として御諸山（三輪山）のオオミワノオオカミ（＝オオモノヌシ）をまつった。(3)また彼は天神・地祇、墨坂・大坂の神々、坂の御尾・河の瀬の神々をまつった。(4)その結果疫病がやんで国は平和となった。(5)いわゆる「四道将軍」を各地に派遣した。(6)こうして天下が泰平になり、人民が富み栄えたので、崇神は「ハックニシラシシミマキノスメラミコト」とたたえられた――と要約することができる。このうちまず(1)から(4)までが一連の物語をなしているが、のちに述べるオオクニヌシを主人公とした建国神話と比較すると、これを(1)〜(2)のオオモノヌシをまつる部分と(3)のその他の神々をまつった部分にわけることができる。前者では崇神は「疫病」の流行という危機的状況から人民をすくった救世主的な存在とされている。この部分は『瀛涯勝覧』に記録されたジャワの建国神話と対比することができるが、[139] 崇神の出自が神秘化されていないことと、その主題が祭祀であるという点から、「エルランガ王頌徳碑」、とくにその(3)の部分と対比させるのが適当である。[140] 崇神とオオタタネコの関係はエルランガとプ・ナロッタマとの関係と比較することができる。崇神もオオタタネコとともにオオモノヌシをまつって、世界の秩序を確立し、各地の精霊を無害なものとすることのできる力を授かったものと考えられる。御諸山は神々の降臨する山であり、[141] たとえばケン・アンロクの場合のルジャル山やジャヤヴァルマン二世の場合のマヘンドラ山と同じ性格を持っている。そして山上に実際に祭祀遺跡のあることを考え合わせると、[142] 崇神はジャヤヴァルマン二世のように山頂にのぼり、そこで神人の交感を通じて神性を獲得したものと考えることができる。

次に崇神記の(3)の部分を検討しよう。ここではまず天神・地祇の祭祀という、いわば宇宙の秩序を確立する行為があり、ついで墨坂・大阪の神々、坂の御尾・河の瀬の神々の祭祀という、支配領域の確定を意味する行為がある。これらはいずれも、オオモノヌシを祭祀することによって神性を授けられた崇神の行為と考えることができる。このうち前者は「頌徳碑」の(4)、後者は同じく(5)の部分と対比させることができる。

次に崇神記の(5)の部分、つまりいわゆる「四道将軍」の派遣であるが、これは「讃歌」の東・西・南の征服の記事に対応している。『古事記』ではいわゆる「四道将軍」はオオビコノミコト、タケヌナカワワケノミコト、ヒコイマスノオオキミの三人であることも「讃歌」の三地方の征服と一致している点である。[143]

「崇神記」の構成を考えるにあたって忘れることができないのは、神武以下開化に至る九代の系譜的記事——いわゆる闕史時代の部分である。これを「讃歌」の部分の構成と比較すると、いわゆる「大洪水」の前の時代を象徴する五代の王統に対応し、崇神の建国神話の一部をなしているように思われる。[144] 以上述べた点から私は崇神記の記事を中心とする『古事記』中巻の前半部の記事は全体として崇神を主人公とした建国神話であって、それは「英雄王と寵臣」型の建国神話と対比して考えることができるものと考えている。

崇神を主人公とした建国神話にきわめて近いものとしてオオクニヌシを主人公とした建国神話がある。その後半の部分の内容を見ると、(1)スサノオノミコトの神命に従ってオオクニヌシはスサノオの所から盗み出した生大刀・生弓矢を用いてヤソカミを追い払い、国づくりをはじめた。[145] (2)オオクニヌシは国づくりの過程でスクナビコナの協力を得た。(3)スクナビコナは常世の国に行ってしまったのでオオクニヌシは不安を感じていた。(4)その時海を照らしてやって来る神(＝オオモノヌシノカミ)があり、その命令に従ってその神を大和の御諸山にまつった——と要約することができる。すなわち、オオクニヌシは生大刀・生弓矢という宝器の威力によって国づくりをはじめ、途中スクナビコナの協力を得たこともあり、最後にオオモノヌシを御諸山にまつって国づくりを完成させたと解釈することができる。スクナビコナあるいはオオモノヌシはオオクニヌシの「第二の自我」であると考えられるから、[146] この神話は宝器を携えたオオクニヌシが常世の国から渡来し、宝器の威力で国づくりを行ない、御諸山の山頂に居をさだめて国づくりを完成させたとも解釈できるし、またオオクニヌシが山頂に居を定め、自分の「第二の自我」と合体することによって神性を獲得したとも解釈できる。いずれにしてもこのオオクニヌシを主人公とする建国神話は前半は柳葉＝混塡型、後半はジャヤヴァルマン二世を主人公とする「宇宙の帝王」型の建国神話と対比して解釈することができる。

(2) 応神・神武・ニニギノミコト——次に応神・神武・およびニニギノミコトをそれぞれ主人公とする建国神話を検討してみたい。従来の研究によると、応神は筑紫の海辺で航海の女神から誕生した若神で、[147] 東征して、前王統に属するオシクマ・カゴサカ両王子をほろぼし、同じく前王統に属するホムダマワカの娘タカギノイリヒメ・ナカツヒメ・オトヒメの三王女と結婚することになっている。『古事記』の記述ではこの結婚は応神が即位してから行なわれたことになっているが、実際にはこれは一種の聖婚であって、応神はこの結婚によって帝位につく資格を得たと考えるべきであろう。[148] タカギノイリヒメという名前も至高神の一人であるタカギノカミを連想させる名前である。また応神はその息子のオオヤマモリノミコトには「山海の政」を、オオサザキノミコトには「食国《おす》の政」を、ウヂノワキイラツコには「天津日継」をそれぞれ委任していることに注意したい。

次に神武について考えてみると、神武はナギサタケウカヤフキアエズノミコトと海神の娘タマヨリビメノミコトとの間に四人兄弟の末子として生まれ、長男イツセノミコトとともに東征に出るが、さまざまな困難に出合いイツセノミコトは途中で死亡し、神武だけが大和に入り、畝傍の白檮原の宮で即位し、オオモノヌシノカミの娘イスケヨリヒメと結婚している。ついで二人の間には三人の王子が誕生し、末子カムヌナカワミミが帝位を相続している。

次にニニギノミコトの場合を考えてみると、彼は高天原から降臨したのちに山の精霊[149]オオヤマヅミノカミの娘コノハナサクヤビメと結婚し、ホテリノミコト（ウミサチヒコ）・ホスセリノミコト・ホヲリノミコト（ヤマサチヒコ）の三子が生まれ、やはり一番年下のホヲリノミコトが跡を相続している。さかのぼると、『日本書紀』神代巻上第五段の一書〔六〕のイザナギノミコトがアマテラスに高天原を、ツクヨミノミコトには海を、スサノオノミコトには天下を支配するように命じている記述[150]もこの範疇に入れて考えることができる。

次に応神・神武の東征への出発点を考えてみると、神武の場合は一種の「常世の国」である日向であり、[151]応神の場合の筑紫もおそらく同様に「常世の国」的な性格のものであろう。この点は混塡の場合の徼国、ジャヤヴァルマン二世の場合のジャヤワと対比することができる。ニニギノミコトの出発地高天原はもちろん常世の国ではないが、これは東南アジア的あるいは基層的な常世の国という観念を北方的な高天原という観念で置きかえたものと考えることができる。また神武とニニギノミコトは宝器を保持して遍歴に出発している点、また応神・神武が海をわたって東征するという点にも注意しておきたい。

以上述べたところから、私は応神・神武・ニニギノミコトを主人公とする建国神話の前半は、宝器を保持した主人公が海を渡ってやって来て、神秘的な女性との聖婚によって王位につくという、柳葉＝混塡型の建国神話とほとんど一致し、後半は三王子の誕生と支配領域を分治させ、とくに末子が父のあとをつぐという、「黄金の精」型の三王子誕生の部分とまったく同じ内容を持っているものと考えている。

さらにさかのぼってこの三人の誕生から遍歴に出発するまでの過程を検討してみると、二つの点を指摘することができる。第一は、応神・神武ともに海神の娘から生まれたとされている点である。これは一見「竜王の娘」ソマーと同一の性格を持っているように考えられるが、ソマーがインド的な概念の産物らしい点[152]を考えると、両者を直接に結びつけることには問題があろう[153]。第二は、応神・神武・ニニギノミコトのいずれもが目的地にむかっての遍歴に出発する前になんらかの形で一度遍歴を経験していることである。もっとも典型的な例は神武の場合で、彼の父ホヲリノミコト（ヤマサチヒコ）のこととして語られる海宮遊幸の神話[154]は神武の遍歴と、その間における王者たるべきの資格の獲得の過程（この場合はシオミツタマ・シオヒルタマの獲得）を海宮遊幸という形において常世の国における出来事として物語るものにほかならない。また応神の場合は胎中天皇という奇妙な姿で新羅征伐に出かけている。これもやはり海宮遊幸の物語の一種と考えられ[155]、征服者ないしは、軍神としての君臣関係の成立に王者たるべきの資格をもとめている。ニニギノミコトの場合は、父ヒコホホデミノミコトの指導のもとに行なわれた国譲りのための神々の派遣という形をとっており、ここでオオクニヌシとの間に国譲りが行なわれ、君臣関係の成立に王者たるべきの資格をもとめている点は応神との場合と同様である。

以上述べたところから、私は応神・神武・ニニギノミコトを主人公とする建国神話全体の構成は、主人公が一端遍歴を行ない、王者たるべきの資格を獲得したのちに、しかるべき土地に移動して国家を建設するという構成で、ジャッガダルマ型の建国神話と比較して考えることができるものと考えている。

(3) 顕宗・仁賢、オホホド・継体――最後に『古事記』ではもっとも最後の部分にある、顕宗・仁賢天皇を主人公とする建国神話をとりあげて考えてみよう。ここでまず第一に指摘したいのは、允恭以下雄略に至る歴代の天皇の暴虐さがさかんに強調されることである[156]。これは事実そのものの記録ではなく、顕宗・仁賢にはじまる新王統の正統性を主張するために、中国の放伐革命の思想にもとづいて雄略などの暴虐ぶりを強調したものと考えられる。しかし「雄略記」の最後に近く、雄略がヒトコトヌシノオオカミと威力をきそい合ったという記述がある。これは『パララトン』のダーハの領主ダンダン・グンデイスがシヴァ神と威力をきそい合い、それが滅亡の端緒となったという記述[157]を思い出させる。どうも雄略の場合も、彼のこの行為が滅亡の端緒となっているように思われる。

これと平行して、雄略は履中の子のイチノベノオシハワケを暗殺したことによってその子のオケ・ヲケ両王子の遍歴の端緒をつくった張本人とされている。二人は途中の苦難をきりぬけ、播磨国で牛飼・馬飼という賤しい身分に身をやつして難を避けることとなる。

さて雄略の子清寧が崩御して王統が断絶すると、[158] イチノベノオシハワケの妹イイトヨノオオキミが一時的に帝位につき、各地に人を派遣して王位継承者をもとめたとされている。播磨国に流亡していたオケ・ヲケ両王子はこの時に見出されて都にむかえられた。『古事記』ではこの後にヲケ王子とシビノオミとがヲケの結婚者をめぐって歌垣で争い、ヲケはその翌日軍を起してシビノオミの邸宅をかこみ、これを殺し、やがて即位したという記述がある。これは歴史的な記述とは別系統の歌物語に属する説話らしいが、[159] 遍歴を経た王子が競争者を倒し、聖婚によって即位したという建国神話の説話化したものと考えられなくもない。あるいは国家秩序の再建者としてのヲケのイメージを見ることもできよう。要するにオケ・ヲケ両王子は貴種であって流浪・遍歴ののちに都にむかえられ、競争者を倒して王位についたという内容の建国神話があって、雄略に関する記述もその一部をなすように脚色されていると考えることができる。

これと関連して継体の場合を考えると、継体は応神五世の孫とされているが、『釈日本紀』所引の『上宮記』逸文によると、その五世の中にオホホドという名前があり、これが継体の名前ヲホドと対をなしている。[160] オケ・ヲケの出自が履中の孫とされ、オホホド・オホドは応神五世の孫とされている。その出身地も前者は播磨であるのに対して後者は近海の国であるが、『日本書紀』のほうでは越前国とされ、三回の遷都を経て大和に入ることになっている。両者の共通点としてはさらに、オケ・ヲケ、[161] ヲホドもともに地方から大和にむかえられるという点があり、また両者とも弟に相当するほうがまず即位している。

以上の点から考えて私は、オケ・ヲケ、オホホド・ヲホドを主人公とする建国神話は元来一つのもので、それが主人公をかえて二通りに記録されたものと考えている。

この建国神話には二つの要素が見られる。一つは貴種たる兄弟王子流浪の物語であり、もう一つはこの兄弟王子を都に迎えて即位させるという、いわば君臣関係の成立の物語である。ことに後者は「継体記」が言及している唯一の点であることを考えると、この点が特に重要なものと意識されていたことはあきらかである。

私はこの建国神話の基本的な内容は兄弟王子の遍歴と君臣関係の成立を中心としたもので、とくに「広開土王」型のA型と対比して考えることができると考えている。

しかしここでは建国神話の重点は王権の成立から君臣関係の成立に移っているといえよう。兄弟王子の王者たる資格は遍歴の途中に獲得されるべきものではなく、血統によって先験的に与えられており、それに対して君臣間の関係が成立することによって国家が成立するものと考えられていたようである。これはまさに「天皇」と「古代天皇制」の成立にほかならない。(162) 換言すれば日本において建国神話を必要とした時期はここに終ったと考えることができるのではなかろうか。

(付)　ケン・アンロクに関する『パラトン』の記事の要約 (Brandes, 1920, pp. 45-65.)

1、ブラフマ神は子供を欲しいと思っていたが、たまたま結婚したばかりの夫婦を発見した。夫はガジャプラ、妻はケン・ウンドクという名前であった。かれらは農業に従事していた。ブラフマ神は地上に降臨し、水田で働いている夫に食事を持って行く途中のケン・ウンドクと交った。別れる時に神は彼女に夫婦生活を禁じ、同時に自分の息子はケン・アンロクと呼ばれ、全ジャワをその支配下に置くことになるであろうと予言した。二人は離婚を決意したが、その前に二人は禁を犯して交った。そのためにガジャプラは五日後に死亡した。

2、ケン・ウンドクは月満ちてケン・アンロクを生んだ。彼が生れると彼女は彼を寺子屋の前に捨てた。しかし彼の頭から光が発しているのを見付けた盗賊に拾われて養子となった。彼はそこで成長したが、ある時自分の過失から親許をはなれて放浪の旅に出た。彼は神異を示したり、友人を得たり、師について学問を修めたり、ある時は一転して悪事を働いたりした。しかし危険が身に及びそうになると、必ず神〔＝父〕の助けが起って難を逃れることができた。

3、ケン・アンロクがプスタカ山からリンベハンに行ったところ、彼はある週の水曜日にルジャル山に行かなければならないと老婆から教えられた。彼はその日に山に登り、老婆の助けを借りて身を隠した。やがて時ならぬ雷鳴がひびき、はげしい雨が降り、やがて大きな虹がかかった。そして神々の集会がはじまった。神々はだれがジャワの王になるだろうかと話し合っていると、バタラ・グル〔＝ブラフマ〕がケン・アンロクのことを披露した。そこで彼は姿を現した。神々は彼が〔王としては〕バタラ・グルと呼ばれるべきであると決定した。

4、ジャムブドゥイーパ〔＝インド〕からやって来たバラモンのロガヴェというものがいた。彼は船で来たのではなく、三枚の木の葉に乗ってケン・アンロクを捜しに来たのであった。彼は「長い手と太い膝を持ち、右手には転輪のしるし、左手には亀のしるしがあり、ケン・アンロクという名前のものを捜しています。彼はヴィシュヌの化身で、私は彼を捜しに来たのです」と人々に向って訊ねた。ケン・アンロクは賭博場にいた。彼はロガヴェとともにタロカをはなれ、トゥマブルに赴いてそこの領主につかえることになった。

5、パナヴァイエという所に大乗仏教の僧ムプ・プルワがいた。彼には僧になる前に生れた美しい娘ケン・ドゥドゥスがいた。トゥマプルの領主トゥンガル・アムトゥンはその美しさにうたれて彼女に求婚した。プルワはこれに反対して不吉な予言をするが、彼はそれにかまわず彼女と結婚した。

6、やがて彼女は懐妊した。彼は彼女を馬車で外出させた。たまたまとある庭でケン・アンロクは彼女の脚が露出し、陰部から光を放っているのを見てしまった。彼は帰ってロガヴェにそのことを話すと、ロガヴェは彼女が婦人中の婦人で、彼女を自分のものとしたものは世界の征服者になるであろうと語った。

7、ケン・アンロクはアムトゥンを暗殺して彼女を自分のものにしようと考え、このことをロガヴェに打明けるが、彼は色よい返事をしない。そこで彼は以前世話になっていた賭博打ちのボンゴ・サンパレンの所に行って判断をもとめたところ、ボンゴは肯定的な判断を下した。彼は短剣を作らせ、それを用いて領主を殺し、罪を友人になすりつけた。こうして彼はケン・ドゥドゥスと結婚して王位についた。

8、ケン・アンロクはケン・ドゥドゥスとの間に三人の息子と一人の娘を得た。別にケン・ドゥドゥスはトゥンガル・アムトゥンとの間に一人の息子を儲けていた。彼はまた側室との間にも息子三人娘一人を得た。

9、さてこの頃神意によってダーハの領主ダンダン・グンディスが、シヴァ教の僧侶や仏教の僧に対して、なぜバタラ・グル〔=シヴァ〕の化身である自分の所に来て礼拝しないのかとただした。僧たちはこれに対して、国王を礼拝するような僧はいないと答えた。彼はこの答を聞いて怒り出し、剣を逆さに地面に立て、その尖端に座って、四本の腕と三つの目を持ったシヴァ神に変身した。僧たちはやむを得ず彼に礼拝したが、これがダーハの衰ろえる前兆となった。

10、ケン・アンロクはシュリ・ラージャサという名前で王位につき、シンゴサリ王国をたてた。彼はダーハのシヴァ教および仏教徒の僧によって祝福された。もちろんロガヴェがかれらをひきいていた。

11、ダンダン・グンディスはケン・アンロクが攻めて来るという噂を聞いて、「バタラ・グルが天から降臨しなければそんなことはできる筈がない」とせせら笑っていた。そこでケン・アンロクはバタラ・グルと名乗り、ダーハを攻撃した。ダンダン・グンディスは敗れ、馬に乗って虚空に去った。妃ら一族のものも彼を追って虚空に去った。こうして彼はシャカ暦一一四四（一二二三）年に全ジャワを統一した。

12、ある日のことトゥンガル・アムトゥンとケン・ドゥドゥスとの間に生れた息子アヌサパティは母親に父親のことをたずねた。ケン・ドゥドゥスは彼に真実を話したので、アヌサパティはケン・アンロクが暗殺に用いた短剣を入手し、これを部下に与えてケン・アンロクを殺させた。アヌサパティはすぐに下手人を刺殺した。

（注）

（1）椰子の葉を短冊状に切り、これに鉄筆で字を刻みこむようにして書く。乾燥するとその部分が黒くなって読みやすくなる。インドの影響によって各地で広く使用された。

（2）たとえば一七八九年のビルマ軍による当時のタイの都アユタヤの攻撃の際にはアユタヤ朝（一三五〇―一七八九）の主要な文書類がほとんど全滅したし、今次大戦の際にも多くの史料が失なわれている。

（3）石田、一九四五、および和田、一九五五参照。

（4）関係史料は Ferrand 1913-14 にまとめられている。

（5）たとえば一五一五年ごろポルトガル人トメ・ピレスによって著わされた『東方諸国記』（スマ・オリエンタル）をあげることができる（ピレス、一九六六）。このほかにも数多くの史料があるが、それらの性質と史料的価値については充分に注意を払う必要がある。なお注（6）参照。

（6）従来の研究者はこの点に関してあまりにも不注意であり、またあまりにも楽観的であった。たとえば碑文の性質を考慮することなしにいくつもの碑文の記述の内容を組合せてみたり、またヨーロッパ人による記述を、それがヨーロッパ人によって書かれたというだけの理由で事実を伝えたものであると過信するような例が多い。

（7）この論文では「建国神話」という用語は「国家あるいは王権の起源を説いた神話」と定義することにし、かつかなり広く解釈して用いている。したがって日本神話にふくまれる建国神話も、いわゆる天孫降臨から神武東征までの部分ばかりでなく、他の類似した形態を持つ神話・説話類をもとりあつかっている。

（8）問題となるのはこれらの資料が一見歴史書ふうの体裁をとっていることである。したがって、従来の研究ではこれらの史料がどの程度忠実に史実を記録しているのかどうかという点だけが問題とされ、ことなった観点からその内容を分析するという作業はほとんど行なわれていない。

(9) ここでは「書く」ということの意味が問われなければならない。オーラル・コミュニケーションが基本である社会にとって、「文字を用いて記録する」という行為はきわめて非日常的な、したがって神聖な行為であり、それを支配するのは神話的な観念である。記録された事実・事件はそれが重要だから記録されているのではなく、記録される必要があったから記録されたのである。この点が東南アジア史を研究する場合、日本史などともっとも異なるところである。

(10) エリアーデ、一九六九、五九—六三ページ。

(11) 同右、一二—一六ページ。

(12) 山本、一九三九、松本、一九四二、松本、一九六八などを参照されたい。

(13) これに先立つものとして梁の蕭子顕の編纂した『南斉書』五八列伝三九の中の「南夷伝」があるが、統一的な記述をしようという意図はまだみられない。

(14) 林邑・扶南は本文を参照のこと。盤盤はマレー半島東海岸のバンドン湾(Wheatley 1950. p. 50.)、丹丹国はおなじく半島東海岸のトレンガヌ河の河口附近 (Ibid., p. 55.)、于陀利はスマトラ西北部か (Wolters 1967, pp. 162-3)、狼牙修はランカスカで、現在のパタニ附近、婆利はバリ島、中天竺はインド、師子はセイロンである。

(15) 欧米の学者の代表的な見解はセデス、一九六九、四五—八四ページ、Coedès 1968, pp. 36-45 を参照。日本人学者の見解は和田、一九七〇、四四四—四四八ページを参照。

(16) 扶南王国の成立年代に関しては諸説があるが、ここでは和田、一九七〇、四四七—四四八ページによる。

(17) セデス、一九六九、六九ページ。Coedès 1968, p. 36. なお都は現在のタプノムにあり、その外港がオケオであった。その考古学的発掘の結果に関しては、山本、一九六六、一三四—一三九ページを参照。

(18) 山本、一九六六、一二九—一三四ページ。

(19) 和田、一九七〇、四五五—四五六ページ。

(20) 中国正史の引用はすべて百衲本により、その通巻と丁数とでその箇所を示す。『梁書』五四、八a—b。

(21) Coedès 1968, pp. 37-8.
(22) 二〇九ページの記述および注(40)参照。
(23) Brown 1970, p. 101.
(24) 扶南の内陸部にあった国と思われる(Wolters 1967, pp. 259―60)。
(25) 『梁書』五四、七a―b。
(26) これと関連して十四世紀後半のスマトラ西北部のパサイにも似たような習慣のあったことを指摘したい。『島夷誌略』須文答那国の条に、「〔国王は〕毎年十数人を殺してその血を浴びる。そうすれば絶対に病気にならないので、住民は彼に畏服している」(『島夷誌略校注』七一b)と述べられている。おそらく国王の肉体は魔力をおさめる容器と観ぜられ、永遠の生命を持つ魔力をおさめるのにふさわしく永遠の生命を保たせるために血を啜ったり浴びたりして、エネルギーの補給につとめたのであろう。
(27) 大林、一九七三、二〇一ページ。なお「徼」というのはマライ半島原住民の間で「遠い」を意味するny, njaの翻訳であると考えることもできる。この徼国を東インドの実在の地名に比定しようとする試みがあるが(和田、一九七〇、四四五ページ)、この記述の性質を考えるとき、こうした比定は無意味なものとなろう。
(28) 大林、一九七三、二〇〇―二〇一ページ。
(29) 「柳葉」は「椰葉」つまり「椰子の葉」の誤りであるとする説がある(杉本、一九五六、三三二―三三五ページ)。その通りだと思うが、この論文では便宜上柳葉で統一した。
(30) Neumann 1972, pp. 98-9, 240-67.
(31) ここでは柳葉の持つ神秘的な能力が王統の出身であるという血統の観念によっておきかえられているものと考えられる。二二五ページを参照のこと。
(32) 大林、一九七三、三二―三七ページ参照。
(33) この七人の子に分治させるという記述は東南アジアの他の建国神話には例を見ないものであるが、『スヂヤラ・ムラユ』にはムンカッサル(マカッサル)王が七人の姉妹と結婚するという記述がある(Brown 1970, p.90)。

(34) これを奴隷と解釈する説があるが（和田、一九七〇、四五三ページ）、なお慎重を期したい。
(35) 現在の中部ベトナムの一部に相当するものと思われる。
(36) 『梁書』五四、二b—三a。
(37) これと関連して、注(26)に述べたパサイには王殺しの習慣のあったことを指摘したい（フレーザー、一九六六、第三巻、二四九—二五〇ページ）。永遠の魔力をおさめる容器としての王という観念から、その容器を一定の手続によって破壊し（つまり王を殺し）、その魔力を奪い取るという観念が発生するのは自然である。パサイの王殺しについては、ベンガルの習慣の輸入であるという説もある（ピレス、一九六六、二六五—二六九ページ）。むしろこれはベンガル湾周辺の各地に広く分布していた習慣ではなかろうか。
(38) 『梁書』「倭国伝」の冒頭に「倭は自ら〔呉の〕太伯の子孫であると称している」（和田清、一九五一、九四ページ）という記述のあることを指摘したい。
(39) ここで神話を伝承しているものと、伝承されている神話を伝聞しているものとの立場の相違が問題となる。つまり、神話を伝聞している者がその神話にさまざまな他の要素を結びつけ、元来の神話とはことなった形の一種の説話を形成して行くことがあったと考えられるのである。建国の始祖に文化の起源を結び付けて成立したのが文化英雄のイメージではなかろうか。
(40) 文化英雄が建国の始祖となるという考え方もあるが（大林、一九六一、二九五—二九六ページ）、ジャワの歴史記述の変化を時代を追って通観してみると、文化英雄（具体的にはアジ・サカ王など）が国家神話、とくに建国神話に結びつけられるのは十八世紀に入ってからであると考えられる（アジ・サカ王はラッフルズの記録にはじめて現れる。Raffles 1830, II, 72 なお Krom 1931, p. 92, n. 2 を参照）。したがってこれはきわめて後世的な現象であると考えられる。またこの論文に取扱った建国神話の中でも、文化英雄は漢文史料にしか——つまり外国人による記録にしか現れないことに注意したい。
(41) 『南斉書』五八、九b。
(42) 和田、一九七〇、四五五ページ。
(43) 『南斉書』五八、九a。
(44) 西暦七八年を紀元元年とするインドの紀年の一種。クシャン王朝のカドフィセス二世の即位を記念したものといわれている。
(45) 国王の在位年代はすべて Coedès 1968 による。
(46) 「ミソン Mi-son 碑文」Finot 1904, Coedès, 1912.
(47) 「ミソン碑文」一六―一九節。
(48) 通説ではカウンディニヤは混塡に比定されている (Coedès 1968, p. 37.)。ここでは杉本、一九五六、三四三―三五一ページの説に従う。
(49) 『梁書』五四、一〇a。
(50) 注 (40) 参照。
(51) Coedès 1916.
(52) 山本、一九三九、二八三ページにはことなった解釈が見られる。『マヌの法典』第六章一四―一九節。田辺、一九五三、一八〇―一八一ページ。
(53) Goloubew 1924.
(54) セデスのいう第二次のインド文明の流入がこれに相当する (Coedès 1963 pp. 55-6)。
(55) 八、九世紀ごろ南インド西海岸のマラバール地方にバラモンが進出し、ヒンドゥー教が伝えられた時に、これとほぼ同じ現象が起っている (中根、一九五八、一五一―一七ページ)。
(56) シヴァ神の一形態。おそらくはリンガの形で表現されていたものと思われる (セデス、一九六九、七八―七九ページ)。
(57) バヴァヴァルマンの町、すなわちクメール王国をさす (Finot 1904, p. 923, n. 1)。
(58) 「ミソン碑文」一―二六節。
(59) ここに示された王統が決して一連の王統ではないということをとくに指摘しておきたい。
(60) このあたりの史実は漢文史料によってかなり詳しく明らかにすることができるが (杉本、一九五六、一七九―二〇一ページ)、実際に王位をめぐる混乱があり、ジャッガダルマは臣下に擁立されたような形をとっている。
(61) この論文では便宜上カンボジャ王国で統一した。

(62)「バクセイ・チャムクロン Baksei Camkron 碑文」。Coedès 1952, pp. 88-91.

(63) 同右、一一—二〇節。

(64) セデス、一九六九、一〇五ページ。

(65) Coedès 1968, p. 100.

(66)「スドク・カム・トム Sdok Kak Thom 碑文」Finot 1915.

(67) サンスクリットとクメール語の両テキストを対比してみると、その内容にかなりの出入があり、大きな問題を提起している。これに関しては別の機会にゆずりたい。

(68) パラメシュヴァラという諡号で記されているが、便宜上読みかえた。

(69)「マヘンドラ山」の意味である。

(70)「スドク・カク・トム碑文」五六—七八節。

(71) ここにいう「ジャワ」はいうまでもなくインドネシアのジャワではなく、常世の国的な性格を持つものであろう。これと「バクセイ・チャムクロン碑文」のジャヤヴァルマン二世の出自に関する記述（2、3）を比較すると、後者のほうが神話としてはより後世的な形をとっていることは明らかである。

(72) Coedès 1968, pp. 101-2.

(73)「スドク・カク・トム碑文」、三一節。

(74) 二一五ページ参照。

(75) カンボジャに対するジャワの影響は七世紀の中頃からはじまっている。これに関しては Dupont 1952, pp. 152-7 にまとめられている。一般的に云ってジャワは東南アジアにおける文化的な先進地域であり、この状態はずっと後までも続いている。ここに述べた「宇宙の帝王」型の建国神話とともに、アンコール時代の都市、寺院の正方形のプランおよびそれに象徴される四方的な世界観（ハイネゲルデルン、一九七二、二六七—二七〇ページ）もジャワから伝えられたもののように思われる。

(76)「スドク・カク・トム碑文」、四三—四六節。

(77)「スタリグラマ Staligrama 碑文」Dupont 1952, p. 132 による。私はここではジャヤヴァルマン二世が実際にカムブジャラクシュミーという名前の妃を持っていたかどうかを問題にしているのではなく、スールヤヴァルマン一世時代にそのような考え方があったという点を問題にしているのである。

(78)「ロヴェク Lovek 碑文」Dupont 1952, p. 150 による。

(79) 系譜という観点から見れば、「パクセイ・チャムクロン碑文」のほうが素朴な形態を保っている。しかし両者の最大の相違はこちらのほうには聖婚という観念が見られないことである。

(80)「タ・プロム Ta Prohm 碑文」Coedès 1906, p. 45.

(81) この王室付きバラモンという観念はタイの宮廷にとり入れられているが、バラモンはそこでも単に儀式の執行者としての機能しかはたしていない。これはカンボジャにおいてすでに堕落していた形式をそのまま輸入したためではないだろうか。

(82)『梁書』五四、一〇a。白浄王は浄飯王すなわちシャカの父であろう。

(83)『島夷誌略校注』四七b。

(84)『瀛涯勝覧校注』一二ページ。

(85) Brown 1970, p. 112.

(86) Coedès 1968, p. 145.

(87) Kern 1917, pp. 102-14.

(88) 原文の欠除している部分。以下同じ。

(89) エルランガに同じ。

(90)「頌徳碑」、五—一四節。

(91) Kern 1917, pp. 91-7.

(92) ここはインド的な宇宙観、すなわち宇宙はくりかえし創造され、破壊されるという観念の影響が見られる。まさに宇宙は国家であり、国家は宇宙であった。

(93)「讃歌」、一四節。

(94)「同右」、一一—一三節。なおこのウダヤナをバリ島の王子とする説もあるが（Coedès 1968, p. 129.）、そのような比定が可能かどうか疑問である。

(95) Brandes 1920, p,97.

(96) 『パラトン』のケン・アンロクに関する記述 (Ibid., pp. 45-65) はしばしば参照するので、要約を掲げておいた。以下「要約」として参照する。

(97) 「要約」1。

(98) 「要約」7。

(99) 「要約」6。

(100) 「頌徳碑」、八節。

(101) 「讃歌」、一五節。

(102) この山は陽邁型の建国神話に現れる、黄金を生ずる山と同じものであろう。

(103) 「讃歌」、一五節。

(104) 「要約」4。

(105) 同右、4および6・7。

(106) Brown 1970, pp. 51-4.

(107) 二〇七ページ参照。

(108) 「讃歌」一三一―一三〇節。

(109) これが東西南北の四方を征服するというのが基本的な形態なのか、それとも三方、ないしは三地点を征服するというのが基本的な形態であったのかは問題である。なお検討してみたい。

(110) 二三四ページ参照。

(111) ボロブドゥルの宇宙論的な解釈についてはエリアーデ、一九六九、三三二ページを参照されたい。

(112) ジャワ島の西部はスンダ地方と呼ばれ、民族、言語などジャワとはまったくことなっている。

(113) 和田、一九七〇、四七三ページ。

(114)『諸蕃志校注』一三ページ。

(115)『島夷誌略校注』五七a。

(116) Brown 1970, pp. 13-5.

(117) 従来シュリヴィジャヤ王国は海上貿易を支配下に置いた海上帝国であるとされて来た(和田、一九七〇、四六五ページ)。海上貿易を支配下においていたことはたしかであろうが、基本的にはやはり農業国家であったと考えるべきであろう。

(118) Porée-Maspero 1950, p. 247, n. 2

(119) ポルトガル人トメ・ピレスは一五一二年から一五年までマラッカに滞在し、その間に『東方諸国記《スマ・オリエンタル》』を著した。本書にふくまれているマラッカ王国の歴史に関する記述は重要なものであり、この論文では『スヂャラ・ムラユ』に準ずる史料として採用した。

(120) ピレス、一九六六、三七九―三八〇ページ。

(121)『隋書』八二、三a。

(122)『新唐書』二二二下、五a。

(123) Porée-Maspero 1950, pp. 251-2. に代表的な例が集められている。たとえば水真臘・陸真臘、水舎・火舎など。マラッカ王国で西を風上の地方、東を風下の地方と呼ぶこともこれと関連があろう。また東南アジア群島部では、二つの都市が非常に近接して存在していることがあるが(サムドラ=パサイ、グリッシ=ジョルタンなど)、これもこうした双分的な世界観と関連があろう。

(124) Brown 1970, pp. 15-7.

(125) 現在のインドネシア語はマレー語を基礎として成立した言語である。

(126) Hill 1960, pp. 107-14.

(127) 本書はそれぞれ独立した三つの部分から成っている。この論文ではその第一部「パサイ王国史」のみを取扱う。

(128) サムドラはおそらく海を意味するサンスクリット Samudra から来た地名であろう。ちなみにスマトラという名称はこれに由来している。ここでは意味のわからなくなった地名を説明する地名説話として語られているが、実際に動物の名称をつけた地名があり（たとえば水牛を意味するバンテンなど）、こうした命名の行為が神話の一部をなしていたことはあきらかである。

(129) ピレス、一九六六、三八〇―三八八ページ。

(130) 「要約」7。

(131) Brandes 1920, pp. 64-5.

(132) 二二六ページ参照。

(133) いわゆる海マライ人（Orang Laut）である。

(134) Brandes 1920, pp. 87-8.

(135) Ibid., pp. 89-90.

(136) ピレス、一九六六、三八七ページ。これらも一種の地名説話かも知れないが、ほかにも植物の名前から命名された地名があるので、A型の場合と同様にこれも神話の一部であると考えられる。

(137) ここでは私は『古事記』が日本神話の体系の発展の一つの段階を示すものと考えている。したがって記録されているかどうかは別として日本神話の体系が別に存在し、『古事記』はその一部分を記録しているという考え方はとらない。

(138) 附随的な要素として除去したのは、(1)系譜的な記事、(2)オオタタネコの出生譚、(3)オオビコノミコトとタケハニヤスノミコトとの闘争の説話などである。

(139) 二二三―二二四ページ参照。

(140) 二二四―二二五、二二七―二二八ページ参照。

(141) 『日本書紀』上、二二〇ページ注四。

(142) 同右、五六六ページ注一〇五。

(143) 「崇神紀」十年九月丙午の条には四人の将軍が東、北、西および丹波に派遣されたと記されている。『古事記』の場合の三方面への派遣がここでは四方面と変化している。

(144) ただしこれが連続的な系譜である必要はない。それは「ミソン碑文」などの例からもあきらかである（二一五ページ参照）。この九代の天皇の名前には後世的なものとそうでないものがあるが、おそらく記紀編纂の際に原帝紀にあった名前に新しいものを加え、数に合わせたのであろう。

(145) 1と2との間にはいわゆるヤチホコ歌謡群と系譜的な記事が挿入されている。これらは別系統の記事と考えられるのでここでは除外して考えることにする。

(146) 大林、一九七三、一九七—二〇〇ページ。

(147) 三品、一九七二、七二—七四ページ。

(148) これをもって応神を征服者ないしは九州地方出身の新王朝の創始者であったと考える説がある（たとえば井上、一九六〇、一九八ページ以下）。まことに魅力的な説であるが、神話的な性格を持つ応神記・紀の記述だけからこのような推論を行なうことは危険にすぎよう。

(149) 太田・神田、一九六二、上、二七五ページ注二。

(150) 『日本書紀』上、九六ページ。

(151) 三品、一九七〇、二一六ページ。

(152) 二一一ページ参照。

(153) 大林氏の説くように、ここには「好太王碑文」に見える高句麗の建国神話の影響を考えるべきであろう。神話の比較に際して、その内容を単純に比較することの危険性を指摘しておきたい。

(154) 三品、一九七〇、二三〇—二三一ページ。

(155) 応神の生誕から新羅遠征、大和への進出などの記述は元来「新羅征討物語」としてまとめられていたものと考えられている（『日本書紀』上、六〇六—六〇七ページ注一）。おそらくこれはたとえばホヲリノミコトの（すなわち神武の）海宮遊幸の物語をふくむ建国神話を基本的な構成として、応神のころに行なわれた新羅遠征を叙述したものであろう。ここに歴史記述の形態について日本と東南アジアとの類似性を見ることができる。

(156) 太田・神田、一九六二、上、一四五—一四八ページ。

(157) 「要約」9。

(158) 「清寧記」には系譜的記事のほかには記事がない。この王統は雄略で断絶したのではなかろうか。

(159) 太田・神田氏はこの部分の記述をいわゆる新層（太安万呂によって執筆された部分）と見做しておられる。太田・神田、（一九六二、下、二八〇―二八一ページ）。

(160) 太田・神田、一九六二、下、二九〇ページ注一〇。注。

(161) 私はここではオホホド・ヲホドの兄弟が一人に収斂しているものと考えるのである。

(162) ここで『記・紀』の編集の原材料となったといわれる旧辞の性格が明らかとなる。それはまさに仁賢・顕宗、継体にはじまる新王統の建国神話として編集されたものと考えられる。

（引用文献）

石田、一九四五。石田幹之助『南海に関する支那史料』、東京　生活社、三二七ページ。

井上、一九六〇。井上光貞『日本国家の起源』東京　岩波書店　二四〇ページ（岩波新書）。

エリアーデ、一九六九。ミルチャ・エリアーデ著風間敏夫訳『聖と俗・宗教的なるものの本質について』　東京　法政大学出版局　二五八ページ。

太田・神田、一九六二。太田善麿・神田秀夫校註『古事記』　東京　朝日新聞社　二巻（日本古典全書）。

大林、一九六一。大林太良「チモールの諸王国」『東京大学東洋文化研究所紀要』二五、二四七―三五四ページ。

大林、一九七三。大林太良『日本神話の起源』　東京　角川書店　三一三ページ（角川選書）。

杉本、一九五六。杉本直治郎『東南アジア史研究・I』　東京　日本学術振興会　八一七ページ。一九六八再版　東京　巌南堂。

セデス、一九六九。ジョルジュ・セデス著辛島昇他訳『インドシナ文明史』　東京　みすず書房　三二九ページ。

田辺、一九五三。田辺繁子訳『マヌの法典』　東京　岩波書店　一九五三　三八二ページ（岩波文庫）。

中根、一九五八。中根千枝「ナヤール大家族制の崩壊について」『東京大学東洋文化研究所紀要』一四、一―一三一ページ。

『日本書紀』。坂本太郎他校註『日本書紀』　東京　岩波書店　二巻　一九六五―六七（日本古典文学大系）。

ハイネ＝ゲルデルン、一九七二。ローバート・ハイネ＝ゲルデルン著大林太良訳「東南アジアにおける国家と王権の観念」　大

林太良編『神話・社会・世界観』　東京　角川書店　二六三―九〇ページ。

ピレス、一九六六。トメ・ピレス著生田滋他訳注『東方諸国記』　東京　岩波書店　一九六六（一九七三再版）　六一三ページ（大航海時代叢書V）。

フレーザー、一九六六。フレーザー著永橋卓介訳『金枝篇』第二巻　東京　岩波書店　三三六ページ。

松本、一九四二。松本信広『印度支那の民族と文化』　東京　岩波書店　三七三ページ。

松本、一九六八。松本信広『東亜民族文化論考』　東京　誠文堂新光社　八一〇ページ。

三品、一九七〇。『三品彰英論文集　第一巻　日本神話論』　東京　平凡社　三六九ページ。

三品、一九七二。『三品彰英論文集　第四巻　増補日鮮神話伝説の研究』　東京　平凡社　四五五ページ。

山本、一九三九。山本達郎「印度支那の建国説話」　史学会編『東亜交渉史論』上　二六一―三一四ページ。

山本、一九六六。山本達郎「古代の南海交通と扶南の文化」『古代史講座・13・古代における交易と文化』　東京　学生社　一二五―一四四ページ。

和田、一九七〇。和田久徳「東南アジア諸国家の成立」岩波講座『世界歴史・3・古代3』　東京　岩波書店　四四一―四九八ページ。

和田、一九五一。和田清・石原道博編訳『魏志倭人伝・後漢書倭伝・宋書倭国伝・隋書倭国伝』　東京　岩波書店　一二六ページ（岩波文庫）。

『梁書』、『南斉書』、『隋書』、『旧唐書』、『新唐書』　いずれも百衲本による。

『諸蕃志校注』　馮承鈞（史地小叢書）

『島夷誌略校注』　藤田豊八（雪堂叢刻）

『瀛涯勝覧校注』　馮承鈞（史地小叢書）

Brandes, 1920 : J. L. A. Brandes : *Pararaton (Ken Anrok) of het Boek der Koningen van Tumapel en van Majapahit.* Tweede Druk. 's Gravenhage & Batavia. 343pp. (Verhandelingen van het Bataviaasch Genootschap van Kunsten en Wetenschappen, XXII)

Brown, 1970: C. C. Brown: *Sejarah Melayu or Malay Annals.* An annotated translation by C. C. Brown with a new introduction by R. Roolvink. Kuala Lumpur, & c., Oxford University Press. xxxv, 273pp. (Oxford in Asia Historical Reprints)

Coedès, 1906: G. Coedès: "La stèle de Ta-Prohm", *BEFEO,* VI, 44-85.

……, 1911: Do.: "Etudes cambodgiennes. I. La Légende de Nagi'", *BEFEO*, XI, 391-3.

……1912: Do.: "Note sur deux inscriptions de Champa. I. La Stèle III de Mi-son", *BEFEO,* XII-8, 15-7.

……, 1952: Do.: *Inscriptions du Cambodge,* IV. Paris, E. de Boccard. 268pp. (Ecole française d'Extrême-orient: Collection de textes et documents sur l'Indochine, III)

……, 1968: Do.: *The Indianized States of Southeast Asia.* Edited by Walter F. Vella. Translated by Susan Brown Cowing. Honolulu, East-West Center Press. xxi, 403pp.

Dupont, 1952: Pierre Dupont: "Etudes sur l'Indochine ancienne, II", *BEFEO,* XLVI-1, pp. 119-176.

Ferrand, 1913-14: Ferrand, Gabriel: *Relations de voyages et textes geographigues arabes, persans et turks relatifs à l'Extrême-Orient du VIIIe au XVIIIe siècles.* Paris. 2 vols.

Finot, 1904: Louis Finot: "Notes d'épigraphie, XI. Les inscriptions de Mi-son", *BEFEO,* IV, 897-977.

……, 1915: Do.: "L'inscription de Sdok Kak Thom", *BEFEO,* XV, 2, 53-106.

Goloubew, 1924: V. Goloubew: "Mélanges sur le Cambodge ancien, I. Les légendes de la Nagi et de l'Aspara", *BEFEO,* XXIV, 501-10.

Hill, 1960: A. H. Hill: "Hikayat Raja-Raja Pasai. A revised romanized version with an English translation, an introduction and notes", *JMBRAS,* XXX-2. 214 pp.

Kern, 1917: H. Kern: "De steen van den berg Penanggungan (Surabaya), thans in 't Indian Museum te Calcutta. Met Sanskrit-inscripitie en Oudjavaansche inscriptie van 963 çaka; ter eere van Vorst Er-langa". *Verspreide Geschriften,* VII, 83-114.

Krom, 1931 : N. J. Krom : *Hindoe-Javaansche Geschiedenis.* Den Hage, Martinus Nijhoff. 505 pp.

Neumann, 1972 : Erich Neumann : *The Great Mother. An analysis of the archetype.* Translated from the German by Ralph Manheim. Princeton, Princeton University Press. xliii, 379, 185 pp (Bollingen Series, XLVII)

Porée-Maspero, 1950 : Eveline Porée-Maspero : "Nouvelle étude sur la Nagi Soma", *JA*, CCXXXVIII, 237-67.

Raffles, 1830 : Raffles, Thomas Stamford : *The History of Java.* Second Edition, London, 1830. 2 vols.

Wheatley, 1960 : Paul Wheatley : *The Golden Khersonese. Studies in the historical geography of the Malay peninsula before A. D. 1500.* Kuala Lumpur, University of Malaya Press. xxxiii, 387 pp.

Wolters, 1967 : O. W. Wolters : *Early Indonesian Commerce. A study of the origins of Srivijaya.* Ithaca, Cornell University Press. 402 pp.

ポリネシアの創世神話について

青柳真知子

一、日本神話との関連

すでに明治三十二年、高山樗牛は、ポリネシア神話と古事記の間に多くの類似があることを指摘して日本民族の南方起源説を主張した。彼によれば、

「……ポリネシアの世界創造説に曰く、世界の初めには天と海とありて地なし、天の神タンゴラ Tangola、すなわち一片の土塊を天より下せしに、凝りて地となり、漸次拡張す（プライデレル「宗教哲学」第一巻四五〇ページ）。また曰く、天神タンゴラ天より糸を垂れて海底の地を釣る、然れども糸常に半ばにして切断す。故にポリネシアの群島成れり。……かくのごとく、その神話の始めに、地質上の発達を混淆せるものはポリネシアとわが邦あるのみ。」(1)

これをうけた高木敏雄は、明治三十七年日本神話の海洋的特質を強調して次のように考えた。日本神話の天地開闢説は、一種の啓発説、あるいは一種の進化論であって、天地の剖判《ほうはん》を説く支那哲学やバラモン

哲学とは異なり、ハワイその他の南洋神話の啓発説に似ているという。(2)

この当時の論考においては、日本神話と南洋——とくにポリネシアを指しているらしいが——の類似が論ぜられてはいても、そのポリネシア神話の実体が非常に曖昧であって、どのような点がどの程度まで類似しているのか不明であった。(3)これをもう少し進めて日本神話の中のポリネシア的要素を考究したのが松本信広である。松本は、ここでローランド・ディクソンによるポリネシア創世神話の分類、すなわち系図型または進化型と創造型の二型を使用しているので、最初にディクソンの分類について記述してみよう。彼によれば系図型または進化型とは、大体次の通りである。(4)

原初にポ（po）とよばれる虚無あるいは混沌がある。これには光も熱も音も形態も運動もない。やがて暗黒の中にわずかな動きが生じ、うなり、囁きが起る。次に夜明けのようなかすかな光が現れ、次第に真昼のように明るくなる。熱と湿気が生じ、これら諸要素の相互作用から実体と形相が出現する。それらは次第に凝固して、やがて堅固な大地とそれを掩うアーチ型の大空の形をとるようになり、「天なる父」「地なる母」に擬人化されるようになる。原則として、この時点で進化の継起は止まり、以後のあらゆる物——自然現象も無数の神々も——は、この天なる父と大地あるいはその他の女神の子孫として生み出されるという形式をとる。

ディクソンは、ポリネシア南端に位置するニュージーランドを、この地域の中でもっとも古い文化を保持している島の一つと考えていたようであって、ニュージーランドに住むマオリ族の神話を系図型の典型とみなした。ここに引用されているマオリ神話の一例は次のようなものである。

初めに虚無があり、以下第一の虚無、第二の虚無、第三の虚無、広大な虚無、より広い虚無、しなびた虚無、何も持たない虚無、喜ばしい虚無、しっかり固定された虚無、夜、ぶら下った夜、漂う夜、うめく夜、騒がしい眠り、娘、夜、夜明け、永続的な日、明るい日、空間と続いていく。

この空間の中に形のない二つの存在、湿・男性と天の大きな広がり・女性が生じた。またこれらから諸天が生まれ、パパ（papa 大地の基盤）を妻として諸神を生む。虚無から空間までは、すべて先行するものから後続するものが生まれたことになっており、系図型神話の特徴がよく現われている。このような系図・進化型マオリ神話にもっともよく似ているのは、マルケサス島の物語で、原初の虚無から、さまざまの状態を経て空間と光が現われる。マオリのものと比較すると、よりいっそう進化的・発展的ですらあるという。

次にハワイを眺めると、ここでは創世はいくつかの段階に分かれる。第一の段階では、生命が影のある蒼空と暗黒の夜から生まれてくる。ハワイではマオリでみたような漠然とした一連の存在がなく、いきなり生命が生じてくるのが異なっている。最初に現われたのは、ヒトデやサンゴで、次にうじ虫やエビ、カニなどが続いた。新らしく生まれたものは次々と前のものを滅ぼし、強い者が生き残った。動物の進化と並んで、植物の進化も進められ、海藻類についで、海草やトウシン草類が現われる。次々と新らしい形態が生じ、滅びた屍体が積み重なって、陸地が海の上に姿を現わした。前世界の唯一の生き残りはタコであるという。

次の時代には「暗黒の夜」と「広く掩った夜」が、葉のある植物、昆虫、鳥を産んだ。その間に暗闇の中に、最初のかすかな日の明るみが現われる。あらゆる自然が出産の苦痛に苦しんでいる。

第五の時代になると、ハワイ人にとって非常に貴重な豚が現われ、夜と昼が分離した。第八の時代になって初めて女性が生まれ、また男性やその他の神々も生じてきた。このハワイの物語は前述のマオリ・マルケサス神話とは、かなり異なる骨組を有しているが、進化型の傾向ははっきり読みとれるとディクソンは考えている。

もう一方の創造型神話では、原初、神が天上に住んでおり、その下に果しなく広がる海がある。神はこの海に向って石を投げる。石はやがて土地となり、この土地に天上から神々の子孫が降って来て人が住むようになるというのが大筋である。そしてこの型の典型がみられるのは西ポリネシアのサモアである。

天空からタガロア（Tangaloa）は広い海上に浮かぶ一つの石を見つけ、それを天上へ引上げる。神はその石を人間の形に作りあげ、生命を吹きこみ妻を娶らせる。彼女はやがて一羽の鳥を産んだので、神は下界に鳥を放し、海中に岩を投げて羽を休める場所を作ってやった。ほどなく鳥はタガロアのもとにもどり、その土地に日陰がないことを述べたので、タガロアは、つる草を投げ下す。それはやがて成長し日陰を作った。しかしその後タガロアは怒り、うじ虫を投げ下したので、その虫がつる草を食べつくした。やがてこの虫から人間が生じてきた。この物語の主要な特徴は、天上に神々の住む世界が初めから存在すること、そこから何かこの世界の基となるようなものが海上に投下されること、神の使者としての鳥の出現である。

同様の話は、トンガにも伝えられている。ここではタマ・ポウリ・アラマフォア(5)（天の王）のほかに、三人のタガロア、すなわちタガロアの長、職人のタガロア、伝令のタガロア、が天上に住んでいた。伝令タガロアは命令をうけて、この世に下り住むべき土地があるかどうかを探すため鳥に乗って出発する。長いことと飛び廻って波のくだけている砂州を発見した。天界にもどり、乾いた土地がないことを報告すると、七日待ってもう一度行くように命ぜられる。七日後に行くと土地はすでに波の上に隆起していた。その報告をもって天界にもどると、やや暫くしてもう一度行くよう命を受ける。その結果、彼の眺めた土地はすでに大地になっていた。伝令タガロアが、そこには休む場所がないことについて不平をいうと、職人タガロアに破片を落してもらうよう頼むことを教えられる。そしてエウア島（トンガタプ島の南端の島）が生まれた。天の神々は伝令タガロアにその土地に行って住むように命ずる。しかし間もなく彼は天上にもどり、そこには植物も樹木もないとのべる。タガロアの長は彼に植物の種子を与えるが、やがてこの種子から大きなつる草が生じ、すべての土地を掩うまでに成長した。

ディクソンによれば、この創造型の神話が主流となる地域は西ポリネシアのサモア・トンガのみで、ソサエティ諸島などでは、系図・進化型の神話の中に創造型神話の断片が見出されるのみである。一方、系図・進化型神話はニュージーランドやハワイを極として発達しており、中部もしくは西ポリネシアではいく分弱められて創造型と併存したりしているが、創造型に比してはるかに広い分布を有しているという。

松本信広は第一型の系図・進化型について、ポリネシアの独自発生説よりも、外来説に従うとし、この型の神話の起源は比較的古く流布も広かったであろうと推定している(6)。そして記紀にみえる創世では、葦牙のごとく萠騰《もえあが》る物から宇麻志阿斯訶備比古遅《うましあしかびひこじ》神、天之常立《あめのとこたち》神が生じたり、国常立神が生まれていくが、これら天地開闢神話に現われる神名は宇宙生成を比喩的に表わしたもので、これは明らかに系図・進化型神話の系統に属すると考えている。最初には次々と独神が生まれ、後に伊邪那岐・伊邪那美二神のような夫婦神が現われ、さらに諸物を生成していく点においてもポリネシア系図・進化型に類似している。しかし日本神話では、ニュージーランド神話のように最後に天と地が生まれ、両者の結合で万物が生じ、最後に天が押上げられるというこの型の物語に共通の筋が欠落している。

ところで一方、伊邪那岐・伊邪那美の二神のもっとも大きな所業は、周知のように国産みである。そしてこの国産みは二神が天の浮橋から天沼矛《あめのぬぼこ》を下してかきさぐると、その沼矛よりしたたる潮から国土が生成するという点で、先述のポリネシア神話第二型創造型に類似しているのであり、両者の中間に琉球の古代神歌オモロにみえる開闢神話を仲介させると両者の類似はさらに明瞭になる。

このような点から松本信広は、

「おそらく日本の開闢神話は、複合形であり、ポリネシア創世神話の第一型と第二型に当る二形式の接合であり、イザナギ・イザナミ神話から以降は、第二型すなわち創造型神話の形式を襲うておるためではあるまいか」（一六五頁）

と述べている。

二、キリスト教と神話

ポリネシア地域のように、完全にキリスト教化されてしまった地域にあっては、現在ではもはや新らしく神話を採集することは不可能である。したがって神話研究といえば、今までに採取された資料による以外には方法がないのであるが、それらがどの程度まで信頼できるかということになると明らかに聖書のやき直しと思われるものを除けば、判定は難かしいのが実状である。初期の頃、原住民と接触してそのような聞書をとったのがほとんどキリスト教の宣教師であったことを考えると、資料の信憑性はさらに低くなってくる。たとえ宣教師の側に原住民の物語を故意にキリスト教的に解釈しようという意図がなかったとしても、神話のように複雑な空想力の産物を異国の言葉や思考方式に翻訳すること自体、多大な無理があったろうし、彼らが自分たちの知識の枠組で原住民の語る事柄を整理してしまうようなこともあったかもしれない。加えて伝統知識の伝承者であった島の古老たちは、宣教師から伝道された聖書のでき事をそのまま覚えこむようになり、ハワイのケペリノ (Kepelino) やカマカウ (Kamakau) のように教育を受けた歴史家たちは、皮肉なことに自分たちの昔の物語を聖書の筋書に合わせて解釈することに興味を持ってしまった。(7)

テ・ランギ・ヒロアは、ある白髪の老人に会って、彼らの創造の物語を聞こうとした時のことを次のように述べている。(8)

「彼は聖書の天地創造に基いた新らしい物語を話してくれた。そこで私は『そうだ。それは私やあなた方が今、考えているものだ。しかし聖書が入ってくる前にあなた方の祖先たちはどんな風に考えていたのだろうか』と彼の話をさえぎった。彼は肩をちょっとすくめ、不承不承答えた。『一体異教徒がどんなことを考えようと、そんなことをどうしてあなたや私たちが知っていようか』」

宣教師エリスは、タヒチで次のような物語を記している。(9)

最初の一組の人間がタアロア（Ta'aloa）によって作り出された。タアロアはこの世を作った後、赤土から人間を創り出した。この赤土はパンの実が創り出されるまで人びとの食べものとなっていたという。タアロアはある日その男を呼んだ。男がやってくると、タアロアは彼を眠らせた。その間タアロアは彼の体から骨を一本とり出し、女を作った。女は男の妻となり、彼らは人類の祖となった。一八二〇年代この話を記録したエリスは、これが聖書のやき直しとしか思えないと考えたが、原住民たちは、自分たち本来の神話であると強く主張したと付加している。(10)

キリスト教の影響は島々によって変差があるだろうが、もっとも一般的な形では、神々のうち一神を至上神、最高神、創造者にまで昇格させたことであり、もう一つは神々に三位一体的解釈をあてはめた考え方を進めた点である。この二点が多神教社会に最高神信仰を導入する際にさしあたって必要な変更であるといえよう。

第一の点でみると、タヒチのタアロアのように、ハワイではカネ（Kane）が至上神となった。かつて同格であったク（Ku）、ロノ（Lono）の神々はカネの中に吸収され、一方カナロア（Kanaloa、タヒチのタナロ

ア と同じ)はサタンとなった。[11] またツアモツでは、アテア(Atea)が創造者の地位を得ている。アテアは天地およびそれらの中にある物すべてを作った。アテアはまた最初の人間であるチキ(Tiki)を砂から作り、チキのあばら骨からヒナ(Hina)を作り、チキの妻とした。やがてアテアの怒りから洪水が起り、陸が水びたしとなった。ラタ(Rata)は彼の妻と子供たち、動物、鳥とともに舟で逃げた。彼の三人の子供はそれぞれ三つの人種、白人、黒人、ポリネシア人の始祖となった。一つの塔がアテアに達するように造られた。アテアはその塔をこわし、人びとの言葉を、幾通りもの言語に作りかえたので、彼らはお互い同士理解することができなくなってしまった。[12]

ここで問題となる地域が三カ所ある。一つは、タガロアが創造者の地位を占めている、前述の西ポリネシアである。この物語はポリネシアの他の地域といちじるしく異なるので、キリスト教の影響か否かということが検討されなければならないが、タガロアをめぐる創世の物語が聖書の筋書きとは全く異なっているところから、これはキリスト教の影響によるものではないと考えてよいであろう。もう一つの地域はソサエティである。前頁にしるしたタヒチのタアロアの場合は、まさに聖書の通りであったが、それとは別にタアロアが創造者となる物語がソサエティには伝えられている。ヒロアによれば、これはソサエティ群島北部のライアテア島のオポア地区の神官の発明になるもので、最高の地位にある首長とその顧問の神官たちが、タアロアの直接系統をたどる集団に属していたのでこの神が選ばれて昇進したのだろうと解釈している。したがってこれもキリスト教の影響というよりは、地方的な発達と考えておいてよいであろう。タアロアの昇進はクック、ツアモツ、マンガレバなどの島々にまで及んだといわれる。後にオポアの神官たちは、タアロアの息子としてオロ（'Oro）を作りあげ、この新らしい神にも高い地位を与えたが、オロはソサエティ群島内部のみにとどまったようである。[13] 三つめはニュージーランドで、ここにも高神イオ・マツア（創造者イオ）とかイオ・マツア・タケタケ・テ・ワィオラ（永遠の生命付与の創造者）とよばれている高神イオ（Io）があり、ヒロアはこれも同じような道程をたどって高神の地位を得たものと考えている。[14]

次の三位一体的変更とは、ポリネシアの神々の中から三神を選び出し、これに父、子、精霊をあてはめる方法である。たとえばツアモツでは以前からタネはアテアの息子だと考えられていたが、それにさらにタガロアを霊として加えることによって、アテア、タネ、タガロアを三位一体としたのである。[15] またマルケサスの聖歌にはタナロアを歌った次のようなものがある。[16]

アテアの長子、彼の気高き御子が生れぬ。
おお偉大なる王子よ、おお聖なる優れし者よ。
おお気高き御子よ、神の力を持って生れし最初の者よ。
おお御子よ、父およびオノ（Ono 精霊）に等しく、
父、オノ、および御子の三者は同じ力に連なる。

三、いわゆる系図・進化型神話について

1 ツアモツの場合

次にキリスト教的要素にできる限り注意しながら、ポリネシアに広く分布する系図・進化型神話についてもう少し立入って眺めてみよう。最初にK・エモリーによって詳細に分析されているツアモツの例を引用する。(17)

ツアモツ神話の資料提供者として、エモリーが紹介するのはパイオレ(Paiore)である。彼はアナ(Anaa)島の高位の首長で、プロテスタントに改宗していた。フランス海軍士官X・カイエ(X. Caillet)は一八六九年から七〇年までツアモツに滞在し、彼からツアモツの創世神話を聞いた。これはT・ヘンリーによって『古代タヒチ』(一九二八年)に発表されたが、本来その物語に付随するはずであった図が紛失してしまっていたために、パイオレは一八六九年、もう一度図を書き直したのであった(第3図)。その後エモリーはふとした機会から、最初にパイオレがカイエに与えた図を手にすることとなった(第2図)。

この二枚の図にみられるもっとも大きな相違は、初めにカイエに与えたものでは三層の天をなしているのに対し、一八六九年の図では十層になっている点である。何故初期のものが三層であったか不明であるが、エモリーは、この図に合致するような説明を次のようなパイオレの言葉の中に求め、キリスト教的思考の影響と考えている。

『古代の伝誦によると、大地は三層から成り、その各層にはそれぞれの天があった。もっとも上層は幸福な霊魂のためのものであり、中層には生きている人びとが住み、第三の層には悩める魂がさまよっている。しかし多くの安らかでない魂は鳥をやとってそこから逃げ出す……』

その後エモリーは、パイオレがカイエに与えたと思われる三層の天が成立するまでの別の図解を発見した。この図は非常にわかりやすいので、次頁にあげるこの図（第1図）によって説明[18]を加えてみよう。

(1) 宇宙は一つの卵のようなものであり、その中にはテ・ツム（Te Tumu 基礎）とテ・パパ（Te Papa 大地の基盤）があった。

(2) イ、ついにその卵は爆発し、重なり合った三層が生じた。そして一番下が上の二層を押上げた。一番下の層にテ・ツムとテ・パパが残り、人間や動植物を作り出した。

ロ、最初の人間はマタタであったが、両腕がなく間もなく死んだ。次に生まれたのはアイツである。彼は片腕があったが両脚がなく、兄と同じくすぐ死んだ。次にホアテア（Hoatea で Atea と同じ）が生まれた。彼は完全な人間であった。次に女性ホアツ（Hoatu で Fakahotu と同じ）が生まれ、ホアテアの妻となった。彼らが人類の祖である。ホアテアとホアツの子孫は急速に増加したが、その中でもっとも有名なのはアイト（Aito）とその妻フェヌア（Fenua）である。

図中2ロにはこの頃生まれた人間や動植物が描かれている。1両腕のないマタタ、2両脚がなく片手のアイツ、3人類の祖ホアテアとホアツ、4その子孫のアイトとフェヌア、5蟻、6なまこ（形が人間に似ているところから尊敬されている）、7パンダナス、8犬、9豚、10バナナ、11ヤム芋、12むかで、13柑橘類の果実、14樹木の一種、15えび、16樹木の一種、17竹、18カヴァの木、19椰子

(3) 人口が非常に増加してきたので、ホアテアは彼らの上に掩いかぶさってる層を押上げて住む場所を拡げることを提案した。すべての人びとは賛成したが、アイトとフェヌアが反対し、彼らは従来通り横

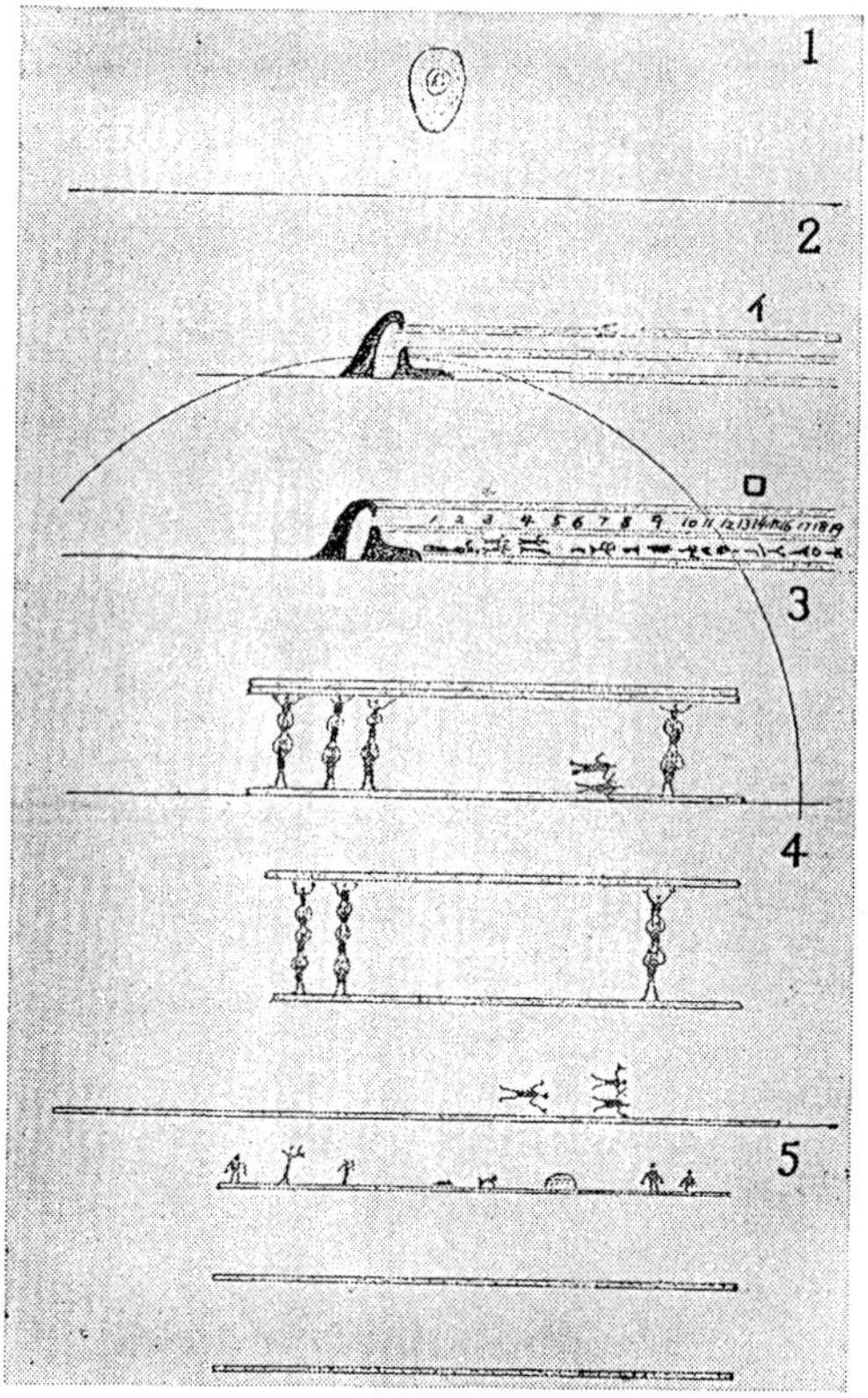

第1図

たわっていることを望んだ。力強い人々が両手で空を押上げ、次々と肩車をしながら押上げた結果、ついに丈の高い木が立つことができるまでになった。

(4) アイトとフェヌアはタガロア・イ・テ・ポ (Tangaroa-i-te-po) を生んだ。彼は後に下界を支配するようになった。アイトとフェヌアの足もとに横たわるのがタガロア・イ・テ・ポである。大地の一番下の層が創造物で充満した時、人びとは上層の真中に穴をあけ、動植物をたずさえてそこに上り、住むようになった。

(5) その後さらに第三の層も前と同様な方法で持上げ、そこに住むようになった。

第二図は、前述のようにかつてカイエが紛失し、『古代タヒチ』に収録されなかった図であり、第一図に続く物語の図化と思われる。(19) この図の下の部分に描かれている点線の丸いかこみが一図に述べた原初の

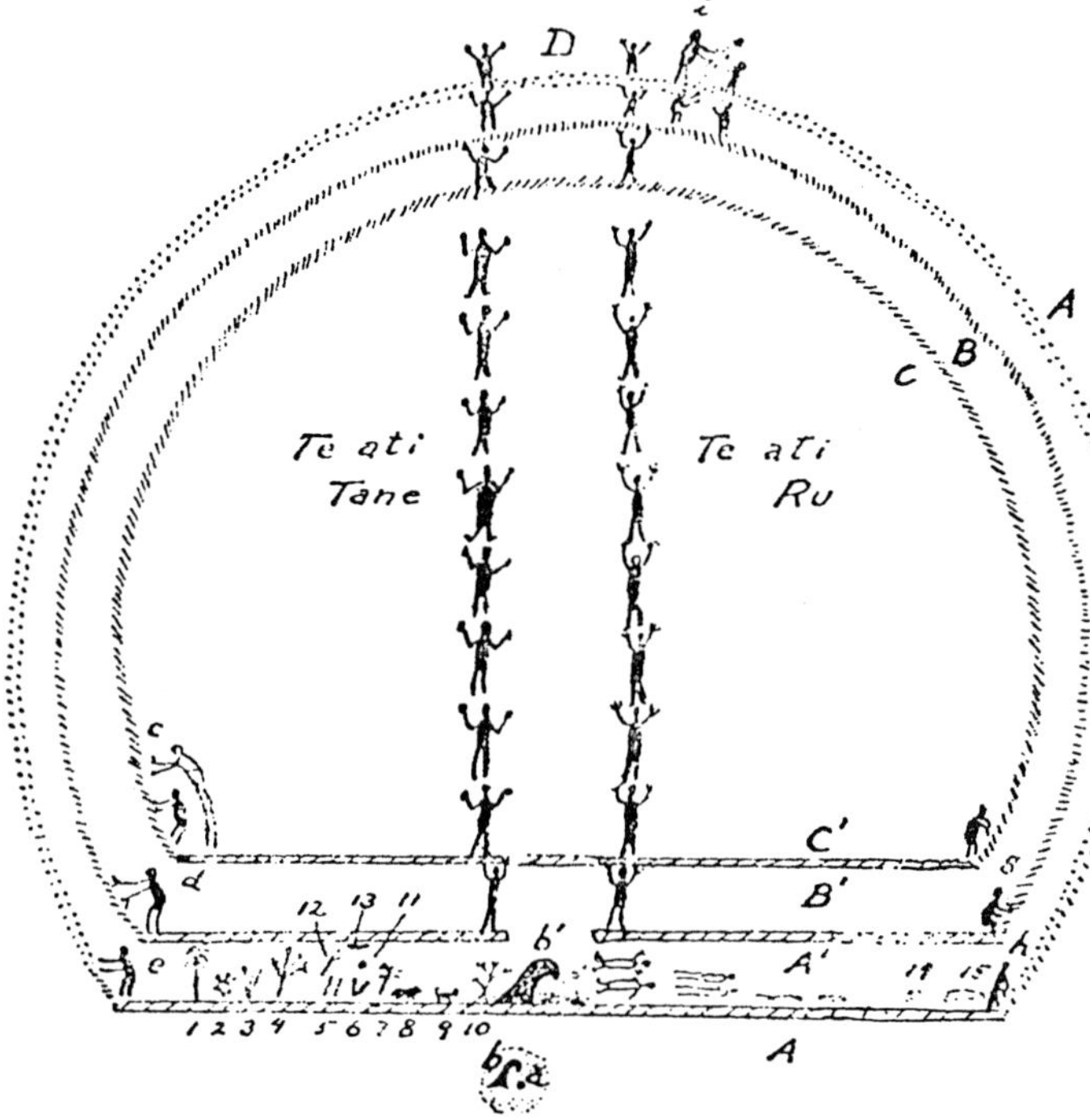

第２図

卵で、aはテ・ツム、bはテ・パパを示し、a′、b′はそれが爆発した状景をもう一度描いているらしい。cはアイトとフェヌア、dはホアテアとホアツ、eはマタタ、fはアイツ、iはタガロア・イ・テ・ポで、小数字は一図に述べた動植物がそのまま直立して描かれている。天を持上げている人びとは各列十二人であるが、左側はタネ（Tane）の列（大きなタネ、小さなタネ……）、右側はル（Ru）の列となっている。

次頁にあげる第三図は、紛失した図のさしかえとしてパイオレによって一八六九年に描かれた十層のものである。各層の名は次のよ

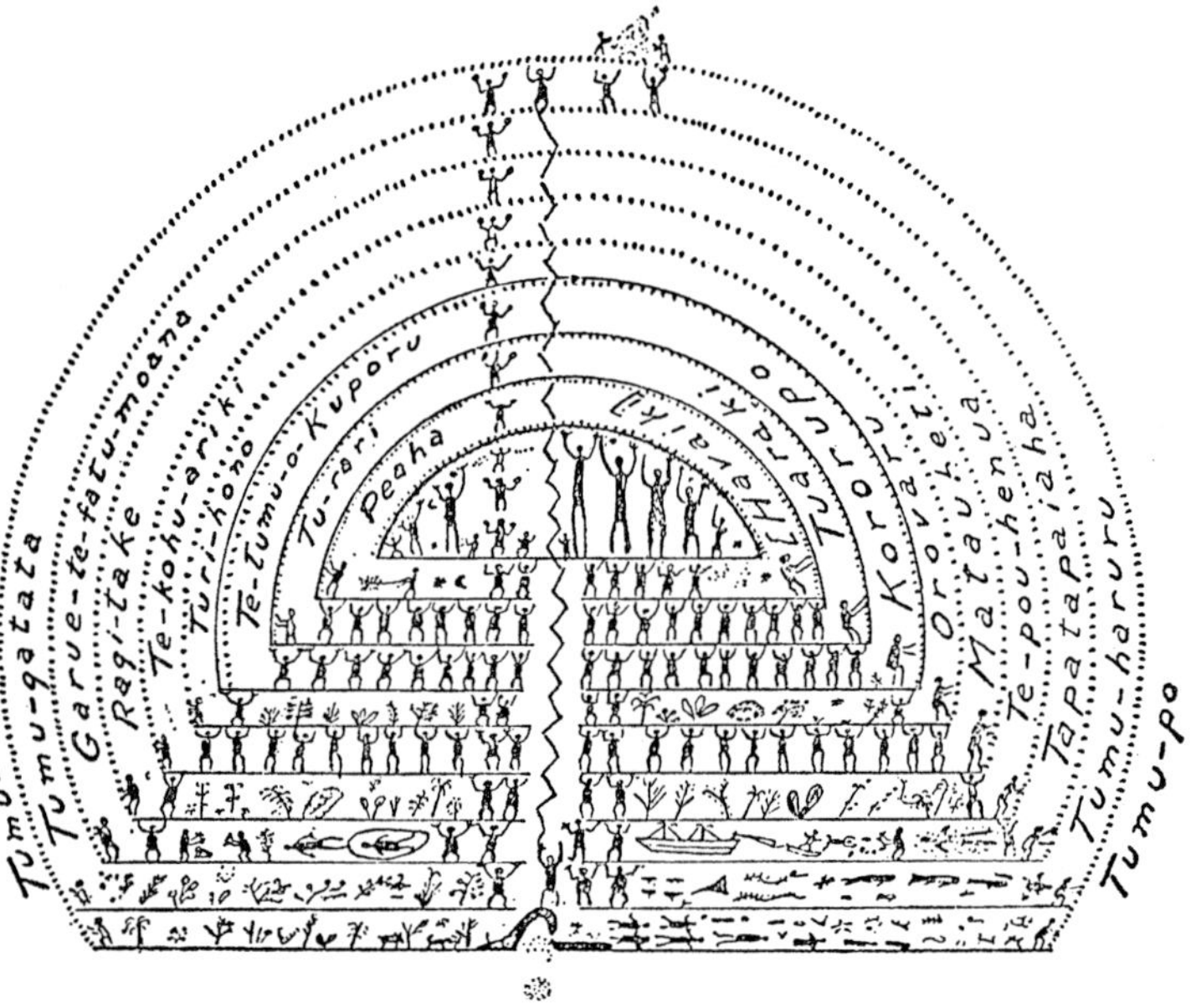

第3図

うになっている。(20)

天	大地
Tumu-ao	Tumu-po
Tumu-ngatata	Tumu-haruru
Ngarue-te-fatu-moana	Tapatapaiaha
Rangi-take	Te pou-henua
Te-kohuariki	Matauheti
Turihono	Orovaru
Te tumu-o-kuporu	Kororupo
Tu-rari	Tuaraki
Peaha	Havaiki
(Atea)	(Faka-hotu)

(図では十番目のアテアとファカフォツが省略されてしまっている。)

パイオレが何故一八六九年の図では世界を三層から十層に変更してしまってい

るのか、その理由は不明である。ツアモツのその他の島々の資料からみると十層の世界の方がより妥当にみえるので、このことをごく単純に考えれば次のようにいえる。すなわち先の三層の図はキリスト教的思考に影響を受けたパイオレが、もともと十層からなる創世神話を単に三層に縮少したのではないか。したがって十層の神話も三層の神話もその物語の組立てにおいて大差はないはずである。パイオレの話を中心に、ツアモツの創世神話をもう少し整理してみよう。

(1) 原初形態

宇宙は卵のようなものであり、その中に含まれているテ・ツム（基礎）とテ・パパ（大地の基盤）が人間や動植物を産み出す。図ではテ・ツムは岩のように、テ・パパは折れ曲った鉤のように描かれている。

(2) 生成の過程

テ・ツムとテ・パパが人間や動植物を産み出す過程については詳しくふれられていないが、テ・ツムやテ・パパに天地や男女の性格をあてはめるという考え方は見当らないようである。またディクソンが系図・進化型の特徴と考えた諸物の進化——すなわち無や暗黒の中からいくつかの段階を経て動きや熱や光が生ずる——も認められない。

次に人類の直接の祖となるホアテアとホアツについてみると、第三図ではこの二つはもっとも内側の天地の名称となって出てきている。またツアモツの別の聖歌では、「アテアは上に、ファカホツは下に」とあって、前者は男性、後者は女性として現われ、彼らの結合から、太陽、月、雲、植物の根茎などが発生したことになっている。[21] またツアモツの別の系図では、もっとも外側の天地であるツム・アオとツム・ポが夫妻として現われ、第一代の祖先となっている。しかしこの場合何故かツム・アオ（天）が妻となり、ツム・ポ（地）が夫とされ、男女の位置が通常の表現と入れ変ってしまっている。このような若干の混乱はあるが、この段階においては天地の結婚という考え方があることは明瞭である。(22)

(3) 天地の分離

前述のように低い天を持上げたのは、タネとルであるが、ツアモツでは天地の分離はアテア対タネの闘争として説明されている。ランギロア島の物語では次のように述べられている。(23) タネは若い時アテアと戦うためにヴァヴァウという場所から降りて来た。この時タネはアテアに破れた。成長した後タネは彼の祖先の一人である雷の所に行き、アテアに投げるための武器として雷電を与えられた。またヴァヴァウからルー族の力強い軍隊を集めた。また祖父の一人からクズの実をもらいそれを蒔いた。その木の頂上に坐り、タネが歌を歌うとクズの木はどんどん伸びて、ついに天にまでとどき、それらを正しい位置に固定した。クズの木はかくて一番下の天の中央部に支柱として残っている。この支柱は紅色の鳥（神々の使い）の通り道とよばれている。アテアはタネが天を押上げたのを見た。タネはアテアに火を起こしてもらうことを頼み、タネが木片をおさえていたが、アテアは点火に失敗した。タネが代って火を起すとすぐついた。タネの軍隊の一人は、こっそりその火をとって天に放った。しかしタネは炎を見てその火を直ちに消した。次に彼は雷電を取り、アテアに投げつけたので、アテアは死んだ。

タネのアテアに対する挑戦の物語は、さまざまの形で歌われているが、次にあげるのはアナ島のものである。(24)

おおアテア、私は空を支える。暗い層にとどくまで、明るい層にとどくまで。おおアテア。私は空を支える。地は支えられた。空は支えられた。タネは空が離れるまで押上げる。暗い基礎は拡げられた。明るい基礎は拡げられた。タネが空を押上げるだろう。

2　ソサエティの場合

前に述べたように、ソサエティではタアロアの優位が際だっているが、その点を除くとツアモツのものとかなりよく似ている。ツアモツのものと比較しながらその異同を眺めてみよう。

タヒチの人マレが伝える聖歌(25)によれば人を呪い殺すことができるような力強いタアロアこそこの世の創造者である。タアロアには父も母もなく、土地も海も空もなく、彼はただ虚無の中に住んでいる。やがてタアロアの顔が外に出た時、殻が落ちて土地になった。タアロアがそれを見ると土地が現われ、海が現われ、空が現われた。それからタアロアは、基礎、大地の基盤、根枝、などに動くよう命ずるが、それらはタアロアの言葉をきかない。次にタアロアは土地、海、空に向って、そこに誰がいるのかについて問いかける。やがてタアロアはパパ（大地の基盤）を見下し、彼女もタアロアに笑い返した。そしてこの両人は結婚した。この結婚によって真紅色の砂、赤い砂が生まれ、それらが大地を作った。またタヒチ特有の神、オロもこの時生まれ、空の頂点に住んだ。それについで多くの神々が生まれてきたことになっている。

(1)　原初形態

ここでタアロアの殼という語が出てくるが、これはやはり卵の殻の意であるらしい。ツアモツの卵との相違は、ツアモツでは卵の中にテ・ツムとテ・パパが内在したわけであるが、タヒチでは内部にタアロアが坐り、内側の殻がテ・ツムとテ・パパになるという。(26)

同じくタヒチの北のボラボラ島の物語ではタアロアは卵の中に入っているが、内側の殻はツム・イチ（小さな基盤）とよばれ、その外側にルミアとよばれる、より古い殻があった。タアロアは自身でこの卵の殻を破って誕生し、内側の殻を地球の「偉大なる基礎」「大地の層」、「土壌」とし、外側の殻ルミアを天とした。(27)

(2) 生成の過程

先のマレの聖歌にみられる土地や海や空の出現も漠としている。多少なりとも明瞭になってくるのは、パパとの結婚のあたりからで、タアロアは夫であり、上にいるもの、パパは女であり下にいるものとされ、タアロアの男根は彎曲した天とよばれ、それがパパに挿入されることによって、砂や諸神が生まれる。(28)

(3) 天地の分離

卵の殻であるルミアは天となったが、ツム・ライ・フェヌアというたこによって大地の上に押えつけられていた。テ・ツムとテ・パパはこの空を支えるために支柱を立てた。そしてタアロアはアテア（空間）がこの中に入ることができるに十分なほど高く持上げた。そしてこの空間に充満するような力強い霊をふきこんだのでアテアという神が生じた。(29)

これと別系の話なのか、あるいは継続する話なのか不明であるが、もう一つの話では、ツアモツと同じく、タネが天押上げの主役を演じている。(30) タネは他の神々とともにアテアの子として生まれた。空ルミアに掩われ、限定された暗黒の世界に住んでいたが、空を持上げることが決められた。初めにルが少し持上げ、クズの木の上にのせたが、背むしとなり仕事を抛棄した。ティノ・ルアが続いて失敗し、次にマウイ(Maui) が登場する。彼は「たこの足を切り、アテアを苦しめよ」といって、空と格闘し、ちょうどよい高さまで持上げた。そして縄で空を一番高い山にしばりつけた。この後マウイはタネの助力を得るために、いくつもいくつもの空を越え、ついに「タネの開かれた天」にまで到達した。タネは頼みを受け、空を現在の高さにまで押上げた。ここでもタネとアテアの戦いに火が出てくるが、誰がそれをつけたかは明らかでない。

ソサエティでは、風上群島と風下群島でも物語が異なっているようであるし、いろいろな筋の神話が錯綜しているようで、たとえばタアロアの代りにイホイホ (Ihoiho) という最高神の存在を主張する人びともいる。[31]

3 サモアの場合

サモアは先のディクソンの分類でいえば創造型であるが、サモアほど多様な創世神話を持つ地域はないようである。ターナーが収録しているものだけでも実にさまざまであるがいわゆる系図・進化型に属するものとして次のようなものがある。

原初は無であり、やがて芳香が生じ、次に塵埃、知覚しうるもの、手に入れられるもの、大地、大岩、小石、山の順に生じる。山は変りやすい集会場と結婚し、塵埃の一塊である娘を産む。彼女はさとうきび

の花の冠毛と結婚し、三人の息子と一人の娘を産む。これらが人間となったものらしい。(32)

ウポル島の大酋長、マリエトア家に伝えられる系譜では、大岩（男）が地の岩（女）と結婚、大地が生じ、大地は強風と結婚、厚い雲が生じ、厚い雲はとびかう雲と結婚し、風や生命の露を生ずる。これはまた雲や諸天と結婚し、やがて人間の創造者タガロアが生まれる。このタガロアは大いなる諸天と結婚、天のタガロアが生まれ、彼は天の守り手と結婚し、ピリという名の息子が生まれる。彼はシナと結婚し五人の息子が生れる。このうち三人はサモアの地名と関係がある。さらに数代を経て第一代のマリエトアに連るのである。(33)

サモアの話の中には岩が創世の主要な役を占めているのが目につく。岩が大地と結婚することにより、大地に地動が始まり子供が生まれたり、平たい岩、広がった岩、切り立った岩などさまざまな岩の交渉により世界が開始されるという類のものである。(34)

次にのべるのは東サモアのマヌア島の首長によって語られたものであり、(35) サモアの物語の中でもっとも長いまとまった形のものである。

タガロアは無窮のうちにただ一人住んでいた。空も国も土地もなかった。しかし彼が立っている所にパパ（基盤）が持上ってきた。そこでタガロアはそのパパに「裂けよ」というといくつかのパパに分れた。次にタガロアは西に向いパパに語りかけてそれを右手で打つと、それは割れて大地（この世の人類の祖）と海ができた。海はパパを掩った。

タガロアは次に右を向くと清水がふき出した。再びパパに語りかけると空が産み出され、また無限、空間なども生じた。次にパパに語りかけるとルアオ（Lua'o）という少年とルアヴァイ（Lua-vai）という少女が生まれ、同様にしてもう一組の少年少女、人間、精神、心情、意志、思考も生じた。これでタガロアがパパから産み出した創造物は終りであるが、それらはただ海原の上に漂っていた。

次にパパに命じて、精神、心情、意志、思考を人間に注入する。その結果人間は知性あるものとなった。また無限と空間の一組は天上に、少年少女は真水の地に、もう一組の少年少女は海に行き、その地で人びとを産みふやすように命じた。次にタガロアはツイ・テ・ランギに命じ空を支えるようにいった。彼はいったん持上げたが間もなく失敗して空が落ちてきたので、二種のクズの木を支柱として用いた（クズの木は最初の植物である）。

やがて無限と空間はポ（Po 夜）とアオ（Ao 昼）を産み、この一組はさらにタガロアから空の目玉＝太陽を産むよう命ぜられた。再び無限と空間が第二の天を産んだので、ツイ・テ・ランギはそこに上り、天を支えた。次々と無限と空間は天を産み、遂にその天の数は九つとなり、その度にツイ・テ・ランギがそれを支えた。それらの天は無限と空間の子らによって住まわれた。

一方タガロアは、次々といろいろなタガロアを創り出した。そして創造主タガロアは不動のタガロアを諸天の主とし、伝令のタガロアを諸天の使いとした。創造主タガロアは伝令タガロアに、会議のため全員第九の天に集合するよう伝えることを命じた。さまざまの法がここで定められた。第一の天に住んでいたポとアオにはサモア、マヌア、太陽、月の四人の子がいたが、前の二人は地上に下るよう、また太陽と月はその両親である夜と昼に随伴して歩くよう命ぜられた。

次に伝令タガロアは諸国を巡回に出かけた。まずサモアの東部から始まり、フィジー諸島を生起せしめようとしたが間が遠すぎたので、天上のタガロアを仰ぎみると、天上のタガロアが伝令のタガロアを見下した。するとトンガ諸島ができた。次に同様にしてマヌア島に行こうと天を仰ぐとサヴアイ島が生まれた。これらを報告に伝令タガロアが天上にもどると、創造者タガロアは黒雲に乗って地上に下り、島々を見て満足した。それから創造者タガロアは山々の頂上に上り、人が住むのに適するようそれらを踏み固めてから天上にもどった。伝令タガロアは、タガロアの子孫を選びそれらの島々に連れていった。

伝令タガロアはまたもや天を仰ぐとウポル島やツツイラ島が生起した。創造者タガロアは伝令タガロアにつる草を与え、それを戸外に放置するように命じた。マラエに置かれたそのつる草からしばらくして何かが生じた。創造者タガロアが来てみるとうじ虫のようなものが出てきていた。その数は非常に多かったので、タガロアはそれをずたずたに引裂き人体の各部ができるように配置した。ここで四人の人間が作られ、タガロアは心情と精神を注入した。四人の名はテレ（Tele）とウポル（Upolu）、ツツ（Tutu）とイラ（Ila）であり、各々組となって前者はウポルテル島の祖、後者はツツイラ島の祖となった。

この話はいろいろな物語が複合しているような感があるが、もう一度整理してみると、

(1)　原初形態と生成の過程

ツアモツやソサエティにみられるような卵の概念はない。タガロアが創造主であるが、タヒチでみたように彼がある女神と結婚するという形はとっていない。注意してみると、創造者としてのタガロアの役は、いわば脇役的であり、実際に大地、海、空を産み出す資源となるのは、パパであり、そのパパはタガロア

の足もとに自然に持上ってきたのである。ソサエティの風上群島にもタアロアが万物の基礎であるパパを抱くことによって、世界の諸物が生ずるという物語があるといわれるが、[36] このような点に脇役的創造者タガロアが認められよう。

次に人間を形作り、精神、心情、意志、思考などを注入するという部分は、やや異質的な感がある。[37] 無限と空間が結婚によって次々と諸天や太陽、月などを産み出していて、その結果天は九層にまで及ぶが、天地の結婚とは関係なさそうである。一方タガロアが次々と自分の分身を作り、一神で何役も兼ねるという方式は、第一章で扱ったトンガの場面と全く同じである。

(2) 天地の分離

天を持上げる話はここでは余り主要な部分を占めているわけではない。そしてそれをなす神は、無限と空間よりやや早くパパから生まれたツイ・テ・ランギであり、この神は、サモア独特かもしれないが、ここでもクズの木が天の支柱として述べられている。

サモアのこの物語で興味ある点は、サモアのみならずトンガ、フィジーなどの島々の成立が非常に詳しく語られており、またこれらの島々に二種の人間——すなわちタガロアの子孫たちと、つる草から生じたうじ虫の子孫たちが——住んでいることになっている部分であろう。うじ虫は他にトンガ、トケラウ島の人間の祖としても出現する。

天の追放者とそれに関連する事物	天界の層数	創造者としての働きをなす神	人類の創造
Te Tumu と Te Papa Ru, Maui, Tane たこ，くずの木，火	10，7	Taároa Ihoiho	Taároa が土で作った人形と結婚 Ti が土から女を作り，それと結婚 Taároa が土から Ti (人類の祖) を作る
Tonofiti		Tetoo Atea	Atea の子孫 Tikiが土からと女を作りこれと結婚 女とうなぎの結婚
Tane と Ru Tane と Atea の戦い，くずの木，火	10，3		Atea と Fakahotu の子孫
Wekea と Papa の離婚の話があり Papa は天にいったという		Tangaroa	神々の系図の中に Tiki (人間の祖) が生れる Kane ほか2神が土で作る
Tane	10，12	Io	Tiki が土をこねて女を作り，Tane がこの女と結婚 Tane が女を作り出す
		Mekemeke	Tiki の子孫 Makemake が土でこねて作る
Ru が Maui によって空に投げつけられたためRuの体が空を押上げた Maui が北，Ru が南から持上げた			Avatea と Papa の孫が人類の祖
Tangaloa-tui-te-Rangi くずの木	9,8,10	Tangaloa	つる草を食べたうじ虫 Tangaloa の子孫
Maui	10	Tangaloa	つる草を食べたうじ虫

	原初の状態及び資源	諸物生成開始の方法	天地の結婚
Society	(ハ)宇宙は卵のようなもので中に Ta'aroa がいる	卵の内側の殻がTe Tumuと Te Papaになる 卵の内側の殻が基礎となり，外側が天となる	Ta'aroa（天）と Papa（大地）との結婚
Marquesas	(イ)暗黒の虚無 (ロ)Atea（光）	(イ)次第に進化 (ロ)Atea と妻たちの結婚	Papa-una（上層）と Papa-'a-'o（下層）との結婚
Tuamotus	(ハ)宇宙は卵のようなもので，中に Te Tumu と Te Papa がある	(ハ)卵が爆発し TeTumu と Te Papa が生ずる	Atea（天）とFakahotu（地）の結婚 Tumu-Ao(天)とTumu Pa（地）の結婚
Hawaii	(イ)暗黒 (ハ)Tangaroa の産んだ卵	(イ)Lanai（女）が生じ他の神と結婚 (イ)ヒトデ，サンゴ，うじ虫，えび，かになど次々と前のものをほろぼして出現してくる (ハ)卵が割れて天地が出現する	Wakea（Atea）と Papa（女神）の結婚 Wakea と娘 Hakahotu の結婚
New Zealand	(イ)虚無 (ハ)卵 (ハ)高神 Io がすべてのものの創造者もしくは祖先	(イ)虚無から暗黒，光と次第に進化 (ハ)不明	Rangi（天）と Papa（大地）の結婚
Easter	(ロ)怒り顔の神と円形	(ロ)動植物その他の名を持つものが次々と結婚	
Mangaia (Cook)	(ハ)ココ椰子の殻状のものの中に精霊がいる	(ハ)その精霊の一つ Variが椰子の殻を割って諸物を作る	Avatea（Atea）と Papa の結婚
Samoa	(イ)虚無 (ロ)岩あるいは大地 (ロ)虫とママオ (ロ)火と水 (ロ)蟻と小さなサンゴ礁 (ロ)東の火とゆらめく火 (ロ)東の光と西の光 (ニ)海に浮ぶ小石 (ハ)虚無の中に Papa が持上る	(イ)芳香，塵埃などが生ずる。 (ロ)岩と岩，岩と大地などの結婚 (ロ)虫とママオの結婚 (ロ)火と水の結婚 (ロ)不明 (ロ)東の火とゆらめく火の結婚 (ロ)東の光と西の光との結婚 (ニ)Tangaloa が石を引上げて人間その他を作る (ハ)Tangaloa がその Papa に語りかけると万物が創造される	(無限と空間 夜と昼の結婚)
Tonga	(ロ)海草と泥 (ニ)海上に投げられた石，もしくはそれに類した物	(ロ)海草と泥との結婚により岩が生じ，それから諸物が生れる (ニ)Tangaloa もしくは Hikuleo がその石を操作する	

第1表 (イ) 進化型 (ロ) 資源進化型 (ハ) 資源型 (ニ) 創造型（天界既存型）

四、ポリネシア創世神話諸要素の検討

前章にとり上げたサモアの例は、サモアの創世神話か基本的には東ポリネシアと共通するものを数多く持っていることを示している。

ここでもう一度ポリネシアの主な島々の創世神話の構成諸要素を拾いあげてみよう。前にも述べたように、一つの島にも伝承者により様々の異なった物語がある場合もあり、一つの群島の中でも島が異なれば、なおいっそうそのような傾向が助長されるだろう。したがって第一表には矛盾する内容もあることを留意しておきたい。

この表で見ると、ポリネシア全般に広くゆきわたっている要素は、天と地、もしくは男性的なものと女性的なものの結婚、天の階層、天の押上げ、およびマウイの各種の所業などである。ところで原初生成の状態について眺めると、暗黒や無から次第に何物かが生じ、それが進化しつつ諸物を産み出していくという型と、最初から資源になるものが存在し、それが基となって諸物を産み出していく型とに分けられる。その資源にタガロアのような神が関係してくるソサエティやサモアのような場合と資源のみで産み出していくツアモツのような場合がある。またその中間といえるかも知れないが、原初に動物・植物もしくは何らかの物体があり、それらの結婚によって一つ一つが産み出されていくものもある。たとえばサモアのマリエトア家の物語などがこれに当る。この最初の物体としてほかに火と水、光、岩（サモア）また、海草と泥（トンガ）、などがある。[38] 表の中では原初の無が強調される型を進化型、マリエトア家の物語のようなものを資源進化型、卵の殻やパパのような資源が存在するものを資源型と仮に名づけておこう。生成に関して資源型と資源進化型の相違は、前者では資源がさまざまなものを単独で産み出していくのに対し、後者では次々と結婚（サモアの場合には闘争の形をとることもあるようである）することによって新らしい要素が生まれてくることになる。しかし前者でもある点までいくと次々と結婚が行なわれるようになるので、この二者は程度の差かもしれない。また進化型と資源進化型の差も、資源進化型では一番最初の虚無の部分およびそこから諸要素が出現するまでの過程の強調が脱落したにすぎないと考えられないこともないので、これも程度の差かもしれない。

人間の形成に関しては、チキが赤土をこねて人間を作るというのが東ポリネシアに片寄り、うじ虫から人間が生ずるというのは西ポリネシアに限られている。またいくつかの島々では、神々の系図の途中からいつの間にか人間になるという、すなわち人間を神々の子孫とする考え方もとっているので、それと土からあるいはうじ虫から作られた人間という考え方が併存していることとなる。[39] 赤土をこねて人間を作るというのが、キリスト教の影響を受けたものかどうか不明であるが、この話は、かなりの普遍性をもって分布しているので、おそらくは本来のものであろう。そして聖書の教えとの大きな差異は、ポリネシアの場合、人間（女性）を作りあげた後、神チキやタネはその女性と結婚して子供を産むという形をとっていることである。したがってポリネシアにおいては、土から作られた人間であっても半分は神の素質を有することとなる。

五、天追放型神話と天界既存型神話

神話のように複雑な精神の産物を単純に整理してしまうことには、大きな危険が伴なうかもしれないが、一応考察の便のためにポリネシア創世神話をまとめてみると次のようになるのではないだろうか。もちろんこのような筋書がたどれるのは一部の島においてのみで、島によっては、各部分間の脈絡が認められなかったり、一部分のみが断片的に伝えられているにすぎないこともある。

進化
資源進化 ｝諸物の生成開始——天地の出現・結婚 ｛諸物の生成完成／数層の天｝——天の追放
資源

先にものべたように原初の形態では、進化、資源進化、資源というような三種の方法があるが、それ以後ではほぼ各島とも似たような物語がみられる。第一表でみる限りでは、ディクレンの分類の系図・進化型と創造型の二種はあまり適当でないようにみえる。何故ならば系図・進化というのは、ポリネシア神話における諸物の生成開始の際の一つの方式にすぎないのであって、これをもって、ポリネシア神話の骨子とすることは、誤解を招きやすい。むしろポリネシア神話に共通な主要部分は天地の出現以後の物語ではないだろうか。ここでは多くの島にゆきわたっている要素の一つである天の追放に焦点を合せてみよう。

創世期に天地が結婚する以上、その間の距離はごく接近していたに相違ないのであるが、やがて諸物が生成増加してくると天の低さに不都合を感じるようになる。人間や樹木がやっと横たわるほどしかなく、人びとは這って歩かねばならないので不便であるためとか、人口が増加し窮屈であるためとか、光を取り入れるためなどのさまざまの理由から天を押上げることが協議され、タネ、ル、マウイなどの神々が天を地からひきはなす役目をひきうける。かくて天は追放され、今日の高さに固定されるようになったのである。

人間が自己を取りまく環境に留意した時、天と地はおそらくまず第一にその関係を説明しなければならない事物だと思われるが、その際に自分たち人間の住む大地を中心とするのがこの天追放型の思考様式である。したがって論理的には、この思考方式をとる人びとの間には真の天神信仰は存在しないであろう。

この天追放型に対するものとして、もう一つ天界既存型がある。これはわずか三ヵ所西ポリネシアのトンガ、サモア、トケラウにのみみられる型[40]で、ディクソンの分類でいえば創造型である。すでに何度ものべたように、天界は原初から存在し、天界の神々が何らかの方法を用いて地上の大地を作り、人間を住まわせるのである。うじ虫が人間の先祖であるというのもこの地域の特徴である。前の型に比して、これは天地の関係において自分たちの住む大地を中心とは考えず、まず神々の住む天の世界を考えている点で、自己中心型ではない。人間の地位にしても、うじ虫と神が結婚するという筋書きは見当らないようなので、うじ虫の子孫に神の血は混入しておらず、人間と神の間には明確な一線が引かれているようである。

ところでこの天界既存型の創世神話を持つ西ポリネシアに天を押上げる話が別系統で伝えられている。

はずである。もし天界が最初から存在し、はるか下方の海上に国土が形成されたとするなら、天を持上げる必要はない

第三章にあげたサモアの創世神話は、いちじるしい複合形態をとっているようにみえるが、それは天追放型の物語りに、天界既存型の物語りを接合したためではないだろうか。

このような点から、広い分布を有する天追放型の神話がより古いポリネシア的なものであり、天界既存型は前者より遅い時期にこの地に導入されたものではないかと考える。この二型はディクソンの系図・進化型神話と創造型神話の分類に分布の上だけからみれば重複する。

最後にもう一度日本神話との関係にもどって考えてみよう。

はじめに松本信広の主張するディクソンの系図・進化型と日本神話との関係についてである。第一表にまとめたようなポリネシア神話の諸事項と、日本神話についてみると、両者の関係がとくに深いとは思えない。日本神話の原初においてたしかに虚無から宇宙の形成が行なわれたという考えがあるようであるし、ポリネシアにおいてもとくにニュージーランドなどでその傾向が明瞭に現われているようであるが、前述のようにこれをポリネシア神話全体を代表する一つの型と考えることは難かしい。したがってそれ以上の議論を進めることは、これだけの材料では無理なのではないだろうか。

また沼沢喜市は天追放型神話について広く資料を集めている。[41] 彼はこの神話においては女性や杵などが天地の分離者として主要な役目を果すとし、このことから天追放型神話の中心的興味は農業、ことに米を主とする農業にあると考えている。したがってこの神話の中心人物は女であり、主たる家畜は豚・牛であ

り、女性の経済的な地位の高さから訪婚が行なわれるという。そしてこれらの事実はこの神話が母権文化圏の産物であることを結論しうるとして、日本のイザナギ、イザナミ神話もこの母権文化圏に属するものだと付加している。

なるほど、主として女性によって行なわれる米作農耕的要素や訪婚、豚・牛の飼養は、南アジアやインドネシアの天追放神話地域に顕著な特徴であるかもしれないが、この論文でとり扱った地域では、ただ一つ農耕的要素を示すニウエ[42]を除いて（ニウエでは最初の人間の妻となった女が空が低く耕作にさしつかえることを嘆いたので、夫が掘棒を高く持上げて空を押上げていたという）、そうではない。このような二つの神話群が同じ系統に属するのであろうか。天の追放というのは、本来天と地の存在に関する人間の側の一つの考え方にすぎない。したがってその考え方を基盤としていく通りもの型があってよいはずであろう。すなわちポリネシア的天追放神話は、沼沢の母権文化的天追放型と一まず区別されるものであろう。沖縄のアマンチュー[43]や熊本県のアマンシャグマのような民間伝承的なもの[44]を除くと、天の追放は日本の古典神話に明瞭に現われてくるモチーフではないので、イザナギ・イザナミが沼沢のいうような母権文化的天追放型に属するかどうかは異論があると思われるが、かりにそうだとしても、日本神話がポリネシアの天追放型の神話と関係があるという可能性はうすいように思われる。

最後にもう一つの系統の天界既存型神話、すなわちディクソンによる創造型についてであるが、これは何度か述べたように[45]、ポリネシア神話の主流ではなく、西辺にわずかに見られるものである。そしてディクソンの指摘するように、インドネシアにそのような筋の神話が見出されるならば、インドネシアからこの地に流入して来たものかもしれない。そしてまたそれは松本信広の主張するように琉球神話を介して日本神話と関連を持つものかもしれない。しかし今回はインドネシアについて取扱っているわけではないので、その問題にはふれない。

(1) 高山林次郎「古事記神代巻の神話及歴史」 九六頁
(2) 高木敏雄「日本神話の天地開闢説」 一六五頁
(3) 松本信広『日本神話の研究』
(4) Roland B. Dixon; The Mythology of All Races, pp. 4-20
(5) タマ・ポウリ・アラマフォア Tama-pouli-alamafoa. Reiter は the blind man who touches, and the light bursts out としている。これはおそらく Tama-pou'li-ala-mafoa、すなわち a man who can break night というような一般的な名称か、タガロアの別名ではないだろうか。
(6) 松本信広 前掲書 一六一―一六五頁
(7) たとえばハワイのカマカウの場合には、ハワイの暦に合わせて、創造主カネが六日間で天地創造の作業を終り、七日目から物忌に入るという筋書きを作りあげた (Peter H. Buck, Vikings of the Pacific, pp. 254-255)。
(8) Peter H. Buck 前掲書 p. 169
(9) K. Emory, The Tahitian Account of Creation by Mare, 1938, p. 47
(10) ドロシー・バレールは、タヒチは一七六七年にワリスによって発見され、一七九七年にはロンドン伝道教会の宣教師たちを迎えているので、エリスの当時、多くのタヒチ人たちがすでに親たちから聞いていた聖書の物語を自分たちの伝承と考えていたことも当然ありうるとしている(Drothy B. Barrère, Revisions and Adulterations in Polynesian Creation Myth, p. 106)。

(11) Drothy B. Barrère 前掲書 p. 109
(12) K.Emory, The Tuamotuan Creation Charts by Paiore, 1939, p. 19
(13) Peter H. Buck 前掲書 pp. 88-89
(14) P. Johansen, Studies in Maori Rites and Myths, 1958, pp. 36-62
Peter H. Buck 前掲書 pp. 194
ハワイにも同様に高神イオが存在したか否かについては、エモリーとハンディの間で意見が分れている (D. B. Barrère 前掲書 p. 109)。また高神の存在を主張するハンディは、フォルナンダーの言を引用して、ハワイの高神の名をHika po loa もしくはOi-e ではないかとしている (E. S. C. Handy. Religion and Education p. 47)。
(15) K. Emory, Tuamotuan Concepts of Creation, 1940 A, p. 81
(16) D. B. Barrère 前掲書 p. 116
(17) K. Emory, 1939, pp. 1-29
(18) K. Emory, A Newly Discovered Illustration of Tuamotuan Creation, 1940 B, pp. 569-578.
しかしこれらの図解はもともとポリネシア人の考えの中にあったものではないらしく、創世を図解説明したものはツアモツにしか見出されない。したがってこれはカイエが心覚えのために自分で描いたか、あるいはカイエとパイオレが共同でその時に作製したものらしい (pp. 575-576)。
(19) K. Emory, 1940 B の五七一頁に挿入した図は明らかに間違ったものであると考えられるので、この論文ではそれを用いず、K. Emory, 1939 の三頁の図を掲載し二図として解説する。
(20) K. Emory, 1940 A, pp. 72-73
(21) K. Emory, 1939, p. 11
(22) 同右、p. 16
(23) K. Emory, 1940 A, pp. 89-91
(24) K. Emory, 同右 p. 91

(25) KEmory, 1938, pp. 54-56
(26) K. Emory, 1940 A, pp. 74-75
(27) 同右 p. 77
(28) K. Emory, 1938, p. 57
(29) K. Emory, 1940 A, pp. 78-79
(30) 同右 pp. 88-89
(31) K. Emory, 1938, p. 48
(32) R. W. Williamson, Religious and Cosmic Beliefs of Central Polynesia, Vol. 1, p. 3
(33) 同右 pp. 3-4
(34) 同右 pp. 4-7
(35) J. Fraser, The Samoan Story of Creation, pp. 164-189
(36) K. Emory, 1938, p. 46
(37) これに近いものはマオリの例で、テ・ランギ・ヒロアによれば、マオリ族の場合、諸物の進化はまず虚無に始まり、次に暗黒、光と続いていくが、暗黒の次に左のような段階を考える場合もあるという。

一つは根（源）、小根、芽、つる、成長という植物の成育を示すもので、もう一つは探索、成長、隆起、活力、思考、理性、切望というような抽象的事物の発展を示すものである（Te Rangi Hiroa, The Coming of the Maori, p. 435)。
(38) Williamson, 前掲書 Vol. 1, pp. 4-10
(39) バローズは人類の起源に関して次のような三つの分類を行なっている。

1、進化型、人間が岩や土から、あるいは植物、うじ虫などによって生まれる。神は創造者ではなく、せいぜい傍観者、もしくは援助者としての意味しかもたない。

2、生殖型、男神が土の塊、もしくはそれから作った女と性的交渉を持ち、初めての人間を作る。

3、系図型、神か人間か不明であるような原初的な一組から人間が生まれる。

そして進化型は主として西部に、生殖型は中央および周辺地区に多い。この二つの地域にまたがってさまざまの系図型神話が分布しているという。

(E. G. Burrows, Western Polynesia, pp. 67-73)

（40） G. Macgregor, Ethnology of Tokelau Island, 1937, pp. 16-18

サモアの西に位置するウベア島でもタガロアが天から降り、島を釣りあげたことになっているようであるが、うじ虫についての記述はない（E. G. Burrows, Ethnology of Uvea, p. 17）。

（41） 沼沢喜市「天地分るる神話の文化史的背景」 pp. 425-438

第一表にあげた以外にポリネシア地域で天の追放が出てくるのは、トケラウ（Macgregor, p. 17）ラロトンガ、アイツタキ、マニヒキ、ニウエ、エリス（Williamson 1933, pp. 41-45）。

（42） S. W. Williamson 前掲書 1933. Vol, 1, p. 44

（43） 大林太良『神話学入門』七八頁

（44） 松村武雄『日本神話の研究』第二巻 一二一―一三頁

（45） R. Dixon 前掲書 p. 163

（参考文献）

大林太良 一九六六年『神話学入門』 中央公論社、東京
一九七三年「琉球神話と周囲諸民族神話との比較」、『沖縄の民族学的研究——民俗社会と世界像』所収 日本民族学会編集、民族学振興会、東京、三〇三―四一九頁
高木敏雄 一九七一年「日本神話の天地開闢説」（明治三十七年刊）『論集 日本文化の起源』第三巻（松本信広編）所収、平凡社、東京、一六三―一六九頁
高木林次郎 一九七一年「古事記神代巻の神話及歴史」（明治三十二年刊）『論集 日本文化の起源』第三巻（松本信広編）所収、

平凡社、東京、八七―九八頁
棚瀬襄爾　一九六六年『他界観念の原始形態』、東南アジア研究双書1、京都大学東南アジア研究センター、京都
沼沢喜市　一九七一年「天地分るる神話の文化史的背景」（昭和二十七年刊）『論集　日本文化の起源』第三巻（松本信広編）所収、平凡社、東京、八七―九八頁
松本信広　一九七一年『日本神話の研究』東洋文庫一八〇、平凡社、東京
松村武雄　一九五五―一九五八年『日本神話の研究』四巻、培風館、東京

Andersen, Johannes C.

1969. Myths and Legends of the Polynesian. Charles E. Turttle Co., Tokyo.

Barrère, Dorothy B.

1967. Revisions and Adulterations in Polynesian Creation Myths. In R. W. Force, A. H. M. Kelly & Y. H, Sinoto (editors), Polynesian Culture History……Essays in Honor of Kenneth P. Emory. pp. 103-119. Bishop Museum Press, Honolulu, Hawaii.

Buck, Peter H. (Te Rangi Hiroa)

1934. Mangaian Society. Bernice P. Bishop Museum Bulletin 122. Honolulu, Hawaii.

1958. The Coming of the Maori. Whitcombe and Tombs. Wellington.

1960. Vikings of the Pacific. The University of Chicago Press. Chicago, Illinois.

Burrows, Edwin G.

1936. Ethnology of Futuna. Bernice P. Bishop Museum Bulletin 138. Honolulu, Hawaii.

1937. Ethnology of Uvea. Bernice P. Bishop Museum Bulletin 145. Honolulu, Hawaii.

1938. Western Polynesia: A Study in Cultural Differentiation. Ethnological Studies 7. Göthenburg Ethnographical Museum.

Dixon, Roland B.

1964. The Mythology of All Races. Vol. IX, Oceanic. Cooper Square Publishers, Inc. New York.

Ellis, William.

1969. Polynesian Researches: Polynesia (1831). Charles E. Turttle Co., Tokyo.

Emory, Kenneth P.

1938. The Tahitian Account of Creation by Mare. J. Polynesian Soc. 47-2, pp. 45-63.

1939. The Tuamotuan Creation Charts by Paiore. J. Polynesian Soc. 48-1, pp. 1-29.

1940. a Tuamotuan Consepts of Creation. J. of Polynesian. Soc. 49-1, pp. 69-136.

1940. b A Newly Discovered Illustration of Tuamotuan Creation. J. Polynesian Soc. 49-4, 569-578.

Fraser, John.

1892. The Samoan Story of Creation …A "Tala". J. Polynesian Soc. 1, pp. 164-189.

Grey, George.

1965. Polynesian Mythology. Whitcombe and Tombs Ltd. Auckland.

Johansen J. Prytz.

1958. Studies in Maori Rites and Myths. i kommission hos Ejnar Munksgaard. Kbenhavn.

Handy, E. S. Craghill

1956. Religion and Education. In Ancient Hawaiian Civilization. Charles Tuttle Co., Tokyo.

Kirtley, Bacil F.

1971. A Motif-index of Traditional Polynesian Narratives. University of Hawaii Press., Honolulu, Hawaii.

Macgregor, Gordon

1937. Ethnology of Tokelau Islands. Bernice P. Bishop Museum Bulletin 146. Honolulu, Hawaii.

Malo, David.

1971. Hawaiian Antiquities. Bishop Museum Press. Honolulu, Hawaii.

Métreaux, Alfred.
1971. Ethnology of Easter Island. Bernice P. Bishop Museum Bulletin. Honolulu, Hawaii.
Williamson, Robert W.
1933. Religious and Comic Beliefs of Central Polynesia. Cambridge University Press, London.
1937. Religion and Social Organization in Central Polynesia. Cambridge University Press, London.
Bernice P. Bishop……

第三部　北方ユーラシア、印欧神話との比較

モンゴル神話と日本神話

田中克彦

一　はじめに

日本の神話が、モンゴルをはじめ、アジア諸民族の伝承と比較される動機は、日本民族と日本文化の源流を、周辺諸民族の文化の中に追求しようという意図に発している。このような、文化の系統論的比較研究の対象には、広く文化一般がなり得ることは言うまでもないが、中でもその特質と確立した方法論によって目だった位置を占めているのは言語である。ところで、言語の歴史がさかのぼれるのは、それが何らかの方法で記録の手段をもって以来のことである。その期間は、人類が人類として歩んで来た全道程のうち、最後の何歩かにすぎないのである。しかしこの数歩について、十九世紀はインド・ヨーロッパの諸言語を扱いつつ、その音変化のしかたに一定の傾向と規則性を認めるまでに、精緻な方法を確立した。相互に関係のない、ばらばらの存在であった諸民族の言語が、単一の起源に還元され得るならば、同様に、一見別々に関係なく伝えられている伝承の中に、伝承の共通性につながれた文化の親縁関係を見出すことができはしないかという期待が現われるのは当然のなりゆきである。

ところで、異なる言語が共通の起源をもつという証明の前提になるのは、言語の少なくともある部分は、変化しにくいか、あるいは変化するとしても変化のしかたに一定の方向性があるという仮定である。変化をとどめる力は、その言語をコミュニケーションの具として有効であり続けるため、できるだけ、現状の規範にとどめようという、暗黙の意志にもとづいている。同様に神話は、伝承の中でも、最も規範の意識が強くはたらく、変化しないことに価値が置かれる言語作品である。それは、人類の言語活動が生みだした作品の中でも、最も恒常性、規範性の強いものである。伝承はこのような性質をもつ反面、生命あるものとして生き続けるには、聞き手の支持、すなわち、関心と価値意識による支えを必要とする。このような興味、関心は歴史的な産物であるのに対し、神話は歴史を超えたものとして、人々の上にはたらきかける、いわば万古不易の一般原理であることを主張する点で、神話そのものと、それを支える人々とのあいだには、絶えざる緊張関係が支配している。神話をこのような緊張関係の脈絡からきりはなすことなく、文芸生活全体の中で機能している姿のままで観察する作業は、神話がごく最近まで文字によって記録・固定されるという経験をもたなかった諸民族にとっては、その各部分が異民族の伝承のあれこれの部分に対応すると指摘することなどよりは、よほど重要なことであるが、いわゆる日本の比較神話学的研究が提出している問題は別の次元に属する。そこでは何よりもさきに、記紀を中心とする記録の中に、周辺民族の伝承の中から、同系と目される構成要素をひろい出すことに関心がある。そして多くのばあい、「北方系」、

「南方系」といったわく組みを用いて操作されてきた。このわく組みの用法には、時に混乱が見られる。このような地理的区分によるほか、「北方系」はさらに、言語の系統に対応させながら、より具体的に「アルタイ系」と称されることもある。この表現は言語の系統と神話の系統が同一であるとの断定にたっているわけではないが、アルタイ語族全般に少なくともある程度共通する文化の均質性を前提にしていることは否めない。ところで、このアルタイ語族という概念じたいが、いまだ証明を待っている仮説にすぎないなどといって、水をかけるにはおよばない。いまここでさしあたって問題となるかぎりでは、モンゴル高原よりシベリアにかけて、狩猟と遊牧を生業とする、モンゴル、ツングース、テュルク系諸語を話す諸族の文化をさすものという程度のゆるい限定で充分であろう。その中で、なぜモンゴル族だけが特に問題となるのであろうか。それは、モンゴル族の一部には、テュルクのようにイスラム化されず、それでいて、長大なまとまった伝承をよく保持してきたものがあるという資料的な事情によっている。あとでみるように、日本神話との比較研究を行なう上で、モンゴルの伝承のほかにヤクートの伝承は極めて多くを示唆することができる。またツングースとモンゴルの伝承の比較研究など行なうべき作業は多いが、それを可能にする前提となるのは、ひとえに資料上の限界を除去することである。

日本文化の源流にアルタイ的要素をつきとめようとの趣旨は、言語研究と神話研究とが相互に刺戟しつつ具現させてきた。言語の同系関係の証明には、インド・ヨーロッパ語比較言語学をモデルとしつつ、すでにある程度開拓されたかたちで日本に迎えられた。しかし神話研究の方は、アルタイ学というわく組みの中では、ヨーロッパの研究者がそれほど力を傾注せず、まとまったモデルを提示することもしなかったため、好もしい影響をうける機会に恵まれなかった。一方では天皇制、国家神道による政治的抑圧も、自由な研究にブレーキをかけていた。

二　モンゴル神話の資料上の特質

以上述べて来た中で、モンゴル神話という用語を避け、伝承という、より広い概念を用いて来たことに読者は気づかれたであろう。神話というジャンルが、その民族の中で成立しているかどうかという問いは、神話の比較研究にさきだって避けることができないし、かりにそのようなものがあるとしても、それぞれの民族の言語作品の中で占める位置には大きなちがいがあるであろう。このようなことわりを、先まわりして言っておかなければならない理由は、モンゴルには神話としてまとまった作品が一つもないからである。しかし、「神話」と称ばれている諸伝承と対照できるような性質をもった伝承は存在する。それらは史書、英雄叙事詩、伝説などの中に部分的に含まれているにすぎない。ただそれらは、意識的に構成されてはいないので、変異の幅はかなり広い。じつは、日本神話との比較にさきだって、モンゴル神話内部での比較研究と再構成が要請されるのである。しかし、それへの努力はまだ十分になされてはいない。

モンゴル民族が、はじめて、強力な政治的統一体として姿をあらわす十二〜三世紀は、『元朝秘史』の漢訳名で知られる『モンゴル族の秘めたる歴史』という、モニュメンタルな作品を生んだ。その叙述のスタイルは、文字以前の叙事詩的世界という背景を思わせる香りをとどめてはいるが、厳密な意味で神話的内容として指摘できる個所は皆無といってよい。冒頭の「高き天のさだめをうけて生まれた蒼い（あるいは灰色の）狼が、妻の美しい牝鹿と共に大きな湖水を渡って来て、オノン河のみなもとの、ボルハン・ハルドン山に住みつき、バト・ツアガーンという息子を生んだ」という一節は、作家や通俗本を介して、ひろく知られるようになった。

モンゴル族をはじめ、その周辺のシベリアの諸民族は、動物をトーテム的始祖とする、このような始祖説話を豊富に伝えていて、しかもそれがよく記録されているのは、ソビエトの民族学者たちが、民族・種族的集団の形成の解明になみなみならぬ関心をよせてきたからである。それらの説話の中で、始祖を狼とする例は、あまり一般的ではない。白鳥、カラス、その他種々の鳥が話題になっていて、鳥はたしかに、これら民族に重要な、天界との交通というシャマン的観念にとって、極く自然である。また狩猟の対象となる鹿などの動物が始祖であるばあいも、その民族の生活上の依存関係から、おのずと理解できる。だが、狼は異様である。年代的前後関係からみて、モンゴルの狼は、突厥始祖伝説の狼を継承した可能性が強い。天命をおびて地上に降った狼と、鹿との婚姻は、単なるトーテム的表象を超えて、二つの集団の政治色の濃い合体、あるいは支配関係のたとえであると考えるならば、この一節には神話のかげりすらも認められない。この点でモンゴル最古のまとまった文献『元朝秘史』は記紀とは性質を異にしている。

モンゴル族が豊富に文献を残した十七世紀は、一群の年代記によって黄金時代として特徴づけられるが、そのすべてはインド、チベット文化の圧倒的影響下にあり、特にそれらの導入部は、ステレオタイプな、インドの神話的宇宙観の叙述をもってはじまっている。この種の文献は、口碑の世界にも深く滲透していて、ポターニンなどの採取したものの中にもその影響が見られるから、これらの資料を利用するばあいには十分に警戒しなければならない。神話を論ずる人たちが、文献と口承世界との交流の問題を視野に置かないのは致命的な欠点である。また、年代的に古い作品がより神話的内容を多くとどめていることにはならない。たとえば、十三世紀の『元朝秘史』がむしろ観念の要素を拒みつつ、事実への執着を特色としているのに反し、十七世紀の年代記は仏教神話的世界観から出発して一貫したスタイルをまもっている。加えて中国文献からの影響も少なくない。要するに、文字で書かれた資料、特に史書は、モンゴルのばあい、かれら固有の神話的世界を再構成する手がかりには、ほとんどなり得ないと言ってよい。

この点で、モンゴルの神話は、朝鮮のばあいとならんで参考に供される代表的な例でありながら、資料面での性格において異なっている。朝鮮のばあい、人は十三世紀にさかのぼる資料をさえ手にすることができるのに対し、モンゴルにはそのようなまとまったかたちでは便宜が存在しない。なぜか。モンゴル人のもとでは十九世紀になって伝承の採取者がとりかかるまで神話が記録されなかったからである。

神話は一つのイデオロギーであって、シャマニズを圧殺しながら権威を確立した仏教にとって、シャマニズム世界のイデオロギーを代表する神話を、もとの形のままで保存することは許さなかった。

モンゴル神話学、より好もしい表現で言うならば、モンゴル伝承研究は、十九世紀から二十世紀にかけてシベリア諸民族に起ったナショナリズムの高揚下にはじめて条件が熟し、口承の記録という作業から第一歩を踏み出したのである。この作業をすすめて行く上で大きな影響力をもったのは、政治犯としてシベリアに流されたロシア人、ポーランド人などのインテリであったり、あるいは好奇の研究旅行家たちであった。かれらの蒐集した資料は西欧の研究者に利用され、我が国の学界が知識を得たのは、これらの研究を介してだった。

このような、いわゆる「北方系」神話に関する知識を我が国に紹介して、「北方系」神話として一つの型、あるいは観念を定着させた人として、たとえば鳥居竜蔵をあげることができるであろう。(1) ただ、この種の紹介は、ヨーロッパの著作の中からの断片的な引用にもとづいているため、日本神話との比較に際して、恣意的に類似点をあげるという範囲を出るものではなかった。他方、「北方系」神話を伝承する民族の側からする、日本神話との比較研究の試みはほとんどなされなかったし、将来も当分は期待できないであろう。というのは、かれらの側からすれば、かつて軍国日本のプロパガンダに登場した、あまりにも悪名高い神々の名を取り扱うことに抵抗もあるだろうし、日本神話との比較研究を敢えて試みる必然性も薄いからであろう。したがって、日本神話を中心にすえた、これらの伝承との比較研究において、目的にかなった資料の蒐集と取り扱いは、日本神話のたちばから行なわれなければならないが、そのための便宜はまだ提供されていない。以下において、私は、日ごろ、目にふれる機会の多いモンゴルの神話的伝承と記紀の伝承とに認められる共通点を指摘しつつ、議論をすすめるための足がかりにしたいと思う。

三　ブリヤート口頭伝承の意義

モンゴルの伝承を記載した資料について述べつつ、私は、書かれた資料はこの種の研究にとって価値が低く、利用する際には強い警戒が必要であると述べた。その中で、ほとんど唯一の例外的位置を占めるのは、『十方の十害の根を断った恵みのボグダ・ゲセル・メルゲン・ハーンの物語り』と題する、一七一六年の北京であらわれた木版本である。この物語の主人公の名ゲセル（Geser）は、チベットの有名な物語の英雄ケサル（Kesar）のモンゴル化された形であること、また、四方、八方、あるいは、五方などではなく、十方という表現がえらばれていることからうかがわれるように、仏教、チベット文化のわく内の産物であることは明らかである。またモンゴルにおけるゲセル物語成立の背景には、チベット版からの翻訳、もしくはそれに近いなぞりがあったことも明らかである。

この物語をモンゴル人の所有から切りはなし、外来のものと見なすには、さらに論をすすめて、ケサルの名をカエサル（シーザー）と結びつけ、アレクサンダー伝説に比肩されるような、巨大なケサル伝説圏を設定しようという着想もあらわれた。想像の翼をかく拡げるのは思いとどまるとして、チベットの物語とモンゴルのゲセル物語が、どの点で対応し、どの点で対応しないかということを確定する仕事は、まだ十分にすすめられているとは言えず、将来に残された極めて価値ある課題である。

ところで、今日我々がモンゴル版ゲセル物語に接しうるのは、十九世紀ロシアにモンゴル学のとびらを開いた、アムステルダム生まれのI・J・シュミットのおかげである。シュミットはさきに述べた、北京で出た木版本にもとづくモンゴル語のテキストを刊行し、一八三九年にそのドイツ語訳を世におくった。このドイツ語訳は、シュミットのモンゴル語についてのおそるべき学識を証明している。

我々はそれが書写の世界のものであるゆえにこのテキストに対して慎重な態度を持しつつも、そこに見られるモンゴル起源の宇宙観要素を引き出すための一つのてだてとすることはできる。とは言え、それはチベットの物語のわく組みからの強い圧力を見せつけている。仏教的色彩の濃い作品群の中で、どうして、これだけが自由であり得ようか。

このように、このシュミット版を批判的に眺めることができるのは、一方において、口承のまま残ったモンゴル圏における伝承を利用することができるからである。モンゴル圏といっても、カルムックに残されたゲセル物語は、北京版に近い版から、単にオイラート文字に移されたものにすぎないし、また一八〇二年から同三年まで、ベルクマンがカルムック草原で得た二書も(2)、翻訳を通してみるかぎり、北京版系統の物語であるから、これらの書写作品から比較的自由な伝承はブリヤートにしか存在しない。内外モンゴル、あるいはカルムックほどには全面的な仏教化をうけなかったブリヤート諸族のあいだではシャマニズムと結びついた口頭伝承は比較的維持されやすかっただけでなく、また文字の世界からの介入も避けることができた。とはいえ、物語に登場する神名、英雄名など、北京版ゲセル物語の影はどこどこまでもつきまとっている。しかし、これらの伝承それぞれに刻印された、外来要素の濃淡をしらべて行くことによって、起源的なものの維持されている段階をおしはかることができる。このような便宜は、生きていない、遺物として固定された日本神話の研究においては求めて得られないものである。

ブリヤートの伝承研究は着手されてまだ一世紀を経ていない。伝承者にはまだ存命しているものもあり、採録も継続中である。シャラクシーノワは、一九六八年現在で一一四名の伝承と五九名の採取者の名をあげている(3)。採録されたテキストのうち刊行されたのはごく一部分のみで、そのうち、入手できるのも、すべてではない。しかしそれらを資料として行なわれた研究には極めて注目すべきものが多い。ただ、さきにも述べたように、日本神話との比較という視野は含まれていない。まず、ブリヤートの伝承そのものの研究が課題となっているのである。

この種の伝承群には、いくつかの類別ができるが、相互に密接な関係をもっている。その中で、量的にも質的にも群を抜いていて注目されるのは英雄叙事詩であり、とりわけ長大なのは、ゲセルを主人公として登場させる諸篇である。ブリヤート口承版ゲセル物語の採録で特に記憶されるべき人はハンガロフ（一八五八〜一九一九）であるが、ロシア語で行なわれたため、内容を知るには便利である反面、テキストのこまかい比較にとっては十分でない。それはおそらく、ポターニンをはじめ、ロシア人学者に見せるのが大きな目的であったからだろう。本格的に音声字母を用い、より周到な用意をもってこれにのぞんだのはジャムツアラーノ（一八八一〜一九四〇？）で、ともにブリヤート人であった。この二人が、この分野について残した第一次的資料は、わが国にはほとんど知られておらず、したがって利用もされていなかった。ジャムツアラーノのブリヤート語による採録は、ロシアでも、そのままでは広汎に利用するわけには行かないので、一九六一年になって、ブリヤートの学者ホモノフは、これを現代正書法に書きなおし、ロシア語訳を付して出版した。(4) 同様な作業は、ジャムツアラーノの他のテキストについても進められた。ゲセル物語のブリヤート語諸版の採録と出版は、その頃強力にすすめられ、ブリヤート版ゲセル物語の比較研究が可能となったのである。(5)

では、モンゴル族の神話的伝承を、より起源に近いかたちで見るには、ロシア語とブリヤート語の資料以外に無いのであろうか。ほとんど唯一と思われる例はジェレミア・カーチン（?〜一九〇六）の『南シベリア紀行』に収められた英語による採録で、その中のゲセル物語についての部分には二種の邦訳が存在する。[6]カーチンは一九〇〇年夏、イルクーツク近傍で、マンシュートという語り手からこの話を聞きとって採録した。おそらく、マンシュートはブリヤート語で語り、それをロシア人通訳がロシア語で伝え、さらにカーチンが英語に訳したものであろう。年代的にはそれに六年おくれてジャムツアラーノがブリヤート語で記録したゲセル物語は、その内容が、カーチンの英語版と極めてよく似ているだけでなく、語り手はマンシュート・イメゲノフとなっている。採取時期と内容の二つの点で、私はこの二人のマンシュートは同一人物ではないかとかつて推定しておいた。[7]この推定はシャラクシーノワ女史からとどけられた近著[8]によって支持された。この著作には、マンシュートの簡単な家系が示されているだけではなく、かれの肖像と、かれが住んでいた丸木小舎の写真まで掲載されている。カーチンとジャムツアラーノは、そのようなわけで同一の伝承者から話を聞きとっていたことになる。

このように、日本神話との比較の対象としてのモンゴル神話を語るばあい、日本には、すぐれた伝承者からの質のよい口承版が邦訳されていたという事実は意外なさいわいであった。しかし、ブリヤートの伝承研究ははるかに進み、原語のテキストにもとづく研究が可能になっている折から、ロシア語を介した英訳版からの更に日本語訳は、いかにももどかしいという感じをまぬがれない。

伝承というものの性質上、採録の段階までおりてみないと、その資料に信頼をよせることはできないのであるから、まわりくどいようでも、以上のような予備知識をふまえておくことが必要であった。そこで、いよいよ、日本神話との対比へとすすむことにしよう。

四　高天が原と天降り

わが国において、シベリアの伝承、いわゆる「北方系」神話が問題となったのは、高天が原と天降りの観念に関してであった。天上によりつどう神々の世界と、そこから使命をおびて地上に降される天孫のモチーフは、垂直的世界観として特徴づけられてきた。

たしかに、北方説において一つの伝統とさえなったこの指摘は、基本的には誤まりではないとしても比較の成果をさらに展開させるには、むしろ相違点をもあわせて留意する必要がある。少なくともブリヤートにおいては、天上の神々と創造行為とはつながっていない。また神々の名は系譜となってはおらず、舞台が地上に移ってからも系譜意識は極めて微弱である。創造行為がないゆえに、天上界も地上界も、あるいはヤクートのばあいのように地下界も、すでにできあがったものとして前提されている。

ブリヤートのパンテオンは、シベリア諸族の中でも、おそらく最も整ったものであり、西天に拠る五五のテンゲリ（天神）、東天に拠る四四のテンゲリから構成されており、双方あわせて九九神となる。すでに述べたように、これらの神々相互のあいだには、ほとんど系譜関係はない。強いて言えば職能的な特徴づけがなし得る程度にすぎない。九九神の名称のリストと職能の一つ一つについて、叙事詩の伝承からは明らかにならないが、ハンガロフは別の伝承をもとに、それを洗い出した。(9) 神々は自然現象の一つ一つに対応しているか、あるいは鍛冶屋である。

東西両天の中間にセゲーン・セブデク・テンゲリという、独立の一天が残されており、これを九十九天に併せれば百という全体が満たされる。モンゴルの伝承の中で、このような数字をあげているのは、ブリヤートだけであり、他は三十三という、明らかにインド起源の数字に変っている。この中間の天の帰属を主張しあって、東西両天のあいだに争いがはじまる。

西天五五神の首長はホルマスダ・テンゲリあるいはエセゲ・マラーン・テンゲリ (Esege Malaan Tengeri)、東天四四神の首長はアタイ・オラーン (Atai Ulaan)・テンゲリとなっているのが一般的である。中間の天を争いあった結果、東天のアタイ・オラーン・テンゲリは地上に墜落し、その死屍の各部から、魔物や怪物が化生し、それ以後、絶えず地上の人間を脅かし続ける災害、疫病などの原因となった。これが諸悪の起源を説明する。たとえばナムジル・バルダノ版(10)ではその頭からは太陽と月を呑み込もうとするアルハン・シュドヘル、その首からは、背には十万の目、胸には四万の目をもったガル・ノルマ・ハーン、右腕からはオルゴリという虎、左腕からは子供を食べつくす怪物シェレム・ミナータが生じた。この物語は、イザナキが子のカグツチの神を殺し、その頭、胸、手、足などからヤマツミの神々を生じた話と似ているところがある。ただちがっているのは、ブリヤートにおいては、化生したこれらの魔物は、それを退治するためにゲセルが遣わされたように、英雄叙事詩の各篇の構成子となっているのに、ヤマツミの神々はその後、物語の展開には参与していない。

西天五五神は、月あるいはすばる星につどい、魔物を退治すべく地上に降すに適当なものは誰かと評定する。多くの版では、ホルモスダの三子のうちの中の子に決まるが、その決定に至るまでの経緯がながながと述べられる。伝承によって多少のずれはあるけれども、三人の子らは、この大任を引きうけることへのためらいを述べてかわるがわる辞退するが、神々は、中の子がこれまでに示した武勇のほまれの高いことをほめそやして承知させる。地上に降すべき適任の神の選定をめぐる評定は、また記紀におけるアマテラスと、神々との会話を思わせる。

中の子はウイレ・ブトゥーゲクチ（北京版）、アミ・サヒダク・メルゲン（ドミトリエフ版）[11]、ブフ・ベリクテ（ハンガロフ版）など一様ではないが、それが地上に生まれたときの名はいずれもゲセルとなる点で一致している。そして、このゲセルという名はモンゴル固有の語源に帰することのできない、チベット起源のものである。物語の展開によって異なる名称が付与されるということは、天界の部分と地上の部分とからなる二つの別の起源を有する異なる伝承が熔接されたか、もしくは地上の物語にあった、本来の名称が置きかえられたかのいずれかである。

未来のゲセルは降下する条件として、神々から種々の武器と馬を要求する。武器は弓・矢・剣・よろい・かぶと・斧・その他であって、これらは記紀のいわゆる神器にあたるものではあるが、まがたま、鏡のように象徴性をもった、あるいは儀礼用の品々ではなく、すべて実用の武器である。馬は言うまでもなくモンゴルに特徴的であるだけでなく、ヤクートの伝承にあっても天降りに際して馬の授与が行なわれる。馬を単に交通の具と考えれば、記紀における天の鳥船が対応物としてあげられるかもしれない。ただ、モンゴル・ヤクートの馬の役割は一時的ではなく、英雄に絶えずつき添っている。

高天が原における神々の集いと、降下すべき者の選定に関する評定、神器の授与――これら一連の項目に関するかぎり、日本とブリヤート（に代表されるシベリア）神話との類似には顕著なものがある。さらにこれらの項目に追加するならば、ゲセルは地上での活動にそなえて、ともに地上に化成する兄と、庇護役をつとめる三人の姉などを要求する。物語の中では、特にこの三人の姉の変化自在の魔力に富む役割がきわだっている。これらの同伴者を五伴緒にたとえれば、高天が原と天降りの物語は双方の伝承においてますます類似の度合いを高めるように見うけられるであろう。

五　地上界への誕生――神から英雄へ――

問題は地上に降ってからの展開である。ニニギノミコトはそのままの姿で、アシハラノナカツクニでコノハナサクヤヒメとの婚姻をとげ、次いで次第に歴史としての叙述に引きつがれる。しかしゲセルは地上の人となるために、劇的な転生を経ねばならなかった。いいかえれば、天上の神々の物語の終結と地上世界の物語の展開とが、ここに截然と区分されるのである。ウイレ・ブトゥーゲクチ、あるいはブフ・ベリクテと称された神の子は、地上の英雄となるためにゲセルとなり、名称の転換をも行なうのである。

ゲセルは地上の老人と老婆の子として受胎する。多くのばあい夫は七十歳、老婆は六十歳となっているが、この年齢は凛冽な自然条件のもとでの平均寿命を考えるならば超高齢である。すなわち、これは尋常ならざる出生の次第を説こうとするものである。特徴的なのは、ゲセルが黒ガラスに変身して地上に降り、胎内に入ると述べていることであり（エヒリト・ブラガト版）、また老人と若い女の児として述べている北京版系統の物語では、若い女は雪上に残された巨人の足跡を見て妊娠することになっている。話を必要以上にこみ入らせることをおそれながら、ここでもう一つの補足をすれば、ゲセルを生むべき地上の母として、太陽の娘ナラン・ゴーホンの片腕を断ち、片目をえぐり取り、片足を切って、不具で薄幸の老女として地上に降した（ナムジル・バルダノ版）。これらの多様さの起源は様々に推測されるとしても、ねらいは異常な出生を印象ぶかく描出するための道具立てである点では一致している。

次にその生まれかたである。版によって伝えは一様ではないが、ゲセルに伴って天降りした者たちは、その頭頂、脇の下、へそ、などから誕生し、ゲセルのみは最後に通常の場所から現われる。誕生にあたり、この児はすでに胎内から母親に話しかけて指示をする。胎内から出た児は、すぐに立ちあがって走りまわり、親が追いかけてもつかまえることができなかったと大部分の伝えは一致して述べている。子供は「日に日にというよりは刻々と」成長し、誕生の瞬間からその生命をねらう魔物に対して武勇を発揮する。モンゴルにかぎらず、知られているヤクート、特に中央アジアの英雄叙事詩は、老人に子供がやどり、誕生後の異常に速い成長を描出している。ここから物語は神話の世界から離れて、英雄の物語に移行して行く。ここで、シベリアの諸族の伝承の中に、ゲセル物語を置いてみると、異様な感じが伴うのは、体の各部からの誕生というモチーフである。日本神話との類似の項目を増やしたい気持からすれば、記紀とも共通するこの個所を北方系共通要素として掲げたくなるかもしれないが、北方狩猟民のものというよりは、南方の農耕文化からの流入要素である可能性の方が強いであろう。

英雄の物語は、相次いで襲い来る悪魔退治と、その結果としての花嫁の獲得を連鎖としながら展開してゆく。神話的部分が、その物語の各部を必要に応じて伸展させたり展開させたりしにくい、いわば閉じられた構成をもっているのに対し、英雄の物語は新たな怪物、新たな障害をつけ加えつつ増殖しつづけることができる。文芸を求める時代の要求は、したがってこの部分に最も濃く反映するようになる。

ところでゲセルの幼年時代には、人々のひんしゅくを買うような、悪ふざけ、いたずらが多く語られている。花嫁を競いあうばあいにも、ことさら醜い姿と、不潔ないでたちを好んでとる。このことは、英雄の非凡な性格を示すためのたくみであるとしても、天降る厳粛なモチーフとは相容れない。このようなことなくそぐわぬ感じを残しながらも、ゲセル物語に代表される、天界から地上へ、天の使命を帯びた子が降るというモチーフは、いわゆる天孫降臨のモチーフに親縁な話として指摘されてきた。だが同じ天から地に降るにも、スサノオのように、「勝さび」――いたずら、腕白、乱暴のゆえに、追われて下界に降るばあいもある。このような点から見てくると、ゲセルの幼児の腕白にはスサノオの性格と相通ずるところがある。あるいは、故意に醜い姿に身をやつしつつ、並み居る武勇の花むこ候補者をしのいで、輝やくばかりの花嫁を得る趣向は、八十神のなかにあって袋をかつぐ身でありながらもヤガミヒメを得るオオクニヌシを思わせる。このような点を思いあわせるならば、北方系神話の天降りのモチーフは、ひとえに天孫降臨に類似が求められてきたが、じつは出雲系神話との類比をもさぐらなければならない。天降る動機が同じ天命によるものであっても、追放であるような、そのような降下のモチーフは、たとえばヤクートには典型的な例が知られている。

六　ヤクートにおける天降りの二型

ヤクート族はテュルク系諸族の中では地理的に最東端に位置し、ツングース、モンゴル両族と深い接触をもってきただけでなく、北方シベリアの周辺の民族とは異なって、馬と土器を所有するという顕著な特徴をもつ。かれらの伝承の中で特別な叙事詩的ジャンルを形成する、オロンホという作品群は、ウヴァロフスキーによる一つの伝承がヤクート語とドイツ語の対照で発表されて[12]以来、研究者たちの注意を引いてきた。ヤクートの言語作品について名高いペカルスキーやヤストレムスキーの労作は、いま私の手にとどかない。その点で、ボヤロフの採録の要約を附し、オロンホを多角的に論じたプホフの著作[13]は現状においては極めて貴重である。

オロンホとは、伝承の一ジャンルを総称する一般名称であって、立役者となる英雄の名はさまざまであるが、多くのばあい、至高神ユルュン・アユー（あるいはアール）・トヨンの孫、まれに息子として天界に生まれ、地上へ降される。伝承によって降下の動機は二つに分かれる。一つは、ゲセルの天降りと同様、地上を混乱から救い、人間の生活をまもるためであり、いま一つは、腕白の罰として、あるいは天界において神々とうまく折りあって行けぬための追放による。腕白の例として、次のような物語を挙げておこう。

ユルュン・アユー・トヨンは、ある時盛大な馬乳酒祭[14]を催した。馬乳酒の桶をもった天神が通りかかったとき、この英雄は、母の胎内でまだ九か月であったのに、足で蹴とばして馬乳酒をこぼさせ、神聖な儀式を台なしにしてしまった。そのたたりで、天上には三年間神は生まれず、家畜も仔を産まなかった。ユルュン・アユー・トヨンはこの子を中の地(中つ国)へ降して、そこの父祖にならせることにした。中の地に生まれるに至ったこのような事情を英雄に話してやったのは馬であるが、英雄自身は自分の出生の由来を知らない。ゲセル物語と同様、伴侶、助言者としての馬と姉の役割は甚だ大きく、馬がこのように出生の由来を告げるほか、姉が話して聞かせる次のような例もある。

英雄の誕生の際、天はまっくらとなり、揺れ動いた。そこで天神らは相謀って、末おそろしい乱暴者を鉄の綱につなぎ、地上の聖樹に託して降した。天の子は九年にわたって、この樹の乳を吸い育った、この母なる樹のモチーフが、ヤクートの神話の中で極めて顕著な項目であることは、ウノ・ハルヴァの著作から詳しく知ることができる。(15) 注目に値するのは、ヤクートの英雄の誕生のありさまであって、「山川悉《ことごと》に動《とよ》み、国土《くにつち》皆震りき」と記されたスサノオの形象と、いかによく似ていることだろうか。また、馬乳酒祭の儀式を台なしにした乱暴のエピソードは、これを農耕民に移してみれば、やはり儀式をぶちこわしにした「大嘗を聞看《きこしめ》す殿にくそまり散らしき」に対応させることができる。じじつ、オロンホの英雄もクソをまき散らしていやがられているし、地上に誕生したゲセルについても、この種のいたずらが、物語の中で、聞かせどころの一つとなっている。

さてオロンホにおいて神の子は地上に降って最初の人間――エル・ソゴトホとなるが、その後の物語は、ゲセル物語をはじめ、中央アジアの英雄叙事詩と多くの点で共通することは以下に見るとおりである。

英雄の宿る母胎はまたもや老婆である。父は九十歳、母は八十歳ともされる。それのみならず、この子は月たらずのかたわ者である。にもかかわらず、この子は生まれてすぐにしゃべり、走りまわり、父が追っても捕えられなかったと伝えられる。

伝承によっては、月たらずの出産の次第を次のように説明する。老女のお産は重く、三人の女シャマンが、出産神アユースット(16)の宮殿へ、うかがいを立てに行く。そこでは、まだ生まれぬ児の魂がゆりかごに入れてあったが(17)、女シャマンたちは、そそっかしかったので、それをひっくりかえしてしまった。魂は飛び去って新生児の肉体に入り、こうして月たらずが生まれてしまった。そこでこの子を牛飼い女に渡したところ、女は糞の中に埋めてしまったが、生きのびてやがて英雄としての姿をあらわす。——このような物語は、英雄に異常な、不遇な出生をもたせることによって、その武勇にますます光をあたえるという文芸の効果をもっている点で、それ以外の物語と似ているが、月たらず、不具の子の誕生の言及は、オノゴロジマのヒルコ伝説と何かの親縁関係をもっているかもしれない。ただ、ヤクートにあっては、不具の子が未来の英雄に接続するのに、日本ではヒルコはただ失敗の結果として終り、再び物語に登場することはない(18)。

以上述べてきたオロンホの内容を、ゲセル物語と比較してみれば、北方系とされる「天降る」モチーフにも二つの型が区別でき、一つは追放天降り型として扱われなければならない。これを単に「天界からの放逐」と扱っては、問題の本質を見失うおそれがあることは、オロンホの例を予め視野におけば明らかであろう。それに対して、東天の主アタイ・オラーンは地に落ちて様々の怪物に化生し、やがて天から追ってきたゲセルに退治されるが、このばあいは放逐と呼んでさしつかえない。ブリヤートとヤクートの物語の中にスサノオを対置してみるときスサノオのは使命によらない、追放による降下であり、しかも魔物退治と花嫁の獲得が語られる点で、よりヤクートの英雄に接近しているのである。

七　記紀神話とのその他の類似点

この世の悲惨の起源を説明するものとしての天界における抗争の発端は、たとえば、エヒリト・ブラガト版が次のように述べている。

東西両天の中間にあって、そのいずれにも属さぬセゲーン・セブデク・テンゲリは、両天が互いに所有を主張しあってゆずらぬ争いのたねとなった。あるとき両天の首長は相まみえ、三日後に再び会って雌雄を決する約束を交して別れた。ところが両天の首長、ハン・ホルマスダ・テンゲリは、祖母マンザン・グルム（Manzan Görmö）（これについては後述）のもとに助言を求めに出かけたが、そこで酒に酔いつぶれてしまったあげく、約束を思い出したのは七日後だった。その時、わずか三歳だったゲセルは、ゆりかごからとび出して、東天の首長アタイ・オラーンと対決し、みごと勝利して下界につき落した。滅びたその肉体の各部より、様々な怪物が生じたことはすでに述べた。

ナムジル・バルダノ版においては、アタイ・オラーンは、年長のホルマスダに、セゲーン・セブデク天を譲った。その好意に報いるため、ホルマスダはアタイ・オラーンを祝宴に招待した。そこで、約束の日に訪れたけれども、誰も迎える者がなかった。ホルマスダは、約束を忘れて、妻の父を訪問しに出かけていた。この遇しかたを不満としたアタイ・オラーンはホルマスダに戦を挑み、こうして両天の抗争ははじまった。――ここに引いた代表的な二例は、いずれも「約束の忘却」という点で一致しているが、口承とは大きなへだたりを見せる北京版では、「約束の忘却」は次のような形をとってあらわれる。

あるとき、ホルマスダ・テンゲリの居城の西の一角がひとりでに崩れた。アスリ〔阿修羅〕どものしわざであろうかとも考えたが、そうではなかった。三十三テンゲリを集めて相談しているうち、かつて釈迦がネハンに入る以前、五百年たったら、宇宙は大いに乱れるだろうから、その時、三人の子のうちの一人を下界に降し、混乱をしずめさせるよう申しつけたことを思い出した。そして、その時よりすでに七百年が経過していたのだった。――

ここでもまた「忘却」が登場するが、このばあいのは釈迦との間にむすんだ誓約の忘却であった。人類の全歴史を通じて、その重荷となっている災禍、病苦、貧困、争いなど、すべていとわしいものの出発は、ホルマスダの何者かとの約束の忘却に発しているが、それと、居城の崩壊は、どのように関係しているのだろうか。この点で、ハンガロフは見過すことのできない重要な記録を伝えている。

毎日、人も馬も百ずつ死んだ。そこで女シャマンのシャルハンが、寡婦とみなしごの涙とよだれをあつめて天に投げ、これによって「そそぎの礼」をおこなった。涙は天の西南隅にある、ハン・テュルマス〔ホルマスダ〕の白銀宮に落ち、宮居はゆらぎ、その一角がこわれた。不思議に思ったハン・テュルマスが祖母マンザン・グルムのところへうかがいを立てに行く。すると、東テンゲリの首長アター・オラン・テンゲリが地に落ち、その肉体から、ガル・ドルムハンが生じ、それが地上の生類を苦しめていることを知り、中の子メルゲン・トグルドルを降した。

ハンガロフの注によれば、その時、寡婦とみなし子を激しく叩いて泣かせ、その涙とよだれを集めた。これらは極めて毒を含むものであったからである。モンゴルのシャマンが馬乳酒、乳などをふりまいて行なう「そそぎ」の儀礼はこの時にはじまるという(19)。すなわち、ブリヤートの、より起源的と思われる伝承を助けとして解釈すれば、宮居の崩壊は地上の人間からの訴えの表現であり、シャマン儀礼の結果であるのに、文芸化した伝承の中では、忘却の要素の方が肥大したものと解釈できよう。このように、一つの物語に複数の発展の道が与えられているばあい、その結果だけから原意に達するばあいに、比較例は重要な役割りを演ずる。

この機会に、もう一つ指摘しておきたいのは、ブリヤート神話と、『日本書紀』が共通して述べている、つば、よだれにそなわる厄払いの、あるいは呪術的効果である。『日本書紀』の一書が、スサノオを乱暴の科で追放するとき、「唾を白和幣《しろにぎて》とし、洟《よだり》を青和幣として、こを用いて解除《はら》へき」と述べていることについて、このブリヤートの例は、それに極めて近い、祈願儀礼の対応例を示しているように思われる。

ブリヤートにとどまらずモンゴル全域におよぶ英雄叙事詩の中で、ただちに類似が目につくのは、ヤマタノオロチに対応する多頭怪獣の表象である。モンゴルではこのような怪獣はマンガタハイ、あるいはマンガスと呼ばれ、ヤマタに止まらず、その頭は七七、一〇八、五〇〇、六〇〇、一〇〇八といった調子で増えつづけながら登場する。ただ、この類似の怪獣はアルタイ系伝承に特有というわけに行かない。ロシアのブィリーナにもまた、英雄の敵手として登場するからである。

あまりにもよく似ているのは、オオクニヌシが受けた様々の迫害の中に登場する、「蛇の室《むろや》」「むかでと蜂の室」である。ゲセル物語では、例を北京版にとるならば、ゲセルはその第二章で中国《キタド》の王によって、次々と獄に投じられるが、その第一は「蛇の獄」、次いで「蟻の獄」「しらみの獄」「蜂の獄」などである。ゲセルがそれらをことごとくきりぬけられたのは、天の祖母マンザン・グルムを酔わせて手に入れた秘物によってである。ドミトリエフ版では、獄の数は三つで、それぞれ、「しらみ」「だに」「ぶよ」となっていて、これらは遊牧民にとって、最も日常的な、痛切な敵であった。

これらの室、あるいは獄に投じられる動機もまた、日本神話とモンゴルの伝承では一致している。すなわち、日本にあってはスセリヒメを得るための試練、モンゴルにあっては、中国の王女を得るための試練として課される。要するに、両者ともに、英雄物語に通有の障害をこえて花嫁を得るというすじがきに発展する芽を含んでいるのである。

八 「北方系神話」における南方要素

前節において、西天の主、ホルマスダ・テンゲリが困難に遭遇してはその助言を仰ぎ、あるいは、ゲセルを「蛇の獄」「蜂の獄」から救う秘宝をもつ、天の祖母マンザン・グルムという女神の名をあげた。この老婆は西天を庇護する立場にあらわれるだけでなく、しばしば東西両天の上にたつ至高神的性格を示している。その住みかも銀河の傍である。モンゴルの銀河は、星伝説の体系の中で中心的な位置を占めるだけでなく、銀河の名称そのものが「天の縫い目」という象徴的な意味をもっている。ウノ・ハルヴァは地におおいかぶさる天蓋全体を遊牧民のテントに見たてて、その縫いあわせたところが銀河であるとする観念を紹介し、また天を縫いあわせた神についての物語を引用している。[20] しかし、モンゴルの伝承をよりこまかく観察してみるならば、この「縫いあわせ」は天の分裂を防ぐための、したがって、東西両天の対立、分裂を統合するための縫い目であり、マンザン・グルムはその統合のための主宰神的な地位を占めている。

天の統合の中心はまた、テュルクの伝承によれば北極星と見なされている。北極星は、夜空の不動の一点として、遊牧の諸族によって馬つなぎの杭に見たてられている。

このような、天空の何かを星座の体系の中心に位置づける表象のほかに、たとえば西欧諸語が「乳の道」と名づけているような、銀河の表象もある。ゲセル物語の中で、ゲセルが献じた酒で酔ったすきに宝を奪われたマンザン・グルム老女神は、くやしまぎれに、逃げゆくゲセルの背にむけて乳房をしぼり、その時ほとばしり出た乳のあとが銀河だとする考え方は、ギリシャのヘラ女神の伝説との直接的な関係を暗示している。「天の縫い目」と「乳の道」の表象は、まったく異なる系統に由来すると思われるが、それにもかかわらず、両者とも、この老女神にかかわりがある点では一致している。大熊座もまた、ゲセルとマンザン・グルムをつなぐ伝説の一環をなしている。すなわち、ゲセルは七人の鍛冶屋を退治し、その頭蓋骨から製した杯に酒を盛って、マンザン・グルムに献じたが、それが天空に散って北斗七星となったという。

高天が原における「天の安の川」を銀河の河にあてて解釈するのは、あまりにも恣意的にすぎるように思われるかもしれない。少なくとも、記紀の日本において銀河にどのような表象がつきまとっていたかは明らかでない。しかし、「天の安の川」は少なくとも天界の一地点ではなく、やおよろずの神々が、重要な議題を評定するための集会に定められる場所であり、あるいはまた、日の神アマテラスと、スサノオとが、この河を隔てて相対し、ウケイする場所である。すなわち後者のばあいでは、二つの領域を分かつところの犯すべからざる境界として示されている。天界におけるこのような境界の意識は、マンザン・グルムの主宰する銀河においても見ることができる。

モンゴルの銀河の起源に、系統を異にすると思われる二つの物語が存在することから予想されるように、その神話的伝承もまた決して均質ではない。とりわけ、主要な神々の名称すら外来の神名によって置き換えられていることから見ると、外来の高級宗教の影響がいかに大きかったかが想像できる。

たとえば西天の主ホルマスダ・テンゲリの名は、イランの神アフラマスダのモンゴル形である。ブリヤートの一部で、ホルマスダの位置に来るエセゲ・マラーンはより起源的であるように思われる。さらに北京木版本のゲセル物語では、ホルマスダの上位にたつ至高神として釈迦が登場するに至っている。ここには、マンザン・グルムもしくはそれと同類の神が起源的であったと考える方がより自然であろう。英雄叙事詩ではなく、断片的な創造神話の中にはシベゲニ（シャーキャムニ）、マイダリ（マイトレーヤ）なども登場し、あたかも仏教伝説のくずれた形を思わせる。他方仏教の到達しなかったヤクート地方のエベンキ族の洪水説話には「クリストス」、「サタン」、「ノイ」など、旧約聖書と同一人物が登場している。(21) 天降る天孫ゲセルの名に至ってはチベットの作品からの直接の移入である。

必要なことは、ゾロアスター教、仏教、キリスト教などの外来の神々の名によって占拠された諸伝承の中から、このような神名にまどわされることなく、本来の「北方系」神話のパンテオンと構成を見破ることである。しかし現状においては、そのような作業が進められていないために、日本神話について比較神話学的結論を急ぐ人たちは、断片的資料にもとづく、根拠の弱い判断をくだすおそれがある。その点で、日本神話との重要な一致と指摘される、例えば棒で海をかきまぜて陸地を作る、大地創造についてのカルムックの伝承は、ポターニンが一例を挙げているのみであり、また、明らかにモンゴル神話の体系からはみだしているように思われる。カルムックのように仏教の圧倒的な影響下にある民族のもとで採録されたこの種の伝承は、やはりインド起源と見当をつけて見るのが順序であり、しかもこのモチーフは十六世紀以降の比較的新しい時代の受容とさえ考えられる。カルムク族のもとに残された仏教文献の中に、このような一節をつきとめる作業が期待される。

奇妙なことだが、記紀の伝承を、周辺民族のそれと比較する人たちは、かれらの断片的な伝承とばかり比較したがる。英雄叙事詩に含まれる神話的部分には体系化の力がはたらいているので構造化されたわくからはずれて、断片となった伝承には、時として、古層をよくとどめているものもある。しかし割合としては、仏教的宇宙観を叙べた書物に由来するものの方が圧倒的に多い。このような要素をとり除く方法として、民族誌的資料を傍証としつつシャマン儀礼との対応関係も求められねばならないだろう。

以上のことから、次の点については、特に留意しておきたい。モンゴルおよびその近隣の伝承と日本神話との間には少なからざる共通要素が指摘できる。これら共通要素のあるものは、モンゴルあるいはアルタイ系本来の起源に由来することもあれば、インド、チベット、中国、イランその他、いずれにせよ南方から、日本とは別の経路を通じて得た共通財のこともある。しかも、このような南から（「南方系」という意味ではなく、単に相対的な地理的位置の意味で）の流入物の割合はかなり高い。この種の流入物は文献の力に支持されて、継続的に滲透しつづけたから、逆に文献説話の研究が、外来要素を選別する上で大きな効果をもち得るのである。日本神話の比較研究に堅固な土台を提供しうるためには、いわゆる「北方系」神話の中から、慎重に南方要素を濾過する手だてを見出さなければならないのである。

（1）たとえば「人類学上より見たる我が上代の文化」（大正十四年、一九二五年）
（2）Bergmann, Benjamin, Nomadische Streifereien unter den Kalmücken in den Jahren 1802 und 1803, Riga 1804-1805, Oosterhout ^{2}1969.
（3）Шаракшинова. Н. О., Героический эпос Бурят, Иркутск 1968.
（4）Абай гэсэр-хубун, Улан-Удэ 1961.
（5）代表的な例は Уланов, А. И., К характеристике героического эпоса бурят, удзн-Удэ 1957.
（6）「蒙古の神話」前田太郎篇『世界風俗大観』大正三（一九一四）年所収
中田千畝「蒙古神話」昭和十六（一九四一）年
なお前者は『現代のエスプリ第二二号』「神話」に収録。
（7）田中「ブリヤート口承ゲセル物語にあらわれた二つの文化層」『民族学研究』29／3、一九六四。
（8）Шаракшинова, Н. О., Героический эпос о Гэсэре, Иркутск 1969.
（9）Хангалов, М Н., Новые материалы о шаманстве у бурят 1890. Собрание сочинений I, Улан-Удэ

1958. に収録

（10） Абай гэсэр хvбvvн, Улан-Удэ 1969.

（11） Дмитриев, П. Д., Гэсэр, Улан-Удэ 1953.

（12） Böhtlink, A., Über die Sprache der Jakuten, St. Petersburg, 1851. The Haag ²1964.

（13） Пухов, И. В., Якутский героический эпос олонхо, Москва 1962.

（14） ヨヘルソン「ヤクート族の馬乳酒《クミス》祭り」『現代のエスプリ六〇号』（儀礼）所収を参照。

（15） 田中訳「シャマニズ――アルタイ系諸民族の世界像」六三―六六ページ参照。

（16） 前掲書一五四ページ参照。

（17） 将来、人間となって生まれるはずの「魂」（オミア）は天の樹の上に生じ、そこから鳥となって地上に降るという観念については、前掲書七一ページ参照。

（18） 舞台は全く異なるが、不具の子が川に流されて王家の祖をなす物語は『蒙古源流』その他、十七世紀の年代記に見られるように、チベットに存在する。インドのマガダ国のコーサラ王サルバには五人の子があり、末子は生まれ落ちたとき、青い眉毛、鳥のように水かきのついた扁平な手足、鳥のように上向きに閉じる目をしていた。異様な風貌をもつこの子は銅の箱に納めてガンジス河に捨てられたが、チベットで老人に拾われたときは美しい男の子になっていた。

（19） Хангалов, М. Н., Собрание сочинений II, стр. 246.

（20） ウノ・ハルヴァ前掲書一二八ページ。

（21） Романова А. В. и Мыреева, А. Н., Фольклор эвенков якутии, Ленинград 1971. стр. 326.

国譲り神話と天地創造神話
――比較神話研究試論――

高橋静男

一　はじめに――日本神話の範囲――

一般に日本神話と言うとき、多少の異論はあろうが、『古事記』『日本書紀』などの上代古典に見えている神々の物語を指すのであろう。ところが記紀神話が真正な神話であるか否かの論争は未だに続いている。この点について私は、吉田敦彦氏が指摘するように、神話の本質とは「一個のイデオロギーを表現すること、組織された体系をなすこと」(1)であり、神話の本質的機能とは「人間社会をも含めた世界を支配する現在の秩序を、原初の時における神々の働きと結びつけることによって、その意味と神聖さとを明らかにすることにある」(2)ものとすれば、氏が指摘するように、日本の上代古典神話に、世界の神話と共通した神話の本質とその機能を認めることができ、記紀神話を日本の神話と呼んで一向に差支えないであろうと考えている。

しかし、日本神話の範囲はそれだけに留まらないようである。古典神話以前に神話の本質と機能を備えた神話が伝承されていたことを推断する先学は多い。今日まで口誦によって民間に伝承されてきた断片的な神話が、かつて神話として生命を有していたであろうことを予測させることも、この推断を補足する。即ち、日本神話の範囲は古典神話及びそれ以前の神話の双方を含む、と了解するべきであろう。折口信夫先生が記紀神話に触れて、「神学以後」とか「学問的に醇化された」という表現をされておられるところから、ここでは、それに準拠して記紀などの古典神話を「神学以後の神話」、そして、それ以前の神話を「神学以前の神話」というように、日本神話を二つに分けて考えてみることにする。斯様な分類を前提とし、両者の相違を確認することによって、神話の、殊に比較神話研究を一歩進めることになるのではなかろうか。[3]

今日、我々は日本神話の範囲を考える上で興味深い先学の論考を比較することができる。例えば、イザナキ・イザナミ神話に関することであるが、折口先生は「両神は学者の拵えた神と考えられ易い性格の神」(要旨)であると推測されている。一方、最近では比較研究の立場から吉田敦彦氏は、イザナキの黄泉国訪問譚をオルペウス型神話の失敗型であるとして、「私にはどうも、ギリシャと日本にだけ見出されるこのオルペウス型神話の特殊型は、何らかの径路によってギリシャから日本に伝えられたように思えてならない」と指摘する。折口先生は学者の手になったらしい神として推察され、吉田氏はその黄泉国訪問譚がギリシャから伝播されたと推測するのであるから、両説は嚙み合うところがある。比較研究を通じてこのように我が国の神学以後の神話に多くの外来要素が発見されることは、日本神話研究にとって意義のあると[4][5]

ころである。しかし、神学以後の神話からそれら外来要素を取除いたところの神話が、日本の、より純粋性を保持していると思われる神話となるかというと、そうではあるまい。むしろそれは神学以後の神話の外来要素を明らかにするものであって、神学以前の神話を明らかにすることとは関係が薄いと思われる。学問的に醇化される以前の神話が、今迄以上に明らかにされなくては、日本神話の範囲は明確にはならないように思うのである。従来、民俗学・考古学・歴史学的神話研究によってこの方面の研究はかなり進められてきている。このように「神学以前の神話」の研究が進めば進むほど、日本神話の範囲はますます明確となるであろう。それは同時に「神学以後の神話」がどのような過程で形成されてくるかをも明らかにすると思われる。私は、比較神話研究によってもこのような研究が可能ではないかと考えて、ここに推論を試みるものである。

二　「神学以後の神話」の比較研究

日本神話の比較研究の歴史を振返ってみると、「神学以前の神話」を研究対象とするよりは、「神学以後の神話」を対象とする傾向が強かった。一時は、十九世紀末から始まった内外の比較神話学者にとって、日本神話の比較研究とは、恰も『古事記』との比較研究を意味していた。この姿勢は今日も消えていない。そして、個々の神話のモチーフ、エピソード、タイプ、要素などの比較を通して、それらの世界的分布を明らかにし、日本神話の系統論、あるいは日本民族系統論にまで及んだ。さらに新しくは、こうした神話の局部的事象の比較研究と併行して、神話全体にみられる観念的枠組・神々の機能的構造を印欧神話と比較する神話の構造的研究までみるに至り(6)、「神学以後の神話」の比較研究は一層の進展をみせている。しかしこれら比較神話研究に共通する特徴は、その研究の発端が、依然として、神学以後の日本神話とのタイプ・モチーフ・エピソード・神話要素、そして構造などの、共通根や対応根の発見にあることである。このように比較研究が、比較すべき神話の双方を「神学以後の神話」に求めて、如上のような発見に発端をおいている限り、神話を文学上の問題として考える者にとっては、その成果とは別に一抹の不安を隠し切れないのである。何故なら、以下において明らかにするように、神話が学問的に醇化される過程で、個々の神話のモチーフ・エピソード・タイプ・要素だけでなく神話体系までも改変される可能性をみるからである。このようなとき、改変されてしまった神話は、民俗文芸の発生と係わりも深く民族の伝統的精神の源泉に近い神話伝承から、遠く隔ってしまっているであろう。もう一つの理由は、日本及び比較すべき外国神話の「神学以前の神話」にほとんど触れることなく、「神学以後の神話」相互の共通根とか対応根の発見に発端をおくことは、神話の範囲を考慮に入れれば片手落ちの感がないでもないからである。私は今一度、二三年前に折口先生が上代古典神話に関する論考の附言として残された次の一文を噛みしめたいと思う。

最後に私が述べる筈で、其暇のなかったことは、第一に、何が日本固有であり、何処からが外来要素であるかといふ問題である。一体、文化の歴史を考へる上に、最後的な、又最大きな結論の様に考へられてゐるのは、文化の伝播説と偶発説とである。学界の動向が其どちらに帰著するにしても、此国の問題は此国の学者の手で整理せねばならぬ。だから、徒らに、外国との類似を述べ立てることはよくない。此問題を考へることは、国文学史の使命の一つでもある。(7)

これは上代古典神話を国文学研究の対象とする者への警鐘であろうと思われるが、神話学徒にも傾聴すべきを含んでいるように思えてならない。最近の動向のうちでは、民俗学的研究を基盤に隣接科学を多面的に応用して総合的神話研究を展開している松前健氏や、「出雲神話の謎」と題する対談の中で「神話の世界でも、宮廷神話の世界だけで論ずるんじゃなくて、もっと根底的な、神話の本源みたいなものを追求していくことが、大事ですね」と結論的に言う上田正昭氏や梅原猛氏などの姿勢は、折口先生の警鐘に正面から応えていると言えよう。比較神話学の立場は、外国との類似を指摘することを避けることはできない。にも拘らず、折口先生は「徒らに、外国との類似を述べ立てることはよくない」と言われる。私は、これをまず、「神学以後の神話」間の類似を述べ立てることは、神話の本源的な研究にならない、というように理解する。もっとも、日本神話の本源的研究＝神学以前の神話研究さえ容易でないのが現状である。ましてや外国の神話のそれとなると、外国人である我々には手の下しようがないという見方もある。これまでは、彼の国の人々の手になった研究方法を導入定着させ、それに基礎をおいた日本神話研究が盛んであった。外国神話の本源的研究などはただ彼らの成果を待つよりほかなかったのであろうか。詳さに知るところではないが、そろそろ外国神話の神学以前の神話をも含めた比較神話研究の試みも始まってよい時期にきているのではなかろうか。勿論、国情によって不可能に近い状況下にある場合もあろう。そして、先の折口先生の警鐘からも窺えるように、外国の神学以前の神話については当該国の人々に任せるべきだという考え方もあろう。しかし、現在は、寡聞な私の知る限りでも、吉田敦彦氏・大林太良氏のように長期間当該国に留まって研究したり、田中克彦氏のように数年おきに何回かにわたって逗留して研究するというようなことも可能な時代になってきている。国の状況如何によって、現地の神学以後の神話形成に関する口承・書承の資料に目を通すことも、あるいは、採訪に参加しその伝承の実態に触れることもできる。「神学以前の神話」も口承で今に伝える断片的な神話的伝承に埋もれて息づいていることも珍しいことではない。ただそれらの口承資料を峻別するには経験を積んだ実感実証性を要求されるが、(9)それでもこのような努力を経過することによって、外国人である我々でも、神学以前の神話に接近することができるのではなかろうか。このような作業を併行しつつ外国との類似を指摘することは、徒らに外国との類似を述べ立てることにはならないであろう。本源的な神話研究に比較神話研究分野からも参加できる道はここに開かれるものと思われる。

とくに、フィンランドの場合は、書承資料に乏しく、神話要素を含む口承文芸資料が豊富であること、及び、「神学以後の神話」形成前後に採集された口承文芸資料がよく整理されているということ、(10)また、一部は現在でも採訪可能な点で特殊である。詳細は後に譲るが、フィンランドでは神学以後の神話及び神学以前の神話は、ともに、民間伝承として断片的に伝えられた神話と因縁が深いのである。その意味で吉田氏の、

「真正の神話は常にいかなる社会においても、少数の指導的立場にある個人によって体系として産み出されるものであり、いわゆる民間伝承の形を取って民衆の間に見出される体系をなさぬ断片的な神話は、このようなもとの神話がその本来の意味と機能を喪失した影のようなものに過ぎない」(11)

という指摘は、前半はともかくとしても、後半は私に大きな示唆となる。即ち、フィンランドにおいては、「民間伝承の形を取って民衆の間に見出される体系をなさぬ断片的な神話」のうち、「神学以後の神話」形成前に採集されたものは、とくに「神学以前の神話」の影を落としているであろうし、同時に「神学以後の神話」の本質と深く係わっていることを予知させてくれるのである。ここに、フィンランド神話における「神学以前の神話」体系、「神学以後の神話」形成過程を、ある程度、明らかにする資料状況をみるものである。

三　フィンランドの神話

はじめに、フィンランドに神話が存在するか、という問題を考える。一九六七年、M・ハーヴィオ先生の『フィンランド神話学』[12]と題する研究書が出版された。同書の序に、世界的に知られるフィン・ウゴル語の言語学者M・A・カストレン（一八一三〜五二）が一八三九年に書き残した言葉が引用されている。そこには「フィンランド人はすべての重要な神話を民族叙事詩の中に永遠に残していると、私は確信している」[13]とある。一三〇年後、このカストレンの確信はハーヴィオ先生によって実証された。即ち、著書で試みているのは、民族叙事詩からすべての重要な神話を抽出し、それを広く世界の神話と比較研究し、フィンランド神話の起源を求め、その神話性を実証することであった。そこには確かにフィンランドの神話が示されている。そして豊富な神話的口承文芸がその背景になっていることも実証されている。だが、そこに示された神話とは、フィン民族の首尾一貫した一個の神話体系ではなかった。多くの独立した神話群が示されたに過ぎない。

では、フィンランドに体系化された神話、即ち神話の本質と本質的機能の見られる神話は存在しないのであろうか。今世紀まで口誦によって伝承されてきた叙事詩のうちに、豊富に留めてきたフィンランドの神話群を指して、ハーヴィオ先生は「ヨーロッパにおいて、価値ある古代ギリシャ神話に次ぐ貴重なもの」[14]と言われる。こうした叙事詩を素材として編まれたものに『カレヴァラ』[15]『フィンランド古代呪文詩集』[16]『カンテレタル』[17]などがある。このうち後二者は、単に内容別に採集資料が集成されているものである。しかし『カレヴァラ』だけは構成内容を全く異にする。全五〇詩が体系化されて神話体系の様相を呈しているのである。それでも『カレヴァラ』を体系のある神話とみる人は管見の限り一人としていない。カストレンやハーヴィオ先生の神話観では、フィンランドに神話群を想定するだけである。そしてその神話群の多くは、じつは『カレヴァラ』に所収されているということを承知の上である。フィンランドでは『カレヴァラ』をカンサンエーポス（Kansaneepos）＝民族叙事詩と言っている。また、松村武雄氏は宗教的神話研究として『カレヴァラ』を対象にしながらも、「そこに描かれている物語はほとんどすべて英雄伝説であって神話ではない」[18]と指摘する。この松村氏の指摘は、『カレヴァラ』の主要登場人物が英雄であるか神であるかの研究成果の上に立つものでないだけに、さらに検討を要すると思われる。だが、その松村氏も含めて、『カレヴァラ』に神話群が含まれていることを否定する人も、管見の限り一人もいない。

『カレヴァラ』が神話なのか、伝説なのか、民族叙事詩なのか、その概念を規定することは極めて困難である。それは一に、『カレヴァラ』の素材が今世紀まで伝承された神話的口誦詩であるところに起因し、そして第二に、後述するような『カレヴァラ』成立の特殊背景によるものであろう。

しかし、概念規定はともあれ、私は、『カレヴァラ』は、神話の本質と本質的機能を備えているものと考えている。『カレヴァラ』はそのほとんどが神話的口承資料によって構成されているにも拘らず、とくに第一詩と終章第五〇詩の一部分でキリスト教色を濃厚に漂わせている。そのために、『カレヴァラ』全体の構成は首尾一貫して組織された体系となっているのである。その体系化が示すところはキリスト教的世界観であり、その体系から滲み出てくるのはキリスト教的イデオロギーなのである。また、第五〇詩では、キリストを連想させる男児によって民族が統治される意味を語り、支配観が表出している。その結果、『カレヴァラ』の全体は、キリスト教的イデオロギーによって支配される社会秩序を肯定的にし、その支配・統治は、第一詩に表現される原初の世界における神の働きと結びつき、神聖さをさえ示しているのである。それ故、吉田氏の指摘するような神話の本質と本質的機能を『カレヴァラ』に認めることができるのである。

なお、『カレヴァラ』の神話性は、次節で述べるような『カレヴァラ』成立当時のフィンランド国家形成期との関係や、「五」「六」で具体的に叙述する『カレヴァラ』の主人公ヴァイナモイネンの活動・神性とを考慮に入れるならば、さらに決定的となろう。

四　『カレヴァラ』成立をめぐる特殊背景

主として東部フィンランド、カリヤラ、インゲルマンランド、エストニア地域に、多くの語り手によって神話的叙事詩が伝承されていた。E・ロンルート[19]は、ほとんど一人[20]でそれらを採集し、整理するうちに、叙事詩相互間に脈絡のあることに気づいた。以来、採集と編纂を繰返し、加筆訂正もし、ついに、採集開始より二二年を要して『カレヴァラ』の体系化を終えた。その形跡は具体的には、一八三四年『原カレヴァラ』[21]（全一六詩・五〇五二行）、三五年『古カレヴァラ』[22]（全三二詩・一二〇七八行）、四九年『現カレヴァラ』[23]（全五〇詩・二二七九五行）の刊行として現われた。最後の四九年版を以って、定本『カレヴァラ』とされ、これが広く世界に知られているテキストである。従って『カレヴァラ』は純粋な神話的叙事詩でも、ロンルート個人の創作でもない。ロンルート個人によって体系化された神話的叙事詩と言うべきであろうか。

神話は、国家の統治という歴史的事実と、しばしば関係が深い。『カレヴァラ』の形成期である一九世紀中期と言えば、フィンランドを独立させるまで燃え続けた民族ロマン主義的思潮が台頭してきた時代である。新生する国家の秩序や統治と『カレヴァラ』の内容が無関係ならば、その神話性は稀薄であると言わねばならない。『カレヴァラ』と歴史との関係を詳しく追ってみよう。

約六百年間にわたるスウェーデン統治下からそのままロシア統治下に移されたのが一八〇九年であった。この、民族の長い苦節の果てに訪れた再度の異民族による統治という現実は、眠り続けていたフィンランド人の民族意識をいやが上にも沸かせた。いったい、民族意識とか祖国意識とかいうものは、民族精神を支え、高揚し、拠所となる文化的遺産なくして育つものであろうか。単に領土があって、かつて自立の経験のない、被支配の運命下にいつづけた住民がそこに住んでいるというだけで、それを育む土壌が整えられたと言えようか。そこで、沸いてきた民族意識を育むべき民族の誇りとする文化遺産が必要であったに違いない。ところがこの民族にフィン語文字が使用されだしたのが一六世紀も末になってからであり、母国語文化の歴史は浅かった。従って、民族の文化遺産は、これまで知識階級が築いてきたスウェーデン化もしくはロシア化している文化のうちには見出せず、むしろ六世紀以上もの間、飢えと寒さに慄え続けてきた文盲の民衆が口誦で伝承していた口承文芸にあったのである。ロンルートが『カレヴァラ』の編纂に際して、民族独立という国の意識を持っていたかどうかは怠慢にして知るところではないが、『カレヴァラ』には時機よろしく、フィンランドの国という概念と、民族自立の精神と、キリスト教的世界観によって統治されるという統治観が包摂されている。今日、フィンランド人は、「『カレヴァラ』が純粋にフィン民族の神話的叙事詩だとは言えないにしても、『カレヴァラ』なくして一九一七年のフィンランドの独立はあり得なかったろう」と言う。それほどに『カレヴァラ』の出現はこの国の民族意識を高揚したのである。そして約七〇年ののちに、『カレヴァラ』に示されている統治観そのままの国家の新生をみている。

『カレヴァラ』成立の頃のフィンランドの統治者はロシアのニコラス二世であった。『カレヴァラ』に示された統治者はキリスト像を背負った王となっている。この王の意味をさらに考えてみる必要があるようだ。当時のフィンランドの歴史的事情からみて、フィンランドに王権による統治・支配観が生じるとは到底考えられない。従って、その王なる語は、フィン民族の中から選ばれる統治者の象徴か、もしくは、キリスト的人物が王となっているところから政教一致の支配観を強化させるための表現とも受け取れる。しかし、いずれであっても、『カレヴァラ』の示すところは、キリスト教を単なる一宗教とみなす態度ではない。キリスト教という宗教権力を中軸とする社会・国家を想定した世界観であることを詩句が示している。そして歴史的事実として七〇年後にそのような国家を誕生させる民族ロマン主義がすでに高まっていた。そしてなお、『カレヴァラ』はそのような統治の神的起源をも説明する。フィン民族は十二世紀頃からキリスト教の影響を受け始め、十六、七世紀には、すでに最高潮に達していた。やがて、一七二六年にはルーテル教が国教扱いとなり、この国のキリスト教による国教政策は、異民族統治下にありながら一段と強められていたのであった。一例を承げれば、一九二一年になるまで公職者はキリスト教徒でなければならなかった。国教扱いということは、民族の支配・統治権と宗教的権力とが深い関係にあることであろう。神話が宗教と密接な関係にあるのは一般的にみられることで、これをもって『カレヴァラ』が神話でない、とはいえない。また、『カレヴァラ』がキリスト教権によって統治されることの神的起源を説明しているので、多くの他の神話と異なるから神話でない、ということも妥当ではない。それはただ、支配者像の相違に過ぎない。

いずれにしても『カレヴァラ』は単なる叙事詩文芸の枠を越え、現実の国家秩序の本となった。『カレヴァラ』と歴史との関係は、神話の本質と機能とが歴史的事実との間にみせる関係と、同様なのである。私には、どうしても、『カレヴァラ』が神話であると思えてならない。但しそれは、古代神話的民族叙事詩を素材にして近世後期から近代初期にかけて作られた神話、即ち、神学以後の神話と言う方がよいかも知れない。

ハーヴィオ先生が『カレヴァラ』に含まれている神話群を研究対象とし、『カレヴァラ』を神話としないのは、古代フィン人の神話、即ち神学以前の神話の起源研究であったためかと思われる。

このような背景を持つ『カレヴァラ』から半神半人の主人公ヴァイナモイネンに焦点を絞り、その神性を日本神話と比較し、神話における国譲り譚の意味を考えたい。まず、ヴァイナモイネンに関する伝承を紹介しておこう。

五　ヴァイナモイネン

広汎なヴァイナモイネン伝承を『カレヴァラ』から抽出すれば次のようになる。

大気の処女イルマタルが海上を漂ううちに懐胎し、ヴァイナモイネンは生を得る。が、体内に留まること数百年、ようやく自力で誕生する。カレヴァの土地に泳ぎ着いた彼を待っていた初めての仕事は、植樹、国土開墾、伐木、播種、焼畑、収穫などであった。彼は大地や海の善霊悪霊、海からやってくる侏儒などの助力で、こうした文化的事業を終え、カレヴァの土地に人が住めるようにした。しばらく平和に暮らすうちに、古い言葉や知恵を貯えたり、ウタを創ったりする。やがて、彼のウタの評判は広まり北の国の青年ヨウカハイネンからウタによる決闘を申込まれる。二人の戦いは天地創造の知識の有無が勝敗を決し、ヨウカハイネンは地中に埋められていく。妹アイノを妻として差し出すというヨウカハイネンの助命嘆願を受入れ、ヴァイナモイネンは呪力を解く。アイノはヴァイナモイネンが老人であることを理由にその求婚を拒み、周囲の薦めは逆に重荷となり、悲嘆のうちに湖に投身、魚となって水の神アハトに仕える身となる。ヴァイナモイネンはアイノへの思慕を絶ち切れず、湖という湖から魚を捕えた。やがて鮭に似た魚を捕え、朝餉のために刃を向けようとすると、魚は、妻になる心算でやってきた者を留めておく知恵の無いことを罵り、水中深く潜って二度と姿を見せることはなかった。望みを絶たれたヴァイナモイネンは、ただ涙のうちに亡き母の助言を頼むばかりである。慈しむあまり蘇えった母は、アノイを諦め北の国ポホヨラから妻を求めるよう慰める。ポホヨラでは女主人ロウヒから魔の臼サンポと引替に娘をやると言われる。ヴァイナモイネンは鍛冶に通じているイルマリネンを遣わす約束をして引返すほかに術がなかった。帰途、大空の門に腰掛けていたポホヨラの乙女に求婚するのだが、出された難題を解けないばかりか、膝を斧で打抜いてしまう。が、彼は治療の為に必要な鉄の起源の呪文を唱えて全治する。帰郷の後、いやがるイルマリネンを呪力でポホヨラへ送り、サンポを鋳造させる。イルマリネンは代償として乙女を求めるが拒否される。

ヴァイナモイネンは、北の国へ妻覓ぎに行くために必要な船の新造にかかる。造船には三つの呪文が必要であった。地下国訪問ののち、太古の巨人との戦いによって呪文を入手、イルマリネンに隠れて一人でポホヨラへ出帆する。イルマリネンも妹の急報を受け陸路をポホヨラへ向かった。ポホヨラでは、ロウヒはヴァイナモイネンを選ぶよう薦めるが、娘はサンポを鋳造した若者イルマリネンを好む。そのため、ロウヒから三つの難題がイルマリネンに出される。娘の援助でそれを解き、イルマリネンは娘と結婚する。

盛大な祝宴では、ヴァイナモイネンはウタの歌い手として人々を恍惚とさせるだけであった。再びカレヴァの土地にしばらく平和が続く。やがてイルマリネンの妻が牧人に殺され、彼は再びポホヨラへ出向き妹の方に求婚する。しかし、彼は侮辱の限りを受け帰郷するほかなかった。イルマリネンから、サンポがポホヨラを豊かにしている様子を聞いたカレヴァの半神半人たちは、ヴァイナモイネンを頭目としてサンポ奪還の旅に出帆する。旅の途上でヴァイナモイネンが魚の腭骨で作ったカンテレ（琴）の奏でる調べは、生あるもの並べて耳を傾け落涙するほどの力があった。その琴とヴァイナモイネンのウタによりサンポは奪還された。帰途、鷹となったロウヒがポホヨラの軍勢を双翼に乗せ、ヴァイナモイネンの軍勢を急襲し争いとなる。戦いは勝敗のつかないうちに、サンポと琴が海中に落ち破砕して終る。帰郷後、ヴァイナモイネンは臼の破片を播き、再びカンテレを作って、カレヴァの土地に平和を招来させる。その後、ポホヨラのロウヒは、カレヴァの土地へ悪病を送ったり、家畜根絶のために熊を遣わせたり、太陽・月を隠蔽したり、火を盗んだり、数々の悪業を働くが、ヴァイナモイネンは起原呪文・知識によって防衛し、最後に、ポホヨラ遠征の後に、全民族を統一する。こうして、カレヴァに真の平和と繁栄が続く。終章の第五〇詩では、初めて処女マリヤッタが出現し、馬屋で男児を出産する。ヴァイナモイネンは超能力を持つその子を殺せと主張する。そこへ一人の老爺が現れ、ヴァイナモイネンの非を責め、その子をカレヴァの王として洗礼する。ヴァイナモイネンは国を譲って、カレヴァの地を去って海に消えていく。

以上のヴァイナモイネンに関する伝承には、日本神話との、幾多の興味ある類似がみられるようである。

とくにオオナムチの命（大国主神）との類似が顕著であることを次に具体的に指摘したい。

六　オオナムチの命とヴァイナモイネンとの類似

(1)　国土開墾する神

『カレヴァラ』では天地創造神話のあとに、国土開墾の語りが続く。そこに幾つか注目したい語りをみることができる。次はヴァイナモイネンの言葉である。

『この槲の樹を倒すべき者は無き《ママ》や？
この巨いなる木を倒すべき者は無き《ママ》や？
今や人の生活《くらし》は悲しく、
魚は泳ぐに陰気なり、
空に陽の光なく、
月の光明もなきゆゑに』

『我れを生み給ひし、尊き御母《みはは》よ、
我れを育て給ひし、ルオンノタルよ！
海より力を送り給へ、
（蒼海《わだつみ》の多くの力を）
この槲の樹を滅し、

陽の光を我等の上に輝かせ、
快き月の光を輝かせるため！[24]』
この言葉のあとに、『カレヴァラ』では、
されば一人の男は海より起ち上り、
一人の英雄は海より出でぬ、
最大中の最大なるにも非ず、
最小中の最小なるにも非ず、
彼の背丈は男の拇指ほどにして、
女の指の一わたしほどの高さなりき。[25]
と、続く。
こうして海より現われる姿小さい神と協力して、ヴァイナモイネンは国土開墾の第一歩として巨木を倒す。倒木・伐木ということは、森の国フィンランドでは、国土開墾としてまず初めに成さねばならない現実生活上の問題なのである。開墾はさらに続けられ、ヴァイナモイネンは、
斧の刃を鋭く研ぎ
森の樹を伐り始め[26]
開墾のため働きぬ
とあるように自ら斧を手にして働く。木を伐り、焼畑をし、森を畑にと開墾は進められる。この部分は伐木の起源を語る「伐木の呪文[27]」と呼ばれ、後述する「播種者の呪文[28]」と共に農耕起源譚を構成する。これ

らの呪文は『カレヴァラ』だけにみられるものではなく、広く民間に口承の形で伝承されてもいる。ヴァイナモイネンは『カレヴァラ』で国土開墾の当事者であり、口承の世界では国土開墾起源譚の主人公として観相されていると言えよう。

我が国では「国作り堅めた」神は大国主神と、「波の穂より、天の羅摩の船に乗りて、帰り来る」少名毘古那の二柱の神(29)となっている。『古事記』に国作りの神として記述されているところである。二神による国作りもまた、農耕の思想と密接な関係にあることは先学の指摘するところである。

農耕の思想を背景に帯びている国土開墾神話ということで、ヴァイナモイネンとオオナムチの命とは類似している。しかも、両神は、姿小さく、海より顕現する外来魂のような神の協力を受けており、奇妙な一致をみせている。

(2) 農耕神

ヴァイナモイネンは農耕起源神としての性格も濃い。次に示すところのヴァイナモイネンの唱える「播種者の呪文」(抜萃)は大麦の起源譚となっている。

(ヴァイナモイネンは)
小さき鞄より六つの種子を取り出し、
小さなる粒を七つ取り出しぬ、
貂の毛皮の中より、

夏の栗鼠の脚毛より、
夏の貂の脚毛より。
　それより彼はその里に、
その種子を播きに行き、
次のやうにぞ云ひにけり、
『我れはいま屈みて種子を播く、
かの創造主《つくりぬし》の指よりの如く、
この里を豊饒ならしめ、
麦を成育させむがために。(30)』

最後にヴァイナモイネンは大麦の成育に成功する。

ヴァイナモイネンの農耕神としての神性には、農業との係わり方に興味深いものがある。右の引用にみられるように、ヴァイナモイネンは自分で農具を手にし、自分の手で播種する。従って、ここに表現されている農耕神観には、直接穀物を産むという創造神的発想をみることはできない。

オオナムチの命が農事を起こした神であるということを窺わせる記述は、『出雲風土記』『播磨風土記』『丹波国桑田郡鍬山社縁起』などにみられる。

五百津《いほつ》鉏《すき》の鉏《すき》なほ取り取らして天の下造らしし大穴持の命(31)

こは大汝《おほなむち》の命《みこと》の、碓造りて稲舂きし処をば碓居の谷と号け、箕置きし処をば箕の谷と号《なつ》け……(32)

この神（大国主神）が鍬を取って、山を穿ち磐を裂いて、泥水を流しやり、地を固め、農事を始めた……(33)

オオナムチの命とヴァイナモイネンに共通することは、単に農業開始の神性がみられるということだけではなく、その神性には労働する神、自ら農事に手を下す神の投影をみせていることまで類似しているということである。

(3)　領《うしは》ける神――国内平定する神――

『カレヴァラ』を内容の上から簡略に言えば、それは国内平定・民族統治を語る神話的叙事詩ということになる。荒蕪地を開拓して畑を作り、人々に生活の知恵を広め、収穫の道を示し、諸悪に対応する術を授け、外敵を払い、人々に平和と幸福を招来させ、国内平定・統一に奔走するヴァイナモイネンの活動が、『カレヴァラ』の大部分を占めている。たとい『カレヴァラ』にヴァイナモイネンが首長であるとの明確な表現がみられずとも、このような活動からみて、彼がカレヴァ国（その範囲は不明確）を領有、もしくは支配するに最もふさわしい位置にあると言えよう。それは、最後に国譲りをすることによって一層鮮明である。

天の鳥船の神と建御雷の神が出雲の国の伊耶佐の小浜に降り到って、大国主神に天照大神の「言趣け」の命令を伝えるときに、「汝が領ける葦原の中つ国[34]」という表現をする。ここに大国主神が一定地域を領ける神であること、一応の国内平定を終えた神であることは明らかである。

(4)　根の国訪問神

根の国を訪問する異郷訪問譚は世界的な広がりをみせている。しかし、そこを訪問することのできる神は、神話別にみるならば稀である。さらには、生きて再び地上界に帰ることができる神となるとますます限られてこよう。我が国でイザナキの命と大国主神、『カレヴァラ』でヴァイナモイネンである。

根の国の概念が邪悪災禍の根元の地下国、死者の国であることは、『カレヴァラ』でも我が古代人の場合でも同様である。(35)ヴァイナモイネンがそこを訪問する目的は、造船に必要な三つの呪文を求めるためにである。イザナキの命はイザナミの命の死後、「相見まく思ほして、黄泉国」へ赴く。大国主神は八十神の忿《いか》りを避け、安住地を求めて、御祖神の言われるままに根の堅州国へ行く。このうち、イザナキの命の異郷訪問譚は、前述したように、折口先生(36)及び吉田氏の推測を総合すれば、他神による訪問譚であったかも知れないという疑問を残している。

しかし、ここでは三者が、生きたまま異郷を訪問し生還できる神性を有する神として共通している。根の国訪問の理由と目的、及び根の国訪問譚の内容と型式は三者三様であり、同型の異郷訪問譚の主人公であると言うことはできない。ただ、これらの異郷訪問譚が、ヴァイナモイネンは妻覓ぎの旅に必要な船を建造するために根の国を訪問し、大国主神は根の国でスセリヒメを嫡妻《むかひめ》とし、イザナキの命は黄泉国で妻と再会するというように、いずれの場合も、女性神との関係を示していることは不思議である。

(5) 巫医の神

フィンランドでは夥しい量の呪文詩が採集されている。早くからロンルートによって『フィンランド国民古代呪文詩集』[37]（一八八〇）が集成されているほどである。そのうち古代医術関係の呪文詩もかなりの量を占めている。呪文詩がフィンランド神話に深い関係があり、その一部は、とくに起源を語る型式の呪文詩は神話そのものであるとする『フィンランド神話学』[38]にみえるような考え方もある。

『カレヴァラ』には計六一詩の呪文詩がみられ、うち一六詩が怪我・病気に関する呪文詩である。怪我をしたときに唱えられる医術的呪文詩の典型的な例は、怪我をさせた物質の起源を語ることである。火傷ならば「火の起源」[39]、木製の道具で怪我をしたならば「木の起源」[40]という呪文詩を唱えるのである。

『カレヴァラ』では第九詩に医術に関する呪文が比較的集中している。ヴァイナモイネンが乙女の出した難題を解くのに失敗して斧で膝を打抜いたことは前述した。彼はまず呪術師を尋ねる。しかしその老爺から返された言葉は次のとおりであった。

おおいとも不運なる者よ、おん身の膝より、
床の上に滝津瀬となりて迸る血は、
七つの大いなる舟にも溢れ、
八つの大いなる管[41]にも溢るべし！
我れは他の言葉[42]をよく覚えたれども、
鉄《くろがね》が如何にして初めて創られしや、
鉄鉱が如何にして初めて創られしや、
いと古きことなれば忘れたり[43]

まず何をおいても呪文詩「鉄の起源」[44]を唱えなければならないことになっている。全治するまでにはさら

に数種の処置方法に関する呪文詩を唱えなければならないのだが、この呪術師はそれらの呪文詩を知っているると言っている。呪術師に向かって、ヴァイナモイネンは、

我れはよく知る　鉄の誕生《うまれ》を、
また鋼鉄の創造を。
空気は源始の母にして(45)

と、自分で呪文詩「鉄の起源」を唱える。この呪文詩は、原初の時における鉄の起こりを語るもので、鉄の起源譚そのものである。ヴァイナモイネンが単なる呪術師ではないことがここに示されていると言えよう。原初の世界での鉄の起源を語るのであるから、むしろ、神的存在であることを窺わせる。

さらに、ヴァイナモイネンは第四五詩でも、「疫病除けの呪文(46)」「病魔払いの呪文(47)」「除痛の呪文(48)」などを唱える。ヴァイナモイネンに巫医の機能のあることを見落とすことはできない。

『風土記』逸文、伊豆の国、温泉の条に、

大己貴と少彦名と、我が秋津州の民の夭折することを憫れみ、始めて禁薬《くすり》と温泉の術とを制めき(49)

とある。また、折口先生は、

医術及び古代においては其と同じものと認めてゐた咒術・医療法が、大国主からはじまったとせられるのは、問題のないことである。(50)

と指摘しておられる。

そう言えば、キサガヒヒメとウムガヒヒメが大穴牟遅の神に「母の乳汁」を塗って復活させた一条(51)も、

こうした大国主神と無縁ではないのかも知れない。オオナムチの命、ヴァイナモイネンの双方に巫医の機能をみるわけである。

(6)　人文神・英雄神

これまで述べてきた範囲内で、すでにヴァイナモイネンに対する神像観は示されているようだ。国土開墾も播種も大麦の収穫も、つねに自分の手を下すヴァイナモイネンであった。労働する者の一面を背負ったヴァイナモイネンの活動は、地上界の人間の営みと変わるところはないようにさえみえる。ただ、それらが起源譚として口承文芸の世界に語られているところに、文化的事象の起源神的神性をみるのである。また、オオナムチの命にしても「鉏なほ取り取らして」、「碓造りて稲舂き」て労働する者の一面をみせながら、文化的事象である国土開墾・農耕の起源を開いている。両神に対する神像観は、人文神そのものであると言えよう。

文化的事象の起源神的神性を示すと同時に英雄神であることも両神に共通する。それは両神ともに、国(地方)の平定を成し遂げることによって生まれてくる神像観である。ヴァイナモイネンは、自国カレヴァの安全と平和を司り、北の国のポホヨラとつねに対峙する。悪の象徴ポホヨラの武力・呪力に対して、ウタと呪力によって自国を守護し、剣の戦いを避け平和と繁栄を築く。こうしてヴァイナモイネンはカレヴァの族長的性格の濃い統治者の地位を得る。オオナムチの命もまた、農事の思想を背景にするだけではない。『出雲風土記』にみえる「大穴持の命、越の八国を平け賜ひて還りましし」[52]や、同書の随所にみえるオオナムチの命に対する呼称「天の下造らしし大神」、及び『古事記』の「汝が領ける葦原の中つ国」などの記述から、オオナムチの命に、出雲地方もしくは一定地域の統治者・族長的性格をみるのである。

両神とも、戦いでは武力を避けようとする傾向と、悲嘆にくれては、御祖神のいつくしみを受ける弱性を示すことにおいても似ているが、それを示すと長くなるので指摘するに留めておこう。勇壮豪放な武勇を以って民族の長たる北欧神話やギリシャ神話の英雄神とはほど遠く、呪術と農事の思想を背景とする民族の英雄神・人文神として観相思惟されていたようである。

(7) 国譲りする神

ヴァイナモイネン、大国主神ともに国譲りする。大国主神の国譲り神話は、『古事記』によれば概略次のようである。天照大神が「豊葦原の千《ち》秋《あき》の長《なが》五百《いほ》秋《あき》の水穂の国は、我が御子正勝《まさか》吾《あ》勝勝速《かつかちはや》日天の忍穂《おしほ》耳《みみ》の命の知らさむ国」と言依され、天の鳥船の神と建御雷の神がこれを大国主神に伝える。大国主神は、御子、八重言代主神、建御名方神さえよければ、国を献上する旨答える。国譲りはそのとおりに行なわれる。ここには国譲りしなければならないこれというほどの理由は示されていない。大神に献上するということだが、『日本書紀』で、大国主神の国譲りがこの神の他の記述に比して物々しく描かれていることを思うと、作為的感じを受ける神話要素である。

ヴァイナモイネンの国譲りは、『カレヴァラ』の終章第五〇詩にみられるのだが、この方は一層作為的である。終章にて突然出現してくる処女マリヤッタ（聖母マリアと同系名）はつるこけもの実を食して懐胎し、馬屋で出産する。こうして明らかにキリストを連想させる男児が賢者として出現する。ヴァイナモイネンはその児に向かって次のように言う。

大地より、漿果《くだもの》より、
沼よりその児は生れたるゆゑ、
いざ漿果のあまた実れる、
かの丘に彼を棄てよ、
或ひは彼を沼へ投げ込め、
或ひは樹にて首《かうべ》を砕け!(53)

ヴァイナモイネンの斯様な冷酷非情さは四九詩までには決して見られない。このため、この章で初めて出現してくる老爺ヴィロカンナスはヴァイナモイネンの非を責めるように、男児に十字を切り、王としての洗礼を授ける。新しい統治者の出現によってヴァイナモイネンは海へ去って行く。

ヴァイナモイネンも大国主神も、両神話において、作為の匂いを残しながら国譲りしていく唯一の存在である。

七　国譲り神話と天地創造神話

両神の類似範囲は、以上のように説話要素、神性、神像観におよび、それはとくにオオナムチの命の伝承のほぼ全体にわたっている。かつて私は、ヴァイナモイネンに神話の本質的機能に深く係わるところの天地創造神の機能をみることを指摘し(54)、又、オオナムチの命にもその機能を認め、両神に見出される類似の範囲が作為性を留めている「国譲りする神」、国土開墾神、農耕神、領ける神、根の国訪問神、巫医の神、英雄神、天地創造神という広汎なものになり、これらを語るに足る「神学以前の神話」、即ちヴァイナモイネンを中心とする神話伝承及びオオナムチの命を中心とする神話伝承がかつてあったのではないかということを、別の機会で推断した(55)。その推論の最も中心となったのは、ヴァイナモイネンが神学以前に天地創造神として仰がれていたということであった。それを示す口承資料の一部を次に示して、神学以後の神話『カレヴァラ』の形成過程に、神学以前のヴァイナモイネン伝承が如何に係わりを示しているかを考えてみたい。

ヴァイナモイネンについては、以下のように口承資料の総てが天地創造神としているのに、『カレヴァラ』にみえているようなイルマタルを天地創造神とするような口承資料は一例として見出すことができない。

(1) ヴァイナモイネンが大海を漂っているところの描写に次がある。

Kussa päätänsä kohotti(56)
Sihen saaria saneli(57)
Kussa jalka pohjautu(58)
Kalahauat kaivaeli(59)

(ヴァイナモイネンは)
頭を上げしところへ

島を示現し
足を潜らせしところへ
魚の棲家を抉り出し

というように地物の創造がヴァイナモイネンによって行なわれたとする伝承になっている。

(2) Sano vanha Väinämöinen

Munan alanen puoli
Alaseksi maaemäksi
Munasen ylinen
Yliseksi taivoseksi
Mi munassa ruskiata
Se päiväksi paistamahan
Mi munassa valkieta
Se kuuksi kumottamaan
Mit' on munan muut muruiset[60]
Ne tähiksi taivahalla
ヴァイナモイネンは唱えた
卵の下側よ
下なる大地になれ
卵の上側よ
上なる大空になれ

卵の黄身よ
大陽となって輝け
卵の白身よ
月となって照らせ
卵の残りの小片よ
空で星となれ

(3)
Meri on mun kyntämäni
Meren kolkat koukkimani
Kalahauat kaivamani(61)
（主語はヴァイナモイネン）
海は、この私の拓いたものであり
海の深みも私が掘り
魚の棲家も私が抉ったのだ

以上の、ヴァイナモイネンが天地創造神であったことを示す『カレヴァラ』以前の口承資料は、『カレヴァラ』において編纂者ロンルートによって改竄を受けている。即ち、(1)及び(2)はイルマタルの所業とし、(3)は、ヴァイナモイネンが知識として知っているというように書き変えられてしまった。

いったい、天地創造神話の主人公の変更とは、神話において何を意味するのだろうか。天地創造神話は原初の時における神の働きを語る主要な部分であり、この部分を欠いては、現在世界の秩序の神聖性を表象するという神話の本質的機能が失われるほどに、神話において中心的な部分であろうと思われる。その主人公の変更とは、まさに「人間社会をも含めた世界を支配する現在の秩序」の変更を意味することになろう。それを裏づけるような内容を『カレヴァラ』は明確に打ち出しているようだ。即ちイルマタルがK・クローンの指摘するように聖母マリアの投影であるならば、天地創造神をイルマタルに変更したことは、『カレヴァラ』冒頭でキリスト教的イデオロギーを原初の時における神の働きと結びつけて、その神聖性を表現することになり、しかもなお、同質の神聖性は、現在世界の支配者として出現してくるイエス・キリストを連想させる男児（王）の前に、ヴァイナモイネンが国譲りしなければならないとする『カレヴァラ』終章第五〇詩にも見え、冒頭での変更に呼応している。（参照「三」）

ここに、『カレヴァラ』にみえる国譲り神話は、天地創造神話の変更に対応すべく、新設された神話要素とみられる理由がある。国譲り神話に不自然さ、作為性（「六」の(7)参照）がみられるのも、ここに起因しているのではないだろうか。じつは、ヴァイナモイネンが国譲りするこの終章の部分は、ロンルートによる改竄ではないとみえ、すでに口承資料に窺えるものである。

おそらく、十六・七世紀頃のプロテスタントによる強力な布教活動期、すなわち、口承時代に、すでに変化を受けていたことではないかと思われる。

ロンルートの変更にみられるキリスト教的イデオロギー肯定の姿勢は、「四」で述べたように、当時、フィンランドがキリスト教準国教政策を強力に推進しており、キリスト教的イデオロギーを中心とする「人間社会をも含めた世界を支配する現在の秩序」へと変わっていった現実世界とも呼応しているのである。

もし『カレヴァラ』で、口承資料の伝えるようにヴァイナモイネンが天地創造神であったならば、このキリスト教的イデオロギーの神聖性は稀薄なものになってしまうだろう。また、ヴァイナモイネンが国譲りしなかったなら、さらにキリスト教的イデオロギーを中心とする支配秩序＝国教政策にとって『カレヴァラ』は不都合な存在になってしまうであろう。とにかく、口承資料によってヴァイナモイネンに天地創造神の神性が加わったことは、新しい神性を導き出したという問題に留まらず、神学以後の神話『カレヴァラ』において神話体系が変更されたことを推測させるのである。

ここに、天地創造神話と国譲り神話を主軸にして、『カレヴァラ』が形成される主因をみることができよう。その形成様式を分析すれば、㈠神学以前の神話伝承で広汎な神性を示すA神の天地創造神の神性をB神に移す。即ち、神話における神聖性をB神によって表示する。㈡但しA神は何らかの形でB神との関係を有し、A神の神聖性は無とはならない。㈢天地創造神以外のA神の神性は、ほとんどそのまま残される。とくに統治神の神性が目立つ。㈣B神と何らかの縁故があるC神に、A神は国譲りする。これによってC神の神聖性と統治神の神性とが信頼性を持つ（A神はヴァイナモイネン、B神はイルマタル、C神は男児）、となる。『カレヴァラ』にみられるこの「神学以後の神話」形成方法を「カレヴァラ様式」と仮りに名付けておく。

ところで、オオナムチの命にも天地創造神の神性がみられ、ヴァイナモイネンの場合と同様に、この命を中心とする神学以前の神話が伝承されていたのではないかということを、前述したように別の機会に推論した。

オオナムチの命に天地創造神の神性を推論したのは、折口先生が、オオナムチの命について「天地創造神(63)」とか「大汝命が天下を作った神だといふ信仰は出雲だけでなく、かなり広い部分に亘ってゐたものと考へられる(64)」という指摘をしておられるところに拠った。

斯様に、オオナムチの命に天地創造の神性がみとめられると、ヴァイナモイネンとこの命との類似は一段と濃密になる。とくに、オオナムチの命を中心とする神話伝承と『古事記』との関係にも、「カレヴァラ様式」の「神学以後の神話」形成様式がみられることに注目したい。即ち、㈠オオナムチの命(A神)の天地創造の神性はイザナキ・イザナミ二神(B神)に移されている。㈡但し、オオナムチの命(A神)は、B神から誕生するスサノオの命の六世の孫ということでB神との関係を有し、その神聖性は無となってはいない。㈢天地創造神以外のオオナムチの命(A神)の英雄神・領ける神・国土開墾神・巫医の神などの神性はほとんど残されている。とくに国譲り神話の一条によって統治神の神性が目立っている。㈣そして、イザナキの命(B神)の身禊によって誕生する天照大神(C神)に、オオナムチの命(A神)は国譲りしている。これによって、C神(及びC神系統の神)の神聖性と統治神の神性が信頼性を増す。というように、神話形成上の構造的類似を示しているのである。

ヴァイナモイネンもオオナムチの命も「神学以後の神話」において辿る運命の軌跡に相通ずるものがあるようだ。ここに、「神学以前の神話」の天地創造神話が変更を受け、新しく国譲り神話が挿入されて、「神学以後の神話」が形成される二例をみるわけである。このような「神学以後の神話」形成様式は、普遍的にみられるものであろうか。それとも日芬間だけにみられる特殊なものなのだろうか。

八　おわりに

最後に強調しておきたいことは、神話の比較研究法に関してである。

高文化社会を背景に、学問と知識の限りを尽くし、神話体系までが変更を受け、「神学以後の神話」が形成される可能性をみてきた。それは主として口承資料を介在させることによって可能であった。これまでは、文献化されている「神学以後の神話」相互の比較による「神学以後の神話」の外来要素の研究が、我が国比較神話研究の本流の観があった。こうした態度に、さらに、比較すべき当該国の、神学以前のより民族臭の強い神話の解明及びそれとの比較研究をも試みることによって、神話の本源的研究分野にも、比較神話研究学徒も参加できる道があるのではないだろうか。

なお、オオナムチの命とヴァイナモイネンが極めて広汎な神性、しかも天地創造の神性までが類似していることを指摘しながら、伝播論へと進展させなかった理由は、先に指摘した拙論で述べたのでここでは省いた。

（1）吉田、一九七二・三、四二頁
（2）吉田、一九七二・三、四四頁

（3）折口、八巻、一九九頁、十二巻、四九四頁
（4）折口、十二巻、四九四〜四九五頁
（5）吉田、一九七〇・十二、一三四頁
（6）大林、一九七一・八、五〇頁
（7）折口、十二巻、五〇九頁
（8）上田・梅原、一九五頁
（9）これは恩師臼田甚五郎博士が口承文芸研究の基本的姿勢として、常に力説して止まないところである。
（10）その中心的機関は Suomalaisen Kirjallisuuden Seura で、名称は協会であるが、その実体は口承文芸研究資料センターである。
（11）吉田、一九七二・三、四五頁
（12）"Suomalainen mytologia"
（13）Haavio V
（14）Haavio V
（15）"Kalevala"
（16）"Suomen kansan muinaisia loitsurunoja"
（17）"Kanteletar"
（18）松村、四七七頁
（19）Elias Lönnrot（一八〇二〜八四）
（20）とくに、S. Topelius（一七八一〜一八三一）（父）は採訪に熱心で、その採集資料をロンルートも参照している。
（21）"Alku Kalevala"
（22）"Vanha Kalevala"
（23）"Nyky Kalevala"

(24) 森本、第二詩
(25) 24と同じ
(26) 24と同じ
(27) Pistoksen synty
(28) Kylväjän sanat
(29) 折口先生はスクナヒコナノミコトを「大国主の肉身に附着した外来魂を神格化した」と解説する。(全集十二巻)
(30) 24と同じ
(31) 武田祐吉「出雲の神戸」の項
(32) 武田祐吉「上鴨《かみつかも》の里・下鴨の里」の項
(33)『神話伝説辞典』
(34)『古事記』上巻
(35)『カレヴァラ』では地下の国を意味する語にトゥオネラ(Tuonela)とマナラ(Manala)の用語例をみる。このうちマナラは、maan alla(地の下)に語源があるとする説もあり、その位置を端的に表わしている。ヴァイナモイネンは生きたまま根の国へやってきたことを非難される。
(36) 折口、十二巻、四九四〜五頁
(37) "Suomen kansan muinaisia loitsurunoja"
(38) 既出。ハーヴィオ著
(39) Tulen synty
(40) Puun synty 一九六八・八・六、クフモ県のVartiuskyläという村で、E・フオヴィネン老から聞いた。
(41) 管は誤り。桶が正しい。
(42) この部分の原文はsanaで語意は言葉だが、ここでは、呪文の言葉を指しており、呪文と置きかえた方がよい。
(43) 森本、第二詩

(44) Raudan syntysanat
(45) 森本、第九詩
(46) Parantajan luku「巫呪医の呪文」の意で、疫病除けに唱えられる。
(47) Kylpysanat「入浴呪文」の意で、病魔払いのために唱えられる。
(48) Kipusanat「苦痛呪文」の意で、除痛のために唱えられる。
(49) 武田
(50) 折口、十六巻、三五七頁
(51) 『古事記』上　𧏛貝比売と蛤貝比売
(52) 武田、母理の郷
(53) 森本、第五〇詩
(54) 高橋、一九七二　三七～四二頁
(55) 高橋、一九七四
(56) RV・I・六四頁及び Kaukonen p. 153
(57) RV・I・六五頁及び Kaukonen p. 153
(58) RV・I・六六頁及び Kaukonen p. 153
(59) RV・I・六八頁及び Kaukonen p. 153
(60) RV 及び "Alku Kalevala" では若干の相違がある。詳しくは拙訳（『海』四七年十月号、一五九頁参照　中央公論社刊）
及び Kaukonen p. 156
(61) Turunen p. 344『カレヴァラ』第三詩二三八～二四〇行に相当する部分
(62) Krohn' Kaarle p. 115–235
(63) 折口、十二巻、四九五頁
(64) 折口、十二巻、四九五～六頁

（参考文献）
上田正昭・梅原猛　対談「出雲神話の謎」（『伝統と現代』第一号　一九七〇・十二）
大林太良「日本神話の系統をめぐって」（『伝統と現代』第九号　一九七一・八）
折口信夫「万葉びとの生活」（全集一巻）
「風土記の古代生活」（全集八巻）
「上世日本の文学」（全集十二巻）
「民族史観における他界観念」（全集十六巻）
武田祐吉『風土記』（岩波文庫本）
高橋静男「フィンランド口承文芸にみる神々――ヴァイナモイネン――」（『説話文学研究』第六号　説話文学会　一九七二）
「神学以前の神話」（『日本の説話』第一巻所収　東京美術　一九七四年）
松村武雄「フィンランド宗教神話研究の覚書」（『神話学論考』）
森本覚丹『カレワラ』
吉田敦彦「日本神話とギリシャ神話」（『伝統と現代』第一号　一九七〇・十二）
「印欧神話と日本神話」（『歴史と人物』　一九七二・三）
"Alku Kalevala" 1928 Helsinki
"Kalevala" 一九六三年版
Haavio, Martti 1967. "Suomalainen mytologia"
Kaukonen, Väinö 1939 "Vanhan Kalevalan Kokoonpano" Helsinki
Krohn, Kaarle 1914 "Suomalaisten runojen uskonto" Porvoo
RV : "Runokokous Väinämöisestä" 1892
Turunen, Aimo 1949 "Kalevalan sanakirja" Helsinki

印欧神話と日本神話

吉田敦彦

一　問題の所在

言語学者によって印欧語として分類された諸言語を話す民族の神話伝説の、系統的比較を試みる「印欧比較神話学」の歴史は、十九世紀の中葉に始まる。すなわちこの学問の勃興の端緒は、一八五六年に上梓されたマックス・ミュラーの論文「比較神話学」(1)と、その三年後の一八五九年に版行されたアダルベルト・クーンの著書『火と神々の飲料の由来』(2)との、二篇の古典的述作によって開かれたと言えるのである。その後十九世紀の後半には、ミュラー、クーン両碩学の驥尾に付しながら、言語学的方法によってすべての神話伝説を自然現象の擬人的表現として解釈する「自然神話学派」の学者たちが輩出した。彼らの一部はミュラーと共に「太陽神話学説」を唱え、他はクーンと共に「暴風雨神話論」を提唱した。これらの両学説はしかしながら、すべての神話伝説が結局において、古代人の想像力をもっとも強く刺激したと考えられる単一の自然現象より派生したと見倣す点では、まったく軌を一にしていた。両者の相違はただ、太陽神話論者が神話の源泉を「夜明け」、「落陽」などの太陽現象であると考えたのに対して、暴風雨神話論者はそれが「風」、「雨」、「雷」、「稲妻」など、暴風雨を構成する猛烈な大気現象であると主張したことにあったのである。(3)

豊かな想像力と文才を駆使してこれらの両説を展開した学者たちの華々しい活躍によって、新生の「印欧比較神話学」は約半世紀間にわたって隆盛し、一時は学界を風靡する勢を示した。しかし一八七〇年代以後、ミュラーらの活躍の本拠地であったヴィクトリア女王治下の英国において、ダーウィンの進化論の強い影響を受けた「人類学派」の宗教理論が台頭した。(4) 一八七一年に名著『原始文化』(5)を著し、神観念が原始人により夢などの現象からその存在を信じられるようになった霊魂および精霊の観念から進化したとする有名なアニミズム学説を唱えて、この新しい傾向に先鞭をつけたエドワード・タイラーは、彼の提唱した理論がミュラーらの太陽神話説と相容れぬものとは考えず、むしろミュラー流の神話解釈は古代神話のみならず未開民族の神話にも適用し得ると考えていた。しかし人類学派の宗教理論は、その後神話の中に自然現象よりはむしろ、現代でも未開人の間で観察される、原始時代の人類に共通の風俗の反映を認める方向に発達して行った。この傾向を代表する論者の一人であった、著名な文筆家のアンドリュー・ラングは特に、一八七二年以後ミュラーと激しい論争を戦わせて、太陽神話論の弱点を徹底的に批判した。ミュラーはけっしてこの攻撃に屈することなく、逆に人類学派のトテミズム説などに対してきわめて適切な批判を加えることによって応酬しながら、最後まで自己の立場の擁護に努めた。(6) しかしミュラーが物故した一九〇〇年を境にして、自然神話学派は急速に衰退し、それと共に「印欧比較神話学」の研究それ自体も、今世紀始め約四分の一世紀の間はほぼ完全な沈滞状態の中に低迷することになったのである。

印欧神話の比較研究は、このように約半世紀間にわたり隆盛をきわめた後、二十世紀初頭の一時期においては、堅実な学者たちからはほとんど顧みられなくなり、学として成立する可能性すら否定されかけていた。このいわば瀕死の状態にあった「印欧比較神話学」に新しい方法論の清新な息吹を注入することによってこれを蘇生させ、堅固な基盤の上に再建したのは、フランスの言語学者・神話学者ジョルジュ・デュメジルの功績であった。一九二四年に学位論文『不死の饗宴』(7)を上梓した後、今日までの間に発表された厖大な量に上る神話学関係の著書と論文(8)――デュメジルにはこれらの他にコーカサス語の比較文法など、言語学者としての重要な業績がある――においてデュメジルは、神名の語源的比較などに基礎を置いた自然神話学派の旧套な仕法とは全然異なる「構造論的比較」の方法によって、印欧語族の古い神話と神界の基本的構造を、かなりの細部にまでわたって明らかにすることに成功した。今日ではデュメジルの方法を理解しこれを自己の専門領域の研究に取り入れる研究者は、世界の学界に数多く輩出している。スコット・リトルトン(9)によって「新比較神話学派」として一括されたこれらの学者たちの業績(10)によって我々は、印欧語族の原初的神話体系に含有されていた個別的な神話素や神格などの構造に関しても、相当詳密な知識を与えられているのである。

ところで、このようにデュメジルの研究によって解明された印欧原始神界の基本的構造は、日本の古典神話に見られる神界の構成と、細部まで驚くほど良く一致している。しかも日本の神話伝説や神格の中には、個別的にも、デュメジルらによってその原初的構造を明らかにされている印欧神話の要素と、不思議な肖似を示すものが数多く見出されるのである。本稿の筆者はこのことを最初、一九六一年から一九六三年にかけてフランスの宗教史学雑誌に掲載された小稿「日本神話——構造論的分析の試み[11]」の中で指摘した。そしてこの小論の結論において筆者は、日本神話がこのように全体の基本構造においてもまたいくつかの細部においても、印欧語族の古神話と顕著な類似を示すのは恐らく、インド・イラン宗教の原初的形態を比較的後代まで良く保存していたと想像される、ユーラシア・ステップ地帯のイラン系遊牧民の神話の影響が、先史時代の日本にまで及んだ結果であろうという仮説を、可能性の一つとして提起してみたのである[12]。

内陸アジアの遊牧民族に媒介されて、印欧系民族の古代神話の影響が日本にまでもたらされているのではないかという推定は、右の拙論が上梓されたのとほぼ時を同じくして、大林太良氏によってもなされていた。すなわち一九六一年の著書『日本神話の起源』の中で大林氏は、日本神話とギリシア神話の間にいくつかの、偶然の所為とは認め難いほど較著な類似が存在する事実を要説された後に、「古代ギリシアと日本の古典神話との、こういう奇妙な一致は、内陸アジアの馬匹飼育遊牧民によって神話が西から東へはこばれたためであろう」と高論されていたのである[13]。

日本神話は周知のように、これまで先学によって主として南洋や東南アジアなど南方の神話との関係を重視されて来た[14]。また岡正雄氏[15]や三品彰英氏[16]など少数の学者は日本神話の中にいわゆる「南方系」の神話素の外に、比較的少数ではあるが重要な「北方系」の要素が含まれている可能性に着目していたが、その場合にもこれらの論者により「北方系」なる術語によって意味されていたのは、朝鮮および満蒙などアルタイ語族の文化に淵源する神話素であった。日本の古典神話を、我国に近接したアルタイ語族の境域を越え、地理的に遠く隔たる印欧系民族の古代神話と結び付けようとする我々の立場は従って、我国の学界における伝統的立場に固執する研究者からは、大胆というよりはむしろ乱暴な臆説としか評価されぬかもしれない。

大林氏はしかしながら、その後ことに一九七〇年代に入って相次いで発表された一連の論稿の中で、[17]我両名の考えが少なくともその大筋において正鵠を射ていることを裏書するような大小の憑証を、日本の古伝承ならびに習俗などの中から、数多く析出し呈示されている。我々も氏の健筆の驥尾に付し、日本神話とギリシア神話の間に存在する類似が、従来識者によって認められて来たよりもさらに一層多岐にわたり較著であること[18]や、イラン系遊牧民の一派（アラン人）の神話伝説に遡源する話素を、相当忠実に保存していることが多くの徴証に照らし確実と考えられる、コーカサス地方のオセット人の間に伝わる叙事詩伝説が、多くの点で日本神話とすこぶる顕著な類似を示す[19]ことなどを指摘するべく努めて来た。さらに朝鮮半島——ことに高句麗——の古代神話は、従来から故三品彰英博士によって、一方で日本神話との関係を論ぜられると同時に、また他方ではいくつかの細部に関して、ギリシア神話とも奇妙な類似を示すことが注意されて来た。[20]ところがこの高句麗神話にはまた卑見によれば、前述したオセットの叙事詩伝説とも共通する要素が含まれている。[21]

このように、当初はそれぞれが独立に包懐した着想を出発点として、大林太良氏と筆者とが今日まで並行して進めて来た研究の結果は、我々には、次のような想定をますます確実なものとしつつあるように思われるのである。

(1)　究極的にはイラン系遊牧民の伝承に由来する神話が、アルタイ系遊牧民によって媒介され、朝鮮半島を経由して日本に持ち込まれた。この系統の伝承に由来する話素は、古典神話体系の中で、従来識者によりいわゆる「北方系」の要素に対して認められて来たよりは、はるかに重要な位置を占めていると考えられる。後に詳論するように、卑見によれば古典神話は、その構造の基本的枠組それ自体を、この系統の伝承からの影響に負っていると思われるのである。

(2)　この遠く日本にまで影響を及ぼしたと見られる、イラン系遊牧民の神話は、一方において印欧語族の神話体系の原初的結構をかなり忠実に保存していた。それと同時にこの神話の中には、イラン系遊牧民が黒海沿岸に建設された多数のギリシア植民都市を介して密接な交渉を有し強い文化的影響を受けたことが良く知られている、古代ギリシア人の神話から借用された話素が相当量含まれていたのであろう。

さて本書において我々に与えられている主題は、印欧語族の神話と日本神話の関係に関し現在までに我が獲得することのできた知見を、できるだけ全般的に概説することであろう。しかしながら与えられた紙数の関係で、以下において我々はこのテーマをかなり局限し、日本の古典神界と印欧語族ことにインド・イラン人の古典神界の間に認められると考えられる、細部にわたる構造上の一致を要説することによって責めを果さざるを得なかった。日本の神界と印欧古神界との基本的構造におけるこのような一致が、けっして偶然の所為によるものではなく、事実印欧系神話の影響が日本にまで及んだ結果であるということは、日本神話と印欧神話の間にこの他に、個別的話根などに関しても著しい一致が数多く存在する[22]ことによって裏付けられる。また印欧神話の影響が具体的には、イラン系遊牧民の神話が内陸アジア・朝鮮を経由して持ちこまれることによって日本に及んだであろうという我々の推定は、前述したように、日本神話とギリシア神話ならびにオセット伝説の間に見出される類似や、高句麗の神話が一方で日本神話と、他方でギリシアやオセットの神話伝説との間に示す相似点などを、重要な論拠としている。しかしながらこれらの問題のすべてを全般的に通観することは、本小稿においては残念ながら断念せざるを得なかった。

日本の古典神界の基本的構造を考察する以下の叙述において、記紀神話に登場する主要な神格の多くが、我々が印欧的と勘考する枠組の中に位置付けられるのを見て、読者はあるいは、我々が日本神話のほとんどすべてを、前述したような経路でもたらされたイラン系遊牧民の神話と見做しているような印象を持たれるかも知れない。このような誤解を避けるために、我々は此処で予め次のことを明言しておきたい。

我々がある神格を印欧的枠組の中に位置付け、またはある神話の中に印欧神話と一致する構造を析出する場合にも、我々はけっしてそのことによって直ちに、当該の神格や神話が全体的に印欧的要素に還元できると見做しているわけではない[23]。本書の全体的構成からも明瞭なように、日本の古典神話は、起源を異にし様々な時期に種々の伝播経路によって日本に持ち込まれた、多様な要素の混淆したものであろう。そしてその中で特に大きな位置を占めるものとして、弥生文化の基底を成す稲作と共に伝播した「南方系」の要素があることは、今日の学界における常識であり、我々はけっしてこれを否定する立場を取るものではないのである。本稿において問題とされている印欧系神話の影響に関しても、あるいは我々が前述したような経路により、恐らく古墳時代の初期にもたらされたと考えられるイラン系遊牧民文化に淵源するものの他にも、別のルートを通って来たものがあったかもしれない。大林太良氏は最近、東南アジアから中国の南部を経て日本に及んだ、インド系支配者文化の影響の流れがあった可能性が考えられるという、興味深い指摘をされている。(24) 大林氏のこの高説に従えば、日本神話に含まれる印欧系神話素それ自体の中にも、我々がこれまで考えて来たような、従来の術語を使えば「北方系」として分類されるべき要素の他にも、別のルートにより「南方系」に属する文化複合の一部としてもたらされた要素のあることが、想定されることになるわけである。以下の叙述において我々が、右の二つの経路のうちの北方系のルートを経て伝播したと考えられる、印欧的枠組の中に位置付けられると主張するアマテラス、スサノヲ、オホクニヌシなど日本神話の主神格は恐らく、その各々が種々の要素の混淆体であり、起源に関して複合的な神格であろう。

以下において我々が論証を試みようとしているのは、このように日本神話が様々な起源の要素を含む複合物であることを当然の前提とした上で、これらの多様な要素を、一個の首尾一貫したイデオロギーを表わす全体に統合し組織するに当って作用した、基本的枠組それ自体は、明らかに印欧語族の古文化に固有のものであり、恐らくはイラン系遊牧民文化より伝播したものであろうということなのである。

二　印欧古神界の基本構造(25)――三種の社会機能と神々の分類――

印欧語族は、彼らがまだユーラシア・ステップ地帯の西半部にあったと想像される原住地に居住し、共通の言語（印欧祖語）を話していた時代（紀元前三〇〇〇年期の前半）にすでに、彼らの社会が(1)祭司＝主権者、(2)戦士＝支配者、(3)生産者＝庶民という、三種の身分に分属する人々によって網羅的に構成されるという観念を所有していたらしい。このことはこの三区分的社会観が、印欧系諸民族の中でも宗教に関し特に保守的であったことが言語学的事実からも強く示唆されている、インド・イラン人、ケルト人、およびイタリック人の間に、歴史時代にもなおかなり明瞭な形で残存していたことに照らし確実と考えられるのである。すなわちインドに古来、非アーリア系の賤民シュードラを除外したアーリア人社会が、(1)祭司（ブラーフマナ）、(2)戦士（クシャトリヤ）、(3)庶民（ヴァイシャ）の、三種の「種姓」（ヴァルナ）から成り立つとする教理が存在することは周知の通りだが、これとほとんど一致する観念はゾロアスター教の聖典アヴェスタにも見られる。アヴェスタでも社会は、(1)祭司（アーサウルヴァン）、(2)戦士（ラサエー・シュタル）、(3)農民＝牧畜者（ヴァーストリョー・フシュヤント）の、三種の階級（ピシュトラ）から成り立つと見られているのである。しかもこれらの社会身分を呼ぶのに用いられるサンスクリット語ヴァルナとアヴェスタ語ピシュトラとは、共に「色彩」の観念と関係する語である点まで一致している。このようにインド・イラン人の間ではいわば社会を構成する人間は、祭司・戦士・生産者の三色の身分範疇に色分けされていたと言うことができるのである。

これと同様の観念は、ケルト人の古い社会組織の中にも明瞭に反映していた。ケルト社会の頂点に、王にも優る知的精神的権威の所有者として民族を指導した、祭司ドゥルイドの組織が存在したのは周知の事柄であるが、この他ケルト人の間には古く、土地を領有する貴族的戦士――カエサルに「騎士階級」

(エクィテス)と呼ばれ、古代アイルランドでは、ドイツ語 Gewalt と同根の名称 flaith によって呼ばれていた。因みにこれらの両語は意味的には、「クシャトリヤ」の基となった「力、支配」などを意味するサンスクリット語「クシャトラ」と、正確に対応する――と、「牛を所有する自由民」(ボー・アイリグ)と呼ばれた庶民との、二種の身分の区別が存在したことが知られている。

次に、古代イタリア半島に移住定着した印欧語族の一派であるイタリック人――ラテン語はこのイタリック語の方言の一つである――に関しては、彼らが歴史時代に自分たちの現実社会が、実際にこれら三種の身分の区別に基づき組織されていると意識していたことを示すような徴表は、見出すことができない。しかし彼らの間にも古くはこの問題の型と吻合する三区分的社会観が存在したことは、この観念が古代ローマやイグウィウムなどの神界の構造の中に明瞭に反映し、またローマにおいて数多くの祭儀や伝説、文学作品などの構成的枠組として用いられていることなどから、はっきり確かめられるのである。

古代ローマの祭司組織において、王(レックス)に次ぎもっとも高い地位を占めると考えられていたのは、「大フラメン」と呼ばれる三人の聖職者たちであり、彼らはそれぞれユピテル、マルス、クイリヌスの三神の各々の祭祀を掌っていた。これら三柱の「大フラメンの神々」はまた、ローマのいくつかの古い祭式の中でも、三神同時に勧請されたことが知られている。彼らは、エトルリア人の王たちによってカピトリウム丘上にユピテル神殿が建立され、そこに合祀されたユピテル、ユノ、ミネルウァの三神が、ローマのもっとも重要な守護神と見做されるようになる以前には、ローマの神界において中心的位置を占める主神格のトリオを形成していたと考えられるのである。ところで、専門家によって「前カピトリウム的トライアッド」と通称されている、ローマの原初的主神トリオを構成したこれら三柱の神格のうち、ユピテルは上天より無量の魔術を行使することによって世界に君臨する魔術師的主権神であり、マルスは戦神である。クイリヌスの神名は、語源的には「衆庶の守護神」を意味する。またこの神はその祭クイリナリアが、ローマにおいて古く穀粒を保存するためにかまどで焙るという、食糧確保のために肝要な作業が行なわれたフォルナカリアの祭日に当たっていたことや、彼のフラメンであるフラメン・クイリナリスが、農業と関係深いコンスス、ロビゴ、ラレンティアなどの諸神の祭の執行にも当たったことなどから、食糧生産の機能とも密接な関わりを有する神格であったことが知られる。これらの三神はこのように、人間社会において、(1)祭司＝主権者、(2)戦士、(3)食糧を生産する庶民、の三種の階級が分担する役割の各々を、神的レヴェルと宇宙的規模において果たす神格であったということが出来るのである。

このローマの「前カピトリウム的トライアッド」と正確に一致する構成の主神格トリオは、ラテン語とは異なるイタリック語の方言を話した、古代ウムブリア人の神界にも存在した。すなわちウムブリア地方の古代都市イグウィウムの遺跡から出土した銅板文書には、ユピテルとマルスに当たる「ユー」と「マルト」の二神が「ウオフィオノ」と呼ばれる神とトリオを形成して現われるが、この最後の神名は、ピザニ(26)とバンヴニスト(27)の両権威者によって「衆庶の守護者」として解釈され、ラテン語の神名クイリヌスと完全に同義であったことが明らかにされている。祭司＝主権者、戦士、庶民＝生産者のそれぞれの社会的機能と対応する神的機能を管掌する、三柱の神々をもって、神界全体を代表する主神格と見做す観念は、このように元来はイタリック人全体に共通のものであったと考えられるのである。このことは取りも直さず、これら三種の職能階級が人間社会の主要な構成要素であると見做す「三区分的社会観」が、インド・イラン人およびケルト人と共にイタリック人によっても、古くは共有されていたことの証左と考えられよう。元来は印欧語族全体に共通のものであったと考えられる、人間を三種の身分範疇に分類する観念は、イタリック人の間ではこのように、彼らが尊崇した神々の世界の構成の中に投射された形において、歴史時代にまでかなり明瞭に保存されていた。ところでこのように人間社会におけると同様神々の世界にも、三種の範疇の神々が存在して、そのそれぞれが、(1)祭司＝主権者、(2)戦士、(3)生産者＝庶民の社会的機能と対応するような役割を演じていると見る観念も実は、それ自体印欧語族の共通文化に遡源するものであったと考えられるのである。

まずインドでは最古の文献であるリグヴェダにおいて、神々を総称するためにしばしば「アーディティヤたち、ルドラたち、ヴァスたち」とか、「アーディティヤたち、マルトたち、ヴァスたち」などという表現が用いられているが、これは明らかに神々を、(1)主権神、(2)戦神、(3)豊穣神の、三種の範疇に分類した呼び方である。すなわちアーディティヤ（＝アディティ女神の息子たち）とは元来は、ミトラとヴァルナの二柱の最高神を統領とする六柱の神々を指す呼称であったと考えられるのであるが、これらの六神はリグヴェダにおいていずれも、上天の高処より王として世界を統治すると考えられている。次にマルトおよび複数形で用いられた場合のルドラは両者ともに、天と地の中間に広がる大気圏において、風・雨・雷などの「暴風雨現象」を惹き起しながら、戦神インドラの統率の下に神々に敵対する悪魔的存在と戦う、青年武神の集団の呼名である。最後にヴァスが本来具体的にどの神々を指したかは不明であるが、この語は中性の普通名詞としては通常、複数形で用いられて「富」を意味する。また右に挙げた神々を三分類しつつ総称した呼び方のやや変形された形として、ヴァスをアシュヴィンによって置き換えた「アーディティヤたち、ルドラたち、アシュヴィンたち」というのが見られるが、アシュヴィンとは好んで地上の人間たちの間に立ち交って種々の恩恵を施す美男の双児神であり、医療神であると同時に豊穣機能ともきわめて関係が深い神々である。ヴァスとは従って古くは恐らく、このアシュヴィンによって代表されるような、地上にあって富と食糧を生産し生命力を増進させるために働く、庶民的性格の神々を総称する呼称であったろうと考えられるのである。

ところでアーディティヤの統領であるミトラとヴァルナと、ルドラたちやマルトたちを統率するインドラと、ヴァスを代表する二柱のアシュヴィンとは、リグヴェダの讃歌やヴェダ時代の祭式の中でしばしばグループを成して現われることがある。ところで、これらの五神格は、紀元前一三八〇年頃ミタニを支配していたインド・アーリア人の王マティワザによっても、彼が隣国ヒッタイト帝国の大王シュッピルリウマとの間に締結した条約文の中で証人として揃って勧請されているのである。これらの五神はすなわち、インドに侵入したアーリア系インド人によってのみならず、この主流と別れ前二〇〇〇年期の近東に進出して活躍したこの民族の分派によっても、神界を代表する主神格のグループを構成するものと認められていたと考えられるのである。

インド・アーリア人はこのように、彼らが二派に分裂して近東とインドへそれぞれ移動するよりも以前にすでに、彼らの神々を主権神・戦神・豊穣神の三種類に分類すると同時に、これら三種の範疇の各々を代表する、もっとも有力な神格によって構成される主神グループが、神界において中心的位置を占めると見做していたと思われるのである。ところでこのリグヴェダとミタニの条約文とに共通して現われる、二柱の主権神（ミトラとヴァルナ）と一柱の戦神（インドラ）と二柱の豊穣神（アシュヴィン）とによって構成される主神グループは実は、インド・イラン人に共通のものであったと見られる。ゾロアスター自身の作になると考えられる讃歌（ガーサー）の中にすでに現われるゾロアスター教の六位の大天使たち（アメシャ・スペンタ）のグループは、これらの五神を彼らと密接な関係にあった一柱の大女神と共に、唯一神アフラ・マズダーを囲繞する天使的存在に変化させることによって成立したものと考えられるからである。(28)

ローマとインド・イランの古神界における主神格グループの構成

	ローマ	インド・イラン
主権神	ユピテル	（ミトラ ヴァルナ）
戦神	マルス	インドラ
豊穣神	クィリヌス	アシュヴィン

さてこのように古くインド・イラン人に共通する主神グループを形成していたと考えられる五柱の神々の中で、ミトラとヴァルナはリグヴエダにおいて、切り離して考えることが困難なほど密接な対偶関係によって結合されており、アシュヴィンは共通の名で呼ばれ、区別することがまったく不可能なほど肖似した双児の兄弟であると考えられている。従ってこれらの五神によって構成されるインド・イランの古い主神グループの構造は、前述したローマの原初的主神グループの構造と、基本的には一致したものであったということが出来るのである。

ローマの「前カピトリウム的トライアッド」にもっとも典型的に見られるような、三種の社会機能を代表する三柱の有力神によって構成される主神格トリオは、ゲルマン人の古神界にも存在していた。異教時代のスウェーデンにおける中心的聖所であった、ウプサラの大神殿には、オージン、トール、フレイルの三神が合祀されていたことが、十一世紀に此処を訪れたブレーメンのアダムの描写によって我々に良く知られているが、これらの三神はまたエッダやスカルドの古歌などの中にも、しばしば一組をなして現われ、北欧においても古くは神界を代表する主神グループを構成すると見做されていたことが窺われるのである。このうちオージンは周知のようにゲルマン人の最高神であり、インドのヴァルナと特に良く似た、魔術師的性格の強い主権神である。トールは鉄槌ミョルニルを振って、神々に敵対する霜の巨人や魔物の類と戦う怪力の武神であり、またフレイルは富、平和、愛欲、豊穣などのことを掌る神格であった。

人間をその職能に基き三種の身分に分類していた印欧語族は、このようにこの三分類の原理を神々にも当て嵌め、神々の世界にも人間社会における三身分と対応する、三種の機能神の区別が存在すると見做していたのである。この印欧語族に特徴的な三分類の原理は、基本的にはたしかにこれまで述べて来たように、人間社会に存在すると考えられた三種の職能の区別に準拠している。しかしながら神々の世界に投射された場合にはこれらの三種の機能は当然、神秘性と宇宙的規模を獲得し、単に(1)祭司＝主権者的、(2)戦士的、(3)生産者的と呼んだのではその内容を完全には言い尽し得ないようなものに変化している。従って以下において我々は、神々をはじめ人間以外の事物の分類のための基本範疇として用いられた場合における三種の機能を、デュメジルの用語法に従い、それぞれ第一機能、第二機能、第三機能と呼ぶことにしよう。デュメジルの分析によれば第一機能の領域には一方において宗教と魔術、他方においては王権、政治、法などの他にこれらの諸事項の実施のために不可欠であると考えられた知恵、知識などが包含される。第二機能はもっぱら暴力とその行使（戦闘におけるだけとは限られない）に関わっているが、疾風のごとき足の速さは絶倫の腕力と共に、この機能の代表者の具備すべき要件であった。この機能は従って力と速さの機能として約言することもできるのである。最後に第三機能は、庶民とその従事する食糧生産のための活動——農業と牧畜とを基軸にしているが、その含蓄は上位の二機能よりもかなり複合的である。すなわち生産と直接関連する、豊穣、多産、致富、などの概念の他に、生産と生殖の行為が良く行われるための要件である、平和、愛欲、健康、長命などから容姿の美しさまでが、この機能の管轄に属する重要事項と見做されていたのである。従って印欧語族の神話に現われる第三機能神は、インドのアシュヴィンの場合に典型的に見られるように、生産を掌る豊穣神であると同時に、医療の神でもあり、また容姿すこぶる端麗で愛欲的性向の持主であることが多い。

さて印欧語には古く「人間の男」を意味する語根が二つあり、その一方からギリシア語のアネルが、他方からはラテン語のウィルが派生したことが知られている。[29] この両語根「ネル」と「ウィロ」に基く名詞は、インド・イラン語とウムブリア語には、双方共に保存されている。デュメジルはこれらの諸言語において、「ネル」系の語と「ウィロ」系の語とが対比的に用いられている古い用例を分析することによって、これら両概念の区別が元来は、これまで述べて来た印欧的三区分体系と重なり合うものであったことを明らかにした。デュメジルの分析の結論だけを約言すれば、一方の「ネル」系の語は「高貴な」とか「男らしい男」という含蓄を含み、元来は上位二身分——祭司＝主権者と戦士——の男を指して用いられた。これに対して他方の「ウィロ」系の語は、もとは単に「女性」と区別された意味における「男性」を意味し、「ネル」系の語と対置的に用いられた場合にはもっぱら、第三身分に属する庶民の男を指したと考えられるのである。両概念の間のこのような意味の対立は、「男」を意味する普通名詞としては「ウィロ」系の語ウィルだけを持ち、「ネル」系統の語は喪失したラテン語にも、次のような形でその名残りを見出すことができる。すなわち古代ローマの神界において、第三機能の主神格クィリヌスは、自身の神名の中にもすでに「ウィロ」語根を含んでいるが、さらに同じ語根より造られた女神ウィリテスと配偶関係にあると見做されていた。これに対して「ネル」語根に由来する名で呼ばれた女神ネリオは、戦神マルスの配偶者であるとされていたのである。

人間をその職能によって、(1)祭司、(2)戦士、(1)生産者の三種の、身分範疇に分類した印欧語族はこのように、これら三身分のうちの上位の二つを、貴族的、支配者的身分としてより包括的な範疇の中に一括し、庶民的、被支配者的な第三身分と対立させていた。言い換えれば我々がこれまで検討して来た三区分体系は実はまず大きく二分類されたものの一方をさらに二分することによって成立したものであり、いわば双分を二重に積み重ねたものとも言えるのである。インドの種姓制度においてはこれら三身分の全体がさらに、人間の名に値する存在として「アーリア・ヴァルナ」の範疇の中に一括され、非人の取扱いしか受けぬシュードラ（ダーサ・ヴァルナ）と対立させられている。

印欧的分類体系の基本構造

- 人間の名に値する存在（アーリア）
  - 貴族的人間（「ネル」）
    - 祭司＝主権者
    - 戦士
  - 一般の人間（「ウィロ」）
    - 生産者
- 人間の名に値せぬ存在（ダーサ）
  - 異民族・奴婢

ところで印欧語族が人間の分類に用いたこれらの範疇はすべて、彼らの構想した超自然的存在の世界にも転移されていた。印欧語族の神々が人間社会に存在する三身分と対応する三種の機能神に分類されていたことは前述した通りであるが、これら人間の文化的営為を管掌する人間的・文化的な神々は、秩序の外にいて人間文化に対して敵対的態度を取り、絶えず文化的世界を破壊しようと狙う悪魔的存在と、恒常的対立関係にあると見做されていた。しかもこれらの悪魔の類は、けっして神々と本質的に異質の存在ではなく、神々と悪魔たちとは血族の関係にあると考えられていた。印欧神界における第二機能神のもっとも主要な任務は、好んで野獣の形を取って跳梁するこれらの悪魔たちを退治し逼塞させることによって、文化的世界の秩序を防衛することだったのである。

ところでリグ・ヴェダにおいて、アーリア人に反抗する先住民ダーサは、しばしば悪魔の群に擬され、ダーサに対するアーリアの勝利は、インドラによる悪魔の軍勢の撃破と同一視されている。言い換えれば超自然界における、一方で神々と、他方で「神」の名に値せぬ神的存在である悪魔との間の対立は、人間界

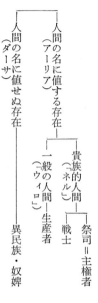

におけるアーリアとダーサないしはシュードラの対立と、正しく対応するものと観念されていたのである。

また三種の機能神の間でも、一方で人間社会における支配者階層に対応する上位二機能の神々と、他方では庶民に対応する第三の機能の神々とは、原初にはそれぞれ独立した別個の神族を構成して、天と地に分れて住み対立していたと考えられていた。現在の世界を支配する、三種の機能神のすべてを包含する理想的構成の神界は、これらの両神族が太古において一旦は激しく争い合った後で結局最後に和解し、両者が合体して単一の集団を形成した結果はじめて成立したと見做されていたのである。要約すれば印欧語族は、神的存在の世界を、次のような基本構造を持つものとして観念していたと言える。

印欧神界の基本構造

- 神
  - 支配者的機能の天神
    - 第一機能神
    - 第二機能神
  - 庶民的機能の地神
    - 第三機能神
- 悪魔

この原初に二種の神族の間に行われた争闘と和解とを主題とする印欧神話の結構は、古エッダに見られる次の北欧神話の中に特に良く保存されている(30)。

北欧神話の神々は、主権神と戦神の族であるエシルと、大地の豊穣のことなどを掌る神々の族であるファニルとの、二種の神族に分類される。この二神族はこの世の初めには各々別個のグループを構成し対立していたが、ある時両集団の間についに戦争が勃発した。この戦争の初期においては、まずファニル方の策略が功を奏し、戦局は彼らに有利に展開した。すなわちファニルの神たちは「黄金の酔」という名の女怪を造って、これをエシルの住処に送ったところが、この女性は槍で突かれても火で焼かれても死なず、エシルの女たちの心を腐敗させ、彼らを大いに困惑させた。エシルたちは集まって会議を開き、対策を協議したが、結局エシルの王オージンが、敵軍の上に戦局を一挙に決定する魔力を備えた投槍を投ずることによって、ファニル方の意気を沮喪させ、形勢を逆転させた。この後両神族の間に和睦が成立し、その結果ファニルたちの統領であったニョルズルが、息子のフレィルおよび娘のフレィヤ女神と共に、エシルたちの住処アスガルズルに居を構え、エシルの仲間入りをすることになった。

デュメジルはこの北欧神話を、インド神話およびローマの歴史伝説の中に見出される類話と比較することによって、これらの説話の共通の源と考えられる印欧原神話が、基本的には次のような挿話から成り立っていたことを明らかにしている。

(1) 世界の初めに、天上に住む上位二機能の神々の族と、地上に住む第三機能神の族とは二個の独立した集団に分裂し対立していたが、ある時ついに両集団の間に熾烈なる争闘が勃発する。

(2) 抗争の初期の段階においてはまず第三機能神の側が、彼らの利点である富と性的魅力の力を用いて、上位二機能の神々の中のある者を買収しこれに利敵行為を働かせることによって、相手方に重大な打撃を与える。

(3) しかし次の段階では、上位機能の神々を統率する主権神が、その最大の利点である魔術を行使し、魔法の武器を投ずることによって、味方に不利であった形勢を一挙に逆転する。
(4)　このように両神族の各々がそれぞれ、その専管する機能の特徴を良く発揮した仕方で相手方を脅かした後で、両者の間に完全な和解が成立する。そして爾後両神族は合体して、単一の神界を形成することになる。

三　古典神話における神々の分類[31]——天津神・国津神と高天原・出雲——

これまで略説して来たような、印欧語族の古神界の構造は、日本の古典神話に見られる神界の基本的構造とすこぶる良く似ている。まず日本の神々は古来周知のように、天津神（天神）と国津神（地祇）の二種類に大別されると考えられ、天神地祇と言うことによって万神を総称する呼び方が慣用されて来た。ところが、上代に遡源するこの神々の二分類は、大林太良氏によって指摘された[32]ように、実は神々をその管掌する社会的機能によって、(1)祭政と軍事を専管する支配者的機能の神々と、(2)土地を支配し生産などを掌る庶民的機能の神々とに大別したものであり、上位二機能の神々を一個の綜合的範疇の中に一括し、第三機能の神々と対置させた、印欧語族の神分類の図式と一致したものと認められるのである。

すなわち、神話に登場する主要な天神としては、まず高天原より相提携しつつ世界を統治するアマテラス、タカミムスビ、カミムスビらの主権神があり、古典神話における最高神のグループを形成している。次に天神たちが一個のチームに組織されて協働する有様が見られる、天岩屋と天孫降臨の両場面には、アメノコヤネ、フトタマ、アメノウズメ、イシコリドメ、タマノオヤらの五部神と、オモヒカネ、アメノタヂカラヲらの諸神の名が、共通して挙げられている。これらの諸神は一般に代表的な天津神であると認められているが、このうちのオモヒカネは言うまでもなく知恵の神であって、デュメジルの用語法によれば明らかに第一機能神の範疇に属する。そして残る五部神とアメノタヂカラヲはいずれも、天岩戸の前で執行された祭事において、重要な役割を果しており、祭司機能と関係ある神格と認められるのである。天孫降臨神話においてはこれらの神々の他にさらに、アメノオシヒとアマツクメとの二柱の軍神が、ニニギの命に随伴し天降ったと言われている。この他高天原に常住する神々の中で、神話において特に目立つ活躍をする神に、軍神であると同時に雷神でもあるタケミカヅチがある。アメノヲハバリ、フツヌシなど刀剣を神格化した一連の天神たちは、いずれもこのタケミカヅチの一族であり、彼とほとんど異名同義的な存在であると見ることができよう。

このようにデュメジルの用語法を使えば明らかに、第一機能神および第二機能神によって構成される支配者的機能の神々の集団として定義することができる、高天原の天神の族に対して、出雲のオホクニヌシをもっとも有力な代表者とする国津神は、大林太良氏によって次のように、第三機能的本質の所有者であることを解明されている。(33)

「それでは国津神とはいかなる機能の神であろうか。それは土着神であり、《土地の主》的な性格をもつ神である。高天原から見れば葦原中国には、「ちはやぶる荒ぶる国の神ども」が大勢いたし（記）天稚彦は武力に訴えてでも国津神を平定すべきであった。邪悪な存在としての国津神の一例は天探女である（紀天孫降臨章、本文、一書、

一、二、六)。しかし他方では天神の子に国を譲る国津神もあった。国主事勝国勝長狭(紀、天孫降臨章一書二)や伊勢津彦(伊勢風土記逸文)がそれである。また国津神猿田毘古は天孫降臨の道案内をし(記)、国津神珍彦は神武東征を先導した(紀記)。神武東征には国津神の井光(紀)と贄持の子(記)が帰順した。天津神族と国津神族とは婚姻のきずなを結ぶが(ニニギとコノハナサクヤヒメ——記、大物主とミホツヒメ——紀天孫降臨章一書二、天稚彦と国津神の女——紀天孫降臨章一書一)、コノハナサクヤヒメや大物主の話にも明らかなように、国津神同士で婚姻ないし性関係を結ぶことは、天津神族と国津神族との間の関係を損うものと考えられていた。そして国津神贄持の子が吉野川の河尻で筌をうって魚をとり、国津神珍彦が曲浦で釣をしていたように、国津神は生産者的な機能ももっていた。また紀四神出生章の一書十一には、葦原中国に食物、ことに作物の神たる保食神がいてツクヨミに殺されたとあるのも、国津神の、生産者的機能を示すものであろう。要するに国津神とは、被征服者、土地の主、生産者の機能の神である。なるほど、天岩屋神話には農耕・機織の話があり、また海幸山幸神話には、漁撈・狩猟・農耕の話がある。しかしそこでは常に天津神内部ないし天津神の子同士の紛争が問題となっていて、決して天津神が国津神と対比されているのではない。天津神と国津神とが対決し、あるいは対比される場合に、あるいは本文中に天津神あるいは国津神という語を冠して神が登場する場合には、表面に出てくる機能は、天津神においては征服者、政治、祭祀、軍事の機能であって生産者の機能でなく、国津神においては被征服者、土地の主、生産者の機能なのである」。

ところで古典神話の記述を一層仔細に点検してみると、我々は次の事実に気付く。すなわち日本の神界においても元来は、「天神」という一個の範疇の中に一括されていた支配者機能の神々の間で、一方で祭政に関する事項を管掌する第一機能神と、他方で軍事に専従する第二機能神とは、別種の存在としてはっきり区別されていたらしいのである。このことは次のように、記紀の原文の叙述を通し、明瞭に窺い知ることができるように思われるのである。

すなわち祭政機能の神々と軍事機能の神々とが同時に活動するのが見られる主な場面は、天孫降臨であるが、この段における記紀の叙述はいずれも、これら両種の神々が天孫一行の中で、たがいに雑り合うことのない別個の集団を構成したことを明瞭に示唆しているようである。すなわち、日本書紀の一書の一には随伴神としてただ五部神だけが挙げられ、一書の二でもアメノコヤネ、フトタマおよび諸部神が従ったとのみ記されているが、これに対して一書の四には五部神らの名は全然見えず、ただアメノオシヒとアメノクシツオホクメ（アマツクメの別名）とが、完全武装し天孫を警護した模様だけが描写されているのである。天孫の降臨に随伴した神々として、五部神以下の「第一機能神」とオシヒとクメ二柱の「第二機能神」との双方が共に数え挙げられているのは、ただ古事記においてのみであるが、此処でもこの両グループは、ニニギ自身の降臨の記述を中に挟んで、前者の神々の名はすべてその前に記され、後者のことはその後にはじめて言及されており、一方は天孫の側近、他方は一行の前衛部隊として、それぞれが明瞭に独立した別個の集団を構成した様が明示されている。天孫降臨神話に登場する天津神たちはこのように、一方で王権の担当者を囲繞する第一機能神と、他方で彼らを守護しその先駆を努める第二機能神との、二種類に分類されて現われると言うことができるのである。

ところで、これらの降臨の随伴神たちに関しいま一つ注意に価すると思われる点がある。それはこれらの神々のうち、一方において五部神は中臣、忌部、猿女、鏡作、玉作ら、祭司ないしはその監督の下に祭具を製作する工人の族の上祖とされ、他方アメノオシヒとアマツクメとは、戦士である大伴と久米両氏族の祖先とされていることである。このことは古典神話の編纂者たちによって、天孫の随伴神集団の中にその原型を認めることのできる上代日本の支配者階級が、その本来的形態においては、主権者天皇家の下に祭司層と戦士層の二部分から成り立っていたと、明瞭に意識されていたことを示すと見られよう。すなわち社会が支配層を構成する祭司＝主権者と戦士に土着の庶民を加えた、三種の職能的身分によって構成されると見る、印欧語族の古文化に特徴的な三区分的社会観は、記紀神話の中においても紛う方なく表明されていると言えるのである。

高天原に居住する天神たちの中で、戦神の族が祭政機能の神々の族と区別され、両者がそれぞれ互いに隔離された個別の集団を構成するものと考えられていたことは、さらに古事記の次の箇所からも明瞭に窺えるようである。出雲へ派遣される最後の使者の役にタケミカヅチを任ずるに当って、アマテラスはまず、天の安の河の川上の岩屋に住むタケミカヅチの父神アメノヲハバリのもとに使いを立てて、彼から息子の神を貢進させねばならなかった。しかもこのアメノヲハバリは安の河の水を逆に塞き上げ道を塞いでいたために、彼の住処に近付くことのできる神は、並み居る天神たちの中にも、ただアメノカクという神一柱を措いて他には無かったと言われている。この神話は高天原において軍神の族が、主権神を取り巻く祭政機能の神々の集団と同居せず、また彼らの合議に加わることもせずに、離れた所に別居していた様を我々に知らしめるものと言えよう(34)。

ところで上代の日本人はそれでは、神々はすべて天津神と国津神の二範疇の中に網羅されると考えていたのであろうか。この点に関し大林太良氏は古典の中に、天神地祇の他にさらに山の神、河海の神、山坂の神などを数え挙げた箇所が存在することに注意された。そしてこれらの自然神が上代人によって、天神地祇いずれの範疇にも属さず、これらと対立する別個の範疇を構成すると見做されていたことを指摘されたのである。[35] 宗教・政治・戦争・生産など人間の文化的営為の諸分野を管掌する天津神と国津神とが、共に一般に人間に近い形を取り人間に似た振舞をする「人態的」な存在として観念されているのに対して、古典に登場する山神、河神、海神らは通常、人間文化に反抗する邪悪な「荒ぶる神」としての性格を示す。彼らはまた神話伝説の中でしばしば、野獣の形を取って顕現することが物語られているのである。

古代日本の神界にはこのように、三種の文化的機能を分掌する文化的人態的な天津神・国津神の他に、人間文化に馴服されぬ野生の自然界に跳梁する「自然神」として、山・河・海などの神々があった。そしてこれらは押し並べて人間とその文化に対して敵意を抱く、荒ぶる悪神的存在と見做されていたのである。

以上述べたことを要約すれば古代日本における神分類の体系は、前述した印欧語族の分類体系とほとんど正確に一致する、次のような構造を備えていたと言えよう。

古代日本における神の分類体系

- 神
  - 文化神
    - 天津神
      - 祭政機能の神
      - 軍事機能の神
    - 国津神＝生産機能を掌る土地神
  - 自然神＝荒ぶる悪神としての山・河・海の神

さて日本神話においてもいわゆる「国譲り神話」の段において、アマテラスとタカミムスビに統率される高天原の天神たちが、オホクニヌシを首領とする国津神のグループと争い合った末に、最後には両者が和解した次第が物語られている。ところが卑見によればこの日本の「国譲り神話」は、前述した上位機能の神々の族と第三機能神族との葛藤と和解の経緯を主題とする印欧神話と、すこぶる良く似た構造を示す[36]。すなわち日本神話においても、抗争の初めの段階においてはまず第三機能を代表する国津神集団の方が、天津神グループより差遣される使者の神々を次々に懐柔することによって、上位機能の神々の意図を挫折させ、彼らを苦境に陥れている。しかもそのために国津神が用いる手段は、古事記に「天若日子その国に降り到りて、すなはち大国主の神の女下照比売に娶ひ、またその国を獲むと慮ひて、八年に至るまで復奏まをさざりき」と言われ、また日本書紀の一書の一では「天稚彦勅を受けて来降りて、多に国つ神の女子を娶りて、八年経るまで報命さざりき」と言われているように、彼らの女たちと国富との魅力であり、問題の印欧神話における第三機能神の方法と良く対応している。

次にこのように高天原方にとってまったく不利な情勢は、タカミムスビが、アメワカヒコが雉子に向って射た矢を拾い上げ、厳かな呪文を唱えつつ明らかに魔術師的な仕方で、国津神の領域である下界に向けて投げ返すことを契機にして一転する。すなわちこの矢は主権神の口より発せられた呪言の通り、アメワカヒコの高胸坂に命中して裏切者の息の根を止める。そしてこの時を境にして爾後は天神たちの打つ手は、着実な効果を収めるようになるのである。

この後高天原からは最後の使者として、刀剣を神格化した武神であると同時に雷神でもあるタケミカヅチが出雲に下される。日本書紀本文および一書の一と二などによれば、この時タケミカヅチと同じく刀剣の神であるフツヌシも彼と同行した。古事記によれば高天原の使者たちは「出雲の国伊耶佐の小浜に降り到りて、十掬の剣を抜きて浪の穂に逆に刺し立て、その剣のさきに趺み坐て」という、剣の神にいかにも相応しい離れ業を演じて見せながら、オホクニヌシに降伏を迫った。そして反抗するタケミナカタに対しては、「かれその御手を取らしむれば、すなはち立氷に取り成し、また剣刃に取り成しつ。……」と言われているような、これも刀剣の神に相応しい手を剣に変える魔術を発揮して見せて屈服させ、ついにオホクニヌシとその一族の神々との帰順を取り付けることに成功したとされている。

このように富と愛欲の力によって天神の間に内通者を作り出して抵抗する国津神に対して、まず明らかに魔術師的な仕方で矢を投げ、次に剣の神を降下させその凄じい威力によってついに敵を屈伏させる日本の主権神のやり方は、前述した印欧神話における主権神の振舞と、類型的にすこぶる良く一致している。そして日本神話においても天津神と国津神とのこの闘争は、結局、それまで国津神を率いて高天原に対抗していたオホクニヌシが、支配者機能の権威が彼の造営した国土に及ぶことを受け入れると同時に、その代償として出雲大社に祀られ朝廷の祭祀の中で主要な天神たちと匹敵する有力神としての地位を保証されることによって終結する。オホクニヌシはこの処遇に満足し、爾後は「八十万神を領ゐて永に皇孫の為に護り奉る（紀一、書二）」ことになって、天神と地祇の間には円満な協力関係が成立するのである。神界において上位機能の天神集団と第三機能の地神集団との間に結ばれるこの連携関係と照応して、地上には皇孫が祭司および戦士の上祖たちと共に降臨し、その結果人間界にも、祭司・戦士・庶民の三種の階層から構成される、印欧的図式と相応する構造の社会が現出する。このように、支配者的機能と庶民的機能との間に原初存在した対立が闘争の過程を経て最後に揚棄され、その結果現行の理想的と目される世界秩序が実現することをもって大団円とする、日本神話の結末は、前述した印欧神話のものと、真に良く一致していると言えよう。

四　アマテラス・スサノヲ・オホクニヌシと印欧的体系の三機能(37)

さてこのように神々の基本的分類と理想的構成の神界成立の経緯、および神話に誨示された人間社会の軌範的組成などに関して、印欧語族の古神話に見られるものと正確に吻合した構造を示す日本の古典神話は、卑見によればさらに、神界の各層位を代表する主神格によって構成されるグループの構造まで、印欧神界の主神グループと酷似している。

周知のように記紀神話は一般に、天地開闢の記事をもって始まり、神武東征の物語によって完結すると見做されている。ところでこのうちまず冒頭に位置する、国生み・神生み・黄泉国訪問などの諸神話は明らかに、後続の神話の舞台となるべき現在世界の結構が整えられた次第を物語っており、いわば古典神話全体の序章的部分を形成していると見ることができよう。事実この部分で主人公として、周知のような大活躍をしているイザナキとイザナミの夫婦神は、この序章部の完結と共に創造神としてのその使命を果し終えて神話の表舞台より完全に姿を消す。以後の神話の中でこれら二神の働きに言及されることはまったく見られぬのである。言い換えれば彼らは世界の創成時においてのみ活動し、以後は「死せる神」あるいは「閑職神」と化し世界への介入を停止するところの、始原的・過去的性格の神々であって、現在世界になお生きて働き続ける、現在的神格ではないのである。

また地上に降臨した天孫とその直接の子孫たちの事績を主題とする、日向神話および神武東征の物語は、通常神話の一部として取り扱われているが、実はその主人公は純粋な神々ではなく、人間の仲間入りをし人類共通の死の運命を担わされた半神的英雄たちであり、より厳密な分類を適用すれば、神話よりむしろ英雄伝説の範疇に属する。

古典神話の基幹を構成する部分は明らかに、これらの一方で始原時の出来事に関わる序章部と他方で英雄伝説的性格の後章部分との、中間に介在する諸神話である。これらは高天原と出雲とを主要な舞台としており、現在世界の支配者である神々を主人公としている。そして日本神話のこの部分は明白に、アマテラス・スサノヲ・オホクニヌシの三柱の主神格を、物語の展開における三本の基軸として組織されている。

すなわちまず、アマテラスとスサノヲ両神の誓約による子生み、アマテラスに対するスサノヲの乱暴、これを怒ったアマテラスの岩戸籠り、スサノヲの追放などを内容とする、劈頭のいわゆる高天原神話の部分は、言うまでもなくアマテラスとスサノヲの天上における対決をもってその主題としており、ここにおける出来事は終始これら二神を主役として展開している。次に天を放逐されたスサノヲが出雲に降ることによって、いわゆる出雲神話の幕が開くが、この部分の前半部の主人公は、大蛇を退治しクシナダヒメらと婚姻して、オホクニヌシに至る国津神の神統を開くスサノヲであり、後半部においては主役はオホクニヌシに交代する。しかしながらこのオホクニヌシは、彼の主要な任務である国土造営の事業に取り掛かる前に、根の国に住むスサノヲのもとに赴き、この神から課せられる厳しい試錬を通過することによって、正妃スセリヒメを獲得すると共に、彼を迫害する八十神を慴服させて国の支配者となるために必要な武器と呪具を入手し、またオホクニヌシおよびウツシクニタマという、国土の主に相応しい称号を与えられている。オホクニヌシの「国造り」が完成すると、舞台は再び高天原に移り、アマテラスが子のオシホミミに葦原の中つ国への降臨を命令することによって、「国譲り神話」が開幕するが、これはつまるところ、高天原の主宰者アマテラスと、出雲の地主神オホクニヌシの間の、統治権をめぐる確執の物語に他ならない。そして最後に、ようやくオホクニヌシの同意を取り付けることに成功したアマテラスが、支配者として天孫を受け入れる態勢の整った葦原の中つ国の一角に、ニニギを中心とする天津神の集団を降下させることによって、記紀神話の中の神々を主人公とする狭義の神話に属する部分が完結している。

アマテラス・スサノヲ・オホクニヌシの三神はこのように、古典神話の基幹部において、(1)アマテラス対スサノヲ、(2)スサノヲ対オホクニヌシ、(3)オホクニヌシ対アマテラスという順序で、相互に劇的な交渉を有しながら、神話体系全体の要を成しその基軸として作動していると認められる。これら三柱の大神たちは明らかに、記紀神話において主役を演じる、主神格のトリオを構成すると言えよう。ところでこの三神の機能を対比的に検討してみると、まずアマテラスは言うまでもなく、「天上の王権」を保有するところの宇宙の統治者であり、またこの国土に対して行使される皇室の支配権の源でもある。この女神はしたがって、社会機能的には「王者」の職分を果す「主権神」として定義されるべき神格であると言うことができよう。[38] 次にスサノヲはこれに対して、凄じい暴力と武力ならびに、戦士に特徴的な激情的性格と直情径行などをその最大の特徴としており、デュメジルが印欧語族の第二機能神に与えている定義と、正確に合致するタイプの神格と認められる。(39) 最後にオホクニヌシは、記紀風土記などに詳しく物語られたその多彩な神話的活動を通して、土地の主、農業神、医療神、多淫多産な愛欲神、美男の神など、デュメジルによって印欧語族の第三機能神の徴表として析出されている主要な属性のほとんどすべてを呈示している。(40)

このように日本の古典神界に見られる主神格のトリオは正しく、デュメジルのいわゆる「第一機能」・「第二機能」・「第三機能」のそれぞれを、きわめて典型的なしかたで代表すると認められるところの神々によって構成されている。言い換えればこの日本神話の主神トリオは、前述した三種の機能を司宰する有力神から構成される、インド・イラン、ローマ、ゲルマンなど印欧系諸民族の古神界を代表する主神グループと、正確に対応した構造を示すと言えるのである。

日本の古典神界と印欧語族の古神界に共通する三種の機能を代表する主神グループの構成

	第一機能	第二機能	第三機能
日本	アマテラス	スサノヲ	オホクニヌシ
ローマ	ユピテル	マルス	クィリヌス
北欧	オージン	トール	フレイル
インド・イラン	ミトラ ヴァルナ	インドラ	アシュヴィン

五　アーディティヤと日本神話における主権神グループの構造

前述したようにインド・イラン人の古神界に共通したことが確実である、三種の機能を分掌する五柱の有力神により構成される主神グループにおいて、第一機能はきわめて密接に結び付けられた対偶を成す二柱の最高神、ミトラとヴァルナによって代表されていた。この二柱の神は共に上天の高処にいて、相提携しつつ「王」として宇宙に君臨すると考えられていたが、その性情に関しては多くの点で、完全に対蹠的と言って良いほど相違した神格として観念されていたのである。両神の差異を約言するならば、ヴァルナは人間の思念も祈禱の言葉も容易には届かぬほど隔絶した、遙か遠くの高天に居て、無量の魔術を行使しつつ宇宙に君臨する至高神であり、超越的であると同時にすこぶる不気味な神秘的存在である。これに対してミトラは、上天におりながらもヴァルナよりはずっと近い所から、下界に顧慮を垂れ慈愛の眼差しを注ぐ、柔和な親しみやすい神格であり、暴力と流血を何よりも嫌厭し、人類をはじめとする宇宙の万物を、婚姻、友誼、主客関係（ガストフロインドシャフト）、同盟、平和条約その他種々の形の「契約」（ミトラの名の原意）によって、互いに友として、結び合わせることにより世界の秩序を維持する、司法者的性格の主権神である。[41] このヴァルナが一層超越的かつ絶対神的であるのに対し、ミトラが最高神でありながらより人間に近い存在であるという関係は、リグヴェダのある箇所においては、「ミトラは平和のうちにヴァルナを崇拝する」と言われ、ミトラがヴァルナを祭司として祀るという形でも表現されている。[42]

なお、ヴェダ聖典において ミトラとヴァルナの間に見られる、性格のこのような対蹠性と似た関係は、古代ローマのユピテルとディウス・フィディウス[43]や北欧のティールとオージン[44]などの間にも認めることが出来る。従ってこのように第一機能の領域に、密接な対偶を構成しながら性格的には対蹠的である二柱の最高神が存在することは、印欧語族の共通神界に遡ると考えられるのである。

ところでリグヴェダにおいては前述したように、このミトラとヴァルナを中心にしてアーディティヤと呼ばれるグループを構成する一群の神々があり、共に上天にあって「第一機能」を掌り、王として宇宙に君臨すると考えられている。このアーディティヤのリストは、もっとも標準的な形ではミトラとヴァルナの他に、ヴァルナに随伴するダクシャとアムシャと、ミトラを補佐するアリアマンとバガの六柱の神々を含む。このうちのダクシャとアムシャとは恐らくインドで新たに造作された神格であろうと考えられるが、アリアマンとバガの名はインドとイランに共通するので、この二神がインド・イラン人の原初神界にすでに存在した神格であることには疑問の余地が無い。従ってインド・イラン人の古神界において第一機能の領域は、一方において人間界より遠く隔絶したヴァルナと、他方で上天にありながら人間界により近い存在であるミトラ、アリアマン、バガとの、四柱の至高神によって主宰されていたと考えられるのである。[44]

さてこのように上天においてミトラの傍側にあって、この神を中心に人間にその働きを明瞭に感知せしめるようなタイプの最高神のトリオを形成していた、アリアマンとバガの間には、リグヴェダに見られるその機能に関しかなり明白な区別が認められる。すなわちアリアマン[45]はその名の意味する通りアーリア民族の守護神であり、ミトラの働きのうちのこの民族の運命にもっとも直接的に関係するような部分においてもっぱら、彼と協働するのが観察される。まずミトラにある程度祭司的な性格が見られることは前述した通りだが、アリアマンは、太古に神的祭司アンギラスたちが最初の犠牲式を執行するのを助けたと言われ、爾来引き続きアーリア宗教祭式が正しく執行されることに軫念すると目されている。このように民族宗教の祭式を肇始し、その縷続のために腐心することが、民族自体の本色の維持と不可分の関係にあることについては、多言を要すまい。アリアマンはまた、契約と友誼の神ミトラの扶翼者として、アーリア民族共同体の内部における結婚の締結や、贈物の交換、主客関係の維持などのことを司る。このことによって彼は、アーリア民族の団結を強化し保全するために働くのである。アリアマンにはさらに、リグヴェダで「その道を横切ることのできぬ神」とか「多くの車輌を所有し給う神」などと呼ばれていることから窺われるように、道路と交通の神としての一面がある。アリアマンの機能のこの側面は、定住生活に入った後のアーリア人社会においては、主として民族共同体の内部における人々の自由な往来を保障する意味を持ったと考えられるが、より古く民族大移動の時代においては、道を開き通行を可能ならしめながらアーリア人を約束された住地に導くという形でも発現されたであろうと考えられるのである。

これに対してバガは、[46] その名が「分前」を意味することからも察せられるように、主として共同体内部における物質的富の公正な分配を司管する。従ってこの神は上天に常住する主権神の一でありながら、地上にあって富を産出する第三機能の神々ときわめて親密な関係にあり、リグヴェダにおいてしばしば、家畜と富の神プーシャンや富と豊穣の女神プラムデイなど、明らかに第三機能に属する神々と結び付き、これらと共に勧請されている。最後にアリアマンとバガの間の相違点の一つとしてはさらに、リグヴェダに名が見える頻度およびミトラとの関係の親密さに関して、アリアマンの方が明らかにバガより立ち勝っているということがある。バガはアリアマンと共にミトラに付随する最高神ではあるが、その神話における重要度はアリアマンより軽微であり、またミトラとの提携の密接さも、比較的にはアリアマンに遙かに及ばぬのである。

ところで日本神話においても前述したように、アマテラス・タカミムスビ・カミムスビの三柱の最高神が、高天原より世界を統治する主権神のトリオを形成しているが、これら三神の間の関係は、右のミトラ・アリアマン・バガの間に見られるものと、きわめて良く似ている。まず記紀に描出されたアマテラスの性情は、多くの点でミトラに近い。すなわちアマテラスはたしかに天の高処に坐す畏敬すべき至高神ではあるが、リグヴェダに歌われたヴァルナのように、人間にとってその神意を窺測することが不可能なほど、下界より遠く隔絶した存在ではない(47)。彼女はむしろ、万物に熱と光の恵みを施す太陽として日毎可視的な形を取って昼の空に顕現し、この世界（葦原の中つ国）とそこに住む人間（特に天神の子孫たち）に対して近い関心を示しながら彼らの営為を指導する型の最高神であり、人の心に恐怖よりはむしろ敬愛を感じさせるという点でも、明らかにヴァルナよりミトラと近似している。またミトラは平和的で慈悲深く徹底して温裕な性格の持主であって、懲罰を下すことを好まず、流血と殺害行為をもっとも強く嫌忌するが、この点でもスサノヲの乱暴に対処する仕方などから窺われるアマテラスの性格は、明らかにミトラ的である。しかもこのスサノヲの乱暴は、天上において新嘗の儀礼を準備し執行する祭司神としてのアマテラスの営為に対する、悪質な妨害行為であったが、このように天上の祭司としての一面を有するという点においてもアマテラスは、前述したようにヴァルナに対して明瞭に祭司的であるミトラと共通している。さらにスサノヲとの誓約による子生みの場面におけるアマテラスの振舞は、明らかに契約と信義の守護神としてのミトラと吻合し、また自然神としてのアマテラスが太陽であることも、ミトラがしばしば太陽神と同一視されるほど太陽と縁の深い神格であることを思わせるなど、アマテラスの性格にはかなりの細部にまでわたって、ミトラと一致した点が多く認められるのである。

次にこのアマテラスと共に、上天より諸神に号令しつつ世界を統治する至高の主権者としての役割を演じていることが明瞭である、タカミムスビとカミムスビの間には、性格および機能に関しほとんど対蹠的と言って良いほど著しい相違が認められることが、松村武雄などの先学者によってもすでにしばしば注意されて来た。卑見によれば、これら両神格の相違は、次のように定義することができる。(48) すなわちタカミムスビがアマテラスと並び最高神として活躍するのが見られる神話的事件は、「国譲り」、「天孫降臨」、「神武東征」など、いずれもこの国土に天孫を中心とする天神の一団を降臨させて、その子孫たち——所謂「天孫民族」——の支配をこの国に確立する事業の一部を成すという点で明らかに共通している。このようにタカミムスビはもっぱら、国土に支配者として降臨する天神の一族の運命に軫憂する、いわば「天孫民族」の守護神ともいうべき存在であって、ことが彼らによる葦原の中つ国の征服と直接関係する場合には決って、アマテラスの傍側に姿を現わし、諸神を駆使しつつ「天孫民族」を佑助する役割を果すのが見られると言えよう。これに対して神話に物語られたカミムスビの行為は、(1)スサノヲに殺されたオホゲツヒメの屍体に生じた五穀(と蚕)を取らしめて種とし、(2)キサガヒ(赤貝)とウムガヒ(蛤)二柱の貝の女神を派遣して、八十神に謀殺されたオホクニヌシの火傷を癒させ復活させ、(3)その手俣より漏きし子であるスクナヒコナに、オホクニヌシと兄弟になり、協力して国を作り堅めることを命ずるなど、いずれも食糧と富を生産する機能およびこれを主管する大地神オホクニヌシの営作に対して、在天の主権神としての立場から有効に介入したものであるという点で軌を一にしている。またカミムスビは出雲国風土記において、この地方に祭祀された有力な土地神たちの御祖神として、しばしば名を挙げられているが、これらの御子神たちの大部分は、明らかに豊穣機能と関係の深い地母神もしくは地主神と認められる。このようにカミムスビは要するに、高天原に坐す至高の主権神の中の一柱でありながら、地上にあってこの国土より富と食糧を産出するために働く土地神や土地女神たち、なかんずく彼らの頭領であるオホクニヌシと、その保護者ないしは親神として、きわめて親密な関係により結ばれていると言えるのである。この一方は国土の支配者たるべく運命付けられた民族集団の守護神であり、他方は富を生産する第三機能神の活動に注心し、天上よりこれを援助するという、タカミムスビのカミムスビに対する関係は、前述したアリアマンのバガに対する関係と、ほとんど正確に照応するものと認められよう。

タカミムスビとカミムスビの間の関係はさらにまた、両神が明らかに対偶を構成することや、神話における主権神としての役割の重要度においてタカミムスビがカミムスビに優越していると認められること、またタカミムスビとアマテラスの間の提携関係がきわめて緊密であるのに比して、カミムスビとアマテラスの結び付きはこれよりは遙かに緩やかであることなどの諸点においても、アリアマンとバガの間に観察されるものと符合している。しかもタカミムスビにはまた神話におけるその所業を通じて、性格・機能のいくつかの細部に関しても、アリアマンとの注目すべき類似が識認されるのである。すなわちまずアリアマンは前述したように、結婚、贈物、主客関係などのことを掌管し、これらを手段としてアーリア民族共同体の団結を強化する神と目されていたが、このように婚姻を締結したり、客を厚遇し豪奢な贈物を与えることなどによって、社会的紐帯を創造しあるいは強化しようとする性癖はタカミムスビにも見られる。この神は周知のように、娘のヨロヅハタトヨアキツヒメをアマテラスの子オシホミミに妻わせ、この結婚から天皇家の祖先となるべきニニギを出生させており、また日本書紀「天孫降臨章」の一書の二によれば、帰順したオホモノヌシを、コトシロヌシをはじめとする八十万の国つ神と共に天上に迎えて手厚く待遇した上に、彼が爾後疏き心を抱かず八十万神を率いて皇孫の守護に当ることとの保証として、娘のミホツヒメと結婚させている。さらに紀の同じ一書にはタカミムスビが、天よりの使者の詰問に対して不服を申し立てるオホクニヌシに対して、周到な思遣の行き届いた豪華な贈物を約束することによってその心を和め、ついにこの神の帰順を取り付けることに成功した次第が物語られている。またアリアマンは前述したようにアーリア宗教祭式の創始のためにきわめて重要な役割を演じ、爾後も祭司による祭儀の執行を佑助する、民族宗教の守護神としての一面を有するが、タカミムスビも紀の前出箇所によれば、「吾は天津神籬と天津磐境とを起し樹てて、吾孫の為に斎ひ奉らむ。汝天の児屋の命、太玉の命、宜天津神籬を持ちて、葦原の中つ国に降りて、また吾孫の為に斎ひ奉れ」と詔勅した上で、朝廷の祭祀を司った中臣と忌部両氏族の遠祖に当る二柱の祭司神を、天孫ニニギにそえて降臨させたと言われており、「天孫民族」の祭式を創始し彼らの宗教の基を開いた神格と見做されていたことが明瞭である。最後に古事記によればタカミムスビは神武の東征の途次において、天よりヤタガラスを派遣しイハレビコの軍勢の道案内をさせたとされているが、これも前述した道路と交通の神としてのアリアマンの一面と、はなはだ良く合致する振舞と認められるのである。

ところで日本の古典神界には、このように人間にその働きがはっきり識認される、これら三柱の主権神よりもさらに高所に、世界よりまったく隔絶した神秘的超越的な至高神格が存在する。それは言うまでもなく、古事記および日本書紀「神世七代章」の一書の又曰において、天地初発の時タカミムスビ・カミムスビの両神と共に高天原に生れませる神として、三神の筆頭にその名を挙げられ、また古語拾遺ではタカミムスビとカミムスビ（およびツハヤムスビ）の父神であるとされているところの、アメノミナカヌシである(49)。この神は周知のように、上天の中央から世界万物を統治する至高神格であることが、その名によって明瞭であるにもかかわらず、神話の中でその働きが物語られることが全然見られず、また上代において神社などで実際に祭祀を受けた形跡も認められない。このことを理由にして従来このアメノミナカヌシは、多くの学者によりシナの天・上帝などの観念を借用した思弁的作成物と見做されて来た。しかしながらこのように、上天より世界を統治する最高神が、人間が妄りにその形姿や性情などを憶測したり、普通の仕方で安易に禱祀するには、余りにも崇高かつ偉大な存在であると考えられ、その結果一般の神話や祭祀からは除外された秘儀的神格となり、ために常人の意識の中においてはただ存在するのみで行為することの無い「閑職神」（デウス・オティオスス）的存在と化するのは、世界の諸民族の宗教において普通に見られる現象である(50)。従って右の通説の論拠は、宗教学的にきわめて薄弱なものなのである。そして日本の古典神界においてこのアメノミナカヌシが前述した三柱の主権神に対して占めているところの位置は、インド・イランの古神界において世界より隔絶した天空神ヴァルナが、世界により近いミトラ・アリアマン・バガのトリオに対して占めた位置と正しく対応している。

以上述べて来たことを要約すれば、日本の古典神界において上天より世界に君臨する至高の主権神としての地位を与えられている、四柱の神々によって構成されるグループの構造と、インド・イラン人の古神界に存在した主権神チームの構成の間には、次のような明らかな対応関係が認められるのである。

インド・イラン	日本
(1) ヴァルナ	(1) アメノミナカヌシ
(2) ミトラ	(2) アマテラス
(3) アリアマン	(3) タカミムスビ
(4) バガ	(4) カミムスビ

六　ヴァーユ・インドラとスサノヲ・タケミカヅチ(51)

前述したように日本神話の基幹的部分において主役として活躍する、アマテラス・スサノヲ・オホクニヌシの三神の中で、第二機能は明らかにスサノヲによって代表されている。ところでこのスサノヲは高天原における乱暴などから明らかなように、武神というよりむしろ暴力神と呼んだ方がより適切なようなタイプの神格であり、天を指して歩けば山川悉く動み国土皆震えるほどのその凄じい力は、時には大蛇退治の場合に見られるように、世界秩序にとり重要な寄与を果すが、また時には暴発して秩序を破壊し、天岩屋神話においては主権者アマテラスの生命すら脅かしている。この神話やオホクニヌシの根の堅州国訪問の物語などにおいて、スサノヲが発揮している狂暴性は、ほとんど悪魔性に近いものと言っても過言ではなかろう。

このように善と悪を兼ね備えたアンビヴァレントな存在であり、秩序の統制に服することができず、結局高天原からは追放されるスサノヲに対して、高天原に常住する天津神のグループの中には、明らかにこれとタイプを異にする戦神たちが存在する。それは前述したようにタケミカヅチをもっとも典型的な代表者とするところのイツノヲハバリ、フツヌシなど、イザナギの神劒およびこれから誕生した刀劒を神格化した戦神たちである。この型の神々はスサノヲとは対蹠的に、悪神的な性格を全然持たず、常に主権神たちの命令に従った行動をしている。世界秩序と一種の緊張関係にあるスサノヲに対して、これらの神々は、いわば秩序と完全に融和した存在であると言えよう。またこの型を代表して、神話の中でもっとも目立つ活躍をしているタケミカヅチは、その名から明らかなように自然神としては雷神である。これに対してスサノヲは、高山樗牛以来高木敏雄など多くの論者によって指摘されて来たように、その神話の随所において明瞭に風雨現象との結び付きを露呈しており、暴風雨神としての一面を有することが確実であるが[(52)]、この神が古事記によれば、両眼よりそれぞれ日月を生み出した「世界巨人」[53]的性格の創造神イザナギの鼻より誕生したとされていることからは、彼が特に風と本源的に関係する神格であったらしいことが窺測されるのである。

ところでこのように一方がより「暴力的」で悪魔性とも通じるような一面を有し、秩序と主権者のために有益な働きもするがまたしばしばこれらに重大な脅威を与える風神であり、これに対して他方は、より純粋に武力的であり、主権者に従順で秩序を乱すことのない雷神であるという形において明瞭な対蹠性を呈示するような、二種の類型の戦神は、実は、インド・イラン人の古神界にも存在したらしいのである。前述したように、一方においてヴェダ時代のインド宗教と、他方において前二千年紀の近東に進出してミタニ王国の支配層を形成したインド・アーリア人の一派の信仰とに、共通して見出される、三種の機能を代表する五柱の有力神により構成される主神グループの内部において、第二機能の層位はインドラ一柱によって代表されていた。ところがこのインドラは、リグヴェダの讃歌の中でしばしば風の神ヴァーユと結び付き、右の主神グループにおいて第一機能を代表したミトラとヴァルナや、第三機能を代表した二柱のアシュヴィンたちとも比較できるような、緊密な対偶を構成して現われるのが見られる。その結果この問題の主神格リストはリグヴェダにおいてしばしば、(1)ミトラ＝ヴァルナ、(2)インドラ＝ヴァーユ、(3)アシュヴィンたちという、三組の対偶を成す六柱の神々を含む、拡大された形を取ることがある。[54]

ところでこのヴァーユは実は、イランではヴァユと呼ばれて、ゾロアスター教の聖典アヴェスタに収められた古い讃歌の中で、勇猛無比なる戦神として、その武勇を称讃されている。[55]すなわちこの神は、リグヴェダとアヴェスタに共通することから、インド・イラン人の原初神界に遡ることが確実視される、一群の古神格の中の一柱であり、古くはインドラと密接に連携しながら、共に第二機能の領域を掌る、有力な戦神としての地位を認められていたと考えられるのである。(56)

ところでこの雷神インドラと風神ヴァーユ（ヴァユ）の二柱の第二機能神が、インド・イラン人の神界において具備していた原初的性格は、スウェーデンのインド・イラン学者スティグ・ウィカンデルの研究(57)によれば、インドの大長篇叙事詩マハーバーラタにこれらの神々の子として登場し大活躍を演じている、二人の英雄ビーマとアルジュナの性格の中に投写された形において、もっとも良く保存されていると考えられるのである。ビーマとアルジュナとはいずれも、マハーバーラタの主人公であるパーンダヴァ兄弟のグループに所属しており、両者共に英王パーンドゥを名目上の父としている。しかしながら彼らは実は、他の兄弟たちと同様に、ある事件がきっかけで性行為を行うことを禁じられたパーンドウの願望に従って、神々の抱擁に身を委ねた王妃の腹より誕生した、神の胤による神子たちであり、パーンドゥ王の第二子のビーマは風神ヴァーユを、第三子のアルジュナは雷神インドラを、それぞれ実父としていた。これら両名の英雄たちは、両者共に父神に似た無敵の武勇の持主であるが、叙事詩に見られる彼らの性情は、この他の多くの点においては、ほとんど正反対に近いほど対蹠的なのである。(58)

すなわちまずビーマは、父の風神より継承した絶倫の腕力および人並外れた巨軀の持主であり、武器としては棍棒を愛用するなど、多くの点でギリシア神話のヘラクレスと酷似した、野蛮なタイプの豪傑である。性格においても彼はヘラクレスと似た、はなはだ粗暴で激情的な人物であり、一度激昂すれば容易に自制心を失い、しばしば非道徳的な乱暴を働く。彼の兄であると同時に主君でもあるユディシュティラに対しても、ビーマは一再ならず反抗的な態度を取り、ある時はその右手を燃やしてやると言って威嚇することすら敢えてしているのである。

またこのビーマは、マハーバーラタにおいてパーンダヴァを迫害する悪役の最たるものである、カウラヴァ兄弟の惣領ドゥリョダナを、自分の宿敵と見做しているが、実はこのドゥリョダナとビーマは、前者が根からの悪人であり、後者は本質的には善人であるという一事を除けば、ほとんど生写しと言っていいほど相似している。ドゥリョダナはいわば、ビーマを悪の秩序の中に転移させたような人物であり、また別の言い方をすれば、それ自身両義的であるビーマという人物の中の、悪魔的半面を抽出し独立させたような存在とも言えるのである。

本性において善人であるビーマがこのように、自分自身時に悪魔的行動に走ることがあると同時に、また悪の秩序の中に彼と肖似した対応物を有し、これと宿命的な対立関係にあるとされているのは、この英雄の原形となったインド・イラン人の風神がもとは善悪の二相を備えた両面的性格の神として観念されていたことの結果であろう[59]。イランの風神はアヴェスタにおいて、一面において善き被造物に属すると同時に、他の一面においては悪しき被造物にも属する、きわめて例外的な存在と見做されている。このアヴェスタのヴァユが持つ善悪二種類の対立する面相は、パーラヴィ語で書かれた後代のゾロアスター教経典では明瞭に分化し、一方は「善きヴァーイ」と呼ばれる天使となり、他方は「悪しきヴァーイ」と呼ばれる悪魔になっている。そしてこの両者は互いに不倶戴天の仇敵の間柄にあり、人間が死ぬ度毎に冥界の入口にある裁きの橋チンヴァトのたもとにおいて、死者の魂を奪い合って激しく争うとされているのである。このような善と悪の両秩序に跨る両面性が、ヴァユの原初的性質に遡ることはさらに、デュメジルによって明らかにされているように、ゾロアスターの構想した一神教の教理体系の中にヴァユの両面がそれぞれ、善霊スペンタ・マインユおよび悪霊アングラ・マインユとして転移され、世界の始めに万物に先立って創造され、善悪両秩序の間の最初の選択を行った、互いに宿敵の関係にある存在に変化していることからも裏付けられるのである。(60)

このように悪魔的相貌ないしは悪魔的半面を有し、秩序を乱し主権者を威嚇することもある狂暴で野蛮なビーマに対して、アルジュナは学者によりしばしばギリシア神話のアキレウスとの類似を指摘されて来たことからも察せられるように、洗練された文明的な類型を代表する戦士であり、弓矢をはじめとするすべての武器の用法に熟達しており、完全武装した馬に引かす戦車に乗って戦う、古代アーリア人の戦士貴族の典型的戦闘様式においてもっとも良くその本領を発揮する。アルジュナのビーマに対するもっとも本質的な相違はなかんずく、彼がビーマにいささかも劣らぬ無敵の武勇の持主であるにもかかわらず、けっしてその力に驕る風がなく、良く節度を弁え、主権者ユディシュティラをはじめ母親、師匠その他長上の者に対してきわめて従順であり、常に道徳律に即した非の打ち所の無い行動をしていることである。このようにアルジュナは、秩序と緊張関係にあるアンビヴァレントなビーマとは対蹠的に、秩序と完全に融和した性格の戦士像を具現していると言えるのである。

インド・イラン人の古神界において第二機能の代表者と見做されていた二柱の戦神の原初的性格を、忠実に反映することが確実と考えられるビーマとアルジュナの間に見出される、性情・形姿・振舞などに関する対蹠的であると同時に相補的な相違はこのように、日本神話におけるスサノヲとタケミカヅチの相違とほとんど正確に対応する構造を示す。インド・イラン古神界と日本の古典神界とは、より暴力的なタイプの戦神が風と結び付けられ、より武力的なタイプの戦神は雷と結合されているという点でも一致している。またスサノヲが最後に地下に降り、根の堅州国の主となったとされていることも、イランのヴァユがゾロアスター教の教義において、冥界と関係深い存在と見做されているのを思わせるのである。

七　アシュヴィンとオホクニヌシ・スクナヒコナ

日本の古典神話において第三機能を代表するもっとも有力な神格は、前述したように出雲のオホクニヌシであるが、このオホクニヌシは周知のようにスクナヒコナと兄弟の盟約を結び、主要な営作の大部分をこの神との共同事業として行っている。[61]これら二神の間の提携関係は、日本書紀「宝劒出現章」の一書の六に「そも大己貴の命、少彦名の命と力を戮せ心を一つにして天の下を経営り」と約言されているように、きわめて緊密なものであった。[62]またオホクニヌシの名がことにより古い形と考えられるオホナムチという別形において、スクナヒコナの呼名と明瞭に対偶的であり、世界の諸民族——特に印欧語族——の神話伝説において、双児の神々や英雄たちにしばしば対偶を成す名——たとえばロムルスとレムスのような——が与えられている事実を想起させることは、すでに松村武雄[63]によっても注意されている。このように日本の古典神話においても、第三機能の領域は純粋の双児神ではないが、ほとんど双児に近いほど二位同質的な兄弟のペアを構成する、二柱の有力神により主裁されていた。すなわち古典神界の構造はこの点でも、双児神アシュヴィン（ナーサティヤ）を第三機能の主管者とするインド・イラン古神界の結構と一致していると言えるのである。

ところでアシュヴィンはリグヴェダをはじめとするインドの古文献において通常は、二滴の水滴のように相似した、まったく区別のつけ難い存在として観念されているように見える。しかしながらリグヴェダには実は、二柱のアシュヴィンの間に、ある相違が存在することを示唆するような章句が皆無ではない(64)。その代表的なものは一書の一八一番の讃歌に見られる、次のような謎めいた文言である。

異なる場所において誕生した、瑕瑾なき者たち（＝アシュヴィン）は、身体においても呼名においても相一致している。彼らの中の一方は、戦いに勝利する富裕な領主であり、スマカの息子と見做される。他方は天の幸運な息子と見做されるのである。

この箇所によれば二柱のアシュヴィンは、双児でありしかも同一の名前で呼ばれているにもかかわらず、実は各々がその父親を異にし、別々の場所で出生したとされている。そして一方は天の息子と呼ばれて、その出自をはっきり天と結び付けられているのに対して、他方はスマカなる者の子であると言われ、武将としての資質を称揚されているのである。此処でアシュヴィンのうちの一方の父親とされているスマカの正体に関しては、インドラの別名とする説と人間の王であろうとする見解があり、いずれとも決定し難い。しかしながらいずれにしてもこのスマカの息子と呼ばれるアシュヴィンが、天の息子と呼ばれる彼の兄弟よりも、より地上的な存在であり、かつ戦士機能と強い結び付きを有すると認められていたことは、この原文より明瞭に読み取れる。これに対して天の息子のアシュヴィンには、天界ならびに第一機能との関係が指点されていると言えよう。なお右の拙訳中の「幸運な」に当る、この箇所で天の息子のアシュヴィンに付された唯一の形容詞の原語「シュバガス」は、「分前」を意味する語バガを含んでおり、直訳すれば「良い分前を与えられた」というほどの意味を持つ。この語はこの天の息子のアシュヴィンが、主権神アーディティヤの中の一柱である分前の神バガと、特別近い関係にあることを示唆しているようである。

ところで二柱のアシュヴィンの間に古く存在していたと考えられるこのような、一方がより地的かつ第二機能的であり、他方はより天的かつ第一機能的であるという区別は、前節で考察したアシュヴィンとインドラの場合と同様に、マハーバーラタにアシュヴィンの子として登場する双児の兄弟の英雄の性格の中に、リグヴェダにおけるよりも一層明確な形で反映し保存されていると思われるのである。すなわちパーンダヴァ兄弟の末の二人であるナクラとサハデヴァは、パーンドゥの第二夫人のマードリーがアシュヴィンの胤を受けて分娩した双児であり、共に父神のいとも艶美な神姿を彷彿させる、絶世の美男子であったとされているが、彼らの間には実は次のような微妙な性質の相違があることが、ウィカンデル[65]により分析され明らかにされているのである。

ナクラとサハデヴァとは共に第三機能の代表者に相応しく、(1)美男であることと、(2)平和的で温順な性格の持主であることを最大の特徴としている。しかしながら、叙事詩の中で双児の英雄を形容して用いられている修飾語句の用法を仔細に点検してみると、実はこれらの二つの特徴のうち、(1)の容姿の端麗さは本来ナクラにより多く固有の性質であり、これに対してサハデヴァは(2)の性格の温順さに関して、ナクラよりも一層徹底していたことが窺われる。さらに彼らの(3)武勇および(4)知恵を賞讃した修飾語句の用法からは、ナクラが武勇においてサハデヴァに優り、これに対してサハデヴァは知恵に関してナクラを凌駕するという関係が看取される。このようにアシュヴィンが地上に生れ変ったマハーバーラタの双児の英雄の間には、一方が他方よりも一層美形であってかつ他方には無い尚武の気風を有し、これに対して他方は徹底して平和的でありかつ知恵者であるという区別が認められるのである。

このようにナクラとサハデヴァが両者共に本質的には第三機能を代表する人物であるにもかかわらず、ナクラは第二機能（武勇）と、サハデヴァは第一機能（知恵）と、それぞれ結び付きを有するという関係は、彼らと彼らの兄たちとの親交の度合からも裏付けられる。すなわちナクラは兄たちの中でも特に風神ヴァーユの生れ変りである乱暴者のビーマと親しく、サハデヴァは叙事詩中でミトラ的王者の機能を体現している長兄のユディシュティラと、もっとも仲が睦まじいのである。マハーバーラタにおけるアシュヴィンの息子の英雄たちの間に認められる、このような区別は、前掲したリグヴェダの章句を通して彼らの父神の間に仄見された相違と、基本的に一致している。したがってリグヴェダとマハーバーラタに共通する双児神の性格的相違が、インド・イラン人の宗教における古い観念を忠実に保存したものであることは、確実と考えられるのである。

ところでインド・イラン宗教において二柱のアシュヴィンの間に認められていたと考えられるこの区別は、日本神話でオホクニヌシとスクナヒコナの間に観察される相違と、すこぶる良く似ている。たしかに日本のスクナヒコナのオホクニヌシに対する顕著な相違点の一つは、言うまでもなく、彼が後者の掌中に取り置かれるほど体軀の矮小な侏儒神だったことであるが、これと対応するような観想はアシュヴィンには全然見出されない。しかしながらこの点を除外すれば、オホクニヌシとスクナヒコナの差異は、あらゆる点で右の二柱のアシュヴィン（およびその生れ変りであるナクラとサハデヴァ）の相違と、正確に対応した構造を備えていると思われるのである。(66)

すなわちオホクニヌシとスクナヒコナの間には、まず両神の出自および生誕の場所に関して、前者は第二機能神スサノヲの息子もしくは六世の孫として地上で出生し、後者は第一機能神カミムスビの子として高天原で生まれているという相違が存在する。これはリグヴェダでアシュヴィンがそれぞれ異なる場所で誕生したと言われ、一方はスマカの子として地上および第二機能との関係を示唆され、他方は天の息子とされて天界ならびに第一機能と結び付けられているのと、はなはだ良く対応すると認められよう。しかもスクナヒコナが第一機能神の中でも特に、前述したように古典神話の中でバガと明瞭に対応する機能を果しているように見えるカミムスビの息子であるとされていることは、リグヴェダで天の息子のアシュヴィンが、形容詞シュバガスによって、バガ神との関係を示唆されていたのを想起させるのである。

次にこのように出自的に第二機能と結び付きを持つオホクニヌシは、古事記で「麗しき壮夫」とか「いと麗しき神」などと言われているように、すこぶる美男の神であり、神々の中にも他に類例の無い艶福家である。彼はまたその性格の基調においては明らかに、第三機能の主神格に相応しい柔弱な優男であるにもかかわらず、根の堅州国でスサノヲより青年戦士アシハラシコヲとして成年式を受け、そのおり獲得した生大刀、生弓矢の威力によって八十神を征服したり、また治平の広矛の所有者とされ八千矛神の別名を有するなど、戦闘機能と種々の仕方で係わり合っている。これに対してスクナヒコナは武神的資質の片鱗だに認められぬ、徹底して平和的な神格であり、知恵に関しては明らかにオホクニヌシよりも優っている。

これまで述べて来たように、日本の古典神界とインド・イランの古神界の間には、神々の基本的分類および三種の機能を分掌する少数の有力神をもって神界全体を代表する主神格と見做す観念に関して、正確な吻合関係が認められるばかりでなく、両神界の構造上の一致はさらに、三種の機能の各層位を主管する、

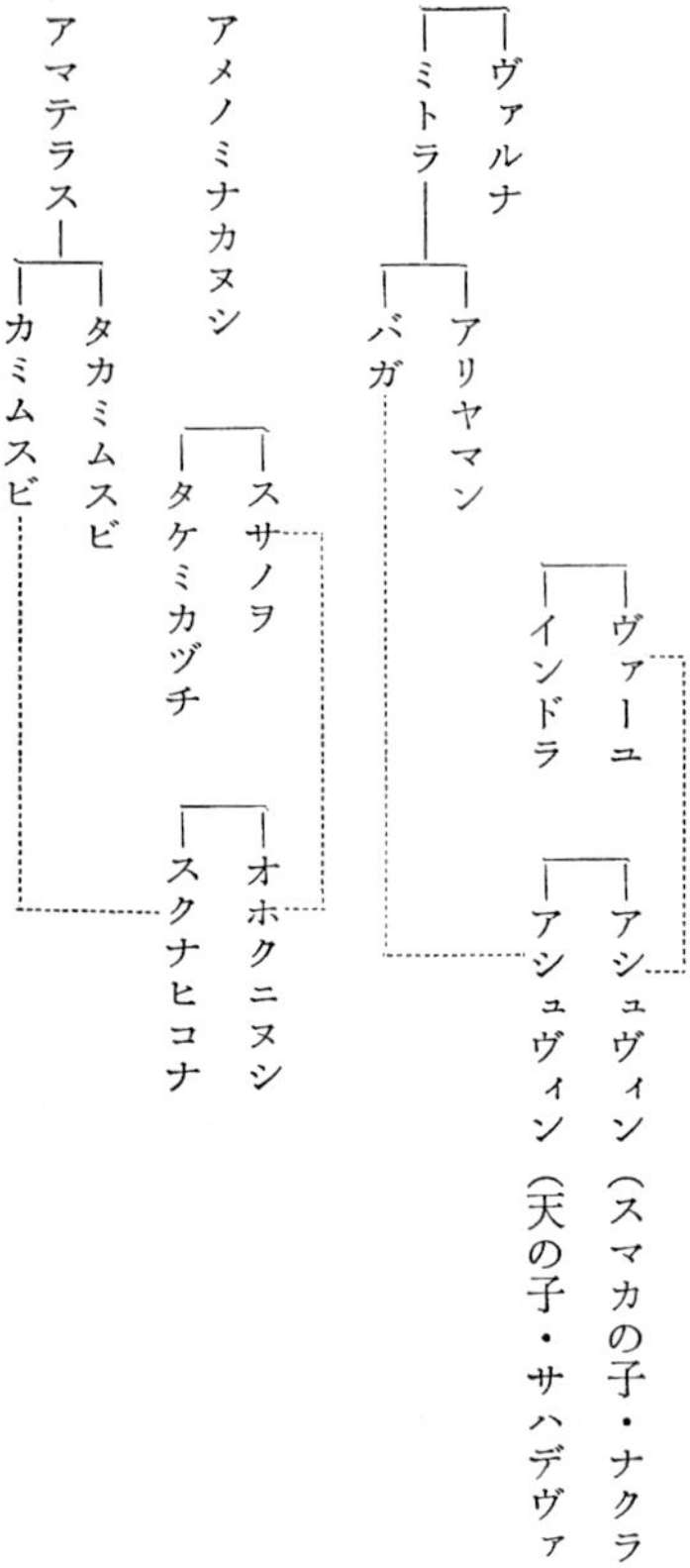

（インド・イランと日本の主神グループの間に見られる構造的対応関係）

主神群の構成にもおよんでいる。言い換えればインド・イラン人の古神界に存在した、三種の機能を司るすべてで八柱の主神格によって構成されるグループの構造は、右図のようにほぼ完全な形で日本の古典神界に移植されていると考えられるのである。

(1) Müller, 1856
(2) Kuhn, 1968
(3) 自然神話学派の神話理論については特に de Vries, 1961, 202-253 を参照
(4) 人類学派の宗教学説は特に Evans-Pritchard (1965) によって適切な批判的紹介が為されている。
(5) Tylor, 1871
(6) ミュラーとラングの論争については、Dorson, 1965 を参照
(7) Dumézil, 1924
(8) Puhvel, 1970 巻末の文献目録を参照
(9) Littleton, 1966
(10) Puhvel, 1970, 247-268 にその詳細な文献目録がある。
(11) Yoshida, 1961, 1962, 1963
(12) Yoshida, 1963, 244-248
(13) 大林、一九六一、一四五（=大林、一九七三a、一四四）
(14) この立場を代表する重要な業績として特に Matsumoto, 1928、松本、一九七一、松前、一九六〇などがある。
(15) 岡、一九五六、一九五八および岡他、一九五八における岡氏の発言
(16) 三品、一九七〇～。なお牛島、一九七二などを参照

(17) 大林一九七〇a、b、一九七一a、b、c、d、e、一九七二a、bおよび大林一九七二c、一九七三bにおける同氏の発言。
(18) 吉田、一九七三a、
(19) 吉田、一九七一
(20) 依田、一九七二を参照
(21) 吉田、一九七一、一三四～一三六
(22) 大林、一九七一c、d、一九七二b、Yoshida, 1962, 33-35；1963, 241-244；1965、吉田、一九七三c　など
(23) この点に関し我々の立場は、大林、一九七一e、五〇に言われているところと同一である。
(24) 大林、一九七三c
(25) 本節に関しては、吉田、一九七二b、e　などを参照
(26) Pisani, 1938
(27) Benveniste, 1945, 7-9
(28) この点に関する詳細は Dumézil, 1945 を見よ。なお拙稿「ゾロアスター教」『ブリタニカ国際大百科事典』などを参照
(29) 以下の点に関しては Dumézil, 1969, 226-241 を参照
(30) 以下に関しより詳しくは、吉田、一九七二c、一九九～二〇六、Dumézil, 1968, 261-549 などを見よ。
(31) 本節に関しては、吉田、一九七二c、を参照
(32) 大林、一九七一a
(33) 同所、二〇～二一
(34) なお吉田、一九七二c、一九五を参照
(35) 大林、一九七一a、二二～二三
(36) 以下に関しては、Yoshida, 1963, 237-241、吉田、一九七二c、一九九～二〇六　を参照

(37) 本節および次節に関しては、吉田、一九七二d、を参照
(38) なお、Yoshida, 1961, 58-66 を参照
(39) Yoshida, 1962, 25-35
(40) Yoshida, 1962, 35-42
(41) 詳しくは、Dumézil, 1948^{a} を参照
(42) 吉田、一九七二d、五六 を参照
(42) 詳しくは、Dumézil, 1948^{a}, 75-97
(43) 同書、133-187
(44) Dumézil, 1952, 40-78 を参照
(45) アリアマンについては特に、Dumézil, 1949^{c} に詳しい分析が為されている。
(46) バガについては特に、Dumézil, 1952, 51-54 を参照
(47) 以下に関しては、Yoshida, 1961, 58-66、吉田、一九七二d、七三～七四 を参照
(48) 以下に関しては、Yoshida, 1963, 225-232 吉田、一九七二d、六六～七二 を参照
(49) 以下に関しては、Yoshida, 1963, 232-235 吉田、一九七二d、七六～七七 を参照
(50) たとえば、大林、一九七三a、三七～四二に挙げられた事実や Paulson, 1962, 38-64 に概説されたシベリアの至高神観念、および Eliade, 1970, 61 に見られる、天神が閑職神化する一般的傾向の的確な指摘などを参照
(51) 本節および次節に関しては、吉田、一九七三b、を参照
(52) 高木、一九二五、六五～九七、Matsumoto, 1928, 37-40；Yoshida, 1962, 25-26 などを参照
(53) 吉田、一九七二d、六二～六五、および、大林、一九七二c、九八～一〇二 における大林、上田両氏と吉田の発言などを参照
(54) Dumézil, 1947, 45-56 を参照
(55) Wikander, 1942 を参照

(56) Wikander, 1947, 34

(57) Wikander, 1947

(58) 以下については Wikander 1947 の他に Dumézil, 1948ᵇ, 62-73 ; 1968, 63-65 なども参照

(59) 以下に関しては Dumézil, 1947, 69-76 を参照

(60) Dumézil, 1947, 80-94, および拙稿「悪魔」,『ブリタニカ国際大百科事典』などを参照

(61) スクナヒコナについては，Yoshida, 1966, 717-718, を参照

(62) Yoshida, 1962, 36-40 を参照

(63) 松村，一九五五，三七七～三七八

(64) 以下に関しては Wikander, 1957, を参照

(65) Wikander, 1957

(66) 以下に関しより詳しくは，吉田，一九七三b，一〇六～一〇八，を参照

（引用文献）

Benveniste, Emile, 1945 : Symbolisme social dans les cultes gréco-italiques, in : Revue de l'Histoire des Religions, 129 : 5-19.

de Vries, Jan. 1961 : Forschungsgeschichte der Mythologie, Friburg/München

Dorson Richard M., 1965 : The Eclipse of Solar Mythology, in : Sebeock, Thomas A. (ed.), Myth : a Symposium, Bloomington/London : 25-63.

Dumézil, Georges, 1924 : Le festin d'immortalité, Paris.

—— 1945 : Naissance d'archanges, Paris.

—— 1947 : Tarpeia, Paris.

—— 1948[a] : Mitra-Varuna, 2d ed. Paris.
—— 1948[b] : Jupiter Mars Quirinus, IV, Paris.
—— 1949 : Le troisième souverain, Paris.
—— 1952 : Les dieux des Indo-Européens, Paris.
—— 1968 : Mythe et épopée, I, Paris.
——1969 : Idées romaines, Paris.
Eliade, Mircea, 1970 : De Zalmoxis à Gengiskhan, Paris.
Evans-Pritchard, E. E., 1965 : Theories of Primitive Religion, Oxford.
Kuhn, Adalbert, 1968 : Die Herabkunft des Feuers und des Göttertranks, Darmstadt,（第二版（一八八六）の復刻版）
Littleton, C. Scott, 1966 : The New Comparative Mythology, Berkeley/Los Angeles.
松前健、一九六〇、『日本神話の新研究』、桜楓社
Matsumoto, Nobuhiro, 1928 : Essai sur la mythologie japonaise, Paris
松本信広、一九七一、『日本神話の研究』、平凡社（初版　一九三九）。
松村武雄、一九五五、『日本神話の研究』、第三巻、培風館。
三品彰英、一九七〇〜、『三品彰英論文集』、全六巻、平凡社（第五巻まで既刊）
Müller, Max, 1856 : Comparative Mythology, in : Oxford Essays, Oxford, 1-87 (Müller, 1867 に再録された)。
—— 1867 : Chips from a German Workshop, II, London
大林太良、一九六一、『日本神話の起源』、角川書店（大林、一九七三ａとして、増補再版された）。
—— 一九七〇ａ、「葦原醜男と青年戦士集団」、『古代文化』二二―七・八、一五五〜一六一
—— 一九七〇ｂ、「哀悼傷身の風俗について」、『民族学から見た日本』、河出書房、二五九〜二九二。
—— 一九七一ａ、「古代日本における分類の論理——天津神・国津神と天津罪・国津罪——」、『理想』、四五三、一六〜三一
—— 一九七一ｂ、「古代の婚姻」、『古代の日本』、二、角川書店、二〇五〜二二三。

——一九七一c、「南方の学問的系譜と民族学」、『南方熊楠全集』、第三巻、平凡社、六〇七〜六一八。
——一九七一d、「女軍」、『ぱれるが』、二三八、七〜一〇
——一九七一e、「神話学における日本——日本神話の系統をめぐって——」『伝統と現代』九、四二〜五二（大林、一九七三a、二五二〜二七〇に再録）
——一九七二a、「日本神話における分類の論理——双分観と三分観——」、『国文学解釈と鑑賞』、四六〇、九〇〜九六
——一九七二b、「宇気比神話の諸様相」、『宗教研究』、四五、四七一〜五〇二。
——他、一九七二c、『シンポジウム日本の神話1——国生み神話——』、学生社
——編、一九七二d、『神話・社会・世界観』、角川書店
——一九七三a、『日本神話の起源』、角川書店
——他、一九七三b、『シンポジウム日本の神話2——高天原神話——』、学生社
——一九七三c、『盟神探湯の系譜』、『朝日新聞』、一月一六日夕刊五面。
岡正雄、一九五六、「日本民族文化の形成」、『図説日本文化史大系』、第一巻、小学館、一〇六〜一一六
——一九五八、「日本文化の基礎構造」、『日本民俗学大系』、第二巻、平凡社、五〜二一
——他、一九五八、『日本民族の起源』、平凡社

Paulson, Ivar, 1962 : Die Religionen der nordasiatischen (sibirischen) Völker, in : Die Religionen Nordeurasiens und der amerikanischen Arktis, Stuttgart, 1-144
Pisani, V., 1938 : Mytho-Etymologica, in : Revue des Etudes Indo-Européennes, I : 230-233
Puhvel, Jaan (ed.), 1970 : Myth and Law among the Indo-Europeans, Berkeley/Los Angeles/London
高木敏雄、一九二五、『日本神話伝説の研究』、岡書院
Tylor, Edward B., 1871 : Primitive Culture, 2 vols, London.
牛島巌、一九七二、「松本信広・三品彰英・岡正雄における日本神話研究」、『国文学解釈と鑑賞』、四六〇、一七四〜一七七。

Wikander, Stig, 1942 : Vayu, I, Lund.
—— 1947 : Pāndavasagan och Mahābhāratas mytiska förutsättningar, in : Religion och Bibel, 6 : 27-39
—— 1957 : Nakula et Sahadeva. in : Orientalia Suecana, 6 : 66-96
依田千百子、一九七二「日本神話と朝鮮神話」、『国文学解釈と鑑賞』、四六〇、一二二〜一二九
Yoshida, Atsuhiko, 1961, 1962, 1963 : La mythologie japonaise : Essai d'interprétation structurale, in : Revue de l'Histoire des Religions, 160 : 47-66 ; 161 : 25-44 ; 163 : 225-248
—— 1965 : Sur quelques figures de la mythologie japonaise, in : Acta Orientalia, 29 : 221-233
—— 1966 : Les excrétions de la Déesse et l'origine de l'agriculture, in : Annales Economies Sociétés Civilisatons, 21 : 771-728.
吉田敦彦、一九七一、「日本神話とスキュタイ神話」、『文学』、三九、一三八五〜一三九六
—— 一九七二a、「印欧神話と日本神話」『歴史と人物』、七、二四〜四九
—— 一九七二b、「印欧神話の構造」『歴史と人物』、九、九二〜一〇九
—— 一九七二c、「天津・国津と高天原・出雲」、『歴史と人物』、一二、一八八〜二〇六
—— 一九七二d、「アマテラス・スサノヲ・オホクニヌシ」、『歴史と人物』、一六、五四〜七七
—— 一九七二e、「印欧神話にあらわれた社会構造と世界観」（大林、一九七二d、三五七〜三八五に収録）
—— 一九七三a、「日本神話とギリシア神話」、『日本神話の可能性』、伝統と現代社、一〇八〜一五三。
—— 一九七三b、「戦神と豊穣神」『歴史と人物』、一九、八六〜一〇九
—— 一九七三c、「ヤタガラス考」、『古代史講座月報』、九、学生社、五〜七

執筆者紹介

大林　太良（おおばやし たりょう）　東京大学助教授

山下　欣一（やました　きんいち）　鹿児島県立大島工業高校教諭

玄　　容駿（げん　ようしゅん）　韓国済州大学教授

伊藤　清司（いとう　せいじ）　慶応義塾大学教授

小野　明子（おの　あきこ）　東京造形大学専任講師

生田　　滋（いくた　しげる）　東洋文庫研究員

青柳真知子（あおやぎ　まちこ）　立教大学教授

田中　克彦（たなか　かつひこ）　岡山大学助教授

高橋　静男（たかはし　しずお）　国学院大学非常勤講師

吉田　敦彦（よしだ　あつひこ）　成蹊大学助教授

日本神話の比較研究

1974年6月20日　初版第1刷発行
1977年6月1日　第2刷発行

編者　© 大林太良

発行所　財団法人　法政大学出版局

〒106／東京都港区南麻布2-8-4
電話453-0717／振替東京6-95814
印刷・富士整版／製本・鈴木製本所

＊定価は箱に表示しています

日本神話の比較研究

2014年5月10日 発行

編 者 大林 太良

発行所 法政大学出版局
〒102-0071 東京都千代田区富士見 2-17-1
TEL 03(5214)5540 FAX 03(5214)5542
URL http://www.h-up.com/

印刷・製本 株式会社 デジタルパブリッシングサービス
URL http://www.d-pub.co.jp/

AH909

ISBN978-4-588-92074-5 Printed in Japan